THE INDUSTRIAL
METAVERSE

产业元宇宙

陶大程 赖家材 黄 维 吴 晨/主编

人民出版社

目　录

序　言

元宇宙（Metaverse）一词诞生于 20 世纪 90 年代科幻小说《雪崩》，该小说描绘了一个庞大虚拟现实世界。当前，5G、区块链、云计算、VR（虚拟现实）、AR（增强现实）、触觉手套等技术已具备联合制造新概念的条件，马化腾提出了"全真互联网"这一与元宇宙共享关键要素的概念；百度上线希壤APP，试图打开元宇宙大门……2022 年初上海市经信委印发的《上海市电子信息产业发展"十四五"规划》提出，"加强元宇宙底层核心技术基础能力的前瞻研发，推进深化感知交互的新型终端研制和系统化的虚拟内容建设，探索行业应用"。作为政府规划明确通过技术应用实现元宇宙经济反哺实体经济、服务社会公共事业的导向已然非常清晰。元宇宙不只是一个数字世界、人类未来的数字化生存空间，更是整合多种新技术而产生的新型虚实相融的数字文明，利用人工智能、大数据、区块链、数字孪生等技术在自然宇宙之上"叠加"了一个平行数字宇宙，拓展了人类宇宙概念，宇宙时空从自然时空"进化"为虚拟与现实的双重时空。

创新驱动发展、科技引领未来，无论是为技术的发展而澎湃、因资本的撩拨而兴奋，还是面对监管的导向而深思，这都是无可回避的现实。更加现实的是，在可预见的未来我们都需要生活在这个具象的物理世界，人类需要清洁的水和空气，需要安全的食物，需要美好的城市和便捷的交通，需要健康与快乐，需要文明与秩序，当我们冷静看待"扑面而来"的元宇宙世界，拨开它华丽的外衣，把其中丰富而精彩的内核应用于满足人类这些现实需求的产业中，会发现我们赖以生存的实业是能够乘着元宇宙的东风迎来新生的，产业元宇宙却是技术最现实的回馈，能够带给我们更多的安全、便捷与美好。

我们拨开层层云雾，回到创造美好现实世界的当下。产业元宇宙是数字世界对现实世界中社会属性、物理属性的精确重构与再创造，是人工智能在现实世界的实体化，更可能成为真实世界、实体经济的重要组成部分。人们更应关注元宇宙的仿真优化能力在实体经济中的巨大价值；"元宇宙＋产业"的产业元宇宙，作为数字能力引入现实世界、实体经济的接口，不只使用了数字世界重构现实世界中的物理属性和社会属性，更加重视数字世界对现实世界再创造能力的提升。

本书作为产业元宇宙简明读本，为使读者对产业元宇宙有一个全面、深入、系统的理解，简明扼要地介绍产业元宇宙概论，产业元宇宙生态全景展望，产业元宇宙生态平台解读，产业元宇宙在一些重点领域的应用，以及产业元宇宙发展面临的挑战、发展趋势与应对等。

第一章产业元宇宙概论，构建原创性的产业元宇宙研究工具和理论框架。首先论述了元宇宙基础，包括元宇宙两大特性即全真、沉浸式体验与去中心化，元宇宙由实向虚，由虚向实的发展方向，元宇宙的萌芽期、起步期、发展期、终局阶段演进进程；接着讲解产业元宇宙的概念、特点与影响，产业元宇宙重塑人类认识世界和改造世界的能力，改变现有生产方式和分配方式，加速人工智能发展；紧接着讲解产业元宇宙变化发展的底层逻辑与产业元宇宙行业共性价值路径，揭示了产业元宇宙的本质是连接建立效率的提升与程度的加深，产业元宇宙可以分为数字孪生、数字伴生和数字原生三大能力，并给出实施产业元宇宙的参考架构；最后讲解产业元宇宙助力经济高质量发展，元宇宙作为一种虚实相生、人机结合的数字网络空间，对现有各种技术进行升级、融合，将有力推动社会各层面的技术创新，为经济高质量发展提供新的动力。

第二章、第三章探讨如何在产业元宇宙的宏观系统中寻找微观视角，通过研究一系列决策工具，帮助企业找到与当下时间、环境、资源禀赋以及生态位置相匹配的商业模式，制定微观层面的企业元宇宙战略。讲解了产业元宇宙生态即产业元宇宙生态全景展望与产业元宇宙生态平台解读，内容包括产业元宇宙生态链概况、产业元宇宙核心赛道、产业元宇宙生态链分析、全球主要国家产业元宇宙发展概况、产业元宇宙生态平台特征、产业元宇性态平台建设指南，产业元宇宙生态型企业实例。产业元宇宙生态链包括基础能力层、空间计算层、内容制作工具层、交互系统层、元宇宙生态平台层和行业应用层，产业元宇宙的核心赛道包括以游戏、社交为代表的内容平台生态赛道，以硬件、操作系统厂商为代表的硬件入口生态，以零售、工业互联网为代表的行业应用赛道，以空间计算引擎、内容开发工具为代表的底层能力生态赛道。元宇宙生态平台建设分为提供去中心化的协同、生产、管理元宇宙内容与服务的技术基础，建立用户与需求、用户与兴趣间的连接。

产业元宇宙"贵"在与行业应用相结合，从第四章至第十章讲解产业元宇宙在一些重点领域的应用，每个领域应用都是一个子元宇宙，包括农业元宇宙、供应链元宇宙、能源元宇宙、医疗元宇宙、建筑元宇宙、制造元宇宙、碳中和元宇宙。书中讲解每个元宇宙的应用概况包括概念、建设架构、主要特征、应用价值，以及分享宝贵实践经验。经验分享形式多种多样，从实施路径、实施风险防控、实施思路、实施风险与解决经验、技术路线、典型应用案例等方面分享。

发展元宇宙经济不是摆脱现实世界、遁入虚拟，而是赋能于实体经济打开新空间、找到新突破。元宇宙中，由实向虚是过程、是途径，由虚向实才是方向、是目标。放眼当下，已然欣喜地看到产业元宇宙发展初期的成效。工业仿真及 AI 技术助力企业为消费者打造"安全、健康、便捷、个性、美食"的家；医生已经可以依托患者各种检查图像创建术前各种器官数字模型，从而在手术实操前做细致规划和预演；城市信息模型（CIM）下的智慧城市打造已经成为"十四五"期间核心城市管理目标……这些通过技术实现的物理世界与数字世界的融合，在助力实体经济与数字经济融合的过程中已经服务于人类社会的现实发展。无论是相关技术研发还是应用，每天都在我们身边瞬息万变地发展着。产业元宇宙发展的初期，基于各行各业、各种层出不穷的实践都是在对产业元宇宙可能的潜力做尝试，或有朝一日，产业元宇宙终能改变各行各业的生产关系，成为新时代产业基础设施。最终实现"产业元宇宙＋"种植养殖、生产制造、建设管理、医疗教育、商业服务等各行业的加速器，实现由政府治理、由人民创造，为产业和社会整体利益服务的终极目标。

最后一章讲解产业元宇宙发展挑战、趋势与应对。产业元宇宙发展面临的挑战涉及标准方面、技术方面、数据方面、安全方面、应用方面等；发展趋势包括技术与交互趋势、科研与人才培养趋势、商业应用趋势、社会治理与发展趋势等；产业元宇宙发展应对提出政策制定、安全应对、产业发展等策略。

产业元宇宙仍处于行业发展初期，与理想的成熟形态相比仍有一段差距，差距意味着有提升空间，产业元宇宙的发展潜力巨大。百舸争流，奋楫者先；千帆竞发，勇进者胜。我们将见证一场伟大的数字革命，坚持新发展理念，可考虑提前布局产业元宇宙，加码产业元宇宙赛道，推动经济转型升级，奋力谱写新时代经济高质量发展的新篇章。

产业元宇宙风起云涌，群雄逐鹿，这一片象征着未来的蓝海，您准备好了吗？让我们怀揣善意与美好，搭乘想象的翅膀，握紧现实的航向，不放纵、不排斥，用审慎理智的心态拥抱产业元宇宙，积极打造产业元宇宙，服务人类美好未来。

产业元宇宙，一起向未来！

第一章　产业元宇宙概述

元宇宙概念在全世界范围、全产业链迅速蔓延，从理念到技术都带来革命性变化，正颠覆传统认知。元宇宙目前没有标准定义。提到元宇宙，当前主流认知是元宇宙是一个类似于网络游戏的数字世界，最终会演变为人类未来的数字化生存空间。然而任何技术创新都需要一套完整的生态系统和基础设施提供支撑，元宇宙也无法独立创造价值，需要通过与产业深度结合，既包括与游戏、文化、创意等数字产业结合，也包括与实体产业结合，才能释放巨大价值。

元宇宙将会推动人类社会进入一个数字世界与现实世界相互融合的时代，未来实体产业与数字产业的边界将变得模糊，孕育全新的数实融合的产业形态：实体产业需要完成大量的数字世界内容构建，例如数字工厂模型，来提升效率；数字产业需要构建现实世界的多元入口，例如娱乐机器人来提升服务体验。本书以产业元宇宙为主题，希望通过构建统一的研究工具和理论框架，研究和探讨这种全新的、数实融合的产业形态，展望其带来的新变化、提出的新需求、创造的新价值，抛砖引玉地为读者揭示其中孕育的巨大机会。

本章循序渐进，介绍完相关基础知识后，逐步构建原创性的产业元宇宙的研究工具和理论框架，为后续章节的展开提供理论基础。

第一节　元宇宙基础

2021 年元宇宙概念风靡各行各业，朋友见面聊天不说几句元宇宙会有穿越人的嫌疑，连虎年春晚沈腾小品中的"老赖"都在调侃他在元宇宙里"倒腾狗"。Roblox（在线创作游戏平台）登陆纽交所市值翻十倍、Facebook（脸谱网）

更名"Meta"、百度的"希壤"定向内测、上海市宣布加紧研究尽快切入元宇宙、北京市通州区出台《关于加快北京城市副中心元宇宙创新引领发展的八条措施》，等等。那么，到底什么是元宇宙？是人类文明的"终极问题"还是混淆骗局的资本炒作？各种概念甚嚣尘上之即，让我们一起来尝试做些思考，无论目标多么高远，都该脚踏实地从认知出发，在探索的过程中不断向前迈进。

一、元宇宙的概念认知

"四方上下曰宇，往古来今曰宙"，宇宙乃天地万物的总称，而哲学概念中，宇宙为"普遍、永恒的物质世界"。当我们在夜晚仰望星空，这个浩渺无垠的现实世界就是我们的宇宙。它从何而来、又去向哪里？作为一个已经存在了 46 亿年的星球上"刚刚"出现不久的物种，我们一直在试图对这个终极问题给出答案。在这个无法探究的现实世界之外，构建一个虚拟的宇宙。这个有可能和现实世界共生的虚拟世界又该如何去定义呢？又或许，如同 30 万年前的直立人面对这个现实世界一样的迷茫，不同的是，不会再需要 30 万年来认识它。元宇宙的出现，是基于若干成熟的数字技术演化而生，于我们而言，它不像个新生物种，更像自然条件发展到一个阶段会产生的进化结果。

"一千个人眼中就有一千个哈姆雷特"，元宇宙不同参与者以自我方式不断丰富着元宇宙定义，元宇宙特征和形态的可能性也在不断变化。元宇宙概念被各界热烈讨论，目前还无法得到一致答案，其实也没必要追求一致的答案：元宇宙是多元共存的，认识出发的视角不同，就会得到不同的、丰富多彩的产品形态。当然，在这个过程中也会存在一些共性问题，通过对这些共性问题的探讨，也可以勾画出现阶段元宇宙的一个大概轮廓、边界和概念。

让我们看看元宇宙与互联网的关系。一方面，大部分互联网公司认为元宇宙就是下一代互联网，也叫互联网 3.0（Web3.0）。互联网 3.0 时代，会将现阶段以语音、视频、二维图像、平台交互等方式联结的互联网扩展到虚拟世界的各个角落，其中以 AR（增强现实）、VR（虚拟现实）为基础的视频体验几乎能够在互联网任何场景感受三维体验，这对我们的视觉感知而言将是颠覆性的。基于此，谭平提出的"元宇宙是构建在 VR/AR 眼镜基础上的整个互联网"得到了业界大多数认可。之所以有这样的共识认知，主要源于互联网公司对

AR/VR 技术研发与演进的信心使得他们更关注元宇宙应用场景。这种沉浸式体验，将重塑人们对现实与虚拟的认知。另一方面，网络设备和通信设备研发与制造公司持不同看法。他们认为，人工智能、AR/VR、大数据、5G、边缘计算、区块链等数字技术的深度开发和延伸，所能够创造的虚拟现实将对人类社会存在方式带来颠覆式变革。在这种背景下，互联网将演变为信息社会多元化交互的一种辅助手段。人工智能、算法算力、区块链和智能通信的协同，以及所创造的智能社会将带来人类生产生活环境的质变，这才是元宇宙的核心。可以说，元宇宙是远远大于互联网应用范畴的整个社会形态。

元宇宙目前没有标准定义，元宇宙的概念早在 1992 年的科幻小说《雪崩》中就已经提出，并不是一个新概念。当前主流认知是元宇宙是一个数字世界、人类未来的数字化生存空间，是整合多种新技术而产生的新型虚实相融的数字文明。尽管游戏和社交网络平台是当前元宇宙的主要入口，但元宇宙并不等于游戏。元宇宙利用人工智能、大数据、区块链、数字孪生等技术在自然宇宙之外"创造"了一个平行的数字宇宙，拓展了人类宇宙概念，宇宙时空从自然时空"进化"为虚拟与现实的双重时空。可以明确的是，技术的拓展、数字世界的构建最终还会是以提高现实世界技术生产能力、推动社会形态演进、改善人类生活方式和质量为目标，这便是本书介绍产业元宇宙的初衷。

二、元宇宙的两大特性

真正认识一个事物的过程或许比较漫长，但通过探究它的特性从而加深认知是比较通行的做法，元宇宙也不例外。在这个过程中，首先认知到元宇宙在互联网发展进程中所具有的两大特性。元宇宙第一股 Roblox 在招股说明书中提出了著名的元宇宙八大特性：身份、社交、沉浸感、低延迟、多元化、随地性、经济和文明。本节则着重强调两点特性：沉浸感和去中心化。

（一）全真、沉浸式体验

目前以 AR、VR 眼镜为代表的沉浸式体验设备已经具备消费级能力，预计以 2023 年为起点，AR、VR 眼镜将逐步替代显示器、电视和手机等设备，掀起互联网革命的又一次浪潮。入口设备的改变代表着用户行为、使用习惯的改变，最终会反映到商业模式、市场格局、产业链乃至社会生产协同方式的转变。这种转变下旧有的基础设施、商业模式如何演化,以及需要构建哪些新的基础设施、商业模式,正是本书产业元宇宙部分的探讨范畴。

人的感官体验维度将在元宇宙中被重构。一个极端的例子是 1999 年上映的电影《黑客帝国》。电影描述了一个完全数字化的世界,人的一生都浸泡在充满营养液的浴缸中,通过脑机接口连接入一个由名为"矩阵"的人工智能创造的数字化世界。"矩阵"不仅能够全真地模拟人们的视觉、听觉、触觉、味觉等全部感官体验,还能够生成剧本、情节,意识处于"矩阵"中的人类无法意识到自己是处于一个由计算机模拟的世界中。《黑客帝国》描述的世界是全真互联网、沉浸式体验发展到极致阶段的景象。这种社会形态引发了诸多科技、社会、文化以至哲学层面的探讨和批判。元宇宙乐观主义者认为,元宇宙是传统互联网在时间性上达到突破的产物,全真体验将是元宇宙技术发展的主脉络;元宇宙悲观主义者则认为,元宇宙本质上是人类文明的一次内卷,著名科幻作家刘慈欣曾表示"人类的未来,要么是走向星际文明,要么就是常年沉迷在 VR 的虚拟世界中。如果人类在走向太空文明以前就实现了高度逼真的 VR 世界,这将是一场灾难","内卷的封闭系统的熵值总归是要趋于最大的。所以元宇宙最后就是引导人类走向死路一条"。

然而,简单地将元宇宙等价于高度逼真的 VR 世界、数字游戏是不太合适的。全真、沉浸式体验只是元宇宙的表现形式之一,而非本质。在后面的章节中我们会谈到,元宇宙的本质是信息传播效率、连接建立深度的一次升级,主要目标是实现数字世界和现实世界的融合,催生更加高效的产业新物种、新形态。例如以元宇宙核心技术之一——高精度物理仿真引擎为例,不只可以用于制作更精良的游戏,同样可以应用于提高汽车、飞机制造等实体产业的生产效率。元宇宙与各个产业的结合,能够大大拓展数字技术与产业结合的广度与深度,降低实体经济的创新成本和试错成本,提高现实世界的生产力和创造力。

(二)去中心化

我们今天所谈到的"Web3"的概念,是 2014 年由以太坊的联合创始人之一盖文·伍德(Gavin Wood)提出的。伍德认为 Web3 的定义很简单,"更少的信任、更多的真相"(Less trust,more truth)。当前互联网由中心化的服务提供商(如门户网站、社交网站)提供服务,个人数据使用的主导权在中心化服务商手中，用户只能选择"信任"服务商提供的是正直的服务。伍德指出，Web3"是构建在区块链上的去中心化的应用服务"，这些去中心化服务"是被全世界数百万人以透明的方式设计和完善的，允许任何人参与且无需将个人数据货币化"。

以区块链系统为基础设施，元宇宙的去中心化将会体现在三个方面。一是数字内容资产。元宇宙需要海量的数字内容支撑其场景和生态，而当前数字内容可被轻易复制的。构建元宇宙内容生态必须解决数据内容所有权问题，这就可使用公开透明的区块链技术来提供去中心化的版权标识服务，将数字内容资产化，明确数字内容的版权归属。二是数字交易。有了数字内容资产，相应地会诞生流通即交易需求。实现去中心化数字版权的流通就需要构建相应的去中心化交易系统。三是数字身份。去中心化的版权确认、交易系统，需统一的数字身份认证。建立在区块链上的数字身份则可以实现数字身份与现实身份的融合统一，实现跨平台、跨子元宇宙的互通互认。

三、元宇宙的发展方向

卡罗塔·佩雷斯在《技术变革与金融资本》中指出，长波中的标志性技术大致会经历导入期、转折点和展开期等阶段。在导入期，前浪潮的技术衰减与新浪潮的技术革新并行，随后进入转折点，最后进入发展期，在发展期新技术主导经济社会发展。

人类社会的发展始终围绕现实世界与数字世界两个轴线，二者相辅相成，在某种状态下又相克相生，元宇宙的核心价值也将植根于此。围绕两个主轴发展，提升现实世界发展的效率，丰富数字世界发展的空间，以数实相融的两条路径逐步融合发展，最终形成闭环生态。从这个视角理解元宇宙的发展方向，不外乎两个，一是由实向虚，一是由虚向实。

（一）由实向虚，提高现实世界感受及效率实现

基于数字世界对于现实世界的模仿，通过构建沉浸式数字体验，增强现实生活的数字体验，强调实现真实体验的数字化。移动互联时代通过文字、图片、视频等形式建立二维数字世界，而在元宇宙时代，真实的物理世界将在数字世界中得以三维重建，建立完全数字化的平行世界。平行世界通过数字化的

虚拟体验，实现增强现实，丰富对物理世界的感受，沉浸式购物、沉浸式会议将很快进入个体消费者的视野。平行世界不会停留在对现实世界模仿中，而会再创造、超脱甚至自我衍生。例如一些游戏公司开发的虚拟形象已可在与玩家的交互过程中自我进化，一些电影、文创公司如美国著名流媒体公司网飞（Netflix）也在开发可以自我生成情节的电影技术，为相关文娱产业带来新的价值点。

（二）由虚向实，创造全新的消费或生产场景实现

元宇宙不仅仅形成了独立于现实世界的价值体系，对现实世界还会产生反向影响。在产业领域，通过各行各业在数字化上的布局和改造，实现数字仿真能力的广泛使用，提高物理世界的效率。例如大型机械设备的制造生产，三维仿真模拟将从创意、设计、研发、制造、安装调试、售后维护等全链路缩短调试流程、改善制作工艺，更能指数级地降低试验阶段的试错成本，提升企业的创新能力。

总的来说，元宇宙不是简单的数字游戏，未来社会的构成模式是"线上＋线下""数字＋现实"，虚实相生、虚实融合，如同万事万物同具的阴阳属性，浑然一体。

四、元宇宙的演进进程

尽管元宇宙的概念早在 1992 年小说《雪崩》中就已经提出，但随着 2016 年消费级的 VR（虚拟现实）、AR（增强现实）设备逐渐投入市场，元宇宙行业才正式进入萌芽阶段。多元融合、依托现有产业基础自下而上的发展与融合是元宇宙演进进程的趋势。在起步期，预期会形成以各行业为核心的分散化、多中心的小生态体系，之后这些小生态之间将逐步打通数据与标准实现融合。而成熟期后的元宇宙同样会充满各种不确定性。不同机构对元宇宙演进进程有不同划分方法，德勤公司划分方法在业内具有较高认同，德勤公司认为，元宇宙可分为萌芽期、起步期、发展期、终局阶段。

萌芽期。2016 年至 2020 年，元宇宙的概念尚未广泛流行，但是不同行业都在持续尝试线上化、数字化与虚拟化。这些可以被认为是元宇宙的雏形。其中产业领域，构建数字化、线上化、搭建部分仿真场景成为主要应用模式。消费

领域实现了 2D 虚拟体验。

起步期。2021 年至 2030 年，各行各业通过线上化、数字化与虚拟化的深入应用及技术沉淀，实现以单一行业为基础的独立元宇宙，元宇宙分散化、多中心小生态的阶段出现。技术布局上，核心需要实现平台基础设施与关键连接设备的开发，如 XR 设备。

发展期。目前预测自 2031 年开始，各行业独立中心的小生态开始实现数据打通，相互整合。元宇宙将会出现跨平台、跨行业的生态互通及融合。统一的数据标准，支付体系与身份认证是实现这一阶段的关键。实体经济领域，可能形成工业元宇宙、智慧社区与交通为基础的城市区域管理元宇宙等。数字经济领域，则可能会构建出完整的虚拟生活场景及内容，实现多个平台虚拟资产及信息的交流共享。

终局。与人类历史上任何技术发展一样，元宇宙也将迎接最后的终局，走到终点时，人类渴望能够实现虚实相生的美好愿景，渴望通过"数字移民"实现现实世界中无法企及的梦想，渴望自己的生命不只这一世，渴望……所有这些渴望也许如同原始人在一场大醉造成的幻觉，不同的是，我们现在有了可实现的机会，通过元宇宙技术实现数实融合、大幅提升现实世界的生产力、构建更加公平高效的生产关系，这场美好的愿景或可实现。

第二节　产业元宇宙的概念、特点与影响

产业元宇宙将打破数字世界和现实世界间的壁垒、构建将数字能力引入到现实世界的接口、实现数实（指数字世界与实体世界）深度融合。产业元宇宙的本质是信息传播效率与程度的升级，其在实体经济中的广泛应用，不只能够降本增效、缩减企业的研发和试错成本，更加能够增强企业的创新能力、激发实体经济活力，从而深刻改变人类社会的生产、分配和生活方式。

本节先简明扼要地抛出产业元宇宙的相关概念，先为读者建立一个宏观的感性认识，在后续章节中结合实际案例进行详细解读。

一、产业元宇宙概念

（一）定义

任何技术创新都需要一套完整的生态系统和基础设施提供支撑，元宇宙也是无法独立创造价值的，需要通过与产业深度结合，既包括与游戏、文化、创意等数字产业结合，也包括与实体产业结合，才能释放巨大价值。

步入元宇宙时代，面对的是一个数字世界与现实世界融合的世界，未来实体产业与数字产业的边界将变得愈发模糊，表现为：（1）实体产业需构建大量的数字世界内容来提升效率，例如构建数字工厂模型。（2）数字产业需要构建现实世界的多元入口来提升服务体验，例如设置娱乐机器人。本书提出产业元宇宙的概念，希望通过研究元宇宙与产业融合、数字世界与现实世界融合的范式来探讨元宇宙对产业划分、产业结构、组织形式、生产和分配方式等要素带来的新变化、提出的新需求、创造的新价值，进而找到元宇宙时代供给和需求的结构化错层，发掘其中孕育的巨大机会。

从实体经济数字化进程的角度看，产业元宇宙可以看成是在工业互联网、产业互联网基础上的又一次数字化升级，是数实融生时代基于模型企业（Model-Based Enterprise, MBE）标准的进一步延伸：工业互联网关注的是对某一家企业内部排产制造流程的数字化，产业元宇宙关注的是构建在元宇宙内容供应链基础上的跨行业、跨产业链的商业模式和协同生态，体现在制造业将是

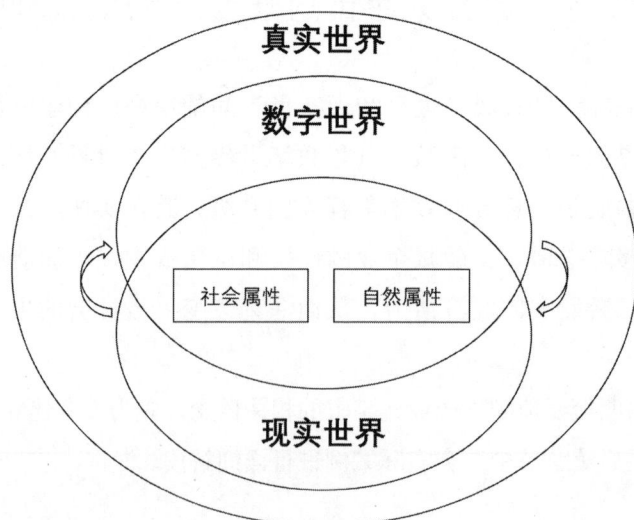

一个基于全连接、分布式的新型制造服务范式。后文中会谈到，元宇宙将诞生海量数字内容，这些数字内容的本质是跨行业、跨产业链的知识积累、传播和复用，我们认为未来会诞生一条元宇宙内容供应链贯穿数字经济和实体经济的创意、设计、研发到制造、销售、履约等全流程，改变整个供应链的次序和结构，诞生全新的商业模式，催生跨行业、跨产业链协同创新的新业态。

产业元宇宙是使用数字技术对现实世界中的社会属性和自然属性进行重构和再创造的能力集合，主要目标是构建引入数字能力到现实世界、实体经济的接口，打破虚实边界，实现数字世界与现实世界的深度融合。因此产业元宇宙是元宇宙的超集，可以看成是产业 + 元宇宙、元宇宙 + N，这里 N 指的是多种产业，例如消费端的游戏产业、文创产业，供给端的制造产业、建筑产业。

产业元宇宙既能够用于构建数字世界，也能够帮助实体企业高效、经济地模拟现实世界从而更好地作出决策，是实体企业实现硬科技转型的新型发现工具、效率工具和创造工具。未来的真实世界是由现实世界和数字世界共同构成的，数字产业和实体产业都需要同时对数字世界和现实世界提供服务。产业元宇宙将极大扩展以泛人工智能为代表的数字技术与产业结合的广度与深度，通过数字模型实现知识经验的沉淀积累和无差别共享，进而重构产业链分工协作机制，成为实体经济的重要组成部分。

（二）构成要素

1.入口能力

构建产业元宇宙，首先需要打通入口建立现实世界的信息到数字世界的映

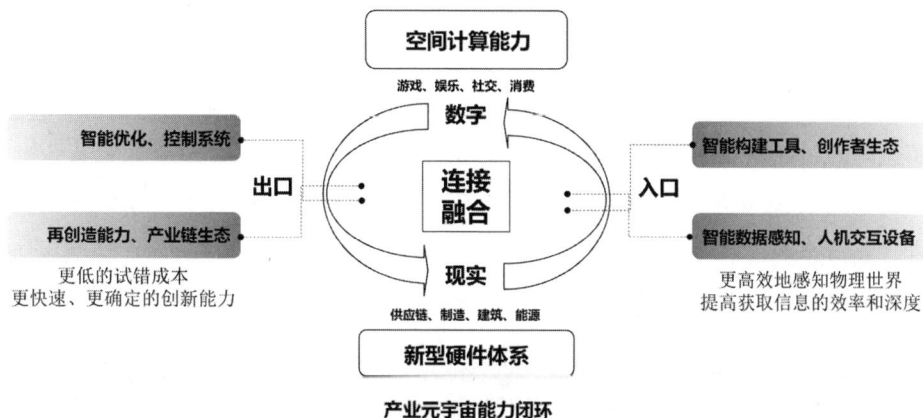

产业元宇宙能力闭环

射。入口既包括"物"的入口，例如收集现实世界各种数据的物联网设备、传感器，也包括"人"的入口，例如 AR/VR/MR 眼镜、柔性电子织物、脑机接口等新型人机交互设备。因此，先进的数字基础设施、高度的信息化能力是产业元宇宙成熟的基础保障。值得注意的是，产业元宇宙的建立需要以庞大的数字模型、数字内容体量为前提，需要全社会、全产业链的共同参与。入口的构建还需要提供一系列低学习门槛的数字模型构建工具，以及相应的创作者生态，为数字世界源源不断地制作、丰富内容，拓宽产业元宇宙的边界。元宇宙的内容创作生态与现实世界的信息化程度同等重要。

2. 空间计算能力

空间计算能力是构建数字世界的基础能力，包括渲染能力和仿真能力等。入口为数字世界提供了源源不断的输入数据、模型，而数字世界则需要有能力还原这些数据、模型的自然属性（例如反光、材质、弹性等物理性质）以及社会属性（例如物与物的关系、人与物的关系、人与人的关系等），并在还原的基础上进行再创造。数字世界需要理解这些自然属性背后的物理机理、社会属性背后的知识图谱，进而获得对这些信息进行加工、再创造的能力：小到生成一个符合中国古代礼仪文化的书房场景，大到仿真风洞（以人工方式产生并控制气流来模拟飞行器或实体周围气体流动）评估一架飞机模型的飞行性能。通过再创造的过程，数字世界不仅能够对现实世界进行精准描述，还能为用户创造新的体验、提供新的价值。

3. 出口能力

产业元宇宙是数字世界到现实世界信息流通反馈的双向闭环，不只能够在数字世界中进行再创造，还需要把创造的成果输出回现实世界，在现实世界完成再创造过程的闭环。构建出口能力需积累产业元宇宙的智能优化能力和对现实世界的再创造能力，通过产业生态把优化结果在现实世界落地融合。

例如前文飞机制造的例子，通过在数字世界中进行低成本、高效率的仿真，制造企业可对飞机制造的设计图纸、工艺流程进行优化，从而大幅减少实际生产过程中的调优试错环节和降低物料成本，同时提升企业的创新能力。未来实体经济对数字世界的依赖程度将快速提升，其设计研发活动将向数字世界快速大规模迁移，甚至实体产业的主要活动是在数字世界中完成的，实体产业与数字产业的边界将进一步模糊。

值得指出的是，不只实体产业需要出口能力，游戏、文创等数字产业同样需要出口能力。以《宝可梦 Go》游戏为例，这是一款基于手机的 AR 游戏，玩家可以通过智能手机在现实世界里发现宠物小精灵，进行抓捕和战斗。该游戏曾获得五项吉尼斯世界纪录认证，被认定为"上线一个月以来收益最多的手游""最快取得 1 亿美元收益的手游（耗时 20 天）"。产业元宇宙通过融合数字世界与现实世界，扩展了数字产业的内涵和外延，能为用户在更多环节、场景，以更多元的形式释放更大价值。

4. 新型硬件体系

数字创造能力的提升对现实世界的硬件性能提出更高要求。产业元宇宙在现实世界的主题是开发新型硬件设备，提供满足定制化、柔性需求的生产制造能力，通过研发新材料、新工艺、新设备，构建新型硬件体系，加强现实世界对数字解决方案的硬件承载能力。新型硬件体系将无缝连接数字世界和现实世界，随着产业元宇宙、人工智能自主创造能力的发展以及新型硬件设备承载能力的提升，将延展泛人工智能技术在产业落地中的深度和广度，释放巨大的发现力和创造力，催生新业态、新产业，带来社会总体生产力跃迁式发展。

二、产业元宇宙特点

（一）数实融合：多端入口、多元形态

当前元宇宙一大观点是元宇宙就是一个数字化的世界，用户通过 AR（增强现实）、VR（虚拟现实）、气动手套甚至脑机接口等新型硬件端口、交互式设备进入数字世界，并在其中完成游戏、社交、娱乐等活动。

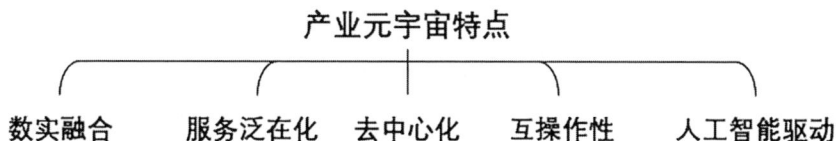

产业元宇宙特点

数实融合　　服务泛在化　　去中心化　　互操作性　　人工智能驱动

放飞想象，会发现元宇宙的表现形式会升级为一种数字世界和现实世界的叠加。移动互联网时代，手机是主入口，而元宇宙时代入口是多端的、与真

实世界建立连接方式多元的，并没有统一入口。未来除了 AR、VR 等头显设备，其他带有可显示、交互功能的设备，例如可穿戴织物、智能物联网硬件，以及搭载元宇宙地图、角色的服务型机器人，都可成为入口。设备，甚至整个场景，小到家庭场景、办公室场景，大到整个购物中心，都可成为元宇宙入口。元宇宙不是脱离现实世界独立存在的，而是通过深度融合数字世界和现实世界，把数字世界创造出的生产力进一步具象化，在现实世界的基础上进行叠加，进一步加强对现实世界的改造力、创造力。

此外，数字产业和实体产业进一步多元化融合，区分数字和现实的边界也将进一步模糊甚至消弭。游戏的本质是多模态、可交互的实时内容，是一种更加高效的信息传播媒介，而产业元宇宙时代各产业的生产协作方式可能将"弱游戏化"。一个技术趋势是，游戏的仿真建模引擎和工业设计的仿真建模引擎开始融合。这里的代表是 unity 作为游戏引擎，开始推出工业数字孪生解决方案；英伟达的 omniverse，之前被宝马用于工业数字孪生，也推出了一系列数字人、游戏内容生成等产品。从技术角度看，元宇宙的游戏引擎，跟工业数字孪生的建模仿真渲染引擎有非常大的底层技术重叠度，工业界积累的建模、渲染、仿真、优化能力，未来可以切入 ToC 市场（面向大众的市场），有潜力迎来市场规模、成长空间的爆发式增长。这也证明在产业元宇宙时代的变革到来时各个行业的内涵和外延都将发生变化，既有实体产业生产能力又有数字产业技术能力的多元化企业将成为新常态。

如前所述，产业元宇宙时代供应链的结构和次序都将发生变化，未来实体商品的生产、流通可能主要在数字世界中完成，数字产品的作用域可能通过柔性电子织物、服务机器人等新型硬件设备延展到现实世界。产业元宇宙将实现数字世界与现实世界、全产业链深度融合、协同优化。

（二）服务泛在化

产业元宇宙时代数实融合、多端入口的多元形态，一个最直接的影响就是服务泛在化。当前的数字服务是与入口场景绑定的：特定的服务只会在特定情境下才会触发，例如用户打开电商 APP 购物、打开社交 APP 扫码等。元宇宙时代，随着入口设备多端、多元化发展，例如 AR 眼镜可能成为用户全时段使用设备，服务可能在任何时间、任何环节、任何地点、任何情景下被触发。因此元宇宙时代服务会泛在化，服务提供商则需要具备理解用户所处的实时情景（即对 3D 环境的感知能力），并根据实时情景个性化生成内容的能力。

以零售业为例，零售将会进入泛在零售新时代。零售服务是人、货、场的匹配，零售元宇宙则是围绕人、货、场全场景，使用元宇宙技术实现用户成本、效率、体验的极致优化。以数字内容打造泛在零售卖场为例，随着用户入口设备由移动端迁移到 AR 眼镜端，用户行为和使用习惯都会发生颠覆式变化。元宇宙时代是多端入口、多场景入口的，购物这一行为不是只有用户拿起手机才能发生、进入超市才能发生，购物行为可能在任何环节、任何地点、任何情景下随时被触发，零售将进入数实融合、以虚助实的泛在时代。

用户行为、使用习惯的变化就会带来商业逻辑的改变。例如电商核心的搜推算法。当前的搜推算法是以消费者的用户画像、购买习惯为输入的，而元宇宙时代搜推算法还需要结合消费者所处的场景，以人工智能生成内容（AI Generated Content, AIGC）能力为核心，实现实时场景下的搜推和千人千面的个性化内容生成。例如买一瓶酸奶，女生拿起酸奶，实时个性化生成的内容着重展示酸奶的美容功效 / 胶原蛋白成分；男生拿起酸奶，生成的内容着重展示酸奶的增肌减脂功效 / 蛋白质含量；孩子拿起酸奶，生成的内容则是一个 AR 游戏；老人拿起酸奶，生成的内容着重展示大字号的价格、折扣、保质期。以此类推，通过实时场景搜推算法，零售元宇宙将为用户减小时间和选择成本，带来极致的效率与体验。

千身千面、实时情境下的搜推能力能够覆盖消费者全场景，构建沉浸式真实感数字世界购物平台，助力售前决策、提高流量转化。对于商家而言，也将重构现有购物场业态，以数字折叠的方式，实现一场多用，大大提升坪效，实现以虚助实。零售元宇宙将重构人与场的关系，打造数实融合、以虚助实的泛在零售新形态。

（三）去中心化的数字化进程

基于前两点特性，元宇宙时代的数字化进程将是去中心化的，数字化的速度、覆盖的范围都将极大提升。随着软件算法和硬件设备成本的降低、能力的提升，人类社会的数字化进程将以全民、全社会、去中心化的形式指数级加速。

　　软件算法层面，元宇宙时代必然诞生海量的内容需求，就需要以人工智能生成内容技术 AIGC 为核心，降低内容创作的门槛。正如抖音的视频编辑器降低了短视频制作门槛，AIGC 低代码内容制作工具让内容创作不再是"专家"的事，而是每个人都可以切身参与的、随时随地可以将身边的任何物体、任何社会关系数字化展现，将催生海量去中心化的创作者生态。

　　AIGC 的一个划时代技术突破是多模态大模型的出现。2022 年 4 月，著名人工智能公司 OpenAI 发布了一个具有 35 亿超大参数量的新一代多模态大模型，DALL·E 2 可以基于一段语言文字描述，直接生成对应的图像，并且还能够根据用户的指令，在已有图片中添加和删除对应的元素。令人惊叹的是 DALL·E 2 对物体、物理属性、社会属性等抽象概念的理解深度，以 OpenAI 官网博客中的生成火烈鸟案例为例：该案例展示了一个带室内游泳池的豪宅图片，用户在图片中选择了三个位置，命令 DALL·E 2 根据不同位置所处的环境，在原有图片基础上添加火烈鸟主题的新元素。(1) 在室内地板上，DALL·E 2 生成了一个火烈鸟形状的游泳圈，令人印象深刻的是，游泳圈的阴影、光线反射、材质、纹理等物理细节与周围环境融为一体，这说明 DALL·E 2 已经对光影的物理定律有了精确的理解。(2) 在水面上，DALL·E 2 生成了一个浮在水面上的火烈鸟形状的游泳圈，这个例子不可思议之处在于，这说明 DALL·E 2 已经完全能够理解游泳圈的使用方法（在水上使用）、游泳圈和水的关系及使用方法(可以浮在水面上)、水的物理性质(有浮力，甚至有倒影)。(3) 在室外，神奇的是 DALL·E 2 生成的不再是火烈鸟形状的游泳圈，而是两只真实的火烈鸟，这说明 DALL·E 2 已经理解了房屋的使用方法、人类社会对房屋、宠物的社会关系的定义。这三个例子说明，DALL·E 2 已经具备了理解物体之间的关系、物理属性、高度抽象概念甚至社会文化概念的能力。

　　之前人工智能的主要缺陷就是对抽象概念的理解能力、联想能力和创造能力，而以 DALL·E 2 为代表的多模态、大模型，近期在这三大能力上取得的突破性进展：例如谷歌提出的一个大型语言模型 PaLM，在多语言任务和代码生成方面具有强大的能力，可以出色地完成笑话解读、bug 修复、从表情符号中猜电影等语言、代码任务。此外，京东探索研究院的自然语言处理模型——织女模型 Vega v1 在国际权威通用语言理解评估基准（GLUE）中以总平均分 91.3 荣登榜首，人工智能在情感分析任务 SST（The Stanford Sentiment Treebank）和指代消解任务 WNLI（Winograd NLI）两项挑战性任务中首次超越人类表现；提出的视觉模型——ViTAEv2 模型在 ImageNet Real 数据集达到了 91.2% 的分类准确度，排名世界第一，可以广泛应用于目标检测、语义分割、姿态估计、人像抠图、场景文字检测和识别、遥感分析等领域，并取得了一系列进展；多模态融合生成模型——Muses 可以在给定简单的场景布局类别后，生成真实的场景图像，不止如此，多模态输入融合的能力让 Muses 能够理解不同模态输入并将它们组合起来，通过简单的线条勾勒抑或是笔刷的涂抹，再加上一句简单的文字描述，便可以生成内容丰富、细腻真实的场景。多模态大模型领域的突破性进展可能带来的内容创作、生产方式的颠覆，足以引起各行各业的高度关注。

例如 CAD、CAE 等工业设计软件行业。工业设计软件技术门槛高，主要是由于背后的物理机理引擎需要基于大量物理学家的手工建模、需要大量的实践沉淀。然而 AIGC 能力的提升，使得设计软件不再需要物理学家对物理现象的方程描绘，而是能够直接从搜集到的数据中自动拟合物理机理，从而极大扩展物理引擎能够应用的场景、极大降低 CAD、CAE 软件的开发门槛和成本，支撑海量的去中心化创作者生态。

硬件设备层面，以 AR、VR 眼镜为代表的全真入口设备即将成熟，随着消费级设备的出现，数字化进程即将在 2023 年掀起巨变。随着硬件设备的成本降低、用户普及，未来每个人都可以是内容创作者、每个场景和事物都有被数字化的机会。移动互联网时代，数字化进程仍然是高度中心化的，元宇宙时代，数字化进程是去中心化的，AIGC 的发展和硬件设备的普及将极大扩展现实世界数字化的广度和深度，为数实融合的新业态奠定数据、用户和应用基础。

（四）互操作性：互联互通、共享共建的内容生态体系

内容生态体系是元宇宙的核心价值体系。如前所述，元宇宙的本质是信息传播效率和深度的升级，直接原因是内容制作成本的降低和分发效率的提升。低使用门槛的内容制作工具是内容生态体系构建的技术基础，高效率的内容分

发算法则提供了元宇宙海量内容的消化能力，实现内容到用户的精准触达。围绕在二者之上，则需要建立互联互通、共享共建的创作者生态、内容生态体系。

元宇宙建立的基础是海量的数字模型和内容体量，需要全社会、全产业链规模的共同参与，通过生态效应重构并激活生产关系。元宇宙不可能由一家企业或机构独立建成，也不可能由一个平台统一支撑，而是形成去中心化的多个"子宇宙""子系统"生态体系。元宇宙数字资产是实现知识经验沉淀、积累、传播和复用的基石。不同的元宇宙系统、子宇宙，要建立在统一的生态协议、标准之上实现互联互通，增强数据资产的互操作性。元宇宙时代，人类社会将诞生全行业、全社会协同发展的新型生态体系，深刻改变人类生产和生活方式。

（五）人工智能驱动

人工智能是元宇宙的驱动引擎，从入口侧大数据的搜集分析、三维模型的扫描构建、低门槛内容制作工具的研发设计、内容创作生态的搭建运营；到空间计算能力中的渲染、仿真算法；再到出口侧的优化能力、控制能力和内容生成能力；最后到新型硬件体系的硬件承载力提升，人工智能打造了贯穿元宇宙能力的闭环。这些环节涉及海量规模的数据处理、决策优化和内容生成，无法完全由人力胜任，底层能力都依靠人工智能支撑。人工智能是建立数字与现实世界间的闭环连接，将现实世界中的信息"引入"到元宇宙中，在数字世界中仿真优化，再部署回现实世界提升现实世界生产力的基础能力。一定程度上来说，人工智能的发展水平决定元宇宙可应用的广度和深度。

以人工智能生成内容技术 AIGC（AI Generated Content）为例。当前绝大多数 3D 模型、动画和交互内容是由 3D 艺术家、建模师、动画绑定师、软件工程师手工设计与渲染出来的，制作周期长、成本高昂，无法提供实时、大规模个性化的内容生成。而元宇宙时代，数字世界中的元素需要具备：（1）实时交互、反馈的能力。与传统互联网时代用户只能被动地体验开发者预先设定的内容、情节不同，元宇宙的用户将会主动、积极地与数字人、数字元素进行交互，产生大量实时交互需求。交互的对象是动态的、实时反馈的，人们才能在元宇宙中有身临其境的感受。（2）个性化内容生成的能力。传统互联网时代，多媒体内容例如视频、电影、游戏情节是千人一面的，无法满足不同层次消费者的多元化需求。元宇宙时代，数字世界将以个性化互动地形式做到千人千面。例如美国著名流媒体平台网飞公司（Netflix）就提供了交互式电影，让观众在观影过程中能够参与剧情走向，每个人的观影过程都能享受不同的、千人千面的个性化观影体验。元宇宙时代，AIGC将大幅替代人力，成为内容创作的主要形式，通过运用强大的算力实时满足海量用户的内容需求，对文创行业的变化发展带来深远影响。

三、产业元宇宙影响

（一）重塑人类认识世界和改造世界的能力

在产业元宇宙中，物理机理、人类社会行为能够在元宇宙中以统一的语义空间进行表达。通过互联互通、共享共建的内容生态体系，产业元宇宙将极大提升知识沉淀、传播和复用的效率，重塑生产制造模式、服务模式、商业模式，催生新业态、新产业，人类社会将诞生全行业、全社会协同发展的新型生态体系，从而深刻改变人类认识和改造世界的能力。

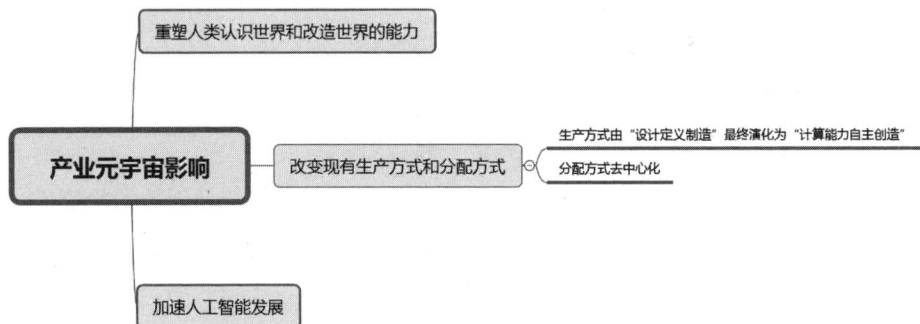

```
                    重塑人类认识世界和改造世界的能力

                                              生产方式由"设计定义制造"最终演化为"计算能力自主创造"
产业元宇宙影响     改变现有生产方式和分配方式
                                              分配方式去中心化

                    加速人工智能发展
```

（二）改变现有生产方式和分配方式

产业元宇宙技术的广泛应用，将延展泛人工智能技术在产业落地的深度和广度，加速技术与产业的深度融合，对现有生产方式、分配方式带来颠覆式影响。

1.生产方式将由"设计定义制造"，转变为"需求定义制造"，最终演化为"计算能力自主创造"

（1）数实融合的生产范式。从出口侧来看，元宇宙与产业的结合将改变实体经济的生产方式。传统实体经济，需要在现实世界中设计、试错、完成产品迭代升级，设计研发过程物料、时间成本高昂。而产业元宇宙时代，实体经济的创意、设计、研发、制造过程，将转变为现实—数字世界的双向迭代：产业元宇宙构建的数字世界具备物理正确性，可作为实体行业的虚拟试验场，实体企业可以将实际应用场景在产业元宇宙中重构，从而将现实世界中的问题映射进虚拟世界，再利用强大算力，低成本、高效率在虚拟世界中寻找解决方案，将最优解部署回现实世界，大幅削减产品的升级、创新成本。

（2）全链路的优化范式。以制造业为例，传统制造业环节冗长，互相割裂，只能针对单一环节进行单点优化。例如汽车行业生产流水线平均涉及100多道工序、200多个专业软件，这些软件之间格式互不兼容，只能针对单个环节进行单点优化，无法进行全链路优化。因生产线有很强的木桶效应，单个节点效率的提升并不能保证全链路生产效率的提升。产业元宇宙以其强大、丰富的信息表达能力，能够使全链路的产品、流程信息在产业元宇宙中以统一形式进行表达，产业元宇宙在实体经济中的广泛应用，将打破数据孤岛，实现各环节信息的无缝对接，将单点优化范式转型升级为全链路的协同优化，将生产效率的短板效应限制转变为生产效率的指数级增长。

2. 分配方式将实现去中心化，劳动分配将由所有权驱动转变为使用权驱动、数据驱动。效率和公平性将得到进一步提升

分配方式的去中心化，削减了劳动成果的流通成本，劳动创造的价值进一步向生产者和消费者倾斜。分配方式效率的提升将刺激元宇宙内容生态体系的繁荣发展，为元宇宙时代的全行业协同提供坚实的利益分配基础。以艺术家分配方式为例。传统作品艺术家只能通过一级市场(由艺术家销售给第一个买家)赚取收益，而后续艺术品在二级市场（后续在买家之间的交易）期间交易的价格则与艺术家无关，艺术家无法享受其艺术品升值的收益。但通过把二级市场分成比例写入NFT（非同质化代币）合同，艺术家可以永久地在二级市场上获得其作品二次出售价格的一定百分比分成。假设艺术家在艺术品的首次拍卖中获得了80%的收益，通过将条款写入NFT合约，后续艺术品的二次流通中艺术家仍然可以获得每笔交易的10%作为收益。因此艺术家有权利参与其劳动在价值和交易量增长过程的价值分配，甚至还可世代相传。

（三）加速人工智能发展

当前人工智能的主流学习范式是监督学习、自监督学习和无监督学习，核心都需要开发人员搜集甚至是标注数据集，人工智能算法只能从有限数据集学习人类预设好的信息。这种学习范式极大限制了人工智能可应用的广度和深度：（1）从可行性、成本和伦理的角度而言，大量的数据是无法收集的。例如开发一个自动驾驶算法，研究人员肯定需要了解算法在各种危险环境中的驾驶表现。然而仅凭借收集训练数据目的而命令驾驶员主动进行危险驾驶行为并不符合伦理、公众道德，在现实世界中不可行。（2）数据标注成本、知识壁垒极高，大量应用情景中的数据甚至无法标注。例如股市数据标注买卖时机，即使专业投资人面对股市历史数据，不同投资人、不同投资策略也会对买卖时机有不同的判断，并不存在一个绝对正确的买卖时机。现实世界中，存在大量即使行业专家也难以标注的应用场景。

产业元宇宙时代将会改变人工智能的学习范式。

（1）使用数字世界生成模拟数据训练人工智能，再在真实数据集上调优。通过构建一个具备自然属性、社会属性正确性的数字世界，研究人员不再需要耗费大量成本从真实世界中搜集数据集，而是可以通过数字世界生成大量模拟情景。例如上文中自动驾驶的例子，可以在数字世界中以极低成本模拟海量交通事故场景用于训练自动驾驶算法，极大提高自动驾驶算法的安全性。

（2）强化学习范式成为人工智能主要学习范式。与监督学习等范式从数据集中学习知识不同，强化学习通过构建一个智能体，让智能体像人一样在与世界交互的过程中通过总结成功和失败的经验教训进行主动学习，这也是目前被认为最有可能通向通用人工智能的学习范式。例如上文中股票交易的例子，人工智能无须学习历史数据中的买卖时机，而是可以通过在模拟交易中作出买卖决策、观察盈亏，自主地发现经济规律、总结交易原理。

（3）实现学习统计相关性到学习因果关系的飞跃。当前人工智能理论建立在大数据、概率的基础之上。但由于收集数据时存在的偏差，数据集中可能存在诸多统计谬误，人工智能学习到的只是统计上的相关性，难以从数据集中学习到因果关系。例如股市数据集中可能90%的时间股市上涨的时刻都是晴天，人工智能很容易混淆相关性和因果性，得到晴天是股市上涨的原因的结论。现实世界瞬息万变，人工智能难以通过重复可控变量的实验来验证因果关系。但在数字世界中，理论上所有环境因素都可被重置，人工智能可通过控制变量、反事实推断等方法，在数字世界中"尽情"学习因果关系。因果关系的学习将大大提升人工智能的泛化能力、智能程度，有可能促成人工智能的下一次飞跃。

第三节　产业元宇宙变化发展的底层逻辑

本节将尝试探讨元宇宙变化发展的底层逻辑，基于马克思主义认识论、辩证唯物主义、历史唯物主义的思考框架，尝试探究一些基本问题：元宇宙的现象与本质是什么？元宇宙变化发展的内因、外因是什么？元宇宙将会对生产、生活方式产生怎样的影响？

通过分析元宇宙的本质，希望探讨元宇宙变化发展过程中的不确定性与确定性，通过总结历史经验、提取规律，应对面向未来的决策与挑战。通过内外因的分析，进一步探讨元宇宙的发展趋势和时机。基于前两点分析，本节以零

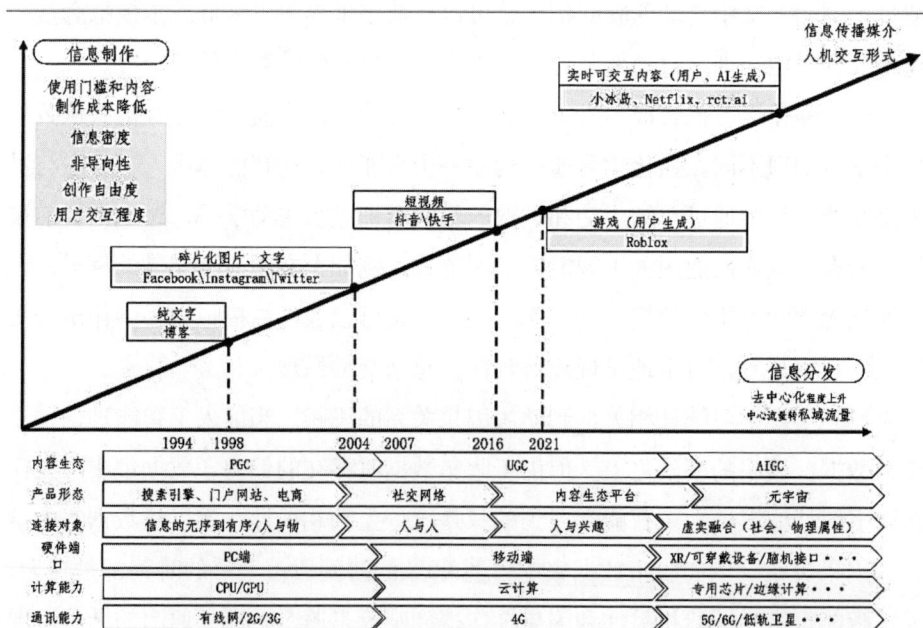

	1994	1998	2004	2007	2016	2021
内容生态	PGC		UGC			AIGC
产品形态	搜索引擎、门户网站、电商		社交网络	内容生态平台		元宇宙
连接对象	信息的无序到有序/人与物		人与人	人与兴趣		虚实融合（社会、物理属性）
硬件端口	PC端		移动端		XR/可穿戴设备/脑机接口····	
计算能力	CPU/GPU		云计算		专用芯片/边缘计算···	
通讯能力	有线网/2G/3G		4G		5G/6G/低轨卫星···	

售为核心脉络，探讨元宇宙对未来生产、生活方式（包括但不限于用户行为习惯、商品内涵外延、品牌、渠道、供应链、柔性制造等因素）的影响。基于这些基本认识，后续章节会结合实际商业案例，进一步拆解产业元宇宙的价值链分层和核心赛道，为决策提供分析框架和工具。

一、产业元宇宙的本质：连接建立效率的提升与程度的加深

"见出以知入，观往以知来"，通过研究信息技术变迁的历史来透过现象看本质。现象常常是模糊的、易变的、碎片化的，它的复杂度是无穷无尽的。元宇宙是信息技术创新的总和，就更需穿透现象的纷繁复杂探究元宇宙背后的本质。研究事物的本质，需搜集、研究丰富的感性认识材料，将感性认识上升为理性认识，从不确定性中寻找确定性。尽管技术迭代的时间节点和方式常常可能伴随着天才的创意和意外的惊喜，通过长期跟踪信息技术变化发展的历史痕迹，依然有希望从中找到一条明显的主线。

信息技术发展背后的本质是连接建立效率的提升与程度的加深。从古至今，人类社会的发展始终伴随对信息传递、连接建立的不懈追求。从人类发明书信开始"修驿道、设郡县"，信息开始沿着"十里一亭，三十里一驿"在驰道马背上翻山越岭。以电磁理论突破为标志，信息的传递从真实世界的千山万水，进入了数字世界中的瞬息即至。1844 年美国科学家塞约尔·莫尔斯利用电磁式电报机拍发了第一封电报，从此人类进入了长距离通信时代；1876 年贝尔发明电话，通过电磁感应完成声波和电信号之间的转换，打开了连接数字世界和物理世界的接口。至此之后，信息技术代际更迭的影响进一步加深，1906年费森顿教授在匹兹堡采用外差法实现了历史上首次无线电广播，1925 年苏格兰人约翰·洛吉·贝尔德发明了第一个半机械式模拟电视系统，20 世纪 70年代美国国防部建立的"阿帕网"（ARPANET）标志现代计算机网络的诞生，1983 年 TCP/IP（传输控制协议/网际协议）开始成为通用协议最终发展为现代因特网，2007 年乔布斯发布第一代苹果手机正式掀起移动互联网的序幕，2021 年 Roblox（一家游戏公司）上市掀起元宇宙概念的狂热，等等，在人类文明发展的长卷上，每一次信息技术的代际更迭都会对商业格局乃至社会形态留下深刻烙印。

　　让我们把目光聚焦在互联网时代，分析信息技术的更迭对连接建立效率、程度和商业模式的影响。因特网和入口设备例如电脑、手机的普及指数级提升了人类建立连接的效率。20世纪90年代，门户网站和搜索引擎的出现推动了信息由无序到有序的变化，门户网站通过人工收录网址为用户提供分类目录，用户被动接受已经被整理好的信息。随着互联网内容的爆发，面对浩如烟海的信息，人类传统找信息方式显得力不从心了，搜索引擎的出现使得用户掌握获取信息的主动权，在一个小小的检索框中自由洒脱检索所需信息，大大提升了人与信息建立连接的效率。

　　信息技术的代际更迭不只提高建立连接的效率，同时还伴随着连接程度的加深，以及由此引发的商业模式、社会形态转变。伴随移动互联网时代的到来，新的商业模式快速兴起，社交网络建立了人与人的连接，电商平台如京东建立了人与商品的链接，本地服务平台如美团、58同城建立了人与服务的连接。以人工智能为技术底座的千人千面、搜索推荐技术与互联网产品的结合，进一步加深连接建立的程度，今日头条、抖音通过强大推荐算法，用户提供感兴趣的个性化内容，建立信息和兴趣间的链接。拼多多、小红书等应用通过强大的大数据、产品运营能力，改变了"人找货"模式，创造了"货找人"商业模式，建立人和兴趣团体之间的链接，并在此基础上进一步打通供应链，利用大数据分析能力，让消费者的需求"近距离"直接对接设计师、制造工厂，形成C2M（用户直连制造）从顾客到工厂的反向定制模式，进一步提高信息和商品的流通效率。

　　回首信息技术发展的这段往事，会发现信息技术的代际更迭是人类社会生产力进步的必然需求和结果，背后本质就是连接建立效率的提升和程度的加深，而元宇宙则是这个趋势继续发展的必然，助力数字世界和现实世界的连接、融合。

　　如前所述，元宇宙不能简单等价于下一代互联网，元宇宙是使用数字世界对现实世界中的社会属性和物理属性进行重构和再创造的能力集合，互联网的连接过程发生在数字世界，而元宇宙的连接建立是现实世界映射进数字世界，再反馈回现实世界的闭环过程。互联网是元宇宙价值创造的重要工具之一，但不是等价关系，例如一台搭载元宇宙仿真优化能力的救灾机器人，即使在无法接入互联网的恶劣环境中，仍可具备数字世界对受灾环境实时还原、推演规划救灾路径。构筑元宇宙，不但需数字世界建立连接的标准和协议，还需建立现实世界与数字世界间信息交流、反馈的标准和能力。

二、产业元宇宙变化发展的原因

剖析元宇宙变化发展本质后，可从内外因角度继续剖析元宇宙变化发展的影响因素、阶段、形态和时机。唯物辩证法告诉我们，内因是事物变化发展的根本动力，外因是条件，外因必须通过内因起作用，任何事物发展都是内外因共同作用的结果。简单地说，内因决定事物本质与变化发展结果，外因影响变化发生的时机和程度，可借助内外因相结合的观点来分析问题。

元宇宙是典型的跨学科领域，涉及的因素错综复杂，因素之间互相依赖、相辅相成。本书采用直接原因、间接原因的提法来近似分析元宇宙的内外因联系。

信息技术产品、商业模式更迭的直接原因是，信息制作能力和信息分发能力的提升引发信息传输的媒介，用户交互形式、使用习惯，以及相应的业务逻辑、商业模式和市场格局的变化。间接原因涉及更广泛因素，既包括内容、产品、对象等商业因素，也包括硬件、算力、通信等技术因素。产业元宇宙的发展阶段由直接原因决定，间接原因提供变化发展的条件并通过直接原因起作用。例如通信能力这一间接原因，本质上仍然通过影响直接原因即降低信息制作的成本、提升信息分发的效率来推动产品、商业模式的代际更迭。

以社交行业产品、模式变化来理解直接原因、间接原因的逻辑。20世纪90年代，博客这一产品形态的普及极大降低分享知识、观点的成本，即用户无须学会自建网站，就可在博客网站上开通用户主页，分享自己的观点，并在留言区与网友互动。受限于 PC 的普及与流量的成本，早期博客主要以文字形式为主、互动频率低，不能很好表达用户间的联系和情感，连接效率低下。随着手机的普及，互联网的发展，逐渐出现以 Facebook（脸谱网）为代表的社交网络和以 Twitter（推特）为代表的短博客形态。在这些平台上用户以文字为主，可使用更随意的形式生产内容、分享生活、表达观点，可随时随地完成与亲朋好友甚至陌生人的高频互动，初代社交网络由此形成。

随着移动设备和 3G 互联网的普及，人们逐渐能以更低廉成本拍摄照片、视频，记录生活的点点滴滴，然而因制作工具、分发能力的匮乏，社交网络内容仍以文字为主。2010 年诞生的 Instagram（照片墙）提出图片社交想法，通过技术手段为用户提供一套低门槛、傻瓜式的滤镜，让每个人都可成为摄影家拍出好看照片，通过强大内容分发算法在用户中推荐、增加创作者的曝光度和影响力，它的受欢迎程度和用户群从一开始就迅速增长，此后一直没有停止。

类似的故事在 2016 年重演。2016 年之前，尽管智能手机、4G 移动网络已经普及，间接因素已经具备。但是由于内容制作工具、分发能力即直接原因的缺失，社交网络形态仍然以 Facebook、Twitter 为代表的文字、图片形态为主，硬件成本的下降、通信能力和算力的提升并没有带来商业模式的改变。与此同时，年轻人越来越在意个性化的凸显，很多年轻人有较强表现欲，需要一个平台去展示自我，获得关注和认可。与此同时，在移动互联网时代，用户时间碎片化日趋严重，在碎片化非整块时间内，短视频通过动态视觉和立体听觉更直观传播信息，比文字图片具有更高信息密度和传播效率。供需错配给社交网路赛道带来改变商业格局的巨大机会。

抖音的出现成为破局者。2016 年，抖音提供一套低门槛、傻瓜式的视频编辑工具，基于人工智能、大数据的强大推荐、内容分发算法，快速占领年轻人的社交网路市场。一年后，抖音在美国 App Store（应用商店）免费排行榜登顶榜首，之后抖音下载量超越 Facebook（脸谱）在全球范围内成为现象级 App。抖音引领了社交短视频的浪潮，带来了社交网络内容传播媒介从文字图片到短视频的又一次升级，改变了全球社交网络商业版图。

2021 年，Roblox（大型在线游戏公司）上市是抖音模式的再次重演。在 Roblox 之前，游戏行业已经非常成熟，不乏动辄投资上亿美元、制作精良堪比好莱坞电影的大型游戏。而 Roblox 与传统电子游戏不同，既没有超写实画面，也缺乏沉浸感十足的游戏玩法，但是 Roblox 给所有玩家提供一个使用门槛低、异常简单的游戏制作工具，以及精准度极高的游戏分发推荐算法。只需要 1 个小时，一个完全不懂编程、建模技术的未成年用户便可编辑一款包含丰富交互模式的小游戏。在此基础上，Roblox 平台会帮助玩家发行其制作的游戏。

Roblox 成功证明了两点：（1）内容制作工具、分发能力是元宇宙变化发展的直接原因，Roblox 正是通过补齐内容制作、分发能力，将可交互内容生产权返回给用户，构建庞大的元宇宙内容生态，从而满足用户表达自我、获得个性化内容的需求。（2）元宇宙产品的发展并不与硬件成熟度（AR/VR 眼镜）完全同步，硬件端口等影响因素只是间接原因，会对市场规模、成长空间、切入时机产生重要影响。元宇宙内容产品的核心竞争力是内容、流量和运营能力，企业可先把模式跑起来，把用户和流量引进来，同时等待硬件成熟后提供更好体验。

回顾信息技术发展史，可很清晰看到，随着信息技术代际更迭，信息传播效率一直在提高、传播媒介维度一直在上升，从最开始一维文字，到二维图片，再到三维视频，最后到可实时交互、千人千面的游戏。而信息传播媒介、传播端口的改变，会引起用户行为、使用习惯的改变，最终引发商业格局的改变。元宇宙时代将会是一个多端入口、数实融合的时代，尽管因为硬件端口仍不成熟等外因条件限制市场规模，还没有出现如同移动互联网时代的大规模用户迁移。但基于内容、流量和运营的商业模式已经取得成功，企业可密切跟踪外因的变化趋势，谨慎思考、提前布局，避免技术更迭引发的代际风险。

三、产业元宇宙时代的生产生活方式——从零售和供应链谈起

唯物辩证法认为，事物发展是内外因共同起作用的结果，同一事物矛盾在不同发展阶段各有不同特点。基于以上认识，可对元宇宙时代生产生活方式的变化发展进行一些阶段性的探讨，针对不同阶段分析它的主要矛盾和次要矛盾，实事求是制定实践方案。

元宇宙主要任务是实现数字世界和现实世界的深度融合，它的影响将涉及生产生活的方方面面，很难在短短一节中抽象出一个全面描述。然而矛盾的普遍性和特殊性辩证统一，普遍性寓于特殊性之中并通过特殊性表现出来。遵循从特殊到普遍的认识顺序，从连接生产者和使用者的桥梁和纽带——零售业出发，再对供应链以至生产方式等更宏观视角进行探讨。

（一）元宇宙时代零售业的变化

有些企业家、学者认为，零售的本质是以最低的成本、最高的效率、为用

信息制作

使用门槛和内容
制作成本降低

信息密度
非导向性
创作自由度
用户交互程度

实时可交互内容（用户、AI生成）
小冰岛、Netflix、rct.ai

信息传播媒介
人机交互形式

零售形态

多端入口？
虚实融合？

游戏（用户生成）
Roblox

短视频
抖音\快手

直播、短视频？

碎片化图片、文字
Facebook\Instagram\Twitter

移动端电商

纯文字
博客

信息分发

去中心化程度上升
中心流量转私域流量

PC端电商

实体零售

	1994	1998		2004	2007		2016	2021	
内容生态	PGC			UGC				AIGC	
产品形态	搜素引擎、门户网站、电商			社交网络		内容生态平台			元宇宙
连接对象	信息的无序到有序/人与物			人与人		人与兴趣			虚实融合（社会、物理属性）
硬件端口	PC端			移动端			XR/可穿戴设备/脑机接口···		
计算能力	CPU/GPU			云计算			专用芯片/边缘计算···		
通讯能力	有线网/2G/3G			4G			5G/6G/低轨卫星···		

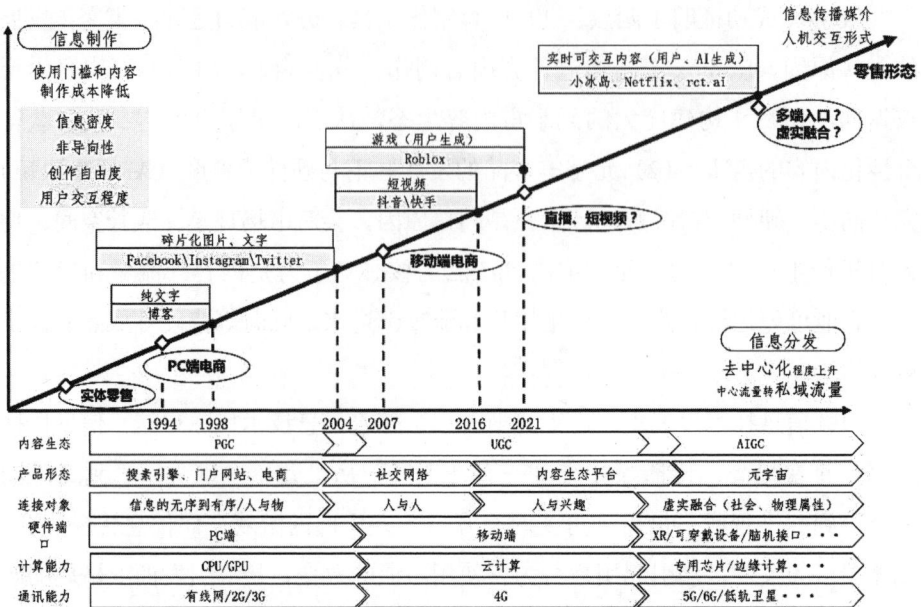

户提供最好的体验，理解元宇宙对零售的影响，还是要回归零售本质，从成本、效率、体验出发，由微观到宏观地进行探讨。本节将首先探讨元宇宙给商品带来的变化，进而讨论元宇宙对消费者的行为模式、使用习惯带来的影响，最后展望元宇宙对零售模式带来的改变。

　　元宇宙作为一个数字世界与现实世界深度融合的时代，商品的内涵和外延将得到拓展：商品不再只是狭义商品实物本身，还将包括商品的数字孪生模型；商品的使用价值不只是实物、服务本身能提供的价值，还包括其数字孪生模型（一个与实物对应的数字版本的商品）提供的附加价值。商品数字孪生模型的出现，将大大扩展商品本身可使用的范围，增加商品可使用的方式、场合、频次，从而大大增加商品附加价值。

　　例如购买一件衣服，在元宇宙时代，消费者购买的不仅是这件衣服本身，还将包括与这件衣服配套的"数字衣服"，通过打通数字孪生模型的使用场景，消费者不只可在现实生活中穿这套衣服，还可在不同"子宇宙"，例如一个游戏、一个社交网络中，把这套衣服作为其数字形象的皮肤使用。那么这件"数字衣服"就极大扩展其对应实物的使用方式、场景，提高了这件衣服本身的附加价值。因此未来商品卖方不但要为消费者提供优质商品，还要提升其内容、流量和运营能力，联合元宇宙生态，打通其数字模型可流通的渠道、可适配的场景，为其商品提供更高附加价值。

商品内涵和外延的拓展，最直接影响是用户决策方式的转变。数字孪生模型的应用能显著降低用户决策成本、提高用户决策效率、提高流量转化率并降低退货率。例如家居场景，有经验的读者对房屋装修、家具购买等决策过程的痛苦深有体会：家装公司设计不专业，业主只能对着图纸想象，最后往往带来实际效果不及预期、施工项增多、预算超支、工期延长等负面效果。然而通过数字孪生模型，施工方可在真实场景基础上叠加一层家装设计场景，使用增强现实等技术向业主展示，让业主在毛坯房环境中也可有身临其境、沉浸式的体验，从而在设计环节就避免出现物料、工期的浪费，节约成本的同时为消费者提供更高效、更好的服务体验。

如深入一层就会发现，商品内涵和外延的拓展与元宇宙本质息息相关：数字孪生模型的出现是信息传播媒介的改变，本质上是信息连接建立的效率和深度的升级。例如 2021 年爆发的短视频电商，与传统电商通过文字、图片展示商品相比，短视频无疑给消费者提供了一种信息密度更大、理解成本更低的信息获取方式。视频是千人一面的展示方式，仍然无法满足不同层次消费者的多元化需求。元宇宙时代，商品信息将以类似游戏，可实时、个性化互动形式展示，做到商品信息展示的千人千面，大大降低用户获取信息成本。

理解了元宇宙对商品的改变，接下来探讨元宇宙对零售形态带来的变化。信息传播媒介的改变，必然会对信息制作能力、信息分发能力提出更高要求，同时也会伴随信息传播端口（例个人电脑到手机）的改变。而端口大规模迁移，又会带来用户使用习惯、用户行为的改变，最终会反映在零售的业务逻辑和商业模式乃至竞争格局的改变上。因此需提前预判这一系列变化对零售形态的影响。传统零售的分析框架是人（用户需求、行为、使用习惯）、货（商品）、场的匹配。接下来就来探讨元宇宙对"场"可能带来的影响。

需强调的是，"场"的变化跟硬件入口成熟度强绑定。当前主流入口设备手机的日均使用时长 4—6 个小时，只有轻便易携的 AR 眼镜才具备替代手机，成为通用消费级入口设备的潜力。根据咨询公司麦肯锡调研报告，AR 替代手机的成熟时间在 5 年甚至更久。在硬件不成熟、外因条件不足情况下，产品市场匹配度并不高。另一方面，这种信息传播媒介、端口的变化，会引起用户行为、使用习惯的变化，改变现有商业模式和业务逻辑。

基于 AR 眼镜的场会改变现有零售业态。首当其冲的是电商，当前电商的核心能力是搜索算法和推荐算法，基于大数据、人工智能能力分析用户搜索的关键词，或根据用户历史浏览和购买记录生成用户画像、分析用户的喜好，同时根据商品详情页的简介分析商品属性，计算商品与客户需求的匹配程度，为用户提供个性化、千人千面的搜索结果排序和相关商品推荐，最终增加用户购买的概率，提高流量转化率。然而元宇宙时代，AR 眼镜将实现数字世界和现实世界的深度融合，用户购物的入口不再是手机屏幕，而是透过 AR 眼镜看到的虚实叠加的世界。电商需基于用户所处的实时情景主动推荐。

零售不再是人找货，而是货找人，个性化不再是千人千面，而是千身千面，例如用户打开冰箱发现缺失鸡蛋，那么电商需有能力在用户 AR 眼镜中提供鸡蛋购买选项；比如用户在超市购物时拿起一盒酸奶，如果用户是女性，她在 AR 眼镜中看到的应该是酸奶能助消化、养颜、瘦身等内容，如果用户是男性，他在 AR 眼镜中看到的则应是酸奶蛋白质含量高、有助于健身、增长肌肉等内容。通过现实世界叠加虚拟世界的购物场景，也能实现一场多用，大大提升实体零售的坪效。

上面例子是在解释元宇宙技术如何在卖场中提升用户获取信息的效率，而可实时互动内容的出现还会增加卖场与用户建立连接的深度：当前的电商建立的是商品与人的链接，而元宇宙时代电商则需建立商品与消费者兴趣甚至是与消费者情感的链接。例如当前的视频带货和直播带货，著名网红主播李子柒通过拍摄制作螺蛳粉的视频，吸引大批粉丝购买她推荐的螺蛳粉。本质是，信息传播媒介从图片、文字到视频的改变，与消费者在更短时间内建立更深入的链接。消费者获取信息的过程不再是一种成本，而是一种乐趣，商品展示过程已在为消费者创造娱乐价值。可以想象，在元宇宙时代，信息传播媒介进一步升级为可互动内容，消费者不只可观看李子柒视频，还可在家中与李子柒同做一碗螺蛳粉。这个过程不只建立商品与兴趣的连接，甚至能建立与消费者的情感连接。商品不只是螺蛳粉本身，也包括售卖螺蛳粉的互动内容；消费者不只为商品付费，同时也在为销售商品提供的内容和互动形式付费。

如前文所指出的，元宇宙将推进零售业进入泛在零售新时代。元宇宙时代零售面临着用户行为和使用习惯的巨大改变，消费者的购物行为可能在任何时间、任何环节、任何地点、任何情景下被触发。零售服务的提供商需要具备理解用户所处的实时情景（即对 3D 环境的感知能力），并根据实时情景个性化生成内容的能力。例如电商核心的搜推算法、内容发现算法，需要与这种实时情景的理解能力相结合。当前的搜推算法是以消费者的用户画像、购买习惯为输入的，而元宇宙时代搜推算法还需要结合消费者所处的场景，以人工智能生成内容（AI Generated Content，AIGC）能力为核心，实现实时场景下的搜推和千人千面的个性化内容生成。

元宇宙时代零售的内涵和外延都会发生变化。电商与社交网络边界变得模糊，内容、流量、运营能力会变成影响商业模式和竞争格局的大变数。著名投资人张磊先生认为，零售即服务、内容即商品、所见即所得。元宇宙时代，零售的服务属性、内容的重要程度、消费者"所体验即所得"影响力会进一步增强：元宇宙时代的零售不再是"面向大众"的零售，而是"以我为主"的个性化消费。零售业的底层逻辑不再是追求薄利多销的"流量经济"，而是关注个体差异化需求以及全生命周期价值的"单客经济"。零售不再靠规模驱动、功能驱动、经验驱动，而靠个性驱动、服务（体验）驱动、需求驱动和数据驱动。一个商品创造的真实收益会变成用户累计购买的价值总和。因此，零售将进入数实融合、以虚助实的泛在时代，元宇宙时代的商业模式需从整条供应链考虑，提升全链路为用户创造价值的能力。元宇宙不仅会改变零售，还会改变整个供应链、上游制造业，甚至生产方式和组织形态。

（二）元宇宙时代供应链、制造业以至生产方式的变化

唯物辩证法认为，任何事物的变化都是量变和质变的统一，量变是质变的前提和必要准备，量的积累必然引起质的变化，同时事物的成分在结构和排列次序上的改变也会引起质变。元宇宙技术在商品、零售领域带来的改变，会逐步带来供应链结构和次序的改变，最终向上游的创意、设计、研发、制造环节，以及下游的交易、物流、履约、售后环节辐射，最终带来整个社会生产、生活方式的改变。

首先来探讨元宇宙对供应链的改变。从需求方、消费者的角度而言，元宇

宙会带来用户触达的前置——由于元宇宙时代信息传播效率和深度的升级带来沉浸式、全真的数字体验，用户在上游的创意、设计、研发环节就能作出购买决策。

一个著名例子是达索公司的 CATIA 计算机辅助设计（CAD/CAE/CAM）一体化软件。达索是世界著名工业巨头，旗下产品 CATIA 被广泛应用于汽车制造、电子产品设计、消费品设计等行业，服务公司包括波音、宝马、奔驰等制造业巨头。以汽车制造行业为例，CATIA 已经成为汽车设计的事实标准，是各大汽车制造商使用的核心系统。汽车工程师在 CATIA 软件中对各个零部件、汽车整车进行 3D 建模、物理属性仿真，能在真实制造汽车之前预先在软件系统中对汽车的设计、性能进行调优，极大减少研发时间和成本，提高设计研发效率。CATIA 不仅是一个计算机辅助设计软件，以数字孪生模型、设计软件为依托，CATIA 同时为制造厂商提供企业采购服务、为零部件生产厂商提供产品销售服务。凭借数字孪生和设计软件，CATIA 在用户的设计阶段就已帮助用户进行购买决策。制造厂商在购买一颗螺丝时，CATIA 用户在创意、研发阶段，决策的不是需哪个型号的螺丝，而直接就是使用哪个品牌、哪个型号、什么价格的螺丝，通过物理仿真能在设计软件中确认零部件是否满足所需的性能。与传统制造企业设计师通过企业采购专员向零部件供应商下单相比，CATIA 将用户触达前置到了创意、设计、研发环节，在设计师的创意阶段就已完成购买决策，并通过软件自动拆单、下单给零部件提供商，缩短企业采购环节、提高企业采购效率。

元宇宙技术也会改变用户直连制造（C2M）的模式。C2M 模式是现代制造业中由用户驱动、需求驱动、数据驱动生产的反向生产模式。传统制造企业是经验驱动、供给驱动，企业基于行业经验一次性预测规划生产产品、调优产线，再利用渠道、耗费大量营销资源，把产品推向消费者，在相当程度上都是一种赌博押宝行为。一旦预测不准，企业将蒙受巨大损失。C2M 则强调小批量投放市场，利用大数据分析能力分析消费者购买数据，预测产品销量，快速迭代，快速试错，降低制造企业产品设计风险、抓住市场机遇、满足消费者个性化需求。

中国 C2M 模式最成功公司之一是希音，一家面向国际市场的电子商务公司。主要经营女装，但也提供男装、童装、饰品、鞋、包等时尚用品。基于中国强大的服装制造和供应链能力，希音每日上新款式约 3000 款，每周上新款式近 2 万款，遥遥领先于同行的数千款水平。希音的秘诀就是小步快跑、根据市场反馈快速迭代，希音的每个产品首次推出前都只生产小批量的，卖得好再加量。比如一款产品生产 200 件，但只卖出 5 件，证明在这个产品的预测是错误的，需根据市场反馈重新调整设计方向。如果生产 200 件，卖出 199 件，就可快速加量生产 10 万件。希音的成功证明 C2M 在改进传统制造业效率、为用户创造价值方面的巨大潜力。

在元宇宙时代，C2M 价值将进一步得到释放：传统的 C2M 仍需要生产小批量的商品在市场试错，成本高、样本量小、供应链难度大、准确度低。元宇宙时代，通过提供沉浸式、全真的数字购物体验，消费者所体验即所得，厂商不需真实生产、不需基于历史销售数据进行反馈，只需完成设计建模，就可让用户直接在元宇宙中体验，完成市场反馈收集。同时，元宇宙中实时收集的用户信息将更加精细：传统 C2M 只能搜集到单品销量，但是元宇宙中通过观察用户与商品互动方式，能收集更细致入微信息。比如用户对一个虚拟门把手如何使用、对一个按钮完成怎样操作。通过在数字世界直接完成 C2M 反馈，元宇宙时代 C2M 模式能实现去库存、去中间商、以量定产，缩短设计生产周期，推进制造业的供给侧结构性改革。

与此同时，C2M 的快速反馈、消费者的千身千面定制化需求也进一步对厂家的柔性制造能力提出更高要求。元宇宙技术能进一步增强实体企业的柔性制造能力：通过把现实世界中的问题映射进数字世界，应用大数据和人工智能能力进行低成本的仿真优化，再把优化结果部署回现实世界，能够极大程度缩减企业生产过程中的试错、调优流程，避免试错成本，增强企业的创新能力、激发实体经济活力。例如生产一件衣服，目前成衣流水线制版成本高昂，通过规模化生产分摊成本，无法实现按需定制化生产。元宇宙时代，企业可在元宇宙中直接根据一件衣服的设计图纸、材料构成完成生产衣服的工艺设计、产线排线优化，根据优化结果，通过模块化硬件生产设备对现实世界的生产流水线进行快速调整部署，极大增强企业的创新能力、柔性制造能力。

元宇宙时代制造企业和消费者之间的距离将进一步缩短，流量的去中心化趋势加强，渠道和品牌的价值将进一步减弱，供应链运转效率进一步提升，利润分配由渠道商向两端即生产者和消费者进一步倾斜，社会分配公平性、社会总体生产效率将得到加强。随着供应链效率的提升，企业的试错和创新成本越来越低，消费者拥有更多选择，不再认同大众化的品牌，而是更加注重产品个性化能力、产品品质和服务内容。谁拥有更强制造能力、更能提供满足消费者需求和体验的服务，谁就能吸引更多流量，实现消费者的流量转化。

最后需强调的一点是数字资产、数字孪生模型在元宇宙时代的基石作用。目前以 NFT（非同质代币）为代表的数字资产在市场上存在非理性的炒作行为。数字资产本质是知识的积累、传播和复用，具有巨大使用价值，能够为社会创造真实价值。元宇宙时代对信息传播的需求，必然造成大量数字资产、数字模型、数字服务的流通需求，当前数字资产、模型流通平台的缺失造成巨大的供需错配。未来生态因素的变化将对数字资产流通赛道带来巨大商业机会。

第四节　产业元宇宙行业共性价值路径

产业元宇宙将为各行各业乃至全社会创造共性价值，这条价值实现之路将围绕产业元宇宙三大能力展开，接下来本章将会阐明三大能力的内涵、价值，以及产业元宇宙在三大能力的推动下发展的两个阶段。

一、产业元宇宙三大能力

按照价值创造的路径，产业元宇宙可以分为三大能力：数字孪生、数字伴生和数字原生。

（一）数字孪生能力

数字孪生能力的主题是复刻，主要任务是建立现实世界到虚拟世界的映射关系以及构建虚拟世界基础设施。即通过整合 5G、物联网、人工智能区块链、云计算、大数据、边缘计算等数字技术，数字孪生能力将在虚拟世界中精准重构现实世界中物理属性、社会属性，以及构建艺术、创意二次创作的基础设施。展望未来，我们生活中熟悉的元素都会以数实融合的形态共存：大到一座城市，通过数字孪生能力将可以在元宇宙世界中构建一座虚实相生的数字城

产业元宇宙的三大能力

数字孪生	数字伴生	数字原生
数字 复制 ↑ 现实 现实世界复制到数字世界	数字 优化 ↕ 现实 现实世界和数字世界 相辅相成、互相促进	数字 创造 ↓ 通用硬件平台 现实 数字世界创造现实世界
数字重现现实	现实中的问题在数字世界中解决	数字世界的自主创新
渲染+仿真	AI优化能力	硬件承载力

市，来自世界各地的人们可以在其中尽情体验、大胆创造，在这座数字孪生城市中既有熙熙攘攘的人群、市井生活的车水马龙，也有绿水青山的诗与远方；小到一个细胞，通过融合化学、生物、物理等多学科知识，数字孪生在元宇宙世界中可以从一个个原子搭起最终组成一个个"鲜活"的数字仿真细胞，并且具有真实细胞的全部功能与性质，科学家们可以在这些细胞上大胆实验探寻生命的奥秘。这并不是空谈，而是随着孪生能力逐步成熟后的必然产物，目前三维扫描建模技术已逐步迈向成熟，用手机轻轻一扫，现实物体的三维模型便可跃然于数字世界，这将极大降低元宇宙的建设成本，扩展未来元宇宙可触达场景。

除了生活中的元素，元宇宙在工业生产中也已经迸发出强大的生产力。西门子公司早于 2016 年便推出了 MindSphere 数字孪生平台，该平台可以帮助企业将不同生产厂家的设备、不同通信协议的物联网系统连接在一起，提供可视化的全链路数据孪生服务，企业可便捷将各个实体生产设备接入数字世界，并通过任何智能设备终端（如手机、电脑）、企业系统和联合数据源等传回的实时操作数据进行直观分析。MindSphere 平台提供了应用开发平台服务（PaaS 平台），降低企业在研发产业应用程序时因构建复杂软件环境而付出的人力、时间成本。

　　除了立足于当下探索现有产业对数字孪生能力的需求，还需要放眼未来洞察尖端科技的发展趋势和创新技术的成熟状态，分析在产业元宇宙一步步走向完善的过程中还有哪些创新技术可以成为数字孪生过程的重要支柱。可以预见，计算、存储这些数字孪生所需的必备能力会在"后摩尔定律时代"涌现新的技术形式；"万物皆入口"的元宇宙生态也会迸发各个感官的模拟技术。

　　算力存储方面，数字孪生能力在数字世界实时复刻现实世界的种种场景的同时也在不断提升对计算和存储能力的需求，传统计算机架构目前受限于材料本身的固有特质可能无法持续满足元宇宙未来指数级地需求增长，量子计算技术和 DNA 存储与计算技术将在未来成为元宇宙算力需求的新支柱：（1）量子计算技术。量子计算机替代传统计算机将是提升算力供给能力的手段之一。量子计算机提供量子的特殊性质进行计算并使用量子比特存储数据，将通过粒子间的叠加态性质运行传统计算机难以实现的演算逻辑。虽然量子计算机在公众的认知中还是由国家和大型公司支持的实验性产品，投入商用似乎遥遥无期，但是 PsiQuantum 和 Atom Computing 这两家专注于量子计算能力的科技企业已经前瞻性地展开了商用量子计算机的研发工作，希望使用前沿技术理论开发可以在室温中运行的低成本商用量子计算机。（2）DNA 存储与计算技术。每个人体中都拥有的 DNA 就是漫长进化过程中诞生的最有效的信息计算和信息存储单元。细胞中一条条纳米级的 DNA 结构精准指挥着人体的运转。而如果我们能使用 DNA 储存与计算元宇宙中海量的数字信息，那么身边的花草树木都可以成为元宇宙的载体，"一花一世界"似乎将逐渐走向现实。基于这一理论，CATALOG 公司（一家生物技术公司）正在努力研发商业化的"生物 U 盘"，目前已经可以通过 DNA"刻录"照片等信息。该公司正在努力将存储成本降低到每 GB 数据 10 美元的范围内以惠及更广的领域。

　　多端入口方面，数字孪生能力复刻的不只是视觉上的三维模型，还需要复刻人在现实中的各种感官提供沉浸式体验。当虚拟现实、增强现实等技术大步发展力求让人可以在元宇宙中"看得见"的同时，触觉仿真技术则承担了人在元宇宙中"摸得着"的任务。目前各色触觉仿真模式都处于探索阶段，而使用超声波仿真技术模拟触觉则即将成为现实。与传统的触觉仿真需要佩戴大量仿真设备不同，超声波触觉模拟技术通过声波将触觉透射到空气之中让用户无须

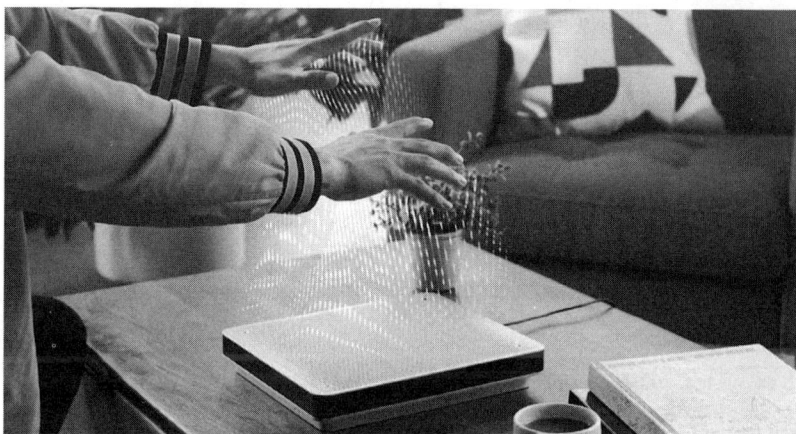

资料来源：https://emerge.io/product。

佩戴触觉装置就能获得模拟体验。简单来说，超声波将空气转化为了可以触摸的实体，用户通过触摸这些"固态"空气获得力学模拟体验。基于这一技术，Emerge 公司（一家针对交互技术的高科技创新公司）正在研发消费级触觉反馈设备（Emerge Wave-1），并希望该设备可以与市场中的虚拟现实头显组合提升用户在探索虚拟世界时的观感体验。

（二）数字伴生能力

数字伴生能力的主题是优化，主要任务是深度融合数字孪生阶段搭建的仿真环境与人工智能的优化能力。数字伴生阶段将开始建立虚拟和现实的双向连接，把现实世界的问题映射到数字世界中并在数字世界中优化调整，再把数字世界的最优解映射回现实世界。数字伴生阶段，产业元宇宙将成为数字能力引入现实世界、实体经济的接口，创新实体经济的创意、设计、研发、制造等环节的发现工具和创新工具，实现生产范式、优化范式的两大革新。

目前已经有多家企业踏出了数字伴生优化之路，例如宝马联手英伟达建立的灯塔工厂项目，使用仿真场景优化工厂设计、流水线生产模式、人员调配等实现了日产量 30% 的提升。这种制造业的生产能力的飞跃，可看作是元宇宙数字伴生能力大展拳脚的开端。宝马公司使用英伟达的 Omniverse 平台打通了汽车设计、生产规划、产品交付的全生命周期流程。传统汽车设计过程中各个环节涉及上百种并发软件和模型格式，这为生产、优化都提出了不小的挑战。

而 Omniverse 平台可以实时同步所有模型数据，身处世界各地的宝马工厂设计师可以通过不同的开发软件，共同优化开发同一个生产场景乃至整个汽车生产工厂。这便是数字伴生能力基于元宇宙统一语义空间为制造业带来的生产范式、优化范式两大革新的具体实例。

（三）数字原生能力

数字原生能力有两大主题：智能系统的自主创造和硬件承载力的提升。

1. 智能系统自主创造能力

在数字伴生阶段，产业元宇宙的优化能力仍需人工介入，例如建立从现实到虚拟的映射，以及描述要达到的优化目标。在数字原生阶段，通过运用超级深度学习、多模态学习、因果推断、强化学习等技术，人工智能能在数字世界中跨行业、跨时间、跨空间自动建立新的联系、发现新的规律、创造新的产品和商业模式。这主要表现为两方面：（1）在面向制造、供应链、能源等实体行业时，数字原生能力通过使用强化学习等智能算法，让智能系统在仿真环境中自主总结归纳生产计划和调度策略，提升企业柔性生产能力。（2）在面向消费者时，数字原生能力将基于一系列人工智能创作内容技术（包括图片生成、自然语言生成技术、文本语音转换技术等）和实时情景洞察分析，为用户提供千身千面的内容体验。

目前 Netflix（网飞）公司已经在电影领域展开了人工智能自主生产内容（AIGC）的探索。于 2021 年 10 月初，Netflix 公司发布了一部由人工智能算法生成的短片恐怖电影，名为《谜题先生希望你少活一点》。在"被迫"观看了超过 40 万小时的恐怖电影后，Netflix 训练的智能生成算法成功地制作了这款四分多钟的"微电影"。虽然故事逻辑荒诞到令人捧腹，但是依旧包含大量观众所周知的恐怖电影场景和完整的故事结构（包含开端、发展、高潮、结尾），可见在未来越来越多的 AIGC 内容将进入公众视野，智能系统自主创造能力将为消费者带来千身千面的自主生成内容。

不只在数字世界，数字原生的自主创造能力也可以提升现实世界的创造能力。通过仿真模拟，数字原生可以加速发现分子层面的新结构、纳米级别的新材料，精准预测蛋白质、生物细胞、半导体等新型材料的潜在能力。接下来将介绍数字原生自主创造新型生物材料和新型半导体材料方面的应用实践。

细胞是生物体结构和功能的基本单元，无数个细胞通力合作便可以驱动一个生命体完成各种复杂的行为。细胞如何通过生物化学反应实现复杂功能目前已不是秘密，但是如果细胞的功能如果可以像编写程序一样被精心设计，那么便可以使用产业元宇宙系统精准创造细胞级的解决方案，在医学、化学、材料学领域将发挥更大的价值。阿西莫夫生物公司（Asimov）是一家跨学科的合成生物学公司，正在研发一个细胞功能编程系统，希望让用户可以像设计一个商品一样开发对应功能的细胞，并使用基因编码技术实际生产对应设计。数字原生能力将促进这种制造模式的发展，基于元宇宙细胞级的仿真能力可以帮助设计师探索基因与细胞功能间的对应关系，建立更加精准的细胞设计研发平台。

硅基芯片可以说是人类现代社会的基石之一，而在人类技术不断发展的过程中半导体芯片中的元件大小也从庞大的电子管发展为几微米大的精密元件。依照摩尔定律的预测半导体芯片也将进入纳米时代，而数字伴生能力将提供纳米级的分子、原子结构仿真，设计师可以在数字世界设计各种纳米级别的电子元件并实时模拟元件效果，最终实现纳米级的精益制造。Atomic Machines 公司是一家聚焦于纳米科技微型制造的新型制造公司，正在研发一个能在原子级别和分子级别预先设计和测试的模拟技术，并且着力于开发可以匹配这种级别设计能力的制造模式。

2.硬件承载力的提升

数字创造能力的极大提升必然对现实世界的硬件性能提出更高要求，数字原生的另一主题是开发新材料、新工艺、新设备，构建新型硬件体系，加强现实世界对数字解决方案的硬件承载能力。新型硬件技术将提升不同需求下的硬件承载能力：（1）在柔性制造、智能决策环节，模块化硬件和部署人造肌肉的智能生产机器人将根据指令改变形态以满足任何生产需求。（2）在体验与感知领域，柔性电子、可穿戴屏幕等新型技术的发展将带来"万物皆入口"的元宇宙体验模式。数字原生阶段将实现数字世界和现实世界的无缝连接，人工智能自主创造能力的发展以及新型硬件设备承载能力的提升，将极大延展泛人工智能技术在产业落地中的深度和广度，释放巨大的发现力和创造力，催生新业态、新产业，带来社会总体生产力的跃迁式发展。

机数字原生能力在现实世界中产生应用似乎还是一个美好的远景，但是硬件技术本身正在蓬勃发展，这些新型硬件能力让数字原生从虚拟世界融入现实世界不再是一句空谈。接下来将介绍机器人技术和大纤维技术这两个前沿科技的技术创新趋势，展现一个触手可及的原生世界。

（1）通用机器人技术。机器人技术本身的功能和应用场景随着技术革新不断发展，可以说不同时代对机器人的定义与需求都截然不同。在元宇宙时代则需要发展通用机器人技术。与现在的各种专用机器人不同，通用机器人力图使用一个机器人系统完成多种不同的任务，这样数字原生系统便可以指挥一个机器智能完成多种任务，提高智能方案的适用广度。目前 Agility Robotics 公司和 Hello Robot 公司这两家机器人公司都在做着对应尝试。Agility Robotics 公司开发的两足机器人可以完成各种负重任务并在闲置时折叠收纳，目前是福特公司的重点投资对象，希望这种两足机器人可以在供应链的多个环节发光发热。Hello Robot 公司则希望开发一个通用家务机器人，这种机器人与现在已经非常常见的扫地机器人不同，它可以凭一己之力完成整个房间的清理工作（而不仅仅是地板），将人从生活琐事中解放从而更好地享受生活。虽然这两个产品还没有真正地做到"一机万用"，但是它们都具备了解决一个领域多种问题的能力，相信随着硬件能力的进一步提升，机器人的通用性也会进一步扩展。

资料来源：https://mp.weixin.qq.com/s/ynlc2Ni9GQJpeTTUWMbw_Q。

（2）大纤维技术。在日常生活中纤维材料屡见不鲜，广泛用于纺织的棉、麻、毛等材料都是由纤维组成的，而大纤维技术则是一种新型材料，基于材料、机械、生物、电子等多个学科的技术融合与突破，大纤维材料在纤维材料的基础上融合了多种物理、化学、生物功能。虽然叫作"大"纤维，这些新型纤维材料本质上是微米乃至纳米级的巨型分子材料，这些分子材料构成的新型硬件往往具有多种功能。数字原生能力需要由大纤维材料构成的多功能新型硬件支撑，其中柔性电子和人造肌肉将是这些新型材料发挥作用的两大方向。①柔性电子。柔性电子是一种通过多种复合材料在柔性基底上形成电路和集成系统的新型电子技术，具有柔软、便携、透明、可形变等特性。数字原生生成的多种数字内容需要通过多端入口进入现实世界，而由柔性电子组成可穿戴设备将是元宇宙时代的新型端口。如果人们穿着的衣服本身就是一块块"屏幕"，那么数字世界最新的潮流动态便可以实时展现。目前我国已经有多个团队展开了相关领域的探索：由中国科学院黄维院士研发的二维过渡金属硫族化合物可以实现柔性器件对电子功能材料能带结构的控制，在此基础上该团队还研发了新型柔性力学传感器，是未来可穿戴织物感知人体运动状态的新方法；复旦大学彭慧胜教授团队研制的"发光经线"，看上去与普通织物无异，但通电后便可发光发亮，将一条条几十到几百微米的电子纤维编织在一起可形成一个个"像素点"进而组成全柔性织物显示系统。②人造肌肉。传统机械设备往往使用电机器件或液压动力驱动，这种驱动模式往往是刚性的，无法根据实际情况灵活变化，而且缺乏爆发力。数字原生往往因地制宜地生成个性化解决方案，这就对执行设备的灵活性和反应能力提出了要求。受到生物体中天然存在的肌肉组织的启发，可以使用大纤维材料仿真人体的肌肉细胞，通过电信号、热信号、磁信号等信息模式控制大纤维材料的收缩（或舒张）程度模拟肌肉行为，最终组成灵活弹性的人造肌肉材料满足数字原生能力的需求。例如哈尔滨工业大学冷劲松教授主导研发的纳米碳管线是一种全新的"人造肌肉"纤维，该材料会在离子的电渗透作用和温度变化的过程中自主收缩或舒张，这与人类肌肉纤维细胞的行为已经较为接近，通过联合大量这样的新型纤维材料便可以制造出如同肌肉一样极具爆发力的柔性机械设备。

　　大纤维技术发展多年，目前已经可以在多个环境下满足数字原生过程中的硬件承载力需求。（1）由中国科学院黄维院士开发的柔性电子技术目前已经在医疗领域取得成效，基于生物电子应用，只需通过患者的呼吸或体液就可测量血糖等数据，而不是像传统医疗过程一样通过血液样本监测对应指标。（2）复旦大学彭慧胜教授团队研制的"发光经线"，看上去与普通织物无异，但通电后便可发光发亮，将一条条几十到几百微米的电子纤维编织在一起可形成一个个"像素点"进而组成全柔性织物显示系统。

(四）产业元宇宙的三大能力间的关系

产业元宇宙的三大能力体系不可割裂，不同行业的自动化、信息化、智能化程度发展差异大，以至各个行业向产业元宇宙过渡的阶段性需求出现多元化共存之势。正如产业元宇宙本身是数字世界和物理世界互相交织的结果一样，产业元宇宙的技术发展也是多层次、多维度相融合的并行发展。从发展的眼光看，三大能力体系在不同的时间节点的发展速度和攻坚任务并不相同，这并不代表这些能力体系之间存在递进或先后顺序，而是产业元宇宙能力螺旋式上升过程中自然的体系。我国经济正处于转变发展方式、优化经济结构、转换增长动力的攻关期，新一代产业需要自动化、信息化、智能化协同发展，向上和向下的产业化需求将长期同时存在。产业调整、消费升级的结构性错层中孕育着产业链整合的巨大机会。三大能力体系各有所长，把握住数字孪生、数字伴生和数字原生三大能力体系之间辩证关系，实事求是，因地制宜，因企制宜，具体问题研究具体方法，能将数字世界能力引入物理世界，发现新机会、改变现有产业格局、实现产业元宇宙美好愿景。

二、三大能力的共性价值

产业元宇宙创造的价值不仅降本增效，更能增强实体经济的创新能力。产业元宇宙作为一种效率工具、发现工具和创造工具，能够跨时间、跨空间、跨地域、跨行业地提供共性能力，以前所未有的规模和深度发现潜在联系、创造新的产品和商业模式，进而深刻改变人类的生产和生活方式。

产业元宇宙三大能力创造的价值聚焦不同环节、不同主题：（1）数字孪生中，产业元宇宙的价值聚焦全链路、多模态信息的收集与表达（既包含社会属性的信息，也包含物理属性的信息）。一方面通过新型传感器、交互设备，对全生命周期与全价值链的数据流进行实时采集，另一方面能够打破"数据孤岛"，融合全链路多模态异构数据，使用统一的模型、语义空间进行表达、展示。产业元宇宙能提供人机交互的全真体验、简化业务流程、提高运营稳定度和效率。（2）数字伴生中，产业元宇宙的价值聚焦通过仿真优化能力，提升现有工艺、产品、商业模式。一方面通过数实融合的生产范式，减少物理世界的

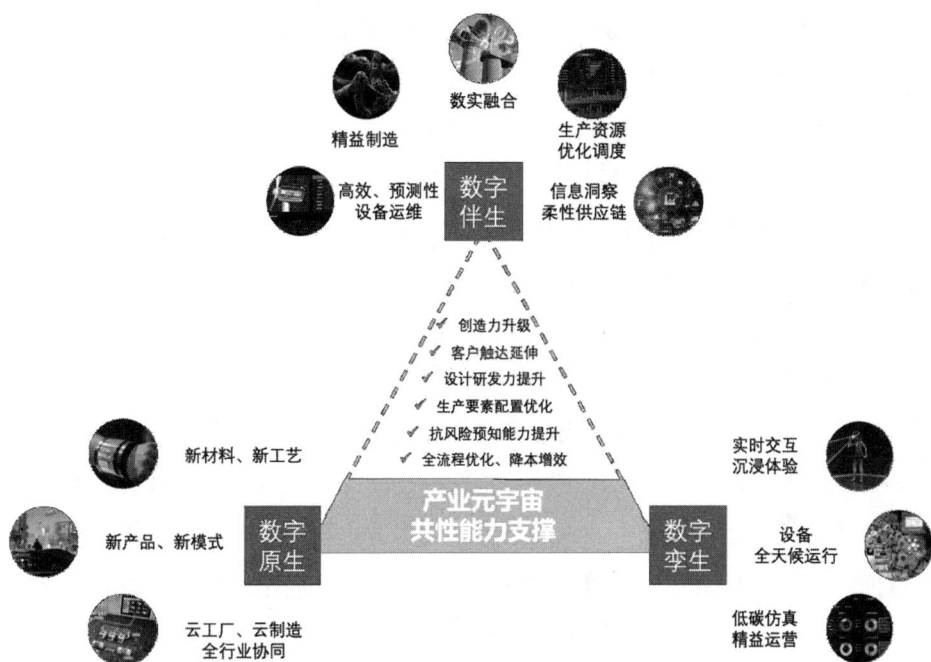

生产与调试等环节，把物理、时间成本置换为计算成本，在数字孪生基础上开展相应分析与决策，实现研发周期缩短、产品质量提升、能耗降低、生产稳定性提高等效果；另一方面打破单点优化的短板效应增长，实现全链路优化的指数级效率提升，联通产业链上下游，实现服务的全面延伸，获得更广泛附加价值。（3）数字原生中，产业元宇宙的价值聚焦新型硬件体系释放的实体经济创新能力，以及人工智能的自主发现、自主创新能力。一方面通过新型硬件体系，大量在数字世界中极致优化的高精度产品与工艺、生产资源高效调度等解决方案将得以在现实世界部署，最终实现业务流程优化、生产要素高效配置、产品创新能力跃迁式提升；另一方面基于人工智能的自主发现能力，以前所未有的规模和深度跨时间、跨空间、跨地域、跨行业地发现潜在联系、创造新的产品和商业模式，实现市场需求精准捕获、客户交互体验增强、信息交互强健供应链、制造能力价值最大化、产业结构升级创新。

（一）数字孪生共性价值

1. 全新的信息采集、交互形式带来数字化产品内容、流量、运营的升级

互联网价值升级的本质是内容制作工具、内容分发能力的提升，使信息更

加有序，链接更加深入、有效率，数字化内容密度更高。例如：（1）PC互联网时代，信息从无序变到有序，出现了门户网站、搜索引擎。（2）移动互联网时代，随着信息链接进一步深入，社交网络建立了人与人的链接，电商提供了人与货的链接，以抖音为代表的短视频平台建立了人与兴趣的链接。（3）数字孪生时代，随着用户对产品参与度需求的不断提升，与用户建立更加深入、更加智能的联系，提供大规模多人同时在线平台、开放式内容、全真交互体验是未来数字化产品的发展趋势。

2. 增强实体经济运营稳定性

在实体经济的生产设备中由于非计划停机、设备黑箱运行、检修困难等原因而难以稳定生产。产业元宇宙将充分挖掘、洞察、分析生产环节中的各种数据，无论是机器运转过程中的振动情况、流水线生产过程中的实时吞吐量，还是生产车间内部的温度、湿度，都难逃产业元宇宙的"法眼"。数字孪生也会使用图表、三维模型、虚拟现实技术可视化展现设备运行和生产过程的每一个细节。通过各种新型交互设备（如XR设备），工作人员也可以在故障预警时及时响应提高维护效率，保障生产过程的稳定性。

3. 低碳运营

目前全球变暖形式依旧严峻，各种反常气候时刻影响人类生活，碳达峰碳中和的目标迫在眉睫。企业生产过程的能源消耗和碳排放正是我国碳中和之路上的拦路虎。产业元宇宙能够通过感知企业生产环节的能耗信息、生产行为状态、生产要素信息等，全面监控能源的储存、运输、使用、转化等过程，实现实体经济能源使用情况的数字孪生。在此基础上，企业一方面可以从微观的视角发现高能耗设备和高能耗制造过程以实现针对性管理，另一方面可以从宏观视角调控生产过程的用能过程，最终实现实体产业的高效低碳运营。

4. 精益运营

产业元宇宙从数字孪生实体经济产业的全生命周期入手，实时监测、分析和预测每一个生产环节，在统一的语义空间中管理产品从设计到退役的每一个阶段，以解决实体企业在生产过程中面临的反馈延时性高、运行决策粗放、不确定性生产等问题。企业打通各个环节的"数据孤岛"，建立产业元宇宙孪生知识库，降低因人为主观因素导致的产品质量缺陷，可确保产品质量的稳定性和生产过程的高效协同以实现精细化运营。

（二）数字伴生共性价值

以仿真优化为核心，在数字伴生阶段，产业元宇宙将打通数字世界和现实世界间的壁垒，成为引入数字能力到现实世界的接口。

1. 大幅度缩短产品研发周期、降低产品研发成本

实体经济中，由于解决方案复杂，研发过程需要在现实世界中反复试错、验证造成极高物料、时间成本，一般在小范围内试错，极大限制了实体经济的研发创新能力。随着产业元宇宙、仿真优化技术的发展，能建立与物理空间完全对应的元宇宙空间，物理世界面临的问题可以在元宇宙空间中精准复刻。在此这种"全真"模拟下，数字伴生系统便可以不断尝试各种解决方案，并在物理世界中部署优化能力最强的执行策略，实现数字世界反哺现实世界的产业元宇宙生产范式革新。产业元宇宙以产品研发与生产为目标对象，通过管理、业务和技术的融合与创新，在元宇宙中打通产品设计、产品制造、试验验证等全流程、全价值链路的优化过程，可大幅度缩短研发周期、降低研发成本和提高解决方案质量，为高效生产与突破创新提供有力保障。

2. 满足个性化定制

产业元宇宙数字伴生能力也会改变用户连接制造能力的方式。传统企业常常以行业经验、供给关系主观预测预测消费者需求，而消费者自身往往只能被动接受一个相对满足需求的产品。而产业元宇宙则促进用户直连制造（C2M）生产模式的发展，通过仿真设计每一笔小批量订单的最佳制造计划提升企业柔性制造能力，让消费者需求可实时反映在产品上，并完成各种个性化定制化生产服务。

3. 预测性维护

产业元宇宙数字伴生能力通过行业专家经验库、智能分析算法、基于仿真的预测性模型评估设备的健康运转状态，实时预警设备将要面临的故障和风险，并提供预测性维护方案。产业元宇宙也可不断模拟各种生产场景积累故障预案，并吸收共享其他企业的经验教训，提高企业在故障风险面前的应变能力和恢复能力。由数字伴生主导的预测性维护将保障实体产业的稳定发展。

4.跨行业、全链路协同优化

产业元宇宙架构下的各行各业不再是一个个独立的孤岛，而是在透明开发的基础上真正地组成一个完整的"世界"。数字伴生系统通过处理来自实体经济全生产流程，各个企业和人类社会系统中所有数据可以提供跨行业、全链路的智能解决方案。企业间的资源调度合作、生产物料的优化分配、基于全生命周期的产品服务都是整个实体经济生态链在数字伴生帮助下的突破。

（三）数字原生共性价值

在产业元宇宙发展的前两个阶段，仍需人、专家知识的介入来对物理机理进行建模、对社会关系进行描述。随着产品迭代更新周期越来越短，用户对产品的定制化服务需求愈加强烈，产业元宇宙数字原生自主发现需求趋势、自主创造新型产品、自主设计全新产线的能力愈发重要。产业元宇宙依靠实际生产过程中的各类数据、新型硬件设备、强化学习算法、高拟真度的仿真渲染模型，自主开发新的产品并在元宇宙世界模拟与检验，从而激发产业元宇宙数字原生自主创造的生命力。在此基础上，产业元宇宙基于人工智能的自主发现能力，将以前所未有的规模和深度跨时间、跨空间、跨地域、跨行业地发现潜在联系、创造新的产品和商业模式，实现市场需求精准捕获、客户交互增强体验、信息交互强健供应链、制造能力价值最大化、产业结构升级创新。

所谓一代材料、一代工艺、一代设备，数字原生自主创造能力对新材料产业的促进，会加速传统企业生产工艺、生产方式的迭代升级。例如碳中和行业，传统化工生产过程依赖从石油、天然气等化石能源中提取大量的化合原料，而化石能源的开采过程往往会伴随着大量的温室气体排放，这是人类低碳发展过程中的重要阻碍之一。数字原生能力则可以通过研发自主生成有一系列功能的蛋白质结构（例如酶），再使用这些蛋白质材料催化有机化学反应自主生产高价值的化学原料。这种新型生产过程不涉及化石能源的使用，甚至可能会利用生化反应吸收二氧化碳，所以被称为负碳生产技术。这种生产技术已经被用于 Solugen 公司（一家新型化学分子生产公司）的无细胞发掘工厂，在该工厂中通过使用高浓度的酶与糖源（多来源于玉米糖浆）就可以生产各种不同的化学分子材料。

产业元宇宙将极大降低行业知识壁垒，实现知识在全行业的沉淀和复用，可能带来下一次工业革命。类比软件行业中由数据中心、云计算带来的信息革命，未来实体经济也将出现云工厂、云制造等分布式、共享型生产、商业模式。目前各类企业在不同生产周期面临着制造能力冗余和制造能力紧缺的双重挑战，产业元宇宙通过汇集全社会的生产信息数据将企业既有的生产能力和生产任务转变为结构化、信息化的云制造指标并在平台上进行汇聚。推动企业间、企业与社会间依照原材料、员工、设备、能源、工厂等资源空闲情况开展设备租赁、生产能力租用等新型制造模式，控制企业成本，提高资源使用效率，并解决企业产能过剩与产能不足的问题。云制造、云工厂是未来发展趋势，通过不断在产业元宇宙平台上沉淀行业知识，积累用户、厂商信息，人类社会将进入全行业、全社会协同发展的新型生态体系，深刻改变人类生产和生活方式。产业元宇宙将重塑生产制造模式、服务模式、商业模式和分配制度，催生新业态、新产业，带来社会总体生产力的跃迁式发展。

三、产业元宇宙两大阶段

孪生、伴生、原生三大能力不断发展的过程也是产业元宇宙逐渐从"萌芽"走向"成熟"的过程，产业元宇宙的发展将经历两个阶段：数实并生阶段和数实融生阶段。（1）数实并生阶段是产业元宇宙的萌芽阶段，数字产业和实体产业虽然已经诞生了如"仿真体验"和"数字化转型"等数实结合理念，但是因

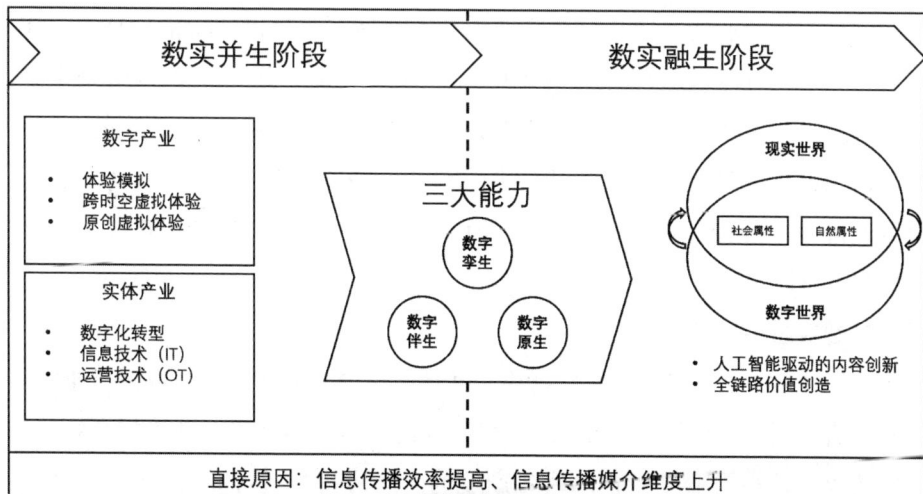

数实并生阶段	数实融生阶段
数字产业 · 体验模拟 · 跨时空虚拟体验 · 原创虚拟体验	**三大能力**（数字孪生、数字伴生、数字原生） **现实世界**（社会属性、自然属性） **数字世界**
实体产业 · 数字化转型 · 信息技术（IT） · 运营技术（OT）	· 人工智能驱动的内容创新 · 全链路价值创造
直接原因：信息传播效率提高、信息传播媒介维度上升	

为这些理念的本质是"借用"另一个世界的已有能力促进自身产业的发展,所以数字世界和现实世界的发展还是并发进行的。(2)数实融生阶段是产业元宇宙的成熟阶段,在实体产业与数字产业的边界愈发模糊后,真正实现前文所说的数字世界与现实世界相互交融与转化的数实融生世界。

(一)两大阶段的特征

1. 数实并生阶段

在此阶段中,数字产业和实体产业并行发展,数字与实体产业还是相对独立的两种产业,存在明显的边界。在这一阶段,数字产业主要包括游戏、社交、娱乐、文创等虚拟经济产业;而实体产业数字化的主要任务是提升应用数字技术,提升现有业务、商业模式的运转效率,完成传统产业四化(信息化、数据化、自动化、智能化),为数实融生阶段提供数据、服务层面的基础设施。具体来说:

(1)数字产业的主要目标是提升用户体验,将现实世界中的真实场景映射到现实世界为用户提供沉浸式体验,并针对现实世界客观存在的"不完美"原创新的虚拟体验提升用户参与感。例如在《模拟飞行2020》(一款微软公司旗下的游戏)中,微软公司复刻了一个与真实世界一模一样的虚拟地球,其中包含两万多座城市和数不胜数的房屋街道,玩家可以驾驶各种型号的飞机突破时间和空间的限制鸟瞰世界的各个角落。同时游戏也降低了飞机驾驶的难度,玩家不需要专业培训就可以在游戏中体验王牌飞行员的快乐。

(2)实体产业的主要目标是产业的数字化转型,提供使用信息技术(IT)和运营技术(OT)等数字化技术彻底重构业务模式、运营模式和用户体验,使用全新的方式完成生产、创造提高效率并创造价值。例如前文提到的西门子MindSphere数字孪生平台,采用物联网设备、数字孪生平台等工具,管理企业生产过程中的种种数据并实时下达生产、调度指令,实现了IT系统与OT系统的统一。

2. 数实融生阶段

数实并生的下一阶段是数实融生。在此阶段中,实体产业与数字产业的边界逐渐消融:游戏的本质是多模态、可交互的实时内容,是一种更加高效的信息传播媒介,而产业元宇宙时代各产业的生产协作方式可能将"弱游戏化",

例如当前游戏开发引擎 Unity 已经提供制造业场景中的数字孪生、CAD 设计工具。因此，元宇宙作为统一的信息表达空间，将催生大规模实时协作、数实融合的新形态：产业元宇宙将融合数字世界和现实世界，最大化全社会分工协作的整体效应、规模效应和协同效应，一个数实融合的元宇宙统一空间将要形成，在这个空间中来自不同产业、产业链不同环节的信息、知识和真实世界所具有的自然属性和社会属性都将使用相同的规范、信息模型进行统一表达。在本阶段中的特征主要有：人工智能驱动的内容创新和全链路价值创造。

（1）人工智能驱动的内容创新（AIGC）。产业元宇宙时代，生产资料将发生"稀缺性转移"，内容创作、流量、运营能力将成为元宇宙时代的稀缺资源。内容是元宇宙的核心，在数实融生阶段，谁能够以最低的成本、最高的效率与用户建立程度最深的连接，提供最有趣、最符合需求的内容、交互形式，谁就掌握了元宇宙时代的核心竞争力。因此，元宇宙建立的基础是海量的、个性化的数字模型和内容体量，同时分发平台中高效率的内容分发算法则提供了元宇宙海量内容的消化能力，实现内容到用户的精准触达。海量内容、运营则必须由人工智能系统驱动的自主创造（AIGC）模式才能完成。

产业元宇宙内容的核心价值是利用人工智能、数字世界的创造能力，在现实世界中进行"补偿性创造"。在数实并生阶段，这种补偿性创造主要是数字世界中的虚构创造，人们通过游戏、电影等娱乐方式体验比现实世界更加美好的生活，沉溺于数字世界。这种建立在以虚构为基础的创造模式是无法满足社会发展的真实需求的，需要发展为数实融生的形式。数字融生阶段，随着交互技术、新型硬件设备的发展，人们对现实世界的改造能力进一步增强，可以将各种数字内容引入现实将"体验"变为"生活"。例如我们现在还需要通过手机 AR 系统在《宝可梦 Go》软件中与宠物小精灵一同玩耍，而在数实融生的未来通过娱乐机器人我们将在现实世界中见到"活"的宠物小精灵；宠物小精灵除了用于游戏，还可以作为服务型机器人、陪伴型机器人提升人类的生活质量。

（2）全链路价值创造。在数实并生阶段单一的数字产业或实体产业能够产生的价值增量是有限的，而在数实融生阶段一个商品、服务创造的真实价值不再是单个环节的收益，而是变成贯通数字世界与现实世界的全产业链价值创造的总和。在数实融生阶段，打破的不仅仅是企业内部、企业之间或行业之间的信息壁垒，而是突破数字世界与现实世界的界限实现各个产业间信息的无缝对接和全链路协同，实现全社会生产效率的指数级增长。更多细节将在第五节中进行详细阐述。

（二）两大阶段的发展原因

产业元宇宙两大阶段的发展也是各种因素共同作用的结果：信息传播效率提高和信息传播媒介维度上升是产业元宇宙阶段转变的直接原因；孪生、伴生、原生三大能力的发展是推动产业元宇宙阶段转变的动力源泉。前文中已经具体介绍了这些因素的内涵，此处将简要分析这些因素如何推动两大阶段的发展。

1.直接原因

正如前文所说信息传播效率提高和信息传播媒介维度上升是产业元宇宙变化发展的原因。随着连接建立效率的提升与程度的加深，产业元宇宙将建立人与兴趣、人与情感的链接，而人对这种链接的建立与传播效率的需求是永无止境的，由数实并生发展为数实融生符合这一趋势，在这一阶段人在数字世界中的"所见"就是其在现实世界中的"所得"。而信息传播媒介维度随着文字、图片、视频、交互式内容（游戏）逐步升高，最终将形成数实融生的新型信息媒介。

2.三大能力

数字孪生、数字伴生和数字原生三大能力将助力两大阶段的转型。数字孪生能力和数字伴生能力将数字化转型的目标由使用 IT 和 OT 管理实体产业，变为数实融合的生产范式革新和全链路的优化范式革新。数字原生能力则打破了虚实屏障，保障了现实世界可以承载数字世界智能系统的自主创造能力。

第五节　产业元宇宙参考架构

唯物辩证法认为，整体的功能大于各个部分之和，具有部分没有的功能；整体由部分构成，关键部分对整体功能起决定性作用。因此需要树立全局观念，立足整体、搞好局部，促进事物整体的发展。

前面章节构建了产业元宇宙的分析框架。(1)从理论层面分析了产业元宇宙变化发展的底层逻辑,运用推理演绎方法展望了元宇宙时代数实融合趋势下商品、用户、零售、供应链乃至生产生活方式可能发生的变化。(2)从技术层面把产业元宇宙的技术能力归纳划分为三大能力,并探讨了三大技术能力的共性价值路径。本节将讨论产业元宇宙的体系架构,将抽象的理论具象化、把割裂的技术联系起来,从整体视角分析和探讨数实融合的关键部分及其对整体产业形态的影响。

产业元宇宙使用数字技术对现实世界的社会属性和自然属性进行重构和再创造,在产业元宇宙构建的数字世界,既包含对自然主体及其物理规律(例如水及其流体动力学仿真)的重构和再创造,也包含了对社会主体及其社会行为(例如政府主体、市场主体、个人主体及其社会活动)的重构和再创造。基于统一的数实融合空间,产业元宇宙能打破数字世界和现实世界的边界、自然属性和社会属性的边界,催生跨时间、跨空间、跨地域、跨产业协同共建的"产业元宇宙新业态"。

本节分成两部分探讨"新业态"。(1)将给出整体参考架构,厘清产业元宇宙的组成模块以及每个模块的目的、功能和边界,建立从技术到业务再到产业应用的联系。(2)将前文得到的结论串联起来,对"新业态"的模式和作用进行整体的展望,帮助读者从整体角度思考传统企业在元宇宙转型过程可抓住的机会、需作出的调整。对于寻找微观机会和切入赛道的读者,本书在后续章节讨论元宇宙价值链的分层并划分出赛道,为读者结合自身禀赋切入赛道提供分析工具。

一、产业元宇宙参考架构

产业元宇宙的参考架构共有五层:基础能力层、元宇宙能力层、元宇宙生态层、元宇宙供应链层和应用生态层。

(一)基础能力层

基础能力层抽象出构建产业元宇宙体系所需共性能力,这些能力贯穿参考架构的各层级,支撑所有层级功能的正常运转,基础能力层包含的各个模块的详细内涵与能力将在后续章节详细解读,本节只简要描述各模块目的、功能和

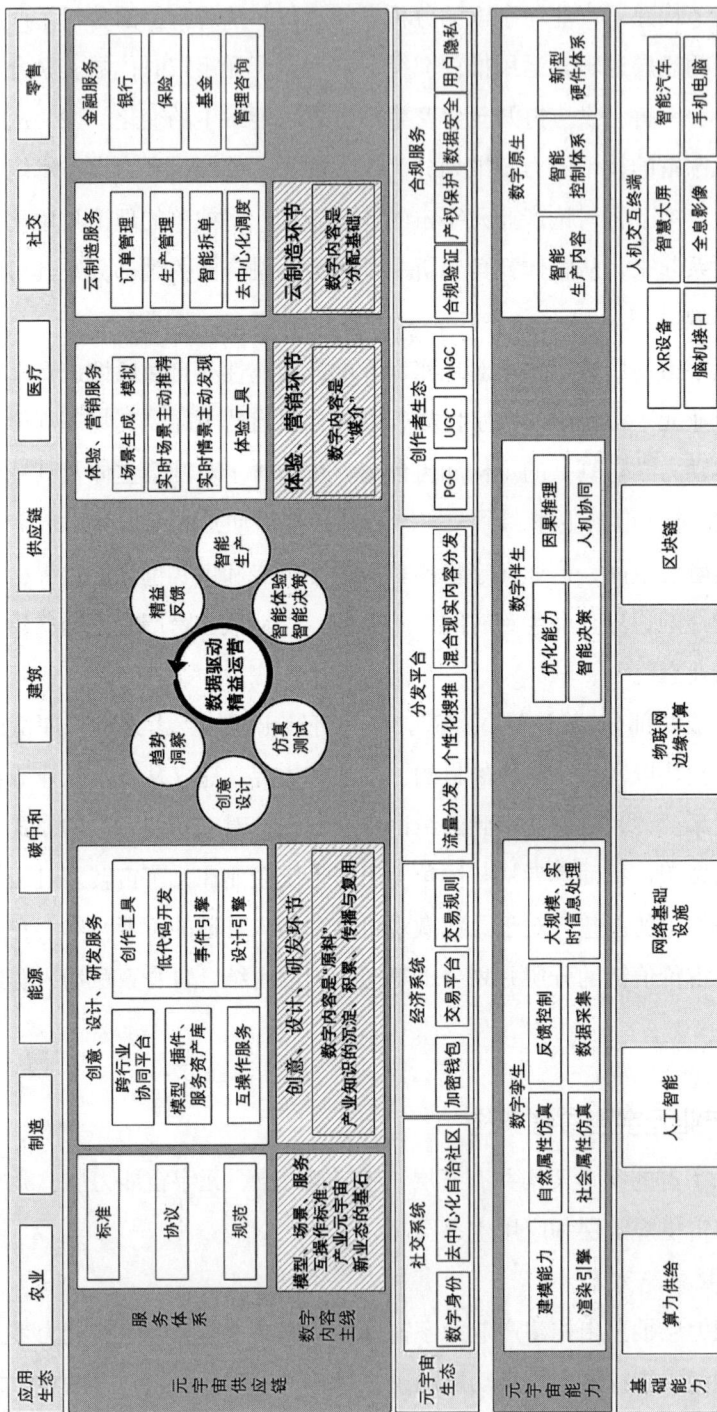

产业元宇宙参考架构图

作用。

基础能力层包含算力供给、人工智能、网络基础设施、物联网及边缘计算、区块链和人机交互终端，其中：（1）算力供给模块通过专用芯片、大规模算力中心、数据中心等算力供给设施支持产业元宇宙在运行过程的庞大算力资源需求。（2）人工智能模块是产业元宇宙拥有感知、认知、决策的算法基础，提供诸如视觉分析和识别、自然语言处理、知识图谱、强化学习智能体以及人工智能内容生成（AIGC）等算法能力，是元宇宙实现自主决策、自主创造的基础。（3）网络基础设施模块包含各种通信技术，例如 SpaceX（美国太空探索技术公司）的星链近地轨道通讯服务，是支撑产业元宇宙实时传递大规模内容、服务，进行低延时、广域通信的必要条件。（4）物联网及边缘计算模块是产业元宇宙的神经末端，为产业元宇宙在现实世界中采集输入数据、执行指令提供数据、算力和硬件设备支撑。（5）区块链是产业元宇宙提供去中心化、可信服务的基础能力，基于区块链的共识合约能够联通各个子宇宙，实现子宇宙、子系统间信息的互操作性，为前面章节描述的数字内容资产、数字交易、数字身份提供去中心化的数据结构化、存储和传输服务。（6）人机交互终端既是人类进入数字世界入口（例如 AR、VR 眼镜、脑机接口），也是数字能力引入实体产业的出口（例如购物中心中的智慧大屏、裸眼 3D 屏幕）。信息传播媒介的升级对硬件展示端口信息传播效率提出新的要求，现有设备例如手机以图文、视频、声音为主，更高信息密度的可互动、沉浸式内容传播方面效率不足。元宇宙时代的实时可互动内容需要通过多端入口、多元服务的形态构建数字和现实世界的双向通道。

（二）元宇宙能力层

元宇宙能力层是产业元宇宙在价值创造过程中的三大核心能力：数字孪生能力、数字伴生能力和数字原生能力，前面已详细介绍了这三大能力的内涵与共性价值，此处只简要回顾三大能力的功能以及相互联系。

数字孪生、数字伴生和数字原生能力之间并不存在递进或先后顺序，由于产业结构不同、不同企业信息化程度不同，三大能力在产业元宇宙的实施过程中是融合并存的，在不同价值维度相辅相成地为企业创造价值，其中：（1）数字孪生能力的目标是在数字世界中复刻现实世界，需一系列数据洞察能力、渲染能力、仿真能力的支撑。(2) 数字伴生能力的目标是实现数实融合的优化范式,需以元宇宙的仿真能力为基础,运用人工智能的优化能力辅助智能决策,应用场景例如工业制造中的产品研发和工艺优化环节。(3) 数字原生能力的目标是释放人工智能的自主发现、自主创造能力,通过智能生产内容(AIGC)、智能控制体系和新型硬件体系之间的整体协同,增强现实世界对数字世界优化、解决方案的承载能力,提升现实世界的生产效率和创新能力,激发实体经济活力。

(三)元宇宙生态层

元宇宙生态层是以数字内容创作者生态为核心建立的一系列分工协同、流量转化的生态服务。元宇宙中的数字内容既包括元宇宙模型(三维商品模型、场景模型、人物模型等),还包括各种虚拟货币和元宇宙插件等数字化资产。元宇宙生态层包含的各模块详细内涵与能力将在后续章节详细解读,此处只简要描述各模块目的、功能、作用以及模块间联系。

元宇宙生态层主要包含社交系统、经济系统、分发平台、合规服务和创作者生态,其中:(1) 创作者生态是元宇宙生态的核心。创作者既是元宇宙内容的生产者,将不同行业知识沉淀、积累为数字内容;又是内容的消费者,创作过程本身就是信息和知识的复用。元宇宙建立的基础是海量的数字模型和内容体量,需要全社会、全产业链规模的共同参与,其中既需以专业创作者为主导的 PGC 模式,也需围绕低代码的内容创作工具构建以生态用户为主导的 UGC模式,海量内容的生成还需智能系统自主创造的 AIGC 模式。(2) 分发平台中高效率的内容分发算法提供元宇宙海量内容的消化能力,实现内容到用户的精准触达,以流量分发、个性化搜推、混合现实内容分发等多元连接形式建立用户与数字内容之间的连接。(3) 社交系统负责去中心化地建立人与人、人与兴趣的链接,通过数字身份增强社区活跃度和认同感,以去中心化自治组织的形态支撑创作者生态。(4) 经济系统负责以交易平台和交易规则形式保障数字内容的流通性,构建创作者生态的价值反馈闭环,激励整个创作生态的繁荣。(5) 合规服务则保障生态中流通的数字内容符合法律规范,并提供产权保护、隐私保护、数据安全保护等一系列服务。

（四）元宇宙供应链层

数字内容供应链是产业元宇宙的核心、命脉。数字内容不单指虚拟货币，还包括元宇宙模型（三维商品模型、物理机理模型、场景模型、人物模型等）、元宇宙插件等数字化资产。数字内容以信息载体形式对数字、现实世界的知识统一表征，构成跨时间、跨空间、跨地域、跨产业的知识沉淀、积累、传输和复用的基本单元。数字内容供应链是贯穿整个产业元宇宙新业态的血管，信息、数据是在其中流动的血液，元宇宙各个主体只有不断从供应链吸取数据血液，才能发挥全社会、全链路协同的整体效用，才是具有旺盛生命力的"活"的产业生态。元宇宙供应链由数字内容主线和服务系统两大模块构成。

1.数字内容主线

数字内容主线是端到端联通所有相关实体信息系统、实现跨产业无缝信息和数据流通的基础设施。其中：（1）在创意、设计、研发环节，数字内容是"原料"，是各个产业知识的沉淀、积累、传播与复用的载体。（2）在体验、运营环节，数字内容是"内容"，为消费者提供沉浸式的全真数字体验。（3）在云制造环节，数字内容是"指挥家"和"翻译官"，云制造服务将基于数字内容的自然属性和社会属性实现统一的订单拆分和供应商、服务商匹配，帮助供应链达到端到端的信息透明、可追溯，打破产品生命周期不同环节上的"数据孤岛"、实现全产业链的协同优化和实时反馈，形成产业元宇宙全社会协同、数据驱动、精益运营的新业态。

2.服务系统

凭借数字内容主线打通的信息流通、反馈闭环，元宇宙供应链催生一个全社会规模的跨产业、跨产业链上下游、跨异质性企业的整体协同服务体系：以趋势洞察驱动产品的创意、设计，基于数字世界的仿真优化能力进一步调优产品，运用元宇宙生态的分发能力在数字世界中前置用户触达过程、低成本地采集用户体验、完成数据驱动的生产决策，通过云制造服务低成本、高效完成智能生产，最终汇总全流程、各环节、供求两端在数字世界和现实世界产生的各个精益反馈、实现元宇宙供应链数据驱动的精益运营闭环。这需在整体协同生态中围绕统一标准、协议和规范建立生态产业联盟，提供面向全链路协同的服务：（1）创意、设计、研发服务。基于统一的协议实现跨行业数字内容的互操作性，打通信息壁垒和"数据孤岛"；提供多种低代码开发工具和大规模多人在线协同平台，降低元宇宙数据资产的制作成本，提高数字内容的生产效率和丰富程度。（2）体验、运营服务。通过沉浸式情景模拟和一系列基于实时情景分析的分发算法，把传统运营中"人找货"的被动搜索过程变更为产业元宇宙时代主动推荐的"货找人"过程，实现内容到用户的精准触达和决策前置；以数字内容为媒介，提供更加丰富的实时互动内容，建立人与兴趣、人与情感的连接，加深全链路主体间的连接深度；在数字世界中采集更细致的用户行为信息，理解用户使用习惯，为企业提供精益运营能力。（3）云制造服务。基于数字内容模型、物理机理模型分析制造流程和制造工艺，精准匹配产品需求和制造能力，统筹管理整个产业的空闲制造能力并去中心化调度分配。（4）金融服务。联合银行、保险、基金、管理咨询等行业，以全流程数据为精准决策依据，提升金融服务的资源配置效率，更加精准、低风险地为元宇宙供应链的企业提供定制化金融服务。

（五）应用生态层

应用生态层是产业元宇宙技术、能力和服务在第一、第二、第三产业中的具体实践应用。本书的后续章节将深度剖析产业元宇宙在各个典型领域中的应用价值和实践思路。

二、产业元宇宙新业态

产业元宇宙核心价值，在于最大化发挥全社会规模分工协作的整体效应和协同效应。前面元宇宙变化发展的底层逻辑中曾推理出四点结论。（1）元宇宙时代的产业模式不再靠规模驱动、功能驱动、经验驱动，而是靠个性驱动、服务（体验）驱动、需求驱动和数据驱动。（2）一个商品、服务创造的真实收益不再只是产业链中单个环节的收益，而会变成全产业链累计创造的价值总和。（3）元宇宙时代的商业模式需从整条供应链考虑，提升全链路为用户创造价值的能力。（4）元宇宙不仅会改变零售，还会改变整个供应链、上游制造业，甚至改变生产方式和组织形态，催生新业态。本节提出的产业元宇宙参考框架则给出了产业元宇宙新业态的实施思路。

产业元宇宙时代，企业能运用产业元宇宙三大能力，构建数实融生的元宇宙统一空间，使得来自不同产业、产业链不同环节的信息、知识都可通过相同规范在同一空间表达；以创作者生态为核心构建覆盖全行业的元宇宙生态，通过智能创作工具降低内容制作门槛、提供海量内容，实现跨产业的知识、信息的沉淀、积累和复用，降低全社会的生产成本、提高生产效率；最终基于元宇宙供应链，打破知识壁垒和"数据孤岛"，实现跨时间、跨空间、跨地域、跨产业的大规模协同生产、优化和创新模式，完成全链路为用户创造价值能力的提升。

产业元宇宙将打破数字世界和现实世界的壁垒，有望催生数实融生的新业态，是传统产业四化（信息化、数据化、自动化、智能化）发展的最终形态。

以一辆汽车的制造、消费为例。产业元宇宙时代，汽车制造厂商无须从零开始设计一辆汽车，基于海量零部件数字模型资产库，设计师可从模型资产库中购买零部件供应商设计好的物理模型，节省大量建模成本，对于缺失模型可通过元宇宙供应链、创作者生态，跨产业链调动专业资源、分发建模任务，形成跨行业取长补短式的协同设计模式，以更高效率达成跨产业链合作。设计完成后，企业可先在数字世界仿真汽车模型，以极低成本验证汽车性能例如安全性，并对制造工艺流程调优。调优后的汽车模型无须立刻生产、投放市场，而是可作为游戏素材，销售给各大元宇宙游戏、社交厂商，提前触达庞大消费者群体，让消费者在游戏、社交等场景中沉浸式体验汽车，同时也新增汽车厂商收入来源。如前所述，这种模式改变供应链的次序和结构，与传统供应链相比，产业元宇宙供应链前置了用户触达，消费者可在数字世界中沉浸式体验汽车性能、作出购买决策，能在不产生制造成本的前提下验证市场需求。同时还能在虚拟世界中收集更真实、细致的用户反馈，例如用户对汽车外观、内饰某一区域、某一设计的喜爱程度，用户对中控台的使用行为等，提前完成 C2M 反馈。站在消费者角度，产业元宇宙不仅增加消费者购买汽车的体验渠道，也

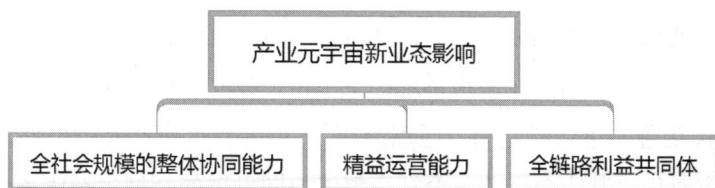

```
产业元宇宙新业态影响
├── 全社会规模的整体协同能力
├── 精益运营能力
└── 全链路利益共同体
```

增加汽车本身的使用场景、频次，消费者不只可在现实世界使用汽车，还可在数字世界的游戏、社交场合使用汽车的数字孪生模型，大大提升汽车对用户的附加价值、连接的深度。从这个例子中可看出，产业元宇宙扩展了商品、服务的内涵和外延，延长价值创造环节，企业获得的价值不再是单一环节产生的价值，通过数字孪生模型、产业元宇宙生态，企业获得的价值变成全产业链累计创造的价值总和。

整体而言，与传统产业形态相比，产业元宇宙新业态将带来如下变化：

（一）全社会规模的整体协同能力

产业元宇宙本质上提供一个统一信息表达空间，使得各类社会活动过程中产生的信息，例如生产、流通、消费等，都可在这个空间表达。通过这个空间，全社会可更好整合产业资源、企业能力、市场需求。全社会规模的整体协同能力体现在四大方面的融合：企业自身内外部系统融合、产业链上下游的全链路融合、跨产业的融合（第一产业、第二产业和第三产业的融合）、数字世界和现实世界的融合。未来实体产业与数字产业、产业间的边界将变得愈发模糊，最终形成一个社会协同平台，通过全社会规模的整体协同能力实现规模效应，减少总成本，增强总创新能力，实现社会整体效率的提升。

理解产业元宇宙对社会总体能力的提升，一个直接角度是从元宇宙模型出发理解知识、信息的积累、传播和复用。元宇宙模型（例如上文提到的汽车零部件数字孪生模型）本质上是对行业知识和经验以信息密度更高的数字化模型的方式封装和沉淀，模型的传播和复用本质上是知识和经验的传播和复用。相比传统图片、文字等表达信息的媒介，带有物理机理的数字孪生模型信息密度更高、传播效率更高，在数字世界中可做到即插即用，学习成本、使用门槛低，能提升企业产品开发效率、降低开发成本、缩短开发周期、提高创新能力。

产业元宇宙新生态建立的基础可覆盖全社会产业生态，随着覆盖链的延长，生态的价值也会指数级增长。产业元宇宙不可能由一家企业或机构独立建成，也不可能由一个平台统一支撑，而是形成去中心化的多个"子宇宙""子系统"生态体系。不同的元宇宙系统、子宇宙，建立在统一生态协议、标准之上实现互联互通，建立产业间"通用语言"，增强数据资产互操作性、可复用性。元宇宙时代，基于全行业、全社会整体协同发展的新型生态体系，将对人类生产和生活方式带来深刻改变。

（二）精益运营能力

理解产业元宇宙时代的精益运营，首先需要理解精益管理的概念。精益管理是 20 世纪 90 年代由美国麻省理工学院教授詹姆斯·沃麦克（James Womack）等人提出，其核心指导原则是最小化浪费，包括减少不必要工序、次优制造工艺、无法满足消费者需求的产品和库存的积压等。通过精准采集、分析、识别、优化企业活动过程每一道流程的资源浪费，最终实现成本优化，以最小成本准时、节约、高效创造尽可能多的价值。

产业元宇宙不只支持企业实现精益管理，还能发挥整体性作用，帮助企业实现精益运营。精益运营在整体性协同能力基础上，通过数据驱动的运营手段联结产业资源、企业能力、市场需求，为全产业发现机会、创造收益。精益管理与精益运营的区别有三点：（1）精益管理关注是企业内部优化，精益运营还关注企业外部资源、能力以及产业链的整合。（2）精益管理通过提高管理能力降低成本，在存量中寻求收益，精益运营关注企业活动在全产业链累计创造的价值总和，通过全链路运营创造新的价值增量。（3）精益管理追求实现企业自身价值，精益运营从全产业链出发，通过构建全链路利益共同体，实现产业生

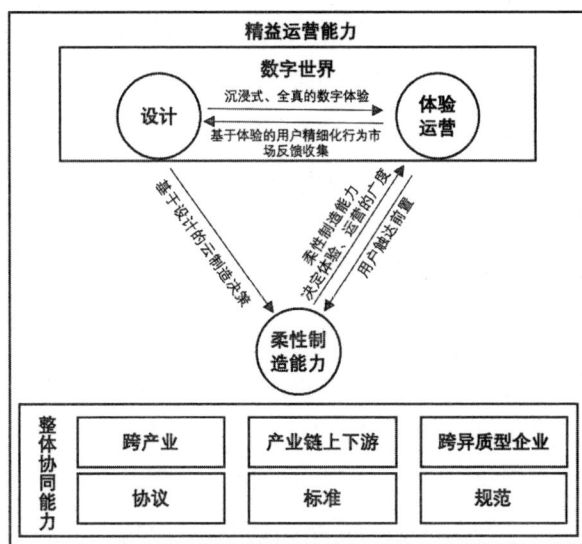

精益运营能力图

态的整体繁荣。

精益运营的基础是产业元宇宙整体协同能力下统一的标准、协议和规范，以及海量的内容生态。在整体协同能力下，产业链上下游企业，创意、设计、营销和制造之间的利益关系会变得更加紧密：（1）设计与运营、体验的联系。首先，设计方案本身就是消费者可在元宇宙体验的数字内容，例如前文汽车制造的案例，设计方案可直接转变为内容体验，零售、游戏、娱乐等行业可基于这些数字内容为消费者提供沉浸式、全真的数字运营服务，用户触达、购买决策前置，并且因为商品使用场景的增加，也提升商品附加值。其次是体验运营让设计反馈过程前置：与传统流程相比，消费者可直接在数字世界中体验商品是否匹配需求，同时消费者与数字商品的互动方式、使用行为等传统流程难以收集的反馈信息将被实时、精细收集，实现精益反馈并指导创意、设计过程。（2）运营与制造之间的关系。运营指导制造：制造计划可根据消费者在数字世界中交互、体验的情况制定，小规模生产试用样品的过程将被元宇宙体验取代。柔性制造能力支撑运营体验广度：个性化、定制化的生产需求必须由强大柔性制造能力支撑，更强的柔性制造能力能为消费者提供更多定制化选项、更能满足消费者的需求。（3）设计与制造之间的关系：设计需求与制造服务的匹配过程将变得更有效率。基于各个制造企业在数字世界录入的生产能力和加工工艺，整体协同平台能精准匹配设计方案和制造方案，根据设计过程所涉及的零件厂商和加工工艺智能拆解制造订单，并辅助各制造企业去中心化协同完成生产任务。

基于整体协同能力，精益运营通过连接设计、体验运营和柔性制造能力等全链路环节，提供数实融合、去中心化的生产范式和分配方式，实现全产业维度的价值发现和增量创造模式。

（三）全链路利益共同体

产业元宇宙时代，上下游企业间的生产关系不再是简单的"供需关系""博弈关系"，而是水乳交融的业务拓展共同体和利益创造共同体。如前所述，通过产业元宇宙整体协同能力和精益运营能力，企业获得的收益不再是一个单点环节创造的收益，而是全产业链累计创造的价值总和。企业追求利益最大化的途径不再是实现单一环节企业自身价值的最大化，而是从全产业链出发，通过构建全链路利益共同体，实现产业生态的整体繁荣。

第六节　产业元宇宙助力经济高质量发展

产业元宇宙是人类未来的数字化生存方式，是一系列新技术从点到线、从线到面的发展，未来或许能够产生超越人类想象力的生态及物种。我国"十四五"规划提出数字经济发展路线图，各级政府围绕"数字中国"建设出台了系列政策，例如北京明确将"打造全球数字经济标杆城市"作为北京市"十四五"期间的重点任务。元宇宙作为一种虚实相生、人机结合的数字网络空间，对现有各种技术进行升级、融合，将有力推动社会各层面的技术创新，为经济高质量发展提供新的动力。

一、数字经济助力实体经济发展

传统的实体经济是以实体物质为基础的，都是以人的需求为导向，利用已有的知识技术通过产品和服务的生产流通来创造价值，无论是提供生产资料的第一产业、再加工的第二产业，还是提供服务的第三产业都是如此。而数字技术是将知识、信息等数据化，然后通过识别、选择、存储和使用，催生新技术、新产品、新业态、新模式，对传统产业进行重塑。目前来看，数字技术已经在很多方面帮助传统行业挖掘出了新价值，改善了传统组织发现机遇、抓住机遇的能力，使其具备了更多的活力和竞争力，有效地促进了实体经济的发展。

数字经济发展过程中，数据成为全新资源，与传统生产物资一样发挥着至关重要的作用。在数据技术发展初期，传统产业在生产规模、实体技术、人才及管理等方面具备更为突出的优势，而数据采集存储传输处理成本高、技术成熟度不足，导致数字经济发展的必要性难以突出，在一个时期内，实体与数字结合、优化的进程缓慢。但随着数据技术成熟度日益提升，成本逐渐降低，再加上市场竞争压力加剧，个性化需求的明显提升，传统产业的优势逐渐被削弱，数据驱动经济增长的成效逐步显现，实体与数字的结合逐步进入了快速发展的通道，借助数据促进实体经济发展成为世界各国在新时期的着力点，数据价值逐渐凸显。

二、产业元宇宙助力数字经济高质量发展

数字经济伴随着移动互联网的爆发进入了高速发展阶段，产业、消费、娱乐全领域的数字化进程更是加速演进。随着 5G、人工智能、物联网、大数据、工业互联、区块链、VR/AR、数字孪生等新一代数字技术的快速发展，产业元宇宙的基础设施将越来越完善，属于产业元宇宙时代即将降临。届时，全新的数字空间将随着现实世界与数字世界的深度融合而产生，数字经济的未来形态也将会出现天翻地覆的变化。以下这些或成熟或发展的新技术，将在产业元宇宙的发展中产生关键作用。

（一）产业元宇宙催生数实融合的产业"新物种"、新形态

如前文中所展望的，产业元宇宙的本质是连接建立效率与程度的又一次升级，伴随着这次升级商品的内涵和外延、用户的行为与习惯、服务的内涵和外延、供应链的结构与次序甚至社会生产的分工与协作方式都会发生颠覆式改变。以元宇宙作为共同的信息交换工具集、生产协作方法论，围绕产业元宇宙供应链这种新型基础设施，我们能够从产业层面构建融合机制，把第三产业和第一、第二产业融合在一起；突破时间、地域、行业限制，把大量异质性的企业融合在一起。这种融合将催生全行业、全社会的知识复用、劳动协同平台，构建融合共生的价值循环体系，形成产业的"新物种"、新形态。同时也将带来供需结构的错层，孕育着巨大的产业链整合机会。

（二）5G/6G 创造的高速稳定数据传输

5G/6G 网络作为元宇宙发展的基础设施，将实现数据前所未有的高速稳定传输，有力推动移动通信技术和新兴产业的变革，使得移动通信网络朝着高速化、智能化的方向不断发展，满足人们对于线上消费、实时分享等对无线通信网络数据传输速率产生的高标准需求，也必然会推动新兴智能业务的发展。

（三）区块链技术的去中心化是产业元宇宙的灵魂所在

去中心化是元宇宙的精神内核，没有区块链技术所构建的是一个去中心化的信任机制，以及全新的协作模式，元宇宙将是无法实现的。区块链将数据资产化后，基于博弈论机制设计理论，构建了一套点对点的、去中介的、分布式的、智能化的全新协作模式及可信机制，这赋予了元宇宙灵魂。

（四）虚实媒介的 VR 和 AR 让人们有可能见证元宇宙的存在

VR 和 AR 技术的发展使得"虚实共生"有可能成为现实，深远地改变了人们与数字世界的交互方式，利用 AR 增强现实、利用 VR 将现实虚拟、利用 MR 混合现实，虚拟世界被准确地投射到物理世界中，使人们对虚拟世界产生更深刻的感知，构成了人们对元宇宙认知的基础，让人们见证元宇宙的存在成为可能。

（五）数字孪生为虚实相生创造了可能

数字孪生通过创建物理世界实时数字镜像，可在虚拟环境中仿真预测物理实体的状态、可能的行为及运行结果，再通过虚实交互机制，如数据融合分析、在线决策优化、闭环迭代反馈、同步映射控制等，为物理实体拓展出新能力，赋予其新价值，这与实体经济与数字经济融合发展的理念完美契合。

在数字孪生技术推动下，"实体"＋"技术"或"数据"成为实体经济与数字经济深度融合的可行之路。通过工业互联网、物联网作为介质能够对物理世界的实体实施实际控制，实现优化物理实体的同时，将实体与虚拟模型及数据变成可利用、可重构的服务，使得资源流通更加高效，还可以因虚拟现实可视化，更具象、更直观的呈现形式提高工作效率、增强安全边际。在这个过程中，海量数据反馈也为信息技术自身发展提供了珍贵的支撑。

对于企业来说，将虚拟工厂与数字工厂结合、各种实景 AI 模型、构建数据连接与认知，最终实现信息空间对物理空间数字化孪生，借此完成对物理实体的掌握、剖析和提升，虚实相生，提高对数据的利用率，可促进企业提质增效，助力制造企业高质量发展。

（六）人工智能成就产业元宇宙的"大脑"

人工智能作为数字网络智慧大脑，正引领数字经济进入智能经济发展新阶段。数字化进程从需求端逐渐向供给端渗透是人工智能驱动的数字化转型的显著特点，需求端的数字化转型已经具备良好的扩展复制基础，正逐步实现跨行业、跨地区的发展融合，进一步发展的空间巨大，特别是工业、制造业、医疗等传统行业中蕴藏着巨大的潜力与价值。但是要满足元宇宙不断扩张的个性化优质内容需求，必须要完成供给端的数字化转型，实现完全人工智能的内容生产才行，这样才能真正体现元宇宙精神内核即人工智能。

以上这些技术为引领数字经济进入智能经济发展新阶段提供了基础，但是技术为本，场景为王，产业元宇宙中多元化的应用场景，将成为拉动数字经济发展的新引擎。将为人们在远程办公、数字社交、在线医疗及教育、智慧城市、产业互联等领域拥有更加个性舒适的新生活提供更多的机会、创造更优渥的条件。

第二章　产业元宇宙生态全景展望

第一章中本书从宏观层面展望了产业元宇宙时代数实融生、全产业协同的产业新形态。本章将承上启下，与读者共同探讨如何在宏观的系统中寻找微观视角，通过研究一系列的决策工具，帮助企业找到与当下时间、环境、资源禀赋以及生态位置相匹配的商业模式，制定微观层面的企业元宇宙战略。

所谓商业模式，首先要探讨的是企业通过调动什么资源、进行什么活动、提供哪些能力，最终为用户带来了什么价值增量；其次是盈利模式，企业为用户创造的价值并不等于其获得的利润，盈利模式是实现用户的价值增量到企业的利润转化的桥梁；最后是定义域，好的商业模式不是贪大求全，而是分清主次矛盾、明确企业内外业务的边界，在企业擅长的领域集中优势兵力，通过自有业务疯狂为社会创造价值，同时借助外部生态体系和基础设施，最大化企业所处生态位的比较优势。

在第一节中，我们首先按照产业元宇宙价值创造的次序，对产业元宇宙价值链进行解构，明确产业元宇宙价值链分层，并分析每一层级为用户创造的价值、提供的能力、需要的资源和价值创造流程。产业元宇宙价值链分层为读者提供了一个解构产业元宇宙商业模式的模板，通过分析一个商业模式在不同价值链层级的组成要素以及各层级要素之间的契合度，企业更容易结合环境信息和自身禀赋，找到哪些是促进要素、哪些是限制要素，从而帮助企业把握好商业决策的方向、时机和程度。

在第二节中，我们将依据市场上几大头部企业在价值链分层上的布局，归纳出当前元宇宙行业出现的四大赛道。有了价值链的层级划分，我们就可以用它来分析市场格局、总结产业元宇宙的企业形态。当前元宇宙还比较早，生态设施还不完善，从事元宇宙的公司不像其他行业的赛道有清晰的边界，元宇宙中开展一类业务往往需要布局众多层级，涉及技术众多，非常复杂。元宇宙的赛道划分不能像传统 IT 行业按照硬件、软件、应用这样只从一个维度划分，而要分析清楚跨技术层级的不同技术组合对不同业务形态的支撑关系，进行技术和业务双重维度的并行思考。在解构商业的底层逻辑时，不能只做单纯的纵向推理，还需要在赛道间进行横向比较：企业选取的赛道不同，业务需求、为用户创造价值的方式就不同。赛道的本质就是企业结合对环境因素、自身因素和价值增量的判断，在价值链分层上选取的覆盖面和投入比重不同而产生的一种排列组合。因此不同赛道上的企业即使在价值链分层上有所重合，赛道不同，在价值链不同层级分配资源的比重就不同，部署的技术栈、采取的商业策略也会完全不同。在价值链分层中，没有一种放之四海而皆准的模式，而是需要看清赛道，以为最大化用户价值增量为目标，识别出更深层次、更有决定性作用的价值链层级，通过优化企业商业活动在价值链分层上的覆盖面、不同分层间的排列组合，使企业为用户创造的价值最大化。

值得指出的是，价值链分层不是静态、一成不变的，而是随着基础设施、生态体系的完善不断进化。价值链的压缩、延长和重构都会带来巨大的商业机会，不同赛道之间的差异化和独特性也会随着价值链的变化而不断演进。通过赛道分析，企业能够捕捉到进入不同赛道的机会，也能够预判来自不同赛道潜在竞争对手的挑战。通过对产业元宇宙价值链分层的溯源、拆解和重构，企业能够发现新的赛道、打开新的市场、获得重塑产业结构的基础性力量，以全新的形态为用户创造独特的价值。

与自然界中的生态系统一样，产业元宇宙也有一个复杂生态体系，各个层级之间相互依存且互利互助。了解产业元宇宙在未来的发展方向，可从理解产业元宇宙生态全景入手。本章的第三、四节将介绍产业元宇宙价值链的典型行业和主要国家产业元宇宙的发展概况，帮助读者进一步加深对产业元宇宙价值链分层、赛道划分的认识。

第一节　产业元宇宙价值链概况

产业元宇宙的价值链较为复杂，但价值链层级之间有着清晰的连接与逻辑关系，价值链分层之间的依赖关系是自上而下的：下层为上层构建基础设施，上层无法脱离下层而独立创造价值。接下来将介绍产业元宇宙价值链中各层级内涵与各层之间的内在联系。

一、产业元宇宙价值链简介

产业元宇宙的价值链可分为六个层级：基础能力层、空间计算层、内容制作工具层、交互系统层、元宇宙生态平台层和行业应用层。

各层级基本情况说明如下：（1）基础能力层是整个产业元宇宙价值链的上游，提供各种共性支撑技术，其中左侧的四个能力是所有场景都适用的共性能力，右边三个灰色的是在实体场景需要的共性能力。（2）空间计算能力层为产业元宇宙提供支撑构建数字世界的共性能力，例如3D建模、渲染、仿真能力。（3）内容开发能力层结合基础能力层和空间计算层中的种种技术为产业元宇宙提供面向场景的内容构建工具，例如游戏行业需要的超大规模多人实时在线信息处理平台、面向能源、汽车、电子等各种产业的设计研发工具等。（4）交互端为用户提供了与产业元宇宙内容交互的种种方法，包含了各种硬件设备生态，以及围绕这些硬件设备构建的操作系统生态。（5）元宇宙生态平台层将依托不同的交互系统为产业元宇宙的使用者提供更加便捷的内容制作、内容触达生态，让任何人都可轻松成为产业元宇宙的创造者和使用者。（6）各种去中心化平台将为产业元宇宙提供海量内容，行业应用层将赋能各个行业（包括了面向消费者的游戏、社交和面向企业的供应链、制造等场景），为各方用户带来全新的使用体验，是非常重要的一层。其中前三层一起构成产业元宇宙能力体系，是产业元宇宙成立的基础；后三层构成产业元宇宙生态体系，帮助产业元宇宙发挥多样的价值。

本节接下来会依次介绍产业元宇宙价值链前五层的情况，并在后续相关章节介绍产业元宇宙在典型行业的应用。

二、基础能力层

功能完备的基础能力层是产业元宇宙从想象迈向现实的第一步。基础能力层是产业元宇宙价值链的底层支撑，是数字孪生、数字伴生和数字原生能力的

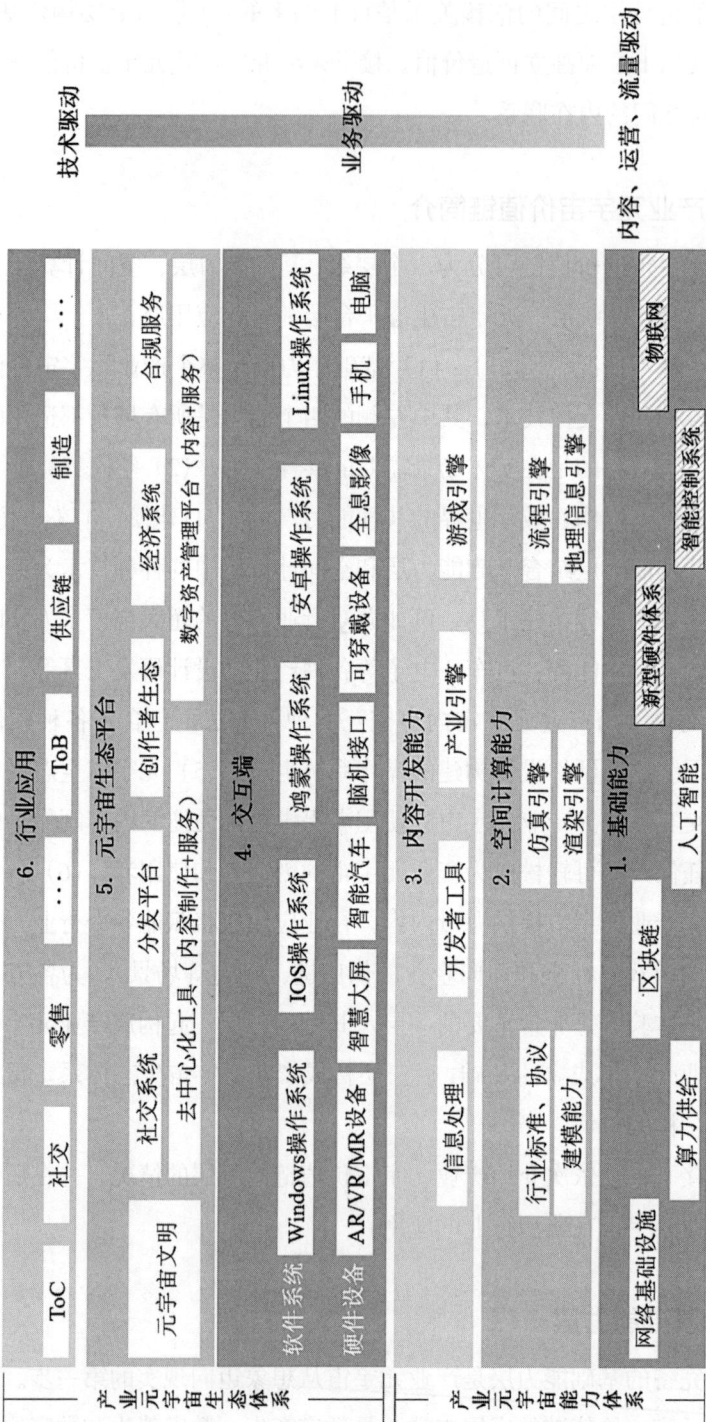

技术驱动

业务驱动

内容、运营、流量驱动

产业元宇宙生态体系

6. 行业应用

ToC | 社交 | 零售 | … | ToB | 供应链 | 制造 | …

元宇宙文明

5. 元宇宙生态平台

社交系统 | 去中心化工具（内容制作+服务） | 分发平台 | 创作者生态 | 经济系统 | 数字资产管理平台（内容+服务） | 合规服务

4. 交互端

软件系统：Windows操作系统 | IOS操作系统 | 鸿蒙操作系统 | 安卓操作系统 | Linux操作系统

硬件设备：AR/VR/MR设备 | 智慧大屏 | 智能汽车 | 脑机接口 | 可穿戴设备 | 全息影像 | 手机 | 电脑

产业元宇宙能力体系

3. 内容开发能力

开发者工具 | 产业引擎 | 游戏引擎

2. 空间计算能力

信息处理 | 行业标准、协议 | 建模能力 | 仿真引擎 | 渲染引擎 | 流程引擎 | 地理信息引擎

1. 基础能力

算力供给 | 区块链 | 人工智能 | 新型硬件体系 | 智能控制系统 | 物联网

网络基础设施

基础能力层

网络基础设施　　算力供给　　物联网　　新型硬件　　人工智能　　区块链

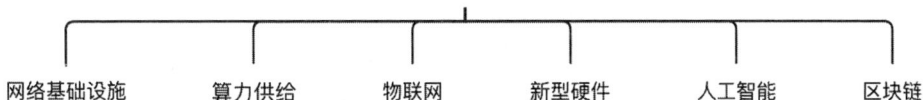

活水源头:(1)大规模算力供给、新型网络基础设施和物联网系统是产业元宇宙稳定运行的底层保障。(2)人工智能技术与产业元宇宙深度融合则是一切智能系统和智能服务的基础。(3)区块链的去中心化能力则是产业元宇宙组织系统、治理系统和经济系统可以正常运转的动力来源。(4)各种新型零部件互相组合形成现实世界与产业元宇宙间的桥梁。

(一)网络基础设施

一个完备的网络环境可以实时支撑整个产业元宇宙体系,而各种新型网络硬件设备和通信协议是元宇宙可高速流畅运行的基础。网络通信设施提供了在一个个孤立的计算设备间建立连接的能力,网络通信行业包括通信设备供应商、通信运营商和通信网络技术服务商,其中:(1)通信设备供应商负责生产各种网络硬件设备(如光纤、基站、路由器等)。(2)通信运营商通过使用各种基础设备提供网络连通服务。(3)通信网络技术服务商在已有的网络连通基础上开发各种设计服务帮助企业和个人更好地享受网络带来的便利。网络通信技术正在大步走向5G时代,大规模普及的光纤系统和千兆级的网络带宽环境正在逐渐支撑产业元宇宙沉浸式体验服务和精准仿真模型所需的高速传输与共享。以星链为代表的低轨道卫星通信技术将进一步提升世界范围内网络的覆盖率,在不远的未来世界的任何一个角落都可以连接并体验产业元宇宙的种种服务。

(二)算力供给

网络环境成熟后才能通过连接一个个计算设备集中式地收集、储存、分析和分发各种数据信息,这种计算能力的连接与共享便形成了算力供给服务。这种服务可以有很多种不同的方式:(1)建设互联网数据中心(IDC)通过集成连接大量芯片为各种复杂问题提供计算分析能力。(2)云计算、云渲染服务让各个企业可以按需共享同一套软硬件计算资源实现算力共享。(3)边缘计算服务通过在一个个硬件设备中嵌入计算单元为企业资产提供分析能力。在产业元宇宙消耗大量算力资源的同时，各种算力供给服务与时俱进，让每个人都可以体验、完善和建设产业元宇宙的丰富功能。

（三）物联网

运行在虚拟世界中的产业元宇宙需要通过物联网技术感知现实世界中的种种变化。物联网通过在各个硬件终端部署传感器采集各种多模态数据，再依据数据分析处理后的结果给硬件设备下达新的指令。物联网架构从下往上可以分为四个层级：感知层、传输层、平台层和应用层。（1）感知层企业通过研发新型传感器设备提供硬件数据捕捉能力。（2）传输层企业通过网络服务为不同设备中的数据建立连接通路。（3）平台层企业将集成、储存和分析所有终端设备中的种种数据。（4）应用层企业再通过已有的数据集合部署对应的解决方案。物联网设备的进一步普及为产业元宇宙数据洞察和方案部署提供了先天环境，通过不断开发新型传感设备将进一步提升产业元宇宙的感知发现能力。

（四）新型硬件

在物联网提升产业元宇宙对现实世界的洞察与控制能力的同时，产业元宇宙也需要新型硬件体系提供更加柔性灵活的硬件基础，例如人造肌肉技术和柔性电子技术。（1）人造肌肉与传统的伺服电机不同，它将使用新型材料模仿生物肌肉的弹性和爆发力，这项技术将推进未来新型机器人的研发工作。（2）柔性电子技术专注于研发柔性显示屏和柔性电路板，使用这些可以折叠形变的新型电子设备可以组成产业元宇宙时代的新型交互硬件。最终这些技术的发展与组合将诞生新型模块化硬件设备，未来一切机器都可积木式的轻松组装并拥有多种功能。

（五）人工智能

当网络和硬件基础逐渐完备时，离不开智能基础的建设。人工智能用算法与程序为机器提供智能系统的服务，目前人工智能行业主要分为三个层级：（1）基础层企业提供可以运行人工智能算法的芯片和各种人工智能框架。（2）技术层企业在框架的基础上不断完善人工智能在专业问题（如计算机视觉问题、语音识别问题等）中的表现性能。（3）应用层企业则根据各个行业中的真实需求提供人工智能服务。人工智能行业蓬勃发展，与产业元宇宙中的需求场景产生连接能更好发挥价值。如何用深度学习模型加速仿真引擎对物理机理的仿真速度？如何用知识图谱构建更加人性的内容分发推荐服务？如何用强化学习优化一个又一个的业务生产环节？如何用自然语言处理算法消除人与机器间交流的隔阂？这些问题不断被解答的过程也是产业元宇走向智能、创造价值的过程。

（六）区块链

涵盖各行各业的产业元宇宙生态将形成一种"共创、共享、共治"的价值形态，区块链技术可以满足人们对去中心化的组织、治理、经济生态系统的需求。区块链通过加密机制和分布式账本存储技术保护用户的数据安全，目前区块链产业有三个环节：（1）上游企业通过搭建区块链所必需的硬件算力基础（如芯片、服务器等）。（2）中游企业提供搭建区块链平台所需的技术支持。（3）下游企业则根据区块链的去中心化属性在区块链中开发各种应用（如资产保护、隐私保护等）。区块链中诞生的各种新型算法框架可以为产业元宇宙去中心化生态注入活力。联盟链技术可以解决公开透明的信息环境与隐私保护之间的矛盾，成为产业元宇宙的信任基础，通过编写各种智能合约可以保障产业元宇宙经济的健康发展。随着去中心化技术的进一步发展，未来人人都是产业元宇宙的"消费者"，同时人人也是产业元宇宙的"生产者"。

三、空间计算能力层

空间计算能力层是整个产业元宇宙的技术基础，无论是在元宇宙中精准复刻现实世界还是将元宇宙中的数字能力引入现实，都需要强大的仿真渲染和交互定位能力作为支撑。（1）底层引擎和人工智能引擎将为产业元宇宙提供更加真实准确的物理模拟能力和高性能渲染能力。（2）智能交互技术将提供多种人机交互手段，丰富现实世界触达元宇宙的方式。（3）各种行业标准则是未来产业元宇宙中各种异构多模态数据可以一同发挥作用的前提。

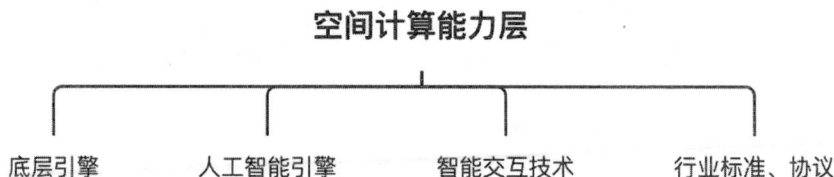

空间计算能力层

底层引擎　　人工智能引擎　　智能交互技术　　行业标准、协议

（一）底层引擎

各种三维模型资产将是未来产业元宇宙内容的主要组成形式，而底层引擎可以帮助产业元宇宙构建更加真实的模型资产。目前底层引擎需提供更强的渲染能力、物理模拟能力和流程仿真能力，其中：（1）渲染能力主要侧重模型资产的光学表现，通过算法让环境光源可以在三维模型上产生真实的反射与折射。（2）物理模拟能力侧重于使用数值计算或人工智能算法赋予模型资产各种真实的物理性质，使其可以因为受力而弯曲、受热而膨胀等。（3）流程仿真能力侧重于仿真真实世界中各行各业的业务因果关系，通过输入各种流程数据真实透明地展现一个系统的运行状态和未来发展趋势。各种产业元宇宙中所需的内容制作工具基于底层引擎才能运行，同时这些底层引擎也是产业元宇宙给用户通过沉浸式体验并在实体经济中发挥价值的重要保障。

（二）人工智能引擎

在传统的仿真引擎和渲染引擎的基础上使用人工智能加速的算法架构也开始崭露头角，其中深度仿真器网络搜索（DENSE）、基于多分辨率哈希编码的即时神经图形基元（NeRF）便是两个在仿真渲染环节中的技术突破。（1）DENSE 架构是由牛津大学牵头研制的人工智能物理求解器架构，使用神经网络模拟学习传统求解器的计算过程最终在物理机理仿真计算过程中比传统方法快了近 20 亿倍，原来难以解决的衣物仿真问题也可以通过该架构得以解决。（2）英伟达的 NeRF 算法可在几秒内将几张二维图片转换为一个三维渲染模

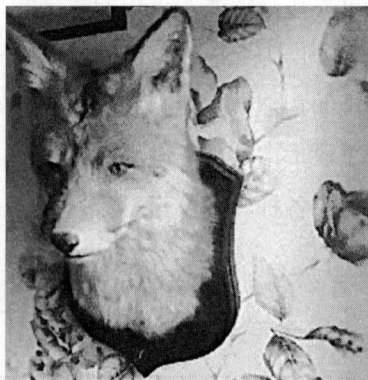

资料来源：https://www.youtube.com/watch? v=yjEvV86byxg, https://weibo.com/ttarticle/p/show?id=2309404725883914027707。

型，这将大大减少未来在使用三维模型时的制作成本（图中展示了一个 NeRF 训练的狐狸模型）。这些人工智能技术与仿真引擎的组合将降低底层引擎的使用成本，促进产业元宇宙惠及社会的方方面面。

（三）智能交互技术

各种交互技术将提供多种触达产业元宇宙的方法，除了使用传统的输入媒介（如鼠标、键盘、手机屏幕等）操控产业元宇宙外，人们还将用更加丰富多元的方式与产业元宇宙建立连接。（1）动作识别，通过捕捉识别各种动作，人们可以用手势与元宇宙互动。（2）表情识别，通过识别人的眼神与表情，元宇宙可以认知到人们的内心状态并提供针对性服务。（3）语音识别，加强语音识别算法，可直接用语言与产业元宇宙展开交流。这些底层技术的创新都将成为产业元宇宙与现实世界交流的桥梁。

（四）行业规范，包括行业标准、协议

各个公司不同的底层架构将会诞生大量异构数据，需制定统一的行业标准保证所有数据的流通和协作。针对不同信息模型数据，需要针对一套信息模型标准和转换工具保证不同的信息模型可一同发挥作用，例如英伟达使用皮克斯的开源场景描述（USD）标准构建了一个可以容纳所有建模软件的仿真环境。同时不同的网络设备与网络环境产生交流也需对应的通信协议和安全协议，但是产业元宇宙传输的模型数据的规模比现有的网页数据要大很多，需新制定能够为产业元宇宙高速数据传输提供支撑的新型元宇宙通信协议。

四、内容开发能力层

光有底层空间计算能力不够，还需将这些能力转换为可以供人使用的内容

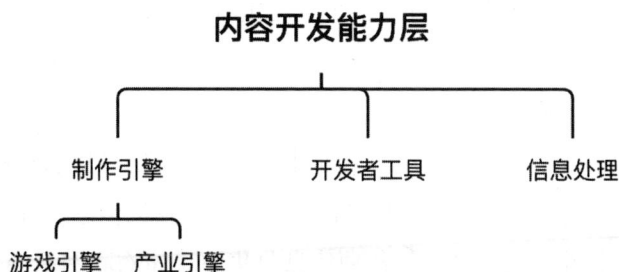

内容开发能力层

制作引擎　　　　开发者工具　　　　信息处理

游戏引擎　产业引擎

制作工具，内容制作者通过使用这些制作工具可更快制作各种内容，为产业元宇宙添砖加瓦，这些制作工具大致可分为：（1）帮助制作者搭建元宇宙仿真环境的制作引擎。（2）简化制作者部分工作的开发者工具。（3）处理元宇宙中大量多模态信息的信息处理组件。

（一）制作引擎

制作引擎是为各种仿真渲染模型提供连接的桥梁，目前主要的制作引擎可以分为面向消费侧内容的游戏引擎和面向产业侧内容的产业引擎。（1）游戏引擎侧重于搭建各种游戏场景并且在赋予场景与玩家互动的能力，为了增加玩家的沉浸感体验游戏引擎也会集成大量的渲染能力而不需过于重视物理仿真的精准度或流程仿真中的逻辑关系，目前行业中比较普及的游戏引擎有虚幻引擎和Unity引擎。（2）产业引擎侧重于仿真实体经济中真实的业务环节和生产场景，大量集成物理仿真和流程仿真功能，帮助设计师在数字世界中重现真实的流水线场景或企业资源状况，目前行业中的龙头企业有欧特克（Autodesk）和达索系统（Catia3DS）。

（二）开发者工具

除大型制作引擎外，制作者在构建产业元宇宙内容时往往需要使用一些轻量级的开发者工具辅助创作。这些开发者工具可能并不是由企业发布，也可能不是一个完整的系统，但都可以为一个内容制作环节提供解决方案。例如开发者需要在自己的场景中引入虚拟人时，通过使用对应的虚拟人工具就可快速调用库中已有的虚拟人模型，这些虚拟人可以通过一些预设动作与仿真环境交互。这些开发者工具的制作成本远不及大型的制作引擎，开发者工具行业的生态呈现多元趋势，如以营利为目的的制作团队针对一些业务痛点开发专门的适配工具，独立开发者公开自己在内容制作过程中编写的辅助工具。这种多元化的行业生态与产业元宇宙去中心化生产的思想不谋而合，也是产业元宇宙内容繁荣的重要保障。

（三）信息处理

在产业元宇宙中除了凭空制作内容外，还需收集物理信息和社会信息以便可创造与实体经济相互协同的应用产品，这可考虑借助信息处理组件。信息处理组件主要有两个功能：（1）与各种信息收集源（如物联网系统、企业系统、社交网络数据等）建立连接，完成异构数据的转码和采集工作。（2）将制作好的内容转换成对应的格式向各个系统发送，为产业元宇宙内容的全渠道分发提供技术基础。通过使用信息处理组件，产业元宇宙的内容制作者能在统一的语义空间中创造可以在各个异构环境中产生价值的通用内容。

五、交互端

各种新型交互系统是现实世界"体验"产业元宇宙的第一入口，也是数字世界"赋能"实体经济的第一出口。目前人们只能隔着屏幕通过电脑和手机"观测"与"操控"元宇宙中的大千世界，未来不断推陈出新的新型交互设备将在现实与虚拟之间搭建一座更加真实高效的交流之桥。底层元器件技术的更新迭代会为更多的智能交互技术提供能力支撑，最终硬件与软件技术的结合创新将产生各种沉浸感更强、交互更便捷的交互方式，这些新型的交互方式的变革也将促进内容制作工具层产生新的应用制作服务。

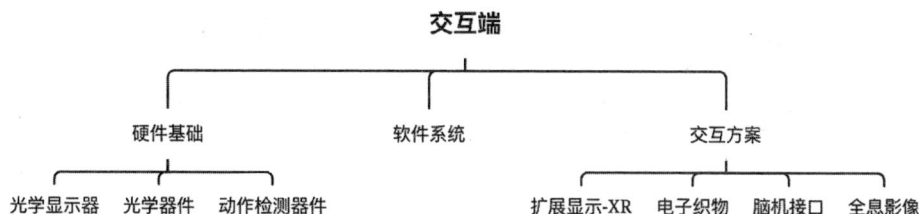

交互端

硬件基础　　软件系统　　交互方案

光学显示器　光学器件　动作检测器件　　扩展显示-XR　电子织物　脑机接口　全息影像

（一）硬件基础

硬件基础不产生突破，再好的交互软件算法都不能实施，更不用提为产业元宇宙创造新的交互方式了，目前新型硬件的研发主要围绕三个方向展开：（1）显示器件需要更加轻便，通过重量低但清晰度高的微显示器和微投影器件提升各种交互设备的使用体验。（2）光学器件需要更加精准，通过微型摄像头就可以快速收集场景空间数据提供虚实交融的基础。（3）动作检测器件需要更加敏感，精准捕捉用户的动作、眼神、表情数据，都需要新的检测器件提供支持。这些新型硬件的技术创新和商业应用将极大地加速产业元宇宙与现实世界虚实交流的进程。

（二）软件系统

除了硬件基础外，产业元宇宙的交互系统也需要各种软件系统的支持。(1)
在产业元宇宙发展初期各种交互行为必须要依靠手机或电脑这些成熟的电子
产品，产业元宇宙必须适配各种主流的操作系统（如 Windows、IOS、Android
等），也要打通这些系统间信息传递的通路。（2）在产业元宇宙发展后期各种
新型交互设备层出不穷新的操作系统会成为生态的重要环节，例如脸书公司
（Facebook）就在为自己的虚拟现实头盔开发专门操作系统。在未来这些软件
系统互相连通协同也将指数级提升产业元宇宙的交互能力。

（三）交互方案

软硬件基础的创新结合将诞生各种各样的产业元宇宙交互方案。（1）主流
的是扩展现实（XR）设备，包括虚拟现实设备、增强现实设备和混合现实设
备，人们可以通过可穿戴设备（通常是头显设备）就可以通过手势、眼神、语
音等方式与三维虚拟环境进行交互。（2）电子织物（通过柔性电子技术制作可
以显示内容感知动作的衣物）、脑机接口（识别脑电波信号与虚拟场景交互）、
全息影像（用新型投影装置在现实世界中产生栩栩如生的三维影像）等交互方
式也在不断更新换代，但是由于技术的限制离真正产生一个商业产品可能还有
一段距离。

六、元宇宙生态平台层

产业元宇宙的生态系统是之前生态系统中各个环节的能力总和，是产业元
宇宙所有内容与服务的集中体现。通过运营和发展数字世界，用户和企业可以
在其中探索、创造、社交以及参与各种各样的体验，并进行经济活动。该生态
系统包括去中心化内容分发平台、数字资产平台、创作者生态、经济系统。

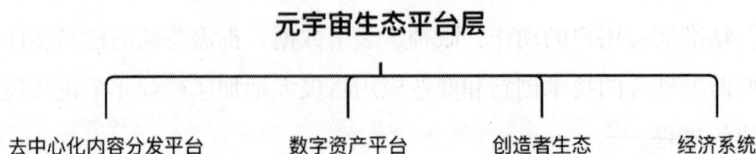

元宇宙生态平台层

去中心化内容分发平台　　数字资产平台　　创造者生态　　经济系统

（一）去中心化内容分发平台

搭建去中心化的内容制作与分发平台是建设产业元宇宙生态系统的首要任务。在这里开发者所提供的各类内容无须再依附于传统的平台背书，摒弃传统平台壁垒的概念，可以和用户直接进行内容编辑操作、交换或交易。该平台可以极大程度地满足用户以及开发者的各类需求，充分利用已有数据和精准的分发算法等，为个体和现存优质内容提供点到点的触达，最大限度克服传统流程中头部现象明显、健壮性较差等缺点的同时，利用基于共识的审查机制和机器学习机制，尽可能提高信噪比，为平台使用者创造更多价值。

（二）数字资产平台

在创作者创作出一定体量的高质量内容之后，就需合适方式利用好这些内容。随着信息技术的发展以及组织自身复杂性的不断增加，传统组织的雇佣关系、管理模式等已经很难适应复杂多变的环境以及新一代个体对组织的要求。去中心化组织将去中心化、自主、自治与通证经济激励相结合，将系统内的各个元素作为资产，使得货币资本、人力资本以及其他要素资本充分融合，从而更好地激发组织的效能并实现价值流转。智能合约是去中心化组织的核心，界定组织的规则并管理组织资金。一旦启用智能合约，除非表决通过，否则任何人都不能修改规则，任何违背代码规则和逻辑的行为都将失败，这就意味着去中心化组织不需要集中管理机构并且是开放的，用户可以为多个组织工作，也可以随时退出，这就使得内容资源流动可以更加高效频繁，大大加快创新和资源配置的速度。

（三）创造者生态

产业元宇宙打造一个极度真实的虚拟世界，其对内容的体量、内容之间的交互以及持续的内容再生有着根本性的需求。产业元宇宙的创作模式包括UGC、PGC、OGC 和 AIGC，UGC 是指由用户创作内容；PGC 是指由专业人士基于兴趣生产的生产内容；OGC 是指具有一定专业知识和相关行业背景的人士，通过生产内容获得报酬；AIGC 是指由 AI 来自主创造内容。着眼于当下，布局产业元宇宙主要靠 UGC 扩充自由平台市场内容，靠 PGC 稳固平台发展生态，两种创作模式并行且深入发展，建立并丰富了产业元宇宙初期的内容空间。长期而言，依靠 PGC + UGC 难以满足产业元宇宙长时间的内容消耗，内容生产必然步入 Al 辅助与纯 Al 创作的 AIGC 阶段，通过更快速的创造丰富以及可交互的内容，来弥补内容消耗与供给的缺口。

（四）经济系统

经济活动是现代社会的基础，产业元宇宙作为虚拟的社会，也要提供一个完整且公平的经济系统。支撑元宇宙经济系统的要素包括：加密钱包和入口、数字资产、数字支付、区块链服务和交易平台等。用户在产业元宇宙中创造的内容具有一定经济价值，属于用户的数字资产。区块链服务通过去中心化的权益记录，保障了用户的数字资产权益不被单一机构所掌控，使其资产近似于物理世界的真实资产，用户可以随意地处置、流通、交易，不受中心化机构的限制。而用户在产业元宇宙中互相交换特定的数字资产，或者将数字资产兑换成虚拟货币，甚至也可以通过产业元宇宙的数字资产升值获取利润，涉及数字支付和交易平台。

第二节　产业元宇宙核心赛道

产业元宇宙建设过程中，产业元宇宙的赛道选择也至关重要。在阐明产业元宇宙价值链层级划分后，便可以用它来分析市场格局、总结行业赛道。

一、赛道划分

目前产业元宇宙的核心赛道可以归纳为：（1）以游戏、社交为代表的内容平台生态赛道。（2）以硬件、操作系统厂商为代表的硬件入口生态。（3）以零售、工业互联网为代表的行业应用赛道。（4）以空间计算引擎、内容开发工具为代表的底层能力生态赛道。

（一）内容生态平台赛道

该赛道的核心是构建一个叠加在现实世界上的元宇宙世界，让用户在这个虚实融合的世界中进行游戏、社交、工作等活动，本质是提供了一个元宇宙形态的内容制作分发平台，核心竞争力是内容、流量和运营能力。该赛道中的头部企业有字节跳动、腾讯、脸书、微软等，这些企业立足于游戏、社交这些内容出口行业，积极围绕内容、流量和运营业务构建独立的生态平台系统，而产业元宇宙所需的交互系统能力和内容开发能力则多以投资其他企业的方式实现。

（二）硬件入口生态赛道

该赛道的核心是围绕多端硬件入口设备打造硬件生态，并围绕入口设备打造操作系统、应用商城等系统生态，核心是提供一种比移动端更有效率的硬件入口、用户交互方式。以苹果公司为例，该公司的智能手机、电脑、智能手表等硬件设备可以构成一个完整的硬件生态系统。在这个硬件生态的基础上，苹果公司开发了可以运转于所有设备的操作系统（IOS 系统）和应用商城（App Store）保障其用户可以体验完整便捷的硬件生态，而苹果公司目前也在积极扩展其硬件生态的范围，开发新的 AR 交互终端设备。

	内容平台生态	硬件入口生态	行业应用	底层能力生态
	内容+流量 运营	硬件->系统->生态	产业能力	共性技术能力、标准
行业应用	游戏 + 社交		产业元宇宙场景、应用	
生态平台	创作者生态、经济系统、社区运营、内容制作工具	APP Store、开发者生态	产业生态	
交互系统	系统、硬件	系统、硬件	产业云、硬件	
内容开发能力	信息处理、游戏引擎		产业引擎	开发者工具
空间计算能力				行业标准和协议 建模、仿真渲染、优化

（三）行业应用赛道

该赛道主要是使用元宇宙技术提升现有业务的效率和用户体验，这个赛道核心竞争力根源于产业能力本身。行业应用中元宇宙是看上去是新瓶装旧酒、锦上添花的技术应用，实则以产业元宇宙新范式促进产业能力获得新一轮增长。该赛道企业会深耕产业能力，力求用产业元宇宙为行业发展带来新变化。例如微软公司以工业互联网、智能城市系统等产业实际需求为基础建设 Azure 数字孪生平台，并帮助实体经济企业使用 Azure 平台完成降本增效的行业突破。

（四）底层能力生态赛道

该赛道主要关注于向用户输出建模工具和渲染仿真引擎，该赛道的核心竞争力是产品、服务构建产业元宇宙的构建效率。例如英伟达公司以其顶尖的芯片设计能力为基础构建 Omniverse 平台（一个以物理仿真和图形渲染为核心的开发者平台）。用户可以借助 Omniverse 平台开发专业的元宇宙内容与服务，并实现跨时间、跨空间的协同合作，这就是英伟达公司在底层能力生态赛道能够保持先发优势的原因。

在明确核心赛道后，再研究产业元宇宙就可以先看清全局找准赛道，说清楚产品、公司、企业为用户创造的价值是什么，再顺着赛道往下探讨，避免因为方向不明确发生胡子眉毛一把抓的情况。例如要布局产业元宇宙技术能力，内容平台生态赛道和行业应用赛道中的企业虽然都需要在内容开发能力层展开行动，但在这两个赛道中创造的价值不同，业务需求不同，部署的技术栈也完全不同。内容平台生态的目标是搭建一个创作者生态，反映在内容开发能力上就需低代码、低使用门槛的内容制作引擎。行业应用赛道本质是提升现有业务效率，在内容开发能力方面提供的是更加专业、更加精确、与产业场景结合更紧密的内容制作引擎。在建设产业元宇

	内容平台生态				硬件入口生态			行业应用		底层能力生态
	Facebook	字节	腾讯	Microsoft	Apple	Google	华为	阿里	Microsoft	Nvidia
行业应用	社交网络	社交网络	游戏	游戏				工业互联网 数字城市 / 云商城 数字营销	工业互联网 数字城市 商用办公	
生态平台	Horizon World	抖音	Roblox Fortnite NFT发行平台	Microsoft Mesh	APP Store AR Kit	APP Store AR Kit	APP Store	NFT发行平台	Azure 数字孪生平台	Omniverse
交互系统	Oculus VR	收购Pico	收购黑鲨	Hololens	iOS 手机、AR眼镜	Android 手机、AR眼镜	鸿蒙系统 自研AR眼镜	投资Magic Leap	Hololens	
内容开发能力	Oculus Studio 试图并购Unity		Epic Games 游戏开发工具					投资Magic Leap 物咏网生态		
空间计算能力										RTX渲染引擎、PhysX物理引擎

宙时要先明确赛道而不是泛泛而谈。图中则展现了在这四个赛道中各个头部企业的布局情况，以此为参考可以从感性的角度理解每个赛道在建设产业元宇宙时的模式与典范。

二、产业元宇宙战略制定与支撑项目拆解工具

在理解产业元宇宙的价值分层、赛道划分后，企业如果需要布局元宇宙就需要首先从宏观出发，对宏观环境、市场格局进行分析，同时结合企业初始禀赋，找准切入赛道，明确企业为用户创造价值的方式并制定战略目标。本书希望通过提供一个结构化的问题列表为企业提供一套战略目标制定、子目标识别、项目拆解的决策工具，抛砖引玉地引导企业从宏观到围观、多个维度地考量企业所处的生态位置和商业模式。

（一）商业环境分析

（1）建立元宇宙共识，明确元宇宙定义是什么？元宇宙支撑要素有哪些？元宇宙解决的核心痛点是什么？

（2）使用发展的眼光，企业认为元宇宙创造价值的方式、业务形态（赛道划分）有哪些？将对哪些行业、模式带来颠覆式影响？

（3）对元宇宙价值链中的核心环节、模式、产品、技术的看法。

（4）对元宇宙当前政治、经济、社会文化、环境、法律等宏观维度，以及商业模式、竞争格局、成长空间、进入门槛等微观维度的看法。

（二）企业内部分析

（1）企业在各个核心赛道的核心优势、竞争壁垒和护城河是什么？

（2）企业已有的业务场景和产品服务有哪些可以帮助企业在产业元宇宙建设过程中取得优势，哪些可以在产业元宇宙的赋能下获得提升？

（3）企业在产业元宇宙各个支撑能力（前面章节有详细介绍）中有哪些技术、产品、业务沉淀？

（4）产业元宇宙可以解决企业哪些痛点和问题？为用户创造的价值增量是什么？采用何种盈利模式能将为用户创造的价值转化企业真正的收入（真金白银）？

（5）面对多个赛道，企业何去何从？选取一个赛道深耕还是制定规划有步

骤地拓展不同赛道的业务？每个赛道的战略目标是什么？支撑这些目标需要着力发展的技术与业务是什么？

（6）业务发展过程中会遇到哪些困难？解决这些困难企业需要投入的资源、成本和执行方案是什么？是否能识别出可执行的项目并可按照项目制管理方式推进呢？

（7）企业在布局产业元宇宙的过程中可以积累哪些适用于各个赛道的共性能力？一个赛道中沉淀的能力对其他赛道、同一赛道中上下游的合作企业是否具有辐射能力和带动作用？

（8）企业在目标赛道需要建立怎样的产业元宇宙行业生态，如何带动、参与整个行业的生态共建？

在后续章节有大量产品和企业从自身出发深耕产业元宇宙建设的应用实例，也希望对一些企业在选好赛道后踏上一条别具风格的产业元宇宙成功之路有所启发。

第三节　产业元宇宙价值链分析

产业元宇宙价值链包含大量的行业与技术能力，本节将介绍在产业元宇宙生态起到决定性作用的典型行业，以便更好理解整个价值链各个层级的价值与功能。

一、交互端——扩展现实（XR）

产业元宇宙中重要的价值链条来源于数字世界与现实世界融合的过程，而交互系统层的各个交互媒介成为虚实融合的桥梁。目前备受瞩目的 XR 行业，将在产业元宇宙中爆发价值。

（一）行业概况

目前，元宇宙的构建仍处于二维平面阶段，下一阶段元宇宙将朝着沉浸式体验的方向迈进，为用户带来更真实感官体验，实现元宇宙概念中虚拟、平行时空的效果。作为用户进入元宇宙空间的承载体，XR 设备构成了元宇宙沉浸式体验的基石，将成为走进元宇宙的通道。

1.定义

XR 是基于计算机硬件技术、传感技术以及人工智能技术，把物理实体与数字世界相结合，构造出人机交互的虚拟环境，是虚拟现实（Virtual Reality，VR）、增强现实（Augmented Reality，AR）等多种交互技术的集合。XR 具有三个突出特点，分别是沉浸性、交互性以及构想性。（1）沉浸性是 XR 能为用户打造身临其境的感觉。（2）交互性是用户能够对虚拟世界进行操作。（3）构想性是用户在虚拟世界中具有较强的主观能动性。XR 技术的主体是 VR（Virtual Reality）和 AR（Augmented Reality），虽然这两者都能带来置身于虚拟世界中的沉浸式体验，但两者存在较大差别：（1）VR 将真实世界中存在的对象虚拟化，例如化妆品商店可以利用 VR 技术为客户提供在线试妆服务，也可运用 VR 技术体验在零售商店试穿衣服的全过程。（2）AR 侧重于创造出现实生活中不存在的虚拟对象，例如 AR 可以为客户模拟出商品从获取原材料到生产加工以及运输到超市的全过程，让客户不用亲临其境，在超市购物过程中就可对商品由来有一个宏观把握，更好理解商品，提高获取信息效率。

2.发展历程

从 XR 整个发展脉络来看，其发展历程可以划分为四个阶段：技术发展期、资本狂热期、退潮低谷期以及行业复苏酝酿期，XR 技术的发展在一定程度上主导着这几个阶段的更替和迭代。

（1）技术发展期（1968—2012）：1968 年，美国"计算机图形学之父"首次将头盔式三维显示装置作为链接虚拟世界的入口，XR 概念开始进入萌芽阶段。直到 2012 年谷歌眼镜等产品的问世使公众第一次接触到商业化的 XR 产品，XR 技术终于走出实验室进入市场。

（2）资本狂热期（2012—2016）：随着 XR 技术的成熟，许多游戏公司开始在游戏中运用这类技术以期为客户带来沉浸式体验，同时各个智能终端大厂纷纷加紧布局 XR 赛道，整个 XR 行业迎来井喷式发展。

（3）退潮低谷期（2016—2019）：由于硬件、软件、算力等底层基础发展不及预期，用户在使用 XR 设备时存在着临场感、逼真感不足，眩晕感较强等问题，这一现象导致各种 XR 设备出货量下降，市场进入低迷状态。

（4）行业复苏酝酿期（2019 年至今）：随着各种基础技术的不断发展，XR

阶段	技术萌芽期	期望膨胀期	低谷期	复苏期

阶段代表事件

- **1968**：美国计算机图形学之父Ivan Sutherland，组织开发第一个计算机图形驱动的头盔显示器及头部追踪系统
- **2012**：Oculus Rift登陆Kickstarter众筹网站；Google glass作为验证现实型眼镜发布
- **2014**：Facebook收购Oculus；索尼宣布VR计划；三星和Oculus合作开发Gear设备；谷歌发布纸板VR眼镜
- **2015**：三星Gear VR设备开售；微软HoloLens面世；Pokemon Go风靡全球；"虚拟现实第一股"暴风科技登陆创业板
- **2016**：VR/AR设备大量涌现；内容短板开始引起重视
- **2017**：苹果发布ARKit；谷歌发布ARCore；百度AR Lab、阿里AliGenie、腾讯QQ-AR平台纷纷上线
- **2019**：Oculus Quest发售；VR游戏Beat Saber销量超过100万份
- **2020**：Oculus Quest 2售价299美元，达到消费级水平；爆款游戏《Half-Life:Alyx》引爆VR行业

阶段特点

阶段	技术	产品
技术萌芽期	走出实验室，有形商品出现	早期风险投资项目出现
期望膨胀期	创新大爆发，硬件产品不断推出	玩家大量涌入，知名企业收购的领先项目
低谷期	硬件持续迭代，内容加速积累	市场出清
复苏期	硬件内容生态完善	渗透率加速提高

资料来源：亿欧智库编写的《守得云开见月明，2021中国 VR/AR 产业研究报告》。

设备的使用体验不断上升，同时也出现了大量个性化 XR 应用软件以满足用户的多样化需求。受到新冠疫情和元宇宙概念的影响，整个 XR 行业逐渐走向复兴。

3.产业链结构

从产业链角度出发，XR 设备产业链已经臻于成熟。目前可以分为上中下游，如下图所示。

XR产业链

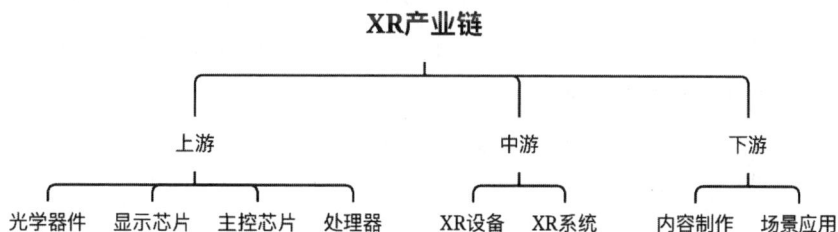

（1）产业链上游是 XR 设备硬件元器件，主要包含光学器件、显示面板、主控芯片、处理器等，其中占据主要地位的是光学器件和主控芯片。

（2）产业链中游是 XR 设备的研发与系统软件的开发，是国内外多家企业积极布局、致力于抢占的 XR 行业主要赛道。现阶段，主要的 XR 终端设备形式为：手机盒子（如谷歌纸盒）、外接式头显（如 HTC 公司的 Vive 系列产品）、一体式头显（如 Oculus 系列产品）等。XR 软件开发系统主要由主流三维引擎公司和大型科技型互联网公司占领。

（3）产业链下游主要是 XR 设备的内容制作和场景应用。内容制作方向是追求创作门槛的降低、内容生产效率的提高以及活跃内容生态的构建；应用方面，XR 技术可渗透到影视直播、医疗健康等多个领域。目前其主要应用行业为房地产、教育、医疗、泛娱乐业，最活跃板块为游戏和影视。

（二）应用

XR 市场蕴藏巨大潜力，目前在消费者端和企业端有广泛应用。

1.消费者端应用

XR 行业在消费者端的应用聚焦于游戏和娱乐领域。（1）在游戏领域，随着各种低代码三维开发平台（如 Roblox 平台）的普及，更多的创造者可以参与到 XR 游戏的开发之中，创造各种融合虚拟与现实的交互型、社交型 XR 游戏。(2) 在娱乐领域，受到疫情冲击目前已经有娱乐公司尝试在虚拟世界中使用 XR 技术再现各种线下娱乐方式（如演唱会）。

2. 企业端应用方面

XR 行业在企业端的应用主要聚焦于工业和医疗领域。(1) 在工业领域，通过 XR 技术可以帮助企业实现产业元宇宙转型，并使用数字孪生技术帮助企业在虚拟世界中开发新的产品和解决方案。(2) 在医疗领域，XR 设备将成为远程医疗的主要媒介之一，随着触觉、视觉等感官反馈能力的提升还可以在医疗培训、智能诊疗等领域产生应用。此外，一些企业也积极尝试将 XR 用于教育领域，例如四川华控图形科技有限公司进行大量探索，将 VR、MR 等技术应用于职业院校为主的虚拟实操课程资源开发及实践教学等环节。

（三）智慧大屏

除头戴式现实设备，智慧大屏、裸眼 3D 技术与 VR 技术相结合也可以提供沉浸式、体验感十足的交互模式。随着 5G、AI 与 VR 虚拟成像等技术的快速发展，影视内容生成方式发生了翻天覆地的变化，以美国好莱坞为代表的国际影视内容行业正在大胆尝试 AI 影像虚拟合成制作，数字化、智能化、沉浸式为影视制作带来飞跃，多种媒体技术融合将成为未来内容制作的主流。

（四）案例：中央广播电视总台超高清 AI + VR 智能虚拟融合制作技术

近年来，中央广播电视总台积极探索影视内容制作技术，研发超高清 AI +

VR 智能虚拟融合制作技术，该技术包括全局动态实时跟踪技术、自然视频人体运动跟踪技术等一系列前沿技术，在小间距 LED 屏上构建超高清 AI + VR 智能虚拟融合制作系统，通过立体视频投影变换技术，将 3D 背景信息映射至相互垂直的三块小间距 LED 大屏或曲面立体 LED 大屏上，实现主持人与虚拟场景直观交互。

超高清 AI + VR 多模态融合利用全局光学定位、无标记人体运动捕捉、联合标定技术，将多台摄像机、人体、大屏高精度融合到一个虚拟空间，精准定位人与 AR 物体关系，在有限大屏空间实现无限 VR 空间的多机位、人、物的虚实投影映射，生成高质量的超高清 AI + VR 影视内容。该技术成功应用于中央广播电视总台多个重点节目制作中，根据不同类型节目特点，呈现出精彩的创新应用。

1.2021 中国诗词大会

舞台两侧特别设立了裸眼 3D 场景呈现区域，以三块 LED 屏幕来实时呈现动态虚拟场景，利用 AI + VR 技术将古诗词中的意境氛围，以及相关历史文物等可视化还原并生动展现。AI + VR 技术让现场嘉宾、选手可根据屏幕的画面进行灵活走位，与周边场景、元素进行深入的沉浸式互动。

2.2021 年"3·15 晚会"

现场搭建弧形 LED 巨屏，打造全场景 AI + VR 演播室舞台，实现多场景及空间转场变化，所有演播室场景均通过现场 AI + VR 制作系统实现，完美

呈现晚会现场各单元场景动态透视视觉效果，让观众有移步换景、身临其境的体验，形成现场所见即所得的沉浸式互动新模式，增强传播效果。

（五）国内外行业动态

国内外在 AR 行业积极布局的典型代表分别为字节跳动和 Facebook 公司，字节跳动主要从硬件端着手，而 Facebook 选择"硬件＋内容"入局路径。

1."脸书"（Facebook）

"脸书"（Facebook）畅想打造一个闭环生态，生态系统包括硬件、操作系统、内容设计等。（1）在硬件方面，2014 年收购 Oculus 公司（一家一体式头显设备制作公司），补齐硬件短板，助力闭环生态的自主研发。（2）在操作系统方面，Facebook 以自主研发为主，希望研发出与硬件相配套的系统，打破目前操作系统市场的垄断局面。（3）在内容制作方面，通过投资收购，Facebook 丰富了其在 XR 游戏、影视板块的内容制作能力。目前 Facebook 多管齐下全面布局 VR 生态，牢牢握紧通往产业元宇宙产业链中交互端的船票。

2.字节跳动

字节跳动以沉浸式设备为突破口，布局 XR 产业链上游和中游的硬件设备领域。目前，字节跳动已经收购国内头部 VR 硬件及内容平台厂商 Pico 公司。Pico 的突出优势在于拥有完善的产品矩阵，全方位满足玩家对于居家观影、移动娱乐、VR 在线社交等多样化需求。字节跳动大力布局芯片及半导体领域，目前已经投资了包括 AI 芯片设计公司希姆计算、GPU 芯片设计独角兽摩尔线程、半导体公司润石科技、光舟半导体开发在内的多家基础芯片开发公司。

（六）其他交互式技术

除 XR 设备之外，还有一些新型的交互技术也需格外关注，它们将从其他感知维度提升产业元宇宙交互过程的沉浸感。

1.柔性塑料"皮肤"

Facebook 人工智能研究人员与卡内基梅隆大学的研究人员展开合作，共同创造出一款厚度还不到 2 毫米的柔性塑料"皮肤"。这种柔性塑料采用弹性材质，在内部嵌入可产生磁场的颗粒，当皮肤与另一个表面接触时，嵌入颗粒的磁场会发生磁通量的变化，这一变化会被传感器识别并记录下来，再输送给人工智能系统。通过这一方式来训练人工智能系统，模拟人类触摸体验，从而构建磁场变化与触摸之间联系的数据库，最终实现通过捕捉磁场变化将算法转化为指令来控制不同设备的功能。

2.肌电手环

Facebook 公司推出了具有检测手部运动功能的腕带式 AR 传感器，借助肌电图，这一设备可以检测到手腕和手指活动产生的电信号图谱，然后将其转化为指令，用户可以用这些指令对不同的设备进行控制，实现在 AR 中触摸和移动虚拟对象。例如，系统在预测用户身处不同环境中的意图后，提供自适应界面，让用户无须进行移动视线、浏览菜单等操作，仅需要通过肌电手环进行"智能点击"，就能对系统发出相关指令。

3.脑机接口

脑机接口是一种突破式的多界面、全感官的人机交互方式，能直接感知用户的脑信号，实现硬件的交互和操控。在未来，这一交互技术将帮助人类摆脱物理硬件载体和肉体的桎梏，进入一全新模式——人机共生。脑机接口远景目标是通过硬件设备的使用，对大脑信号精细感知、传输、解析、编码，重塑大脑信号，确定信号所对应活动再转化为机械指令。现阶段脑机接口在信息的采集、分析和反馈等多领域取得突破性进展，很有可能成为未来元宇宙中主要交互形式。

二、多媒体行业应用层——游戏

（一）行业概况

从宏观视角来看，元宇宙和游戏大体类似，在用户特点、行业属性和技术范围都有很大重合度，两个生态内也都具有数字身份、社交系统和经济系统。元宇宙会构建出一个比游戏空间更大的世界。当下存在的技术困境导致游戏与成熟的元宇宙形态仍存在较大差距，但是游戏领域仍是元宇宙发展道路上最重要的垫脚石，未来游戏会沿着虚拟仿真、可触达性和可延展性方向发展，可以说游戏的开发者是 Web3.0 的主心骨。游戏作为载体可以帮助大众在虚拟数字世界中获得虚拟空间及共享数字身份的体验，当下与元宇宙生态最为相似的游戏是区块链游戏。

1. 定义

游戏是艺术与科技结合的产物，被大众视为世界第九艺术，通过沉浸式的虚拟世界赋予玩家前所未有的沉浸感和参与感。

游戏按照承载端口不同，可以分为主机游戏、端游、手游、页游和 XR 游戏。（1）主机游戏需要配备游戏设备才能玩，一般以单机游戏为主。（2）端游需下载客户端的游戏，例如《魔兽世界》，这种类型的游戏一般需要联网使用且游戏的制作周期比较长，需要稳定的运营系统。（3）手游通过手机端来玩的游戏，这种游戏的用户群体庞大且近年发展较快，对于硬件设备的要求较低，例如《王者荣耀》等。（4）页游是通过网页就可以玩的游戏，这类游戏的核心内容一般较为简单。（5）XR 游戏通过带上交互设备进入虚拟世界，全身心沉浸在游戏当中。

2. 发展趋势

未来游戏行业将向着更加多元方向发展。

（1）云游戏技术对游戏行业的影响。目前云游戏的核心技术已经较为成熟，分别为 GPU 服务器、虚拟化、音视频技术、实时网络传输和边缘计算。随着各大互联网巨头公司纷纷部署云游戏平台，未来发展大体可按完成度划分三个阶段。一是搭建出完善的云游戏平台，逐步将现存的游戏同步到云平台中。二是逐渐了解并接受云游戏这一概念后，开发者要把握时机，加速扩展各类型游戏数量，催生出适用于云游戏平台的游戏形态。三是使用云游戏平台玩游戏成为主流趋势，玩家可以通过交互设备进行沉浸式的游戏体验。

（2）产业元宇宙对游戏行业的影响。游戏已经不仅限于电子游戏，而是逐渐成为游玩、观赏以及沉浸其中进行体验的集合代名词。未来将向元宇宙游戏的大方向发展。游戏会逐渐演化成一种平台，平台内多个利益相关者围绕自身创造并获取价值，即游戏将完成从"游戏即服务"向"游戏即平台"转变。

从游戏发行商角度来看，各发行商正不断推出非游戏本身带来的体验来吸引玩家，例如举办线上虚拟音乐会、虚拟毕业典礼或不同品牌之间的虚拟联合互动等，这类音乐或影视类的体验即使不借助游戏平台也客观存在，将二者结合，就更能吸引到更多本身为非玩家的用户。从用户角度来看，元宇宙游戏可足不出户地体验到自己感兴趣的领域或购买到现实世界的商品，并通过游戏平台可更加便捷的社交或自我表达。

对游戏发展可能可更深入规划整理，包括：1）全新的社交模式和行为方式，以 Roblox 公司创建的社交系统为例，用户可以进行多维度多地区的社交。2）技术、创作和内容交付方面的创新，去中心化的工作模式将成为未来的主流，未来创作者通过 UGC 的创作方式，通过一些低代码开发套件轻松的创作出自己喜欢的游戏。3）数字货币的和数字所有权概念的兴起将创造游戏世界的专属经济系统。4）互操作性和统一协议，可能一个 IP 可出现在未来所有游戏当中。5）用户独特的数字身份将被创立。6）利用云可扩展性，未来云游戏将成为主流，玩家无须考虑硬件设备的性能，只需连入互联网。

在游戏领域，元宇宙概念的兴起将有助于玩家用户的获取和留存等商业化指标。不仅能够提升游戏体验的用户体验感，还能带来新的用户游戏体验动机，从而将游戏渗透到新的群体，最终拓宽收入渠道，带来更高的商业价值。游戏行业在元宇宙世界的长期发展会为整个产业带来平稳且巨大的内容价值和商业财富。

3.产业链结构

游戏行业的产业链链条较长，层级之间十分清晰且又联系紧密，自下而上可分为游戏引擎、游戏开发、游戏发行、游戏分发 / 渠道和 IP 持有方。

（1）游戏引擎。游戏引擎是指为游戏开发者提供的开发工具，一般的游戏引擎都是集合了语音、图片和人工智能等功能的组件，且耦合度不高，提高游戏制作效率。按照创作模式来分可以分为 PGC 模式使用的引擎和 UGC 模式使用的引擎。在 PGC 模式下，Unity 引擎和 Unreal 引擎是较为常用的专业游戏引擎，通过使用更加专业的引擎，能够制作出较为精良、画面更加逼真的游戏效果；在 UGC 模式下，创作者可通过使用平台里大量低代码开发工具和引擎制作游戏。

（2）游戏开发，一般指游戏的制作者或工作室，这些开发者提高各种开发引擎制作游戏。

（3）游戏发行，这一层级的主要功能是为已经开发出来的游戏进行一系列的市场运作，包括运用、对接、市场投放以及销售等工作。

（4）游戏分发、渠道，这一层级主要负责建立一个有公信力的游戏交易市场建立玩家与游戏的连接。这些游戏分发平台根据游戏种类不同又有所区分。手机端的游戏主要在手机的应用商城中分发；电脑端的游戏主要在对应的电子商城中分发（可以理解为游戏版淘宝）；XR 游戏因刚刚兴起还没有统一的分发渠道。

（5）IP 持有方。IP 是知识产权缩写，指各种游戏角色形象，这些 IP 有的是游戏公司自主开发的，有的是别的版权所有者提供的（如基于星球大战电影开发对应游戏）。这些 IP 本身也可带来价值，通过制作 IP 周边商品（如玩具、海报、衣物等）持有方可获得其他营收。

（二）产品形态

随着产业元宇宙进一步发展，会产生各种新游戏产品形态。

1.社交类游戏平台

游戏的社交场景功能是网络发展的蓝海区域。近些年兴起网游社交，特别是疫情期间出现的"游戏＋"多项领域融合，反映了游戏对于社交场景的承载能力。未来网络将沿着社交场景化趋势发展，有望实现在某种垂直场景下进行社交活动。

游戏场景在提供社交功能方面具有多项优势。许多游戏平台嗅到玩家在游戏之余的网络社交需求，尝试建立不同类型"社交广场"，以增加玩家在平台内活跃时间。

2.创作类游戏平台

创造类游戏平台是玩家在游戏内或游戏外创作游戏交互内容的新型游戏形式。平台内游戏创作者们可以使用平台提供的各种低代码工具，在其所创作的游戏中加入自己的想法和创意，设计游戏画面、剧情内容、地图分布以及任务活动，甚至可以对游戏玩法和架构进行深度设计，打造一个高度定制化的空间。以用户个性化原创模式（UGC）为主的游戏模式模糊游戏用户与开发者的界限，降低了创作壁垒，能基于其经济系统对参与创作用户进行收入激励作为回报。

（三）公司动态

游戏行业中的有大量的公司，目前腾讯和微软公司在游戏行业的布局十分强劲，在游戏行业产业链的各个环节和产业元宇宙游戏应用皆有投入。

1. 腾讯

作为推出《王者荣耀》等在内的游戏行业的龙头公司，腾讯从其熟悉游戏赛道入手加入建设元宇宙的热潮。现阶段，腾讯在技术领域与 Roblox 公司达成合作，共同推动 Roblox 的中国本土化进程。（1）围绕游戏产业链，腾讯在上游领域自主出击，研发本公司游戏引擎，目前控股最受欢迎的大型虚幻引擎公司 Epic Game，拥有了对其游戏品质和内容至关重要的引擎资源；在游戏产业链中游，腾讯加强了对游戏核心制作企业的投资；依托这条较为完备的产业链资源，腾讯围绕游戏领域开发了包括在线游戏、电竞比赛、网络直播在内的游戏生态圈。（2）在游戏架构、开发及运营方面，腾讯已通过其稳定开发质量及更快的效率筑起产品壁垒，利用微信、QQ 主流社交产品引流，进一步降低宣传及获客难度。

2. 微软

微软公司希望打造自己的元宇宙生态，微软 CEO 表示："游戏是当今所有平台娱乐功能中最具活力和令人兴奋的部分，并将在元宇宙平台的发展中发挥关键作用。"

2022 年 1 月，微软宣布决定以 750 亿美元全现金交易收购动视暴雪公司，是微软近 50 年历史上最大的收购计划。动视暴雪作为游戏巨头，旗下有包括《魔兽争霸》《守望先锋》《炉石传说》和《星际争霸》等在内的多个热门游戏产品，月活跃玩家数量超过 4 亿。宣布在完成这次收购后，不仅会为微软吸引很大一部分原来暴雪的玩家，也在公司后续元宇宙的布局中添砖加瓦。目前微软已经斥巨资收购多家游戏公司和工作室，这些投资方向转变是微软迈入元宇宙关键举措。

三、区块链

区块链作为产业元宇宙基础能力层中的关键技术，同时也在产业元宇宙价值链的各个环节都有广泛的应用。

（一）行业概况

去中心化的产业元宇宙生态需要新型的组织模式、治理模式和经济模式，而区块链技术中关键的去中心化、透明、自治理念正好可以满足产业元宇宙生态建设的需求。使用区块链技术完善产业元宇宙中的身份认证、经济体系和治理模式，可以有力支撑"共创、共享、共治"的去中心化生态。

1. 定义

区块链概念起源于 2008 年中本聪发表的论文《比特币：一种点对点电子现金系统》。（1）在狭义上看，区块链是使用密码学保护的一串以时间循序排列保存的链式数据块，这种数据结构具有不可伪造和不可篡改的特点。（2）在广义上看，区块链是指使用链式数据结构和分布式算法存储数据，使用共识算法生成和更新数据，使用智能合约编程和操作数据，使用密码学加密和保护数据的新型计算范式。由上述定义可以延伸出区块链的三大核心技术特征：非对称密码学、分布式架构和共识算法。

（1）非对称密码学指通过使用成对的公钥和密钥加密一个公开透明的信息交换系统，在这个系统中数据有一个所有人都可以知道的公钥，每个人都可以使用公钥调取对应的加密数据，真正的访问与使用这些加密数据则需要系统发送对应的私钥信息才可以实现。公钥就像是一个人的银行账号，但是真正需要用钱的时候必须输入私钥密码才能完成。

（2）分布式架构指一系列独立的计算机或终端节点一同连接到网络中互相通信的行为。但是分布式架构是没有中心网络节点的，所有分布式架构中的用户都点对点的进行信息交流与信息共享，无需中心化的网络中转节点。

（3）共识算法指在分布式架构中针对某一个提案（如数据的增、删、改等）整个系统的大部分节点达成一致意见的过程（通过提案或否决提案）。共识算法提高了区块链的安全性和可追溯性。

2. 区块链的特征

区块链系统特征包括去中心化、匿名性、透明性、数据不可篡改等。（1）去中心化：区块链不依赖中心化的管理机构就可以运行，数据分布式存储在各个节点，同时各个节点之间直接进行点对点的交流不需要中心化的数据中转枢纽。（2）匿名性：去中心化的区块链结构也保证了所有用户的匿名性，每一个分布式节点就是用户的身份凭证，不需要更多会泄露隐私的认证操作。（3）透明性：全区块链网络的数据是公开透明的，同时任何针对数据的修改都需要整个区块链网络达成共识才能执行。（4）数据不可篡改：区块链网络一旦对某个信息达成共识就会将该信息永久分布式地存储在每个区块链节点中，任何单一节点的数据篡改行为因为与整个网络的格式情况相冲突而无法实现。

3.区块链产业链结构

整个区块链产业可以分为四个层级：基础层、连接层、应用层和服务层。

（1）基础层。基础层企业为区块链应用的开发提供底层架构，这些底层架构具有构建门槛高、维护周期长、迭代频次高的特点所以只有少部分头部企业可以进入该赛道。目前这一层的主流开源底层平台包括以太坊、超级账本、京东链、华为区块链等。（2）连接层。连接层企业在基础层技术和应用层产品中建立连接，帮助应用层企业搭建对应区块链系统，提供技术支持、区块链即服务平台、跨链交互等解决方案服务。目前各个互联网公司都有布局连接层业务，整体生态较为繁荣。（3）应用层。应用层企业是区块链为社会创造价值的核心环节，将区块链技术与各个实体产业（如农业、医疗、能源、制造、供应链、金融等）相结合将针对不同行业的痛点提供对应的解决方案，如企业数据管理、产品溯源、协同开发、数字资产交易、用户隐私保护等。（4）服务层。服务层企业为区块链生态建设提供基础外部服务，如产业孵化、资源对接、投资融资服务等。这些服务型企业一方面为区块链生态提供基础设施，降低企业在搭建区块链服务器集群时的设备投入成本；另一方面提供产业孵化和产业加速服务，通过融资等手段加速整个区块链产业的发展。

（二）区块链应用

区块链将在产业元宇宙中的各个环节发光发热，接下来将介绍其中最为关键的智能合约、溯源服务和版权保护等方面应用。

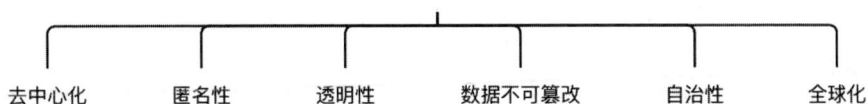

区块链特征

| 去中心化 | 匿名性 | 透明性 | 数据不可篡改 | 自治性 | 全球化 |

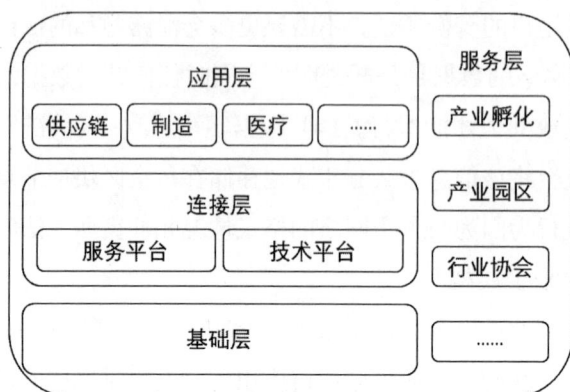

1. 智能合约

智能合约是一段记录在区块链中可复杂、可共享的代码，通过这段代码中的各种合约计算能力区块链可对外界指令和内部数据产生针对性响应。智能合约成了以数字形式定义的合约承诺，使用智能合约将传统的人与人之间的信任模式转变成了人对一个公平的数字机器的信任模式。

2. 溯源服务

区块链因为具有不可篡改、公开透明和可追溯的特点，所以在各行各业的信息溯源环节都可以起到很好的作用。通过区块链储产品信息可以让整个产业元宇宙的数据流动状态更加清晰直观。

3. 版权保护

想要促进各类创造者在产业元宇宙中提供更多的内容与服务，必须要为各种数字资产提供版权保护机制和创造者激励机制。使用区块链进行产权保护的做法可以扩展到产业元宇宙的整个生态环节。未来产业元宇宙中将充斥大量的数字内容（如游戏、影视作品、三维模型等）和数字服务（如数字孪生服务、智能优化服务、运维管理服务等），使用区块链公开透明地保障这些数字资产的版权和所有权将是趋势。通过交易各种数字内容（服务）的使用权使产业元宇宙的强大能力触及更多的使用者，为创造者提供更加稳定的收入来源。

（三）公司动态

接下来会介绍区块链行业中的领先企业和核心产品，分别是基础层的以太坊、连接层的京东科技智臻链。

1. 以太坊

以太坊是在比特币的基础上通过提供智能合约服务和联盟链服务构建的区块链 2.0 时代去中心化应用平台。用户可以在该平台上编写符合自己需求的智能合约并构建各种去中心化应用程序。以太坊也提供自己的区块链加密货币——以太币作为整个以太坊经济系统的交易单位。

以太坊的核心产品是去中心化的以太虚拟机（Ethereum Virtual Machine，简称"EVM"）、智能合约专用编程语言 Solidity、专用加密货币以太币（Ether，简称"ETH"）和由这三个产品组成的以太坊去中心化应用平台。以太坊智能合约是一种通过信息化方式传播、验证或执行合约的计算机协议，使用合约的双方可以不需要在第三方介入的情况下开展交易（或者说智能合约本身就是第三方见证人），并且交易的记录会被永远记录且不可更改，可以节省传统合约签署过程因为第三方信任机构的加入而带来的费用成本。

2. 京东科技——智臻链

京东科技是京东集团旗下专注于以技术为产业服务的业务子集团，是一家为企业、政府、金融机构等各类客户提供全价值链的技术性产品与解决方案的科技型企业。

京东科技基于多年的技术创新和丰富实践建设了智臻链能力体系，提供了一系列区块链基础服务，其中最核心的三个产品是区块链底层引擎（JD Chain）、区块链即服务平台（JD BaaS）和跨链互操作服务（JD BIOS）。其中：（1）区块链底层引擎是京东科技自主研发的开源区块链底层引擎，包含一个面向各种企业应用场景的通用区块链框架系统与支持 JAVA 编程语言的智能合约代码系统，能够解决企业在搭建区块链的过程中应用接入门槛高、操作复杂、业务适用性差、性能不足等诸多问题。（2）区块链即服务平台从企业和开发者的角度出发，提供了区块链快速部署、联盟链网络组建支持、联盟链网络一体化管理等针对性服务，可以让政府部门、企业、金融机构等目标群体轻松跨过区块链技术门槛，建立区块链技术与应用场景之间的连接。（3）跨链互操作服务是京东科技基于已有的云原生技术打造的企业联盟级跨链数据交易解决方案，为联盟链中相互独立的各个私有链间提供了跨链交互和跨链监管服务，采用流式数据处理技术结合规则引擎的方式打通了不同架构的区块链系统间应用、交易、数据、价值安全可信认证的壁垒。

作为国内最早的开源区块链架构，京东智臻链成功建立了底层框架和上层应用之间的联系，目前已经赋能了包括医疗、供应链、养殖业等多个行业，为其提供品质溯源和数字存证两大核心连接服务，将在未来持续用新型区块链数字技术促进我国实体经济的发展。

四、基础能力层——通信

通信是产业元宇宙价值链基础能力层中不可或缺的部分，它与产业元宇宙各个领域的发展都息息相关。

（一）行业概况

在虚实交融产业元宇宙时代，通信行业是产业元宇宙生态的血液系统，它生机勃勃地将各种"养分"（信息与数据）传递到产业元宇宙的各个角落。强大的通信能力是产业元宇宙能持续产生价值的重要保障。

1. 定义

移动通信是一种能够将移动用户与固定点用户或移动用户之间沟通起来的通信方式，通信中有任意一方或者双方都处于运动状态中，就可以称为移动通信。移动体不局限于人，还可以是汽车、火车、飞机等处于移动状态的物体。未来在物联网的推动下，移动通信技术的应用行业和领域将更加广阔。

通信技术发展至今，已经较为成熟，现代通信技术的特点主要有：

（1）通信数字化。通信数字化能够更加精准地传递信息，具有较强的抗干扰性和保密性。由于数字信息便于处理、储存和交换的特点，使得通信设备更加集成化、固体化和小型化。

（2）低延时、大连接通信。现代通信相较于传统通信，通信容量更大，其中以光纤通信为最，其容量比电器通信大了 10 亿倍。

（3）通信网络系统化。现代通信具有较为完整的网络系统，网络系统由终端设备、交换设备、信息处理与转换设备及传输线路构成，以共享功能与信息为宗旨，通过网络互联等技术实现各网络间的互联互通，信息传递范围进一步扩大。

（4）通信计算机化。通信和信息处理融为一体的前提是通信技术与计算机技术的结合，具体表现为终端设备与计算机结合，落实到产品上即为多功能智能机。数字程控交换机与计算机的结合也已经得到推广与应用，典型例子为利用通信卫星进行计算机通信，这也是我国发展计算机通信的一条康庄大道。

2. 发展历程

目前移动通信行业发展迅速已经实现了5G网络技术的突破，并且将步入卫星互联网时代为6G技术的突破作准备。

（1）5G技术发展历程。通信技术迭代速度快，以十年为单位进行技术的更替，从20世纪80年代发展至今，已经历经四代，铺开了四张无线通信网络：模拟语音通信、数字语音通信、移动宽带上网、移动互联功能。5G技术站在巨人的肩膀上，立足于前四代通信技术的基础，建立了一张全新的通信网络，实现万物互联。5G的高速率、低延迟、大连接特点能够实现增强现实，虚拟现实，超高清视频，为实现人与人通信极致应用体验奠定技术基础。构建人与物，物与物通信网络；基于其大连接的特点，5G将会渗透到经济社会的方方面面。

（2）卫星互联网发展历程。通信卫星是人造卫星的一种，充当无线电通信中继站，通过转发无线电信号，实现卫星通信地球站之间或地球站与航天器之间的无线电通信。通信卫星能够传输的信息包括电话、电报、传真、数据和电视等。一颗地球静止轨道通信卫星约可覆盖地球表面的40%，在覆盖区域内，无论是位于地面、海上还是空中的通信站都能同时互相通信。在赤道上空等间隔分布的3颗地球静止轨道通信卫星，能够与除了两极部分的任何地区进行通信。同时，随着经济的发展，居民消费能力不断提升，机载和车载通信需求也不断提升，高清视频卫星通信规模有所增长，由此推动中国通信卫星行业市场规模的高速增长。

要实现5G的完善，以及向6G的跨越，离不开卫星互联网的支持。卫星互联网具有不可替代的覆盖优势，相较于地面通信系统，其优势突出表现在以下几个方面：

1）覆盖范围广：地面网络覆盖范围有限，只覆盖陆地面积的20%、地球表面的5%，偏远地区、海上、空中用户的互联网服务需求一直以来都没能得到满足。而卫星互联网由于其容量大、不受地域影响的特点，可实现全球无缝覆盖，为难以获得互联网服务需求的地区带来解决方案。

2）建设成本低：地面网络的铺开需要完善的 5G 基础设施以及海洋光纤光缆建设，成本之高可想而知。卫星互联网组网相对成本更低，并且随着技术研发的推进，未来将朝着集成化、标准化、平台化的方向发展，进一步拉低卫星制造和发射成本。

3）时延媲美 5G：5G 典型端到端时延为 5—10ms 左右，低轨卫星距离地表较近，即使取最高高度 3000km，时延也仅为 20ms，显著低于传统高轨卫星的时延，可与 5G 的时延相媲美。

4）高带宽：随着网络连通带宽能力的提升，每个卫星的网络供应能力也会逐步提高，大规模采用高带宽卫星能够大幅降低单位宽带的价格成本，进而打开下游市场。

布局卫星互联网的重要性不言而喻。但是由于轨道和频段资源的有限及不可再生特点，稀缺性日益凸显。各国目前都纷纷开始发射低轨卫星抢占轨道资源，卫星互联网的建设也进入了一个井喷期。1）美国在卫星互联网上的部署已经走在前列，美国的 SpaceX 火箭公司计划在 2024 年之前通过数千枚低轨卫星为全球提供互联网服务。2）中国对于卫星互联网的布局也十分重视，坚定推进卫星互联网和天地一体化网络建设。2020 年 4 月，卫星互联网正式被纳入"新基建"，由此自上而下推动卫星互联网的建设。3）其他国家，如俄、加、韩等也加紧布局卫星互联网行业，业界和资方对互联网卫星的前景看好，众多资本涌入竞技场，推动卫星互联网产业上中下游协同发展。

（3）6G 技术展望

卫星互联网的构建，是新一代移动通信技术更新的基础，即要实现 5G 到 6G 的跨越，依赖于完整的卫星互联网网络。6G 是第六代移动通信技术，将是一个地面无线与卫星通信集成的全连接世界。通过将卫星通信整合到 6G 移动通信，实现网络信号的全球无缝覆盖，偏远地区、海上、空中的互联网服务需求都能够得到满足。在 6G 网络支持下，联合球卫星定位系统、电信卫星系统、地球图像卫星系统，地空全覆盖网络还能帮助人类预测天气、快速应对自然灾害等。

3.产业链结构及市场格局

通信产业链上，有三类重要参与者，分别是设备制造商、通信运营商和各类用户。本书将主要聚焦于设备制造商和通信运营商。

（1）通信设备商，就是负责研发制造通信设备的厂商。按功能划分，通信设备主要分为主设备、传输设备（有线和无线传输）、辅助设备、测试设备和终端设备等。目前世界上前几大通信设备商分别是华为、中兴、爱立信和诺基亚。（2）通信运营商，在我国主要有中国移动、中国联通和中国电信三大运营商以及其他民营宽带业务服务运营商，主要负责建设和运营电信通信网络，并提供服务。

（二）应用

通信行业的蓬勃发展，可以为大量其他行业带来新的商业价值。依照目前数字化、无线化发展大趋势，通信行业未来将在以下三大应用场景中持续产生价值：（1）通过移动带宽和网络速度的增强，为用户提供沉浸式的娱乐、生活体验。（2）利用低时延通信，为工业领域和自动驾驶等领域提供数据连通保障。（3）通过提供更多机器类通信网络，满足智能城市、智能家居等大体量通信需求。针对这三类应用场景，分别选取对应的典型案例进行分析。

1.沉浸式体验（XR行业）

XR业务有巨大的带宽需求，是未来移动网络最具潜力的大流量业务。XR设备往往需要进行大量数据的传输、存储和计算，如果将这些数据和计算密集型任务转移到云端，云端服务器的数据存储功能和高速计算能力就能得到更好利用，大大降低设备成本，让XR设备变成人人能负担得起的设备，加速XR

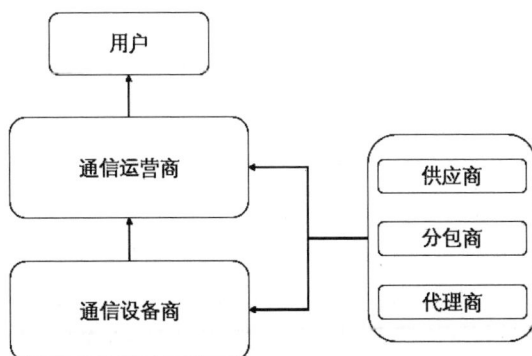

设备在消费端的普及。

随着通信技术和云市场的迅猛发展，日常生活和工作对于桌面主机以及笔记本电脑的需求将不断下滑，相应的需求将转移至云端的各种远程人机交互界面，并引入语音和触摸等多种交互方式。云端 XR 生态是未来的发展大趋势，移动运营商越是积极地参与到这一生态系统的构建中，能够获取的收益就多。高速的通信网络服务将通过为爆发式增长的 XR 行业提供技术支持而实现价值提升。

2. 工业互联网

新一代的互联网技术已经逐渐渗透到传统工业领域的关键环节中，助推产业转型升级。以 5G 为典型代表，将 5G 技术推广应用至工厂内部无线网络建设，覆盖全部的生产环节，能实现产业链环节的互联互通，数据流通通道更加畅通；对工业领域网络架构、网络协议、网络标准进行统一规定，能实现信息资源的跨维度集合共享。

5G 对于工业互联网构建的巨大推动作用主要通过加速数字孪生来实现，依托于数字孪生的技术框架和整体理念，5G 行业网能够建立全生命周期管理能力体系，具体包含以下几个方面：（1）使用 5G 网络提升物联网系统效率。在工业互联网中，设备与设备之间通过物联网系统连接并互相传递信息和指令。通过在生产场景中大规模部署 5G 网络可以提升设备通信效率，保障整个工业互联网系统可以实时收集数据并下达指令。（2）使用 5G 网络实现数字孪生级可视化管理。通过数字孪生技术实时复现整个三维生产场景实现高精度的可视化管理。这种级别的可视化管理需要快速传输大规模模型数据，对网络通信能力有很高要求。（3）使用 5G 网络实现设备边缘计算。在未来各个生产设备将通过边缘计算能力获得自主决策的能力，可以实时在设备中部署最新人工智能模型，然后设备便可以依据这些模型与物联网数据"随机应变"地完成生产。

（三）公司动态

接下来将详细介绍两家在新型通信技术领域颇有建树的公司，分别是 5G 技术的领头羊华为公司和通过低成本火箭技术打入卫星互联网领域的 SpaceX 公司。

1. 华为

根据全球 5G 通信设备市场占比调查中的数据，华为以 31.7%的市场占比牢牢坐稳 5G 通信设备市场的头把交椅。在全球加速进行 5G 基础设施建设的背景下，中国华为保持强劲发展势头，占据市场第一梯队。这家公司与国外的通信公司的主要区别在于建立了垂直整合的供应链，无论是产品定价还是产品范围都更具优势。

2.SpaceX 公司

太空探索技术公司（SpaceX）是美国一家民营航天制造商和太空运输公司。自成立以来，SpaceX 在火箭发射、火箭回收、复用运载火箭、载人航天发射等领域都取得了光辉的成果，达成了许多国家航天机构都未曾达成的成就。SpaceX 公司是世界上拥有卫星数量最多的公司，作为一个私有公司在航天领域和通信领域能取得如此多样的成就，还是归因于该公司致力于降低火箭技术成本的理念。

五、基础能力层——算力

算力作为产业元宇宙基础能力层中的智能基础，也是产业元宇宙价值链的各个环节的重要资源。

（一）行业概况

强大的计算能力和人工智能分析能力是产业元宇宙智能来源，算力行业作为产业元宇宙的基础能力层中的核心产业之一，将为产业元宇宙带来源源不断的算力资源补给和自主决策能力。

1.定义

站在狭义角度来看，算力是指计算设备通过处理数据，最后输出特定结果的计算能力。其核心是计算芯片，例如图形处理器（GPU）、中央处理器（CPU）、专用集成电路（ASIC）和现场可编程门阵列（FPGA）等。一些计算机、服务器或高性能计算集群等终端利用芯片进行数据处理和应用数字化时，都需要依赖于算力。一般来说，终端的算力数值越高意味着其综合计算能力越强。

站在广义角度来看，算力是数字经济时代的主要生产力，也是为未来数字经济发展的底层基础。当下数字经济时代最关键的三把钥匙分别是数据、算力和算法。数据代表新的生产资料，算力代表新的生产力，算法代表新的生产关系，三者合力才能够打开数字经济时代通向未来发展的大门。目前云计算、人工智能、大数据等高科技的迅速发展使得数据呈爆炸式的增长以及算法难度的不断升级，这就造成了对算力规模和能力的需求大幅提升。反过来看，算力的发展可以刺激各项应用的不断创新，从而形成"蝴蝶效应"，使得相关技术不断突破升级，产业规模也能进一步扩大。

2.产业链结构

目前算力行业已经有了较为完整的产业链结构，由上游芯片，中游服务器和互联网数据中心服务（IDC）等设备供应商，下游云平台提供商和应用开发商等三部分组成。

（1）上游为芯片。目前发展较为成熟且市场占比较多的芯片类型有CPU、GPU、FPGA和ASIC。1）CPU方面，目前各种通用中央处理器的覆盖面广，但受到开发技术的限制更新迭代的速度明显下降。2）GPU方面，由于应用场景广泛且市场竞争激烈，发展较为迅速。3）FPGA方面，该类型的芯片技术壁垒较高，目前在军事领域较为常用，优点是具有可编程性，能够大大提升芯片本身的灵活性。4）ASIC方面，该类型的芯片通过定制在运算效率方面能够超过GPU，在固定场景下具有较强的实用性但通用性差。

（2）中游为服务器或IDC等存储设备供应商。1）在服务器方面，主要是

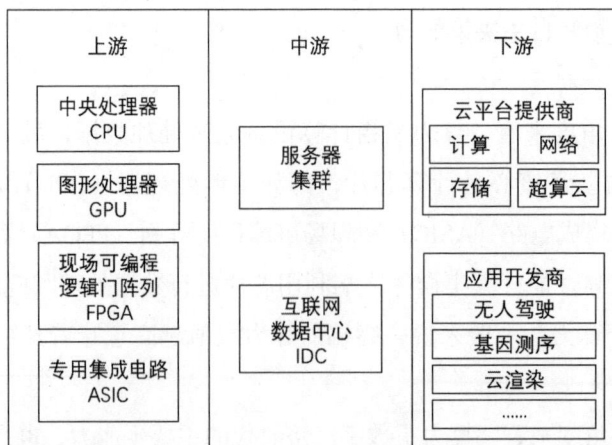

根据使用目标在组合连接各种芯片并添加各种功能组件（如深度学习 FPGA 加速卡），将芯片改造成能够提供大规模算力的服务器设备。2）在 IDC 方面，IDC 目前是互联网产业中不可缺少的存在。IDC 为互联网内容提供商（ICP）、企业、媒体和各类网站提供大规模、高质量、安全可靠的专业化服务器托管、空间租用、网络批发带宽等业务，帮助企业构建多样化线上场景并降低设备成本。

（3）下游是云平台提供商和应用开发商。1）云平台指的是基于硬件设施和软件资源等服务，为使用者提供计算、网络和存储能力等服务。现阶段，各个云平台巨头开始通过集合了国内各大超算中心的计算资源通过超算云服务，面向各领域用户提供弹性的按需增值及时服务和高性能的算力。2）应用开发商的服务覆盖面较广，主要应用场景为无人驾驶、基因测序和云渲染等需要大量算力支持的垂直行业，为这些行业带来人工智能云计算、边缘计算等一系列算力服务。

（二）应用

算力应用场景非常广泛，可以说在社会基础设施的智能能力不断提升的趋势影响下，算力将成为一种新兴资源驱动社会运转。

1. 智能驾驶

目前，在汽车智能驾驶和智能座舱的应用场景中总少不了人工智能技术的底层支持，这就导致市场对算力的需求逐渐增高，算力逐渐成为整车技术和产品智能化未来发展的必要催化剂。不同的自动驾驶能力对算力的需求是不同的：如需实现自动加减速、自动变道、自动循环等简单的智能汽车系统，可以通过小算力的芯片和算法实现；如果需要实现全自动驾驶的目标，则需要开发各种传感器设备并训练专门的人工智能算法，同时实时提供大规模算力帮助智能驾驶系统应对复杂的道路情况。

2. 云渲染

云渲染指的是在云端部署 3D 渲染算法，直接向显示设备传输渲染结果，以减轻显示设备的计算压力。计算机动画制作(CG) 的最后环节就是 3D 渲染，3D 渲染是指计算设施从 3D 场景中得到数据信息并进行着色计算的过程，其流程包括模型制作、材质渲染、渲染合成等，一般输出的成果格式为图像。通过该建模和渲染技术可以制作非真实存在的生物以及真人等。通过在服务器集群中计算渲染过程并实时向显示设备返回渲染结果的云渲染技术，可以降低未来各种三维场景的搭建和使用成本，助力产业元宇宙的全社会普及。

（三）公司动态——英伟达

英伟达公司成立于 1993 年，是一家以设计和销售图形处理器（GPU）为主的人工智能计算公司，当下的人工智能、云计算等技术在没有 GPU 的支持下都将难以运行，现在的各大互联网巨头全都以 GPU 为底层支持，进行海量数据的训练。英伟达公司已经推出了大量基于不同场景的人工智能芯片以及配套的软件，旨在打造完成的人工智能生态圈。

算力是利用 GPU、CPU、FPGA 等芯片在各类高性能智能终端的承载上实现的，英伟达目前的人工智能芯片基本都是以 GPU 为核心的产品，GPU 的架构会随着不断的技术迭代赋予其更高的算力，而英伟达所有的 GPU 产品都会依据使用场景的不同而具有不同的架构，GPU 的架构是英伟达的核心招牌。目前，英伟达将未来发展目标放在了开发不同场景的端侧的人工智能芯片上。端侧人工智能芯片是 GPU、CPU 等的处理器组合，端侧的算法随着应用场景的不同而不同，所需的性能、功耗等也有不同的标准，而且对人工智能处理的时间、成本和功耗等更加关注，所以英伟达开始推出与以往不同风格的产品，例如性价比非常高且规模较小的嵌入式芯片。

总的来说，英伟达公司的技术和产业积累优势非常明显，同时公司对于市场变化的反应速度也很快。曾经是人工智能芯片巨头的英伟达公司如今正在积极改变策略，通过使用云端以及边缘一体化的策略占领更多的市场份额，从市场布局来看，只要是技术可以达到的软硬件领域英伟达便都要揽入怀中，相信只要布局够广，就会在这条路上越走越远。

六、基础能力层——物联网

物联网技术作为产业元宇宙基础能力层万物互联的基础，也是产业元宇宙连接现实、改造现实的重要途径。

（一）行业概况

1.定义及特点

物联网指的是万物相连的互联网，利用无线射频识别、感性器等信息传感设备，遵循通信协议建立起互联网和实体物品之间信息交换的桥梁，从而达到对实体物品的识别、实时定位和管理等效果。

2.发展历程

纵观物联网的发展历程，一共可以分为三个阶段，分别是萌芽期、初步发展期以及高速发展期。

（1）萌芽期：物联网这一概念是由美国麻省理工学院的一位教授在1991年提出的，他所定义的物联网的概念与当下被大家所熟知的概念没有太大差别。从1991年到2005年传感器技术的不断发展让物联网概念更加广为人知。

（2）初步发展期：这一阶段从2005年开始，历时较短仅仅只有三年，起到了承上启下的作用。这三年间国际通信联盟提出了物联网核心思想："世界上所有的实体物品都可以在技术的推动下与互联网进行信息传输"。这期间第一部智能手机的诞生与普及也为物联网感知与控制终端提供了新的选择。

（3）高速发展期：目前物联网行业仍处于高速发展阶段。中国、美国和欧盟等国家都在2009年对物联网行业进行了相关政策部署，标志着物联网行业正式进入高速发展期，并且越来越多的物联网技术走向商用阶段。

3.产业链结构

物联网的产业链结构一共可以分为四层，分别是感知层、传输层、平台层和应用层。

（1）感知层是物联网的底层基础，负责通过使用芯片、通信模组以及各种感知设备采集多方底层数据。1）半导体芯片是物联网系统的核心器件之一，低功耗的半导体芯片在物联网的各类设备中都具有不可获取的地位。2）通信模组分为提供网络连接能力。3）传感器可以根据物理性质分为物理传感器、化学传感器和生物传感器是物联网感知基础。属于这一层的商家基本是主营芯片、终端和传感器等器件的生产商。

（2）传输层是连接感知层和平台层的主要通道，通过无线传输的方式将感知层收集到的数据传送到平台层。通信服务提供商在这一层级上是不可或缺的能力者，通过提供蜂窝通信网络和非蜂窝网络为传输层提供能力支持。未来随着应用场景丰富程度的不断提高，对于传输能力的要求也会日益增加。

（3）平台层在整个产业链中起到承上启下的作用，通过使用一些能力平台，例如物联网 PaaS 平台和人工智能平台等，通过连接管理、设备管理和应用使能等将来自底层的数据进行分析处理，同时为硬件和应用架起了沟通的桥梁。这一层的主要参与者通常是平台服务提供商，例如物联网云服务平台。

（4）应用层是产业链的顶端，根据分析平台层最终所呈现出来的数据进行分析，并最终落地到实体，解决具体行业问题。这一层的核心是智能硬件和应用服务，而智能硬件根据服务对象的不同可以分为企业端硬件和消费者端硬件，例如工厂的监控设施或个人可穿戴设备等，应用服务则会根据具体应用场景的不同而提供多样化的服务。具体可以分为消费驱动应用、政策驱动应用和产业驱动应用。在后续的章节中也会介绍物联网技术与产业元宇宙结合后在各个行业中的应用情况。

（二）公司动态——西门子公司

西门子公司推出的 Mindsphere 物联网系统可以帮助企业将来自不同通信协议或连接方式的物联网系统完整连接起来，帮助企业高效分析全链路数据以提高生产效率。Mindsphere 系统是一套基于云的开放式物联网（IoT）操作系统，可让全球工业企业中的各个实体基础设施非常方便且低成本地接入虚拟数字世界。使用 Mindsphere 公司可通过任何已接入的智能设备、企业系统和联合数据源等传回的实时操作数据进行直观的分析。

MindSphere 操作系统基于一个多层次联合的架构，在此架构上能够实现实体物理设施与数字世界的连接。该架构一共有三层，分别是：（1）连接层。这一层能够让企业用户将所属的所有实体资产、企业信息技术系统和数字世界完整地连接到 MindSphere 并储存，这项服务为各个工业企业的数字化进程提供了极大的便利。（2）开放式 PaaS 层。从本质上来看，MindSphere 是一个 PaaS 平台，其核心支持来自各大云服务器提供商的数据安全中心，能够保证将采集的设备数据高度保密，保障平台提供给使用者一个完整且安全的生产、运营和开发环境。（3）应用程序层。基于开放式 PaaS 平台，各个企业不用像传统的那样投入大量人力物力成本和时间去构建复杂的软件堆栈，而是可以直接使用 MindSphere 平台开发、运营并管理其自己研发的产业应用程序，极大地增加应用的灵活度和更新效率，从根本上解决和完善工业企业数字化的难题。

第四节　全球主要国家产业元宇宙发展概况

全球视角下，要完全实现元宇宙，需全球人类共同参与，这不仅是为了打造更富裕的社会和更深度的经济发展模式，也是为了确保来自全球任何地方的任何人都能从"数字时代"中受益。在这个永不离线的数字空间，人们可以聚集在一起互动和交易，彼此之间建立关系并不断加强。但科技、经济、文化之间巨大的差异导致实现全球元宇宙的进程并非坦途。元宇宙的发展过程"道阻且长，行则将至"。

目前情况看，元宇宙在全球发展仍然以美国、中国这样的科技与经济大国占据主导，日韩等国同样在局部核心科技各有千秋。中国拥有最大用户基数以及社交基因优势，后端基建优势也日渐凸显；日本 ACG（Animation 动画、Comics 漫画、Games 游戏首字母缩写）产业基础和 IP 储备也不容小觑；在政府引领之下，韩国偶像工业驱动应用场景发展。

一、美国元宇宙发展现状

元宇宙概念进入人们视线源于美国的小说和好莱坞大片。丰富的想象力、深厚的科技基础使得美国在元宇宙的基础设施、平台建设、产业布局方面初步形成了一定的技术壁垒。在全球元宇宙发展中扮演着领导者角色。

（一）美国元宇宙技术现状

在基础设施与功能性平台建设方面，美国整体技术实力全球领先，在硬件入口、后端基建、底层架构、人工智能等方面其核心竞争力突出。

（1）硬件入口方面。2021 年，"脸书"旗下的 VR/AR 头显出货量大幅上涨，整个行业有向头部集中的趋势。《硅谷封面》报道，英伟达在图像处理芯片（GPU）领域具有绝对的话语权与主导权，2019 年前四大云供应商如谷歌、阿里巴巴绝大部分的 AI 加速器实例部署了英伟达；在人工智能算法训练市场上该公司也有举足轻重的地位。

（2）后端基建方面。以 Amazon（亚马逊）、微软、Google（谷歌）、IBM（国际商业机器公司）等科技巨头为引领的云计算领域均在全球前列，其中 Amazon 拥有的强大云计算服务能力，已经使得全球绝大部分大型游戏公司依托 Amazon 云在线托管，是一个妥妥的全球云服务提供商的头部公司。

（3）底层架构方面。Unity（实时 3D 互动内容创作和运营平台）开发的游戏引擎、Epic Games（游戏制作团队）的虚幻引擎、Nvidia（英伟达）的 Omniverse 硬件底层等，元宇宙世界创作者依赖着强大的创作工具实现创造发明，应用更是涉及游戏、影视、工业化、自动化生产等领域。

（4）人工智能方面。Google、Facebook、亚马逊、微软等科技巨头纷纷布局基础算法框架，进行了大量深入的研究与应用，其中 Google 研发的 TensorFlow（开源机器学习平台）是 GitHub（最大代码托管平台）上最受欢迎的深度学习开源项目，被大量人工智能项目采纳为基础算法框架。

（二）美国元宇宙应用场景

美国银行将元宇宙列为对人类生活可能有革命性影响的科技之一。该行报告指出，元宇宙将成为稳固的经济模式，涵盖工作、娱乐、休闲，发展已久的各种产业和市场，如金融、教育、卫生，甚至成人娱乐等领域。

（1）面向 C 端的消费者应用场景中，社交与娱乐先行。游戏、娱乐丰富且发展迅速，拥有大量成功应用案例。2020 年 4 月美国 Travis Scott（说唱歌手）在《堡垒之夜》举办的演唱会，吸引了超过千万的玩家在线观看；同年另一说唱歌手 Lil Nas X 在《Roblox》的演唱会也吸引了无数粉丝大获成功，玩家还可以在数字商店中解锁特殊商品，例如数字替身、纪念商品和表情包等。

（2）面向 B 端的客户应用场景中，英伟达 Omniverse 平台最为典型。Omniverse 平台的愿景与应用场景将覆盖游戏以及娱乐行业中，建筑、工程与施工、制造业、超级计算等。英伟达 CEO 黄仁勋表示，宝马在物理世界中建造任何产品前，可先虚拟地设计、规划和运营未来工厂，代表制造业未来。宝马使用 Omniverse 模拟完整工厂模型，包括员工、机器人、建筑物、装配部件等，让全球生产网络中数以千计产品工程师、项目经理、精益专家在虚拟环境中协作，在真实生产新产品前，完成设计、模拟、优化等一系列复杂过程。

二、中国元宇宙发展现状

中国科技企业是紧随美国巨头公司最迅速进场元宇宙领域的主体，在元宇宙沉浸式应用方面，腾讯、字节跳动、华为、阿里巴巴等巨头整合业务优势迅速布局，游戏企业升维游戏场景靠近虚拟世界，A 股游戏公司中青宝、汤姆猫等宣布开发元宇宙概念游戏。整体来看，我国目前在底层技术上仍处于跟随与追赶的态势，但是得益于强大的基建能力及人口规模优势，后续有望在 5G 等后端基建、人工智能、内容与场景方面爆发出巨大的增长潜力。

（一）中国产业元宇宙技术现状

目前中国的技术优势尚未全面显现，在后端基建方面略有优势，在云计算、人工智能等领域正在积极追赶国际巨头。

（1）后端基建方面。5G 在元宇宙世界中能够提供大规模的数据传输支持，在使用 VR 等头显设备时能够有效降低晕眩感。目前全球正在逐步向 5G 过渡，中国在 5G 中占有突出的优势：① 得益于中国强大的基建能力，将推动 5G 的快速普及。② 华为具备定义 5G 标准的技术实力，具有一整套"网络＋芯片＋终端"的端到端 5G 解决方案，为元宇宙产业的发展提供网络层面的保障。华为依托终端硬件产品和华为地图数据，通过空间计算链接用户、空间与数据，最终给华为移动终端用户带来全新的交互模式与视觉体验。

（2）云计算方面。中国在云计算市场的增长非常快速，其中阿里巴巴在云计算领域处于全球领先地位，致力于以在线公共服务的方式，提供安全、可靠的计算和数据处理能力，让计算和人工智能成为普惠科技。

（3）人工智能方面。中国公司开始奋起追赶。百度是国内最早 All in AI 的公司，在 AI 领域的积累尤为深厚，基于百度大脑的百度 VR 2.0 产业化平台为 VR 产业提供全栈式行业场景应用开发，让企业在元宇宙中快速开辟属于自身的新"星系"，同时提供全链路元宇宙内容生态和 AI 支撑下的元宇宙新业态。同时，国内 AI 公司也在元宇宙方向有所布局，根据商汤科技招股说明书，其旗下软件平台内含超过 3500 个 AI 模型支持全新的元宇宙体验。

（二）中国产业元宇宙应用场景

元宇宙时代中国底层技术的迭代将引发产业元宇宙的根本性变革，中国得益于巨大的人口红利优势所带来的网民规模优势，使中国在移动应用层面逐步显现出领先态势。未来伴随互联网用户的迁徙惯性，我国也将成为元宇宙的最大市场，有望在 To C 领域的场景应用方面爆发出巨大的潜力。

在面向 C 端的消费者应用场景中，国内元宇宙应用场景主要集中在 To C 的体验等应用场景上，主要以社交与游戏等场景为主。典型的入局者包括腾讯、字节跳动等互联网巨头，形成了相对全面的业务布局；以及米哈游、莉莉丝等公司主要从游戏切入。在移动互联网时代，中国在变现流通环节表现出强大的主观能动性，如直播电商的发展与快速崛起。目前元宇宙中的虚拟数字人已经在营销领域有诸多应用，阿里推出虚拟数字人 AYAYI，未来 AYAYI 将解锁数字策展人、潮牌主理人、顶流数字人等多个身份。基于在变现环节强大的主观能动性，数字藏品（NFT）与虚拟数字人预计是中国产业元宇宙中优先受益的方向。

三、日本元宇宙发展现状

ACG（Animation 动画、Comics 漫画、Games 游戏首字母缩写）产业积累和丰富的 IP（知识产权）资源是支撑日本产业元宇宙发展的主要动力，日本元宇宙方向的布局主要围绕 VR 硬件设备及游戏生态展开。

（一）日本元宇宙技术现状

体现在 VR 设备和游戏创造生态两大技术布局。索尼与 Hassilas（VR 开发商）拥有 Playstation（电子游戏机）主机系统和游戏生态，旗下的 PlayStation VR 的全球销量排名行业前三，在虚幻引擎等技术方面有所布局；索尼还推出《Dreams Universe》（一款游戏），用户可在其中进行 3D 游戏创作、制作视频，分享到 UGC 社区。

（二）日本产业元宇宙应用场景

在应用层面，背靠深厚的 ACG 基础，日本产业元宇宙的应用场景主要集中在 C 端。日本充分将元宇宙世界与动漫形象相结合，实现更好的虚拟化效果。2021 年 8 月，Avex（爱贝克思）计划改进现有动漫或游戏角色，举办虚拟艺术家活动，将真实艺术家演唱会等活动虚拟化。娱乐场景之外包括演出与会议也有突出表现，如 Cluster 主打 VR 虚拟场景多人聚会，用户可自由创作 3D 虚拟分身和虚拟场景，在演出活动中，嘉宾可在房间内连麦发言、登台演讲、播放幻灯片或视频，普通观众发表文字评论、表情和使用虚拟物品进行互动；日本 VR 开发商 Hassilas 公司正式宣布其最新元宇宙平台——Mechaverse，用户无需用户注册，通过浏览器直接访问平台，商务用户可在此平台上快速举办产品发布会，为与会者提供视频介绍和 3D 模型体验。

四、韩国元宇宙发展现状

韩国由政府牵头成立"元宇宙联盟"，计划将首尔打造成首个元宇宙城市。这也是韩国 1998 年提出"文化立国"政策后政府发挥宏观调控和引导作用的政策延续，在一定程度上保证了韩国文化作品的质量及创新力。

（一）韩国产业元宇宙技术现状

（1）"虚拟数字人"方面。2020 年三星旗下创新实验室独立开发的"人工智人"（Artificial Human）项目 NEON 正式展出，NEON 能够像真人一样快速响应对话、做出真实的表情神态，且每次微笑都不尽相同，可构建机器学习模型，在对人物原始声音、表情等数据进行捕捉并学习之后，形成像人脑样的长期记忆。

（2）人工智能方面。CORE R3 平台（R3 代表现实性、实时性和响应性）在行为神经网络、进化生成智能和计算现实领域，实现了跨越式的发展，对人类的外观、动作和互动的方式进行大量模拟和训练，该系统时延很小，不足几毫秒，确保 NEON 能实时地动作、回应。还可连接其他专业或增值服务的系统。

（二）韩国产业元宇宙应用场景

凭借着成熟的"虚拟数字人"技术，韩国产业元宇宙的应用场景主要表现在 To C 端，同时韩国政府也主动探寻产业元宇宙 To G 端应用场景。

（1）在面向 C 端的消费者应用场景中，借助成熟的偶像工业，积极拓展商业化应用场景，出现大量在成熟的偶像工业应用场景中的应用案例。例如，ZEPETO（头像应用软件）与 Nike（耐克）等时尚大牌联名推出虚拟产品。

（2）在面向 G 端的政府应用场景中，首尔市政府于 2021 年 11 月 3 日宣布将建立元宇宙平台，计划以虚拟世界提供城市公共服务，项目计划耗资 39 亿韩元，是市长"首尔愿景 2030"计划中把首尔打造为未来之城的内容之一，这一元宇宙政务平台名为"Metaverse Seoul"（元宇宙首尔）。

第三章 产业元宇宙生态平台解读

元宇宙生态平台处于产业元宇宙生态链体系的中间位置，把元宇宙内容、服务将基础能力体系、实际行业应用"串"起来，集成产业链大量技术，提供一个更加通用的内容生产、管理、流通、交易平台，传达这些丰富的内容与服务到各行各业去创造更大价值。

第一节 产业元宇宙生态平台特征

产业元宇宙生态平台作为新兴的概念，总体来看具有一些自身的特征，如下图所示：

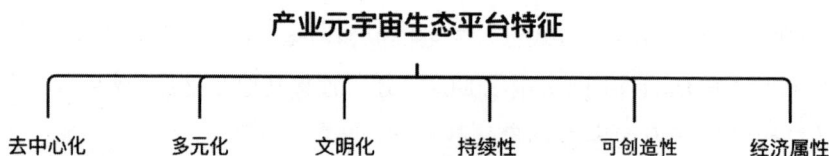

产业元宇宙生态平台特征

| 去中心化 | 多元化 | 文明化 | 持续性 | 可创造性 | 经济属性 |

一、去中心化

元宇宙生态平台第一个特征是去中心化的，所谓的中心化实际上是借助第三方组织建立人与人之间的信任与价值联系，但是产业元宇宙不同，在产业元宇宙生态平台中，用户既是内容的"消费者"也是内容的"生产者"，可直接与需求和兴趣建立联系，平台中的信任机制也是通过共识算法实现的，不需要一个中心化的决策机构。

元宇宙生态平台中，每一个人都是使用者和建设者，虽然内容与创造者是多元的，但平台本身是通用、便捷的，元宇宙平台的使用成本和进入门槛也是会不断降低的，它不会属于任何一家科技巨头，它是属于其中的每一用户、每一个体。

二、多元化

元宇宙平台的内容生态和创造者生态都将是多元的。内容方面既包含面向消费者的娱乐产品，如游戏、视频、虚拟现实内容等，也包括面向企业的解决方案与服务，这些内容通过产业元宇宙的数字孪生、数字伴生和数字原生过程将不断地产生价值。内容创造者可以是个人用户（用户生成内容 UGC），也可以是企业组织（专业生产内容 PGC），还可以是两种兼有（专业用户生产内容或专家生产内容 PUGC），这些多元化的创造者们支撑着产业元宇宙生态平台可持续运转。

三、具备文明属性及世界观

就像人类从家庭走向部落、从狩猎走向农耕、从农耕走向工业，社群是基本的协作方式，因同类而社交，因不同而结新群。在元宇宙生态平台，同样会反映出社群的属性，虚拟空间的社群与现实世界的社群具备同样的文明属性以及相似的世界观。

四、持续性

基于虚实匹配的元宇宙也会像现实物理世界一样，呈现出持续、永不停止的特性，虚实交互也是实时的，而非间断的，在持续性状态下，虚拟世界与现实世界保持实时同步，拥有现实世界一切形态。同样基于虚实交互的基础，"虚拟世界"与"现实世界"间可以不断转换，在持续的发展进程中，虚实的界限将日渐模糊，最后相互依存、永不停息。

五、可创造性

产业元宇宙对任何人、团体均没有限制，任何规模的人群和事物、任何形态的人与团体均可以进入，在其中任何个人或团体用户都可以在遵循基本规则的情况下，根据自己的想法去创造内容。

六、虚实兼顾的经济属性

产业元宇宙可以构成一个生态"世界"，有用户，可以完整运行、可以自由交易、可以支付、可以由劳动创造收入，这些构成了元宇宙的经济体系，并且是一种去中心化的，跨国界、分布式的经济体系。这可能会摆脱现实世界中国家金融监管的限制，并且难以界定与现实世界的国家金融边界，这些新问题和挑战有待在元宇宙的发展中进一步商榷。

第二节　产业元宇宙生态平台建设指南

元宇宙生态平台建设分为两个重要环节，分别是技术能力和运营能力。(1)技术能力提供去中心化的协同、生产、管理元宇宙内容与服务的技术基础。(2)运营能力建立用户与需求、用户与兴趣间的连接，让元宇宙内容与服务更好地惠及每一个人。

一、建设元宇宙生态平台技术能力

元宇宙的内容与服务的制作模式将逐渐从中心化生产转化为去中心化生产。这种转变不是一蹴而就的，而是通过为用户提供简单易学的内容与服务制作管理工具，激发社会整体的创造欲望和创造能力从而实现元宇宙的去中心化生产模式。接下来将详细介绍技术能力中最重要的两个环节的实施方法。

（一）建设去中心化工具

构建元宇宙生态平台重要目标是为广大内容制作者和服务提供者构建去中心化内容、服务制作工具（简称为去中心化工具）。这些制作工具并不是传统意义上的开发引擎或仿真引擎，而是通过图形化界面和各种模块化开发组件构成的低代码开发环境，这种简单易用的制作工具可以吸引更多的个人用户参与内容(服务)的生产过程中，这些用户是元宇宙生态可以持续繁荣的主要原因。

1.建设思路

构建元宇宙生态平台的去中心化工具可从低代码开发工具、协同开发服务和微服务组件库三个方面入手，为元宇宙的参与者们提供完整高效、易于使用的元宇宙制作工具生态。

（1）建设低代码开发工具，低代码开发工具一般具有图形化开发界面和大量预设的功能模块。使用传统空间计算引擎（游戏引擎、产业引擎）创造内容时，开发者需要自己从零到一地构建物体三维模型并编写代码赋予模型各种仿真属性。但是低代码开发工具与此不同，建设低代码开发工具的过程中已经将大量常用组件集成在了一起（如仿真刚体碰撞的三维模型、虚拟数字人等），开发者只需要调用对应的组件就可以快速制作内容。形象地说，使用传统空间计算引擎开发应用就像是使用木头和砖石搭建房子，需要大量的专业知识；而使用低代码开发工具就像是使用乐高积木搭建房子，任何人都可以参与。

（2）提供协同开发服务，让开发者团队可以跨时间、跨地域地协同开发一个项目。元宇宙中的内容制作离不开团队合作，那么需要建设一个网络共享空间让不同的制作者同时开发一个内容。但是与现在已经出现的远程协作文档不同，元宇宙时代的内容以三维仿真为主，文件的量级是普通网页的数万倍大，必须要提供新的网络协议和网络基础才能支持如此规模的协同开发工作。除此之外，每个成员可能使用不同的开发软件，这些软件处理的文件格式也是不同的。需要提供信息模型标准和各种文件转换插件保障协同开发的正常进行。

（3）提供微服务组件库，微服务组件库是各种辅助服务的集成，主要有网络服务、跨平台交互服务、联机服务等。在元宇宙时代用户创造的内容往往需要连接互联网或通过互联网发送到不同的端口才能使用，建设一套专用的微服务组件库可以加速内容发挥作用的过程。1）网络服务需要提供社交网络数据同步、用户数据收集等网络数据收集功能；2）跨平台交互服务需要帮助开发者在不同的交互端（如虚拟现实设备、手机、电脑等）提供相同质量的内容且维持各端中的数据是同步的；3）联机服务需要将各个内容的使用者连接起来，他们可以在同一个游戏场景中展开竞技也可以在一个社交空间中展开交际。

2. 建设价值

建设去中心化工具的最大价值是为产业元宇宙提供了更加丰富的去中心化生态基础。去中心化不是简简单单就能实现，而是通过低代码开发工具、微服务组件库和协同开发服务一同实现的。（1）简单易学的低代码开发工具可吸引更多的普通人参与到元宇宙生态建设中来。（2）协同开发服务则帮助用户可以以兴趣圈为单元协同创作有价值内容与服务。（3）通过微服务组件库这些内容将与互联网和元宇宙交互端建立连接并产生价值。这种以用户为中心、以兴趣为组织单元的全平台内容、服务制作工具才是真正的去中心化工具，是产业元宇宙生态平台能够不断出现全新内容的动力源泉。

（二）建设数字资产管理平台

在元宇宙生态平台中创作的内容和服务就是元宇宙数字资产，元宇宙生态平台需要提供数字资产管理平台辅助用户储存、管理、共享各种数字资产。数字资产的模式各不相同，可以是一段代码，也可以是一个完整的三维模型，甚至是一套行业级解决方案，提供跨平台互操作服务通过信息协议和转换接口将所有的数字资产以统一语义空间进行表达，然后提供资产同步服务让一个资产可以同步被多个设备识别和操作，这也是元宇宙生态平台数据资产协同的基础。

1. 建设思路

构建元宇宙生态平台的数字资产管理平台可从信息模型协议、格式转换接口与工具和资产同步服务三个方面入手，为元宇宙的参与者提供统一的数字资产管理服务。

（1）制定信息模型协议，这个信息模型标准可以描述产业元宇宙中的所有内容和服务的各种信息。因为产业元宇宙通过复现现实世界中的物理信息和社会信息并借助仿真优化技术改造现实世界，信息模型可以表达各种数据和算法。同时协议本身需要具有可扩展性，能够不断根据实际情况的变化衍生新的数据。该协议是由企业联盟制定的开源标准，只有开源才能让更多的用户了解并使用，而企业联盟可以保障协议的持续被使用，增加信息模型协议的影响力。

（2）提供格式转换接口与工具，实时帮助开发者将各种格式的文件都转化为符合信息模型协议的文件格式。和元宇宙内容的制作一样，未来元宇宙数字资产管理的插件与服务的制作也将是围绕生态平台去中心化实现的。在建设格式转换服务时，1）需要元宇宙平台开发一套格式转换架构，保证整个转换工具可以支持主流的元宇宙内容与服务格式。2）为开发者提供接口，让开发者可以轻松构筑所需的文件格式转换插件。这将形成良性循环，平台支持了主流内容的转化与存储，帮助更多普通用户快速实现资产管理并吸引更多用户，用户也会根据需求开发新的组件扩大平台资产管理的能力。

（3）实现资产同步服务，这项服务对元宇宙网络通信协议有很高要求。未来用户们可能用各种终端设备（如手机、虚拟现实设备、电脑、脑机接口等）调用和修改数字资产，且元宇宙内容和服务通常可实时互动。数字资产平台需快速完成格式适配、数据传输、指令传输、资产再调用的过程。需要使用一系列新型有线（如光纤网络）或无线网络技术（如5G、卫星互联网等）降低资产同步服务环境的数据延时。同时需要开发一系列资产智能预载和边缘计算算法，通过分布式的传递大规模数据减轻网络压力。

2. 建设价值

建设数字资产管理平台是元宇宙平台运营的先决条件，只有帮助用户合理地存储、管理和共享数字资产（或者说元宇宙内容与服务），才能有条不紊地推进元宇宙平台中围绕内容形成的一系列服务能力，如内容分发、基于内容的社交、基于内容的经济系统和内容合规管理等。目前数字资产管理平台也是各大企业布局元宇宙生态时的必争之地，无论是英伟Omniverse平台（一个元宇宙制作工具平台）中的Nucleus服务（数字资产同步管理服务），还是Roblox公司为用户提供的Roblox Cloud服务都是其中的典例。未来逐渐繁荣的元宇宙生态可建立在可靠的数字资产管理平台之上。

二、建设元宇宙生态平台运营能力

元宇宙内容与服务的创造者生态将是复杂且多样的，无论是企业自主生产内容（PGC）、用户自主生产内容（UGC）还是企业生产加二次创造内容（PUGC），都将是产业元宇宙创造者生态的一环。这些创造者各有各的特点，将为元宇宙产生丰富但迥然不同的内容。尽管内容各不相同，但是元宇宙内容与人建立连接的方式是一样的——元宇宙生态平台将建立用户与兴趣、用户与需求之间的连接，这需要元宇宙平台具有相应的内容分发能力。元宇宙将内容与需求、兴趣联系在一起，用户将围绕内容进行社交（无论是体验内容还是创造内容），这便需要元宇宙平台提供社交系统。元宇宙的内容与服务在数字世界和现实世界都具有价值，如何合理地帮助用户分配价值并激励创作将是元宇宙平台经济系统需要解决的问题。元宇宙中的内容也需要制度的约束，需要提供相应的合规服务保护用户的合法权益。接下来将会逐一介绍分发平台、社交系统、经济系统和合规服务的建设方法。

	特点	创作	核心能力	成本控制
企业自主生产内容（PGC）	公司创建平台与内容，玩家只参与互动	✓内容体系完整，但玩家自由度较低 ✓具有很强的中心化，公司平台是唯一的生产商	平台本身附带了较强的内容生产和创作能力	成本较高，平台发展需要强大的研发支撑
企业生产加二次创造内容（PUGC）	平台生产与个人生产相结合	✓体系基本完整，玩家具有一定自由度 ✓具有较弱的中心化，两者结合共同创作	平台与个人创作内容能够协同发展，具有较广的拓展空间	成本适中，通过获取个人创作内容来降低研发与创作成本
用户自主生产内容（UGC）	平台内嵌交易平台，玩家可以自由交易	✓完全去中心化的生产模式，用户主导生产，平台起到维护作用	对创作者提供创作奖励，从而获得更多优质内容	成本较低，平台只需提供开发工具和创作奖励

资料来源：头豹研究院编写的《2021年元宇宙宏观研究报告》。

（一）建设分发平台

建设内容分发平台需要核心注重两点：内容发现算法和内容推荐算法。元宇宙内容和服务多种多样，因存在大量用户自主创作的内容导致内容质量参差不齐。为帮助用户能在元宇宙中快速与所需内容产生联系，而不是被海量信息所湮没，需要在生态平台中提供强有力的内容分发机制，缩短连接距离提高连接效率。

1.内容发现算法需要帮助分发平台识别用户的兴趣点和需求

（1）通过无差别（或者说不使用用户隐私信息）地学习整个元宇宙中用户对内容和服务的选择数据，得到宏观的用户兴趣类别或用户需求模式。（2）将每个用户与相应的模式建立连接，并实时通过用户的实际行为调整发现算法。（3）最终形成每个用户的个性化内容发现算法（这一切都需要在用户同意后方可进行）。这样分发平台便可以知道每一个用户的具体需求，作为内容推荐的基准。

2.内容推荐算法需要根据用户需求在元宇宙海量内容中向用户推荐最匹配的部分

（1）对元宇宙内容进行智能分类，一方面是训练人工智能识别算法依照分类数据集的学习结果将数据预分类，另一方面需要根据用户们实际的使用情况和分类标签不断优化分类识别算法。（2）可根据分类结果和用户的需求情况针对性地向用户推荐匹配的内容。可以说内容推荐算法的精准与否将是元宇宙生态平台成败的关键。

（二）建设社交系统

元宇宙的社交主要围绕内容展开，主要分为两类：以内容使用和内容体验为核心的社交，以内容制作和协同开发为核心的社交。社交系统需要根据社交模式的不同针对性地提供服务。

1.在内容使用和内容体验部分要建立的核心能力是数字身份

数字身份是一个很广阔的定义：在消费者端多指各种账号信息，包括游戏账号、社交媒体头像和正在兴起的元宇宙虚拟人形象等；在企业端多指数字身份与实际身份的统一，包括透明化交易、身份认证服务等。在提供数字身份服务时需要根据用户特点合理的开发对应能力栈，为消费端用户提供定制化虚拟形象功能，为企业端用户提供可信可靠的数字身份。

2.在内容制作和协同开发部分需要建立去中心化自治组织（DAO）

未来的元宇宙内容制作过程是去中心化的，内容协同制作的过程也是去中心化的。通过使用区块链智能合约技术，可以将制作需求、分工模式、价值分配方法等一系列问题的计算方式公开在元宇宙社交系统中并严格执行。未来可能不再需要一个中心化的机构协调人员分工并进行利益分配，而是制作人员在社交系统中选择心仪的 DAO 合约并加入开发，最终根据内容产生的价值收获分成。

（三）建设经济系统

元宇宙数字资产本身具有各种价值，通过建立合适元宇宙平台经济系统：（1）可以用为创造者提供收益的方式激励创作。（2）可以让数字资产多次流通实现价值最大化。

经济系统的基础是货币，无论是法定货币还是虚拟货币都可以作为元宇宙平台交易的基础单位，针对账户安全必须提供加密服务防止因为数据泄露为用户带来的损失。元宇宙也需要有一个公平公开的交易平台，基于区块链开放透明的分布式存储模式，将所有的交易信息都记录在各个终端设备中，可以让交易有序执行并实时溯源，保障每一个用户的合法权益。

（四）建设合规服务

元宇宙生态平台本身需在制度约束下规范发展，需生态平台提供一系列合规服务，包括合规验证服务、产权保护服务、数据安全保护和用户隐私保护。（1）合规验证服务通过建立审核机制保障在元宇宙中传播的内容本身是符合法律和主流价值观的，在内容传播之前及时识别不合规内容并停止分发是元宇宙内容绿色健康的关键。（2）产权保护服务保障内容创造者对自己创造内容的合法产权，通过区块链数据溯源等一系列新型技术可提高平台产权保护能力。（3）元宇宙需复现大量现实世界中的真实数据和用户信息，但是这些数据不应该是所有人都可以随意访问和修改的，通过用户权限管理、新型加密算法和分布式存储可为生态平台提供数据安全保护和用户隐私保护服务。

第三节　产业元宇宙生态型企业实例

目前已经有多家公司积极投入元宇宙建设，其中有的公司专注于产业链的一个环节打磨核心技术，有的公司多线布局力求建造完整的元宇宙企业生态。接下来将介绍专注于元宇宙生态平台层的 Roblox 公司和布局整个产业元宇宙产业链的腾讯和英伟达等公司。

一、元宇宙游戏生态平台——Roblox

Roblox 公司作为以元宇宙概念上市的第一个游戏生态平台，也是当下全球最领先的游戏生态平台，以其"玩家是创作者"的新兴理念，一经上市就获得了全球广泛关注，下面是对 Roblox 公司在元宇宙领域发展的介绍。

（一）公司概述

Roblox 成立于 2004 年，是兼容了游戏、学习、内容制作工具和 3D 虚拟社区等多功能的元宇宙游戏生态平台，处于行业龙头地位。用户可以通过多种不同的移动端口进入 Roblox 平台，在使用平台内由全球用户自主创作的海量3D 应用及游戏的同时，还可以与世界各地玩家进行实时社交活动。Roblox 公司目前在市场上得以立足的根本和优势是在于为用户创造内容的模式提供了一系列可以便捷使用的内容创作工具，使得不具备完整专业知识技能的创作者也可以轻松创作出自己所期望的游戏角色和场景效果。同时，Roblox 也内嵌了内容分发平台，在该平台中创造的内容会根据一定的分发算法精准地与用户兴趣建立连接，为平台使用者和内容创造者都提供了更加便捷的内容分发与触达方式。根据平台内的经济系统规则，创作者用户的一部分收入来源是根据作品的精良度和吸睛度来获得平台奖励的，这就使得创作者们会不断提升自己作品的各方面质量来吸引玩家，从而用流量换取现金。而另外一部分收入来源于玩家用户端，玩家用户可以在 Roblox 平台中对自己喜欢的作品打赏。另外，平台也有一套比较完整的社交系统，玩家用户之间以及创作者用户之间都可随时随地进行社交活动，甚至可以通过互换和交易游戏内置装备等进行多样化交流。

Roblox 是以元宇宙概念上市的第一家游戏生态平台。Roblox 在招股说明书中重新提出元宇宙相关概念，加上新冠疫情对大众现实生活的多方面冲击，Roblox 引起 2021 年资本市场和大众市场的广泛关注。相比传统游戏公司，Roblox 在招股说明书中列出了平台具有通向元宇宙的 8 个关键特征：身份、朋友、沉浸感、随地、多样性、低延迟、经济、文明。

Roblox关键特征

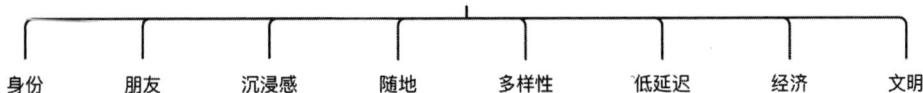

| 身份 | 朋友 | 沉浸感 | 随地 | 多样性 | 低延迟 | 经济 | 文明 |

（1）身份：每位用户有且只有一个数字身份可在元宇宙中通行。
（2）朋友：在元宇宙中，用户之间可以进行实时社交活动。
（3）沉浸感：用户在元宇宙环境几乎不能判定所处世界是真实还是虚拟的。
（4）低延迟：基于基础能力的基层架构，元宇宙中基本没有卡顿或延迟的发生，任何活动都能够有序且顺利进行。

（5）多元化：元宇宙不是唯一的，包容性使得其中有海量内容等待用户的发现和使用。

（6）随地：没有时间和空间的限制，用户可以随时进入元宇宙世界。

（7）经济：经济活动是现实社会的基础，元宇宙也应当由专属的经济系统，从而保证各项活动的稳步进行。

（8）文明：元宇宙的终极目标是形成一个属于自己的文明。在不同元宇宙的使用者共同生活的过程中，协商出统一的规则，按照固定的经济系统，撑起不同的组织架构，最终发展出属于元宇宙的文明。

（二）平台布局

纵观整体架构，可以看出 Roblox 公司更加看重的是元宇宙生态平台的建设，平台的建设是以云服务（Roblox Cloud）为底层架构的。Roblox Cloud 能够提供网络存储、安全、传输等相关的支持服务及基础设施，这个平台专用的云服务会依据所采集到的用户画像，点对点给不同用户传送不同的内容实例，当内容实例数量随着时间逐渐增多后，Roblox Cloud 就会自主生成足够容纳这些内容实例的服务器实例。在 Roblox Cloud 的帮助下，Roblox 通过多部分有序协作，保证从开发到运行再到体验及相关技术安全保障的链条顺利进行。

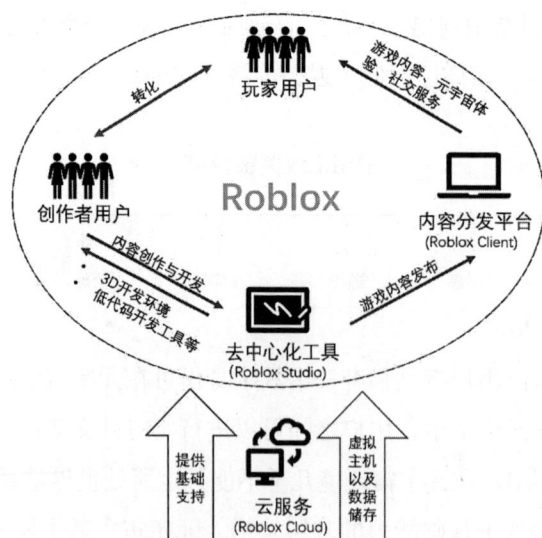

1. 去中心化工具

内容制作工具方面，Roblox聚焦于各类低代码引擎和开发工具的研究，主要依托Roblox Studio（由Roblox公司开发的一个专用开发环境）提供各种应用工具。Roblox Studio的本质是为内容开发者提供一个在开发、运行和发行等方面更容易上手的开发引擎，让开发者通过使用Lua语言（一种轻量级脚本语言），可以十分便捷地自主操作3D环境，可以说Roblox Studio是Roblox平台能够不断吸引各色内容制作者的重要基石。

与专业开发引擎相比，Roblox Studio更多的是提供以用户为中心的开发工具使用门槛不高且具有很高的创作自由度。在Roblox平台进行内容制作的开发者对自己所开发出来的内容作品有相应的知识产权，而且可以直接借助Roblox平台进行分发。

2. 内容分发平台

传统游戏的内容制作都是使用PGC（专业生产内容）的制作方式，PGC的制作方式由于追求极高的内容质量往往制作周期较长，不能很好迎合市场上随着玩家用户数量的增多而导致的多样化需求。而Roblox正是抓住了这一契机，以玩家自主创造符合需求的游戏内容为核心，在游戏行业中探索出了一条全新的UGC（用户生产内容）"航线"。

Roblox Client是为Roblox的用户（游戏玩家和游戏制造者）提供的内容分发平台。用户可以通过多种不同的渠道或媒介（手机、电脑、XR设备等）进入平台以享受数以千万计的三维游戏、内容和服务。正是Roblox海量的内容吸引全球用户在平台中依照一个经济系统的规则机制（接下来会介绍）获得各种内容的体验权限，并激励内容开发者创作出更多的优质内容，进而实现价值链路的正向循环。而且随着用户数量的持续增加、平台的社交属性就会不断增强，用户将自发地邀请好友在平台中交际和娱乐，这将进一步扩大Roblox平台的用户生态，为平台带来多样化的定制内容。

3. 经济系统

Roblox有一套可以连接虚拟与现实的经济系统，创作者可以通过在平台中的内容交易（如游戏道具或权限）和服务交易（如广告服务）获得回报。

Robux是Roblox平台的通用代币，也是整个经济系统的基石。内容开发

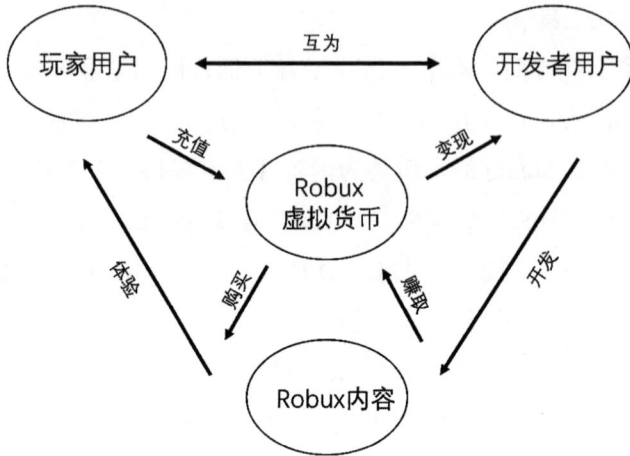

者可以通过向玩家用户出售自己开发的商品（人物头像或服饰等）或向同为开发者的用户出售开发工具或内容，获得相应金额的 Robux。这样也能激励开发者不断升级自己的内容，增加高级订阅用户在游戏中的体验时长，以获得玩家打赏或平台奖励的 Robux。

（三）未来展望

Roblox 平台的未来发展期望是能够将全球使用者的表达方式、学习方式、社交娱乐形式、工作方式以及交易形式等进行一定程度的转变和革新，利用元宇宙中高还原度的数字虚拟化身以及各种能够提高沉浸感的技术，创造出属于未来世界的虚拟人类文明，例如未来在 Roblox 平台内可以完成虚拟教学、沉浸式音乐会、面对面会议等活动。平台当前发展状态逐渐趋于稳健，离公司的建设愿景还有很长的路要走，目前阻碍平台发展的因素主要有基础能力尚未完善、内容制作技术缺少突破口、政府监管尚未形成统一规范等等。未来 Roblox 平台将在以下几个方向投入更多资源：

1. 建立全年龄段用户生态

目前 Roblox 平台的使用者平均年龄偏低。如果不尽快完善用户年龄架构，平台经济系统中的数字货币转化率将会遇到较大的瓶颈，因此未来可以向高年龄层的用户进行推广渗透。但相比于低年龄层的用户，高年龄层的用户更喜欢逼真的画面，而目前通过 Roblox 平台制作出来的内容较为粗糙。为了达到这一目标，平台以及内容开发者需要共同努力，提供更加优质的创作工具和内容

产出以吸引各年龄段的新用户加入 Roblox 平台生态。

2. 全球化布局

当前 Roblox 在全球 170 个国家和地区都已上线，但目前 Roblox 平台只在北美地区、南美地区以及欧洲地区培养了一大批核心用户，在东亚地区的市场整体表现还有待加强。现在 Roblox 已经和中国腾讯公司达成战略合作，共同运营的游戏《罗布乐思》（游戏名为 Roblox 的中文翻译）已经在各大应用商店上线。该游戏现在还与高校合作，帮助喜欢开发的学子创作出属于自己的游戏，其本质是希望培养出优秀的应用开发者，拓宽技术知识的授予范围，推动创新教育实践。这种寓教于乐的元宇宙新型教育模式也许是 Roblox 打通全球市场的关键。

二、产业元宇宙全链布局——腾讯

腾讯公司作为中国的互联网巨头之一，在元宇宙建设方面迅速反应，在多领域都进行布局。

（一）公司概况

纵观国内各互联网巨头对于元宇宙的理解，腾讯公司对于元宇宙的看法比较超前，腾讯公司创始人马化腾表示随着未来 VR 等新技术和新硬件的不断发展，我国现有行业结构将会迎来新的变革。

腾讯公司具备发展元宇宙的极佳条件，再加上腾讯对元宇宙概念的关注度较高，同时发力资本（收购 & 投资）和流量（社交平台），将许多相关企业并入到投资或收购矩阵当中，一步一个脚印扎实地探索和开发元宇宙。就腾讯公司目前在元宇宙领域的布局来看，主要力量来源是其所投资的公司，布局的重心放在了内容制作工具层、交互系统层、元宇宙生态平台层和行业应用建设上。腾讯所投资的 Epic Games 公司（一家游戏及开发引擎公司）的代表产品虚幻引擎是腾讯在内容制作工具层布局的主心骨，Snap 公司（一家 AR 生态公司）的 AR 技术和设备则是为交互系统层的建设添砖加瓦。在元宇宙生态平台方面，主要表现形式是 Epic Games 公司的内容分发平台、微服务组件库和内嵌经济系统的不断发展壮大，同时 Snap 公司也提供了不少去中心化内容制作工具作为补充支持。行业应用层是腾讯公司在元宇宙布局上成果最多的一层，B 端 C 端齐头并进，共同撑起腾讯在行业应用层领先世界的局面。综合来看，腾讯公司在元宇宙领域的布局更聚焦在元宇宙生态平台和行业应用的建设上。

（二）产业布局

1. 内容开发能力层

早在 2012 年腾讯就收购了 Epic Games 公司大量股权，而后推出的名叫虚幻引擎的游戏引擎是 Epic Games 的代表产品，在腾讯公司布局元宇宙的道路上起到举足轻重的作用。

虚幻引擎本质上是一个游戏引擎和编辑器，该引擎具备高水准的渲染效果和功能，同时还拥有十分稳定的数据转换接口，能够帮助开发者更好地渲染所创作出的虚拟世界，在虚幻引擎中有一个完整的内容开发框架可以帮助开发者将独立开发的内容发布到各大主流内容平台，该引擎还可用于制作电影或建筑施工等。目前，虚幻引擎通过多次迭代已经能将游戏画面渲染成接近电影画面的程度，在虚幻引擎中可以构建各种多样化内容，故而被称为"次时代引擎"。

除了虚幻引擎，Epic Games 公司还研发出许多其他的重要工具。例如，TWINMOTION 是一款致力于建筑或景观等可视化的专业 3D 实时渲染软件，该软件能够帮助设计师设计、共享并展示其所创造的内容。METAHUMAN CREATOR 是一个专门辅助创作高还原度虚拟数字人创作的软件，该软件能在保证高质量的同时大大缩短开发者创作时间，便捷创作出自己想要的数字虚拟人。

2. 交互端

腾讯公司在交互系统层面的布局包括公司自主研发和通过收购补充短板。

（1）公司自主研发方面，2021 年 1 月腾讯公司被授权两款全息裸眼 3D 设备，通过腾讯云可以使用在线全息投影技术，将 1:1 的真人形象投射到线下的现实场景，将越来越多先进的教学模式和优质的授课内容送到课堂当中。

（2）公司收购方面，Snap 公司成立于 2010 年，2017 年腾讯公司通过公开市场收购 Snapchat 母公司 Snap 部分股权。一直以来 Snap 公司的发展理念都是促进 AR 技术的商业化发展，目前手机内嵌的 AR 生态已经接近饱和，未来的发展趋势是争夺 AR 终端设备的市场份额。Snap 作为行业的领头羊，不断巩固已有成果，并加快新型 AR 终端设备的开发和迭代产出。2021 年 5 月，Snap 发布了一款 Spectacles AR 智能眼镜，该眼镜搭载高通芯片，可以进行空间或手部的定位追踪和视频捕获，眼镜本身重量较轻，可以使用 Snap AR 平台体验到 AR 服务。

3. 元宇宙生态平台层

腾讯公司通过入股 Epic Games 公司完成了其在元宇宙生态平台层的布局。在 Epic Games 公司的元宇宙战略部署中，为开发者赋能是极为重要的一环。Epic Games 公司上线了许多元宇宙相关生态平台。例如 Epic Games Store 和 Epic Online Services。Epic Games Store 是一款游戏内容分发平台，该平台的主要功能在于将玩家用户和生产厂商联系起来。Epic Online Services 提供的服务为专门辅助开发者把自己制作的游戏分发的各大平台上，通过开放基础设施与账户体系，让游戏可以跨平台运行。

除了内容分发平台之外，为了吸引更多的区块链游戏入驻 Epic Games Store，Epic Games 公司还大力发展区块链技术和 NFT。但由于目前相关法律法规的限制，该领域的下一步发展方向还有待考量。在未来的发展长河中，虚拟存在的新时代将迎来标志着人们作为网络化物种的下一个伟大里程碑。

不只 Epic Games 公司，Snap 公司在生态平台方面的部署也值得学习和研究。Snap 平台上拥有许多可供协同开发的组件，高度兼容内容创作与修改，其社交平台 Snapchat 以"客户至上"的理念为平台运营策略。该平台以开发者为轴心，未来期望将平台的主要功能打造成能够为开发者提供收益的商业化平台，利用 VR/AR 扩展电子商务功能，能够让大众在社交、娱乐的同时也能进行消费。

4. 行业应用层

（1）在消费者端，腾讯依靠主营游戏业务发展了先进的云游戏服务体系。腾讯云结合自身在云计算业务多年的技术沉淀，依托丰富的游戏生态资源和能力，打造出基于腾讯云平台的云游戏解决方案。腾讯通过打造云游戏平台和云游戏解决方案的方法构建完整的游戏行业元宇宙应用生态。腾讯云游戏解决方案借助云渲染技术实现了全平台游戏无须定制连通工具便能"全端接入、无缝更新"的云游戏服务。无论是手机游戏、电脑游戏，还是 VR 游戏，腾讯云游戏解决方案都可以帮助开发者实现云端渲染本地游玩的云游戏方案。云渲染技术的成熟也代表腾讯在未来可以为产业元宇宙的数字世界建设提供更多算力支持。

（2）在企业端，腾讯为各个实体企业提供了多元化的云计算服务，并打造了国内领先的腾讯云平台。腾讯云主要聚焦于对云服务的快速部署上，旨在打通并支持企业内外用户间的数据共享和协作开发。未来大型数据中心将是腾讯的重点投入领域，腾讯数据中心全系列产品将在全国范围内大批量落地，这些数据中心将是未来产业元宇宙的主要算力来源之一。腾讯云也为企业提供了数字孪生服务，可以看作是产业元宇宙行业应用层的标杆产品。

（三）未来展望

腾讯公司表示，将虚拟的世界变得更加真实，以及让真实的世界更加富有虚拟的体验，这是一种融合的方向，也是腾讯一个大的方向。腾讯公司将元宇宙的发展视作未来科技领域的增长引擎，而对于用户来说，元宇宙最有魅力的地方就是可以直接参与到元宇宙世界的建设当中，为了达到这一全民共建的目标，用户社区的建设就显得尤为重要。

未来腾讯仍然会将投资业务作为扩展的主要方式，这都是基于腾讯建立起的"资本＋流量"发展战略，腾讯认为相比于投资，根据公司已有规模和资金流配置资产，抓紧时间抢占未来市场是相对明智的决策，而重新经营一家初创公司是效率相对较低的实践。这种投资而不是收购的市场战略也可以理解为将领导权放在各个平台而非腾讯这样一个中心化的公司，将会是公司未来发展的主要形式，同时这也是顺应元宇宙去中心化要求的集中体现。

三、产业元宇宙全链布局——英伟达

英伟达公司作为一个从图形处理器（GPU）起家的人工智能计算公司，多年来仍然高度专注于 GPU 领域，并创造出许多令其他公司望尘莫及的成果。当下英伟达公司顺应时代潮流，正在利用自身多年的积累努力部署元宇宙领域。

（一）公司概述

英伟达公司创立于 1993 年，是一家以设计和销售 GPU 为主的人工智能计

算公司。英伟达公司在 1999 年重新定义了 GPU，对之后整个 PC 端游戏市场的发展产生了极大的影响。目前英伟达公司致力于扮演好稳固新经济基建者的角色，在元宇宙领域的核心布局主要集中在基础能力层和元宇宙生态平台层。在 2021 年 GPU 技术会议上，英伟达正式发布了人工智能"阿凡达"平台，同时还向大众展示了公司自研的 3 个数字虚拟人，引起了业内的广泛关注，预计未来会在该领域掀起一波浪潮。英伟达创始人黄仁勋表示，未来英伟达要将产品路线定为"GPU + CPU + DPU"的"三芯"战略。同时将新推出的仿真开发平台 Omniverse 定义为"工程师的元宇宙"，该平台是英伟达自成立至今的技术合集，也是英伟达公司未来发展产业元宇宙最坚实的底层架构。

英伟达产业元宇宙布局

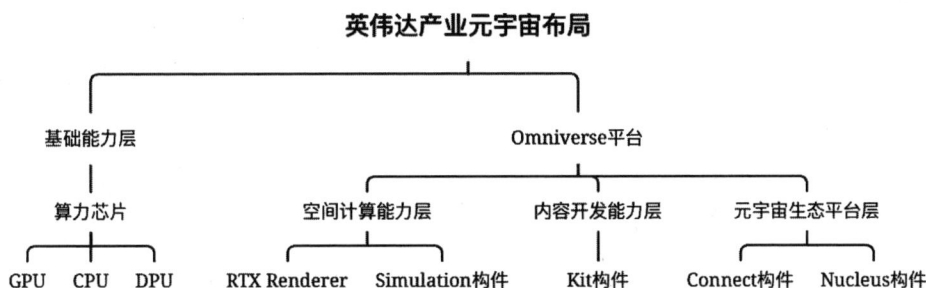

（二）产业布局——基础能力层

纵观英伟达公司的战略布局，更加专注于基础能力层的建设和更新迭代，为未来发展和构建元宇宙提供了坚实的底层基础。从当下来看，英伟达公司在人工智能芯片领域已经处于龙头地位，越来越多的云供应商使用英伟达的 GPU 来部署人工智能加速器。英伟达公司在人工智能领域还是一片蓝海。2010 年就开始着力部署，随着 GPU 在人工智能领域的普及程度越来越高，公司有望基于 GPU 并行计算的特性为新的计算时代带来变革，英伟达将会迎来更加美好的未来。

目前英伟达公司所研发的 GPU 已经占领了游戏芯片领域绝大部分的市场份额，是游戏设备的基础设施之一。同时具有 RTX 光线跟踪技术，也是英伟达十年计算机图形算法和 GPU 架构的结晶，英伟达最新一代 GPU 是Ampere2020，在 RTX 强大的功能上提高了渲染和计算能力。

自 2021 年开始，英伟达开始研究 CPU 领域，"三芯"战略也初见成效，基于公司的 GPU、CPU 成果基础以及最新发布的 Bluefield DPU，三者协同描绘了英伟达公司最新的数据中心芯片路线图。深度学习框架具备高度并行性，有助于 GPU 加速，综合边缘计算带来的更新迭代，可推进实时 3D 应用，帮助英伟达公司在芯片行业以强劲的势头保持超高的竞争力并站稳脚跟。

（三）产业布局——Omniverse 平台

英伟达公司早在很多年前就提出了数字孪生的观点，而后推出的 Omniverse 平台也被称为数字虫洞，其主要核心就是期望能够架起物理世界和虚拟世界相互连接的桥梁，并能够让创作者们随时随地通过这个平台进行实时协同工作。Omniverse 平台共有 5 个主要能力构件（分别是 Nucleus、Connect、Kit、Simulation 和 RTX Renderer）和其他模块组成完整的内部生态系统。

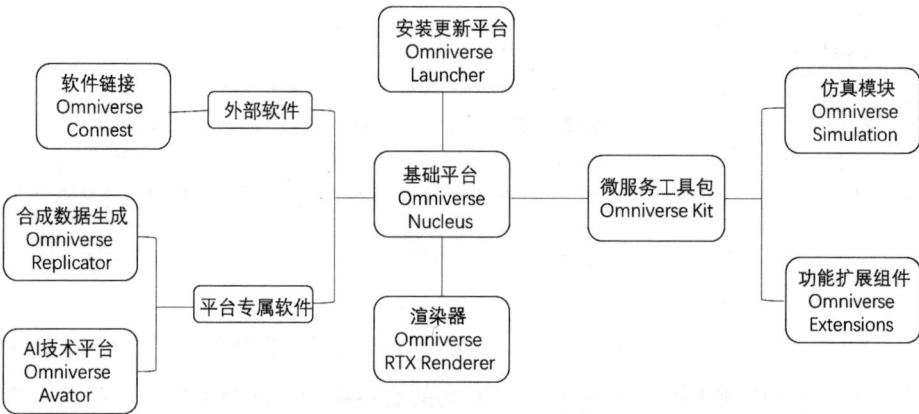

Omniverse 平台最初的设计宗旨是为了满足多元化团队的实时协作需求，同时保障数字资产开发和交付的安全进行，进而能够大幅提高元宇宙相关问题解决方案的成熟度。而现在平台的优点之一正是能在各个软件与用户之间搭起无障碍的桥梁。还在用户侧提供了许多优质硬件系统，减少用户在创作时产生终端设备依赖，同时软件端也和市场上大部分的开发平台兼容，从而达到满足不同用户需求的目的。

作为真正履行了"让全球用户使用元宇宙"诺言的少数公司之一，英伟达不仅对企业用户开放，同时让个人用户也能免费使用，并且每个使用

Omniverse 平台的用户可以突破身份、时间和空间限制，随时使用该软件在虚拟世界中进行元宇宙创作和实时协作。

Omniverse 平台企业版是一个提供协作并兼容了许多开发者经常使用的软件开发平台，大大省去使用者上手摸索时间，解决跨平台创作的使用壁垒，在没有机会成本的基础上实现最大迭代，从本质上简化了复杂的工作流程，最大限度地减少系统停机时间并提高系统利用率和用户生产力，进而从根本上满足企业用户的需求。

英伟达元宇宙生态平台的建立标志着未来英伟达公司在元宇宙领域的部署不再仅限于基础能力层，而是开始逐渐打造具有本公司特质的元宇宙生态，其底层逻辑是从技术支持方向平台构建者的角色改变。

1. 空间计算层

Omniverse 平台 5 个主要能力构件中最为基础的就是 RTX Renderer 构件，该构件是一个基于物理的实时光纤跟踪渲染器，建立在 RTX 技术之上，提供了可扩展且准确的光线追踪和路径追踪渲染并且支持全动态照明，可以让虚拟的视觉效果看起来无限接近现实。Simulation 构件是一款物理引擎，能够呈现高质量的真实环境中的物理模拟效果，可以通过使用该构件模拟物理效应、添加行为并开发人工智能。

2. 内容开发能力层

Kit 构件是 Omniverse 平台 5 个基础构件中最核心的，该构件实质上是一个能够让创作者构建出开发辅助工具的工坊，为开发者提供了简洁且强大工作流程的应用框架，该框架可以通过一组扩展程序提供各类功能，这些扩展程序都是用计算机语言编写的插件。可以说 Kit 构件是 Omniverse 所有应用的支柱。

3. 元宇宙生态平台

Connect 构件和 Nucleus 构件为元宇宙生态平台中的数字资产管理提供有力支持。

（1）Connect 构件。Connect 构件提供了一个通用格式转换的软件开发工具包，Connect 构件能以插件形式辅助用户实时将其不同格式的数字资产转换为 Omniverse 平台可以统一识别的格式。开发者可通过提供 SDK 创建自己专属的应用连接器，非常便捷将外部数字内容生成工具完全集成于 Omniverse 平台上。

（2）Nucleus 构件。Omniverse 平台能够顺利协作的核心是 Nucleus 构件，这一构件是 Omniverse 平台的数据库和协作引擎，即便团队成员使用的创作工具不同，也能通过 Nucleus 构件实时紧密地进行协同工作。Nucleus 支持各种客户端应用、数字内容生成工具、渲染器和微服务，可以用作共享和修改虚拟环境。Nucleus 构件提供了不同的数字资产访问权限，将这些用户和权限与特定文件相关联，所有权限不同，能够访问的数字资产也不同。

（四）未来展望

英伟达公司未来的发展目标是建立一套以 Omniverse 为基础平台，同时具有足够硬核的基础能力与硬件设备支撑的元宇宙生态。公司创始人在 2021 年提出英伟达未来发展元宇宙的"三步走"策略：

（1）虚拟化，创建一个能够尽量 100%还原所创作人物形象的真实感，同时可以渲染高保真度的应用场景的开发引擎，目前这一步已基本完成，所创建出来的开发引擎就是 Omniverse。

（2）逼真化，通过人工智能强化学习以及加强虚拟空间的物理性规律的变化，完成虚拟世界给大众带来的真实感进一步提高的目标。走完这一步的关键要素就是提高数字虚拟人技术和语音语义技术。目前技术发展正在朝这个方向不断靠近。

（3）情感化，即在元宇宙中建立社交关系网络，目的是实现虚拟世界和现实世界的交互。这一步是未来公司要达到的终极目标，通过对不同虚拟数字人相互之间的表情、动作和语言等的识别，明白对方想要表达的观点，从而达到真正意义上的情感互通。

未来，英伟达准备将所布局的元宇宙落实在工业场景中，Omniverse 平台将从坚持客观物理规律和事物逻辑的角度出发，计划将真实世界 1:1 地复刻到元宇宙中，并且平台的应用场景将非常广泛，除了发展游戏及建筑领域，英伟达将超级计算机等行业也一同纳入 Omniverse 平台未来的主要发展范围之中，为更加广阔的经济体服务。

第四章 产业元宇宙应用——农业元宇宙

民以食为天，农业作为第一产业，是最基本的物质生产部门、国民经济基础。由物联网、云计算、大数据、人工智能、5G/6G、区块链、数字孪生、VR/AR/MR 等技术融合的产业元宇宙，以其灵活便捷、应用性广、渗透力强等优势，在改造提升农业生产模式、农产品流通模式和农业信息服务模式等环节，正发挥举足轻重的作用，产业元宇宙将给农业带来新的机会，开启农业革命性的创新转型，引领农业朝智慧化、生态化、精准化的方向提升，产业元宇宙在农业方面的应用(本书简称为农业元宇宙）是实现"数字乡村"的重要路径。

第一节 农业元宇宙应用概况

农业作为第一产业，是最基本的物质生产部门、国民经济基础。本节主要介绍农业元宇宙的概念、构造模型以及架构等方面。

一、农业元宇宙概念

农业发展经历了原始农业阶段、传统农业阶段和石油农业阶段，当前正在向数字化农业迈进，其发展背后是新型技术在农业领域的演进和变革。（1）原始农业阶段：始于人类学会使用工具，终于人类建立社会文明的时期，这一时期劳动者在原始的自然条件下，采用简单打磨且粗糙生产工具（如石器、棍棒等）生产工具，从事简单农业活动。（2）传统农业阶段：自人类进入阶级社会开始到第一次工业革命开展以前的漫长历史时期，这一时期劳动者积累了丰富的农业生产经验，创造了丰富灿烂的农耕文明。（3）石油农业阶段：工业革命以来，随着生产力水平的提高，人类可用的资源大大丰富，农业发展进入石油农业时期。(4)数字化农业阶段:随着新一代数字技术与农业进一步融合,农业进入数字化农业阶段,产业元宇宙推动农业迈向新里程。

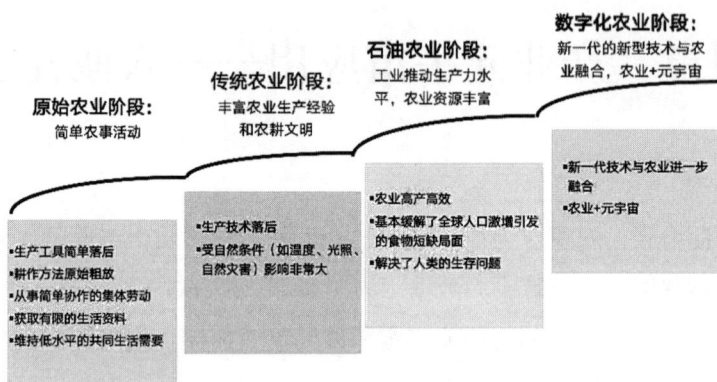

农业发展阶段图

农业元宇宙以农业资源为基础,与物联网、云计算、大数据、人工智能、5G/6G、区块链、数字孪生、VR/AR/MR 等技术相融合,产生一个新业态,在新业态下,实现更高产、更高效、更优质、更精准和更安全的目标,打通农业生产、经营、管理和服务,实现农业全链条、全产业、全要素的在线化和数字化。

二、农业元宇宙建设架构

为满足农业进一步发展需要,农业元宇宙应落实在农业产业的关键环节,本篇提供农业元宇宙的架构,为农业元宇宙建设思路提供参考。

农业元宇宙设计为"三层三空间双环"架构:(1)三层指构成农业元宇宙的物理世界层、虚拟世界层和农业应用层。(2)三空间指农业元宇宙仓库空间、模型空间和管理空间,分别对应数据共享仓库、虚实映射模型和数据孪生体管理三个子模块。(3)双环包括"外环"和"内环","外环"是基于三层架构的底层和顶层的相互作用闭环,对农业应用的控制、反馈和优化;"内环"是基于虚实映射模型,物理世界层、虚拟世界层的闭环,即农业虚拟世界对农业物理世界的虚拟仿真,农业物理世界对农业虚拟世界的模型优化。

（一）物理世界层

物理世界层主要包含构成农业的所有物理实体，提供基础和共性角色，基础即设备硬件、生产/种植基地、土地/电力/能源保障、安保措施、通信网络等大类，位于农业元宇宙架构的最底层，是整体的底层支撑；共性即通用标准、安全、可靠性、检测、评价、人员能力等大类，是农业元宇宙的共性的组件。

（二）虚拟世界层

虚拟世界层是农业元宇宙系统的重要特征和标志，由数据共享仓库、虚实映射模型和数据孪生体管理三个关键子模块组成。（1）数据共享仓库子模块完成采集和存储农业数据，并向虚实映射模型子模块提供数据共享服务接口。（2）虚实映射模型子模块实现基于数据的建模，并为各种农业应用提供数据模型对象，支持农业业务的可映射性和扩展可编程性。（3）数据孪生体管理子模块完成农业数据孪生体的数字可视化和全生命周期管理。

1. 数据共享仓库空间

数据共享仓库形成农业元宇宙的数据入口源，空间采用南向接口采集并存储农业实体的各种培育、生产和管理数据，为各种模型提供准确完备的数据，包括农业中的状态数据和用户业务数据等。主要提供功能如下：（1）数据采集：完成农业数据的收集、转换、加工以及清洗，便于大规模的数据完成高效应用和分布式存储。（2）数据存储：考虑农业数据的多样性，利用多种数据存储技术，完成海量农业数据的存储。（3）数据服务：提供快速查询、并发冲突、批量处理、统一 API 接口等数据服务。（4）数据管理：完成数据的资产管理、质量管理、账号和元数据管理。

2. 虚实映射模型空间

虚实映射模型包括基础模型和功能模型两部分：（1）基础模型是指基于农业培育/生产/管理、自动识别、周期优化、控制系统、视觉检测、数字化工具等建立农业模型和生态。（2）功能模型是指特定的应用场景，可根据需求通过编程实现特定生产场景和增值应用场景，例如：虚拟农场、虚拟渔场、虚拟森林、农业 VR 体验、电子商务虚拟人主播、"灵境"乡村等构成和推进数字乡村目标。

3. 数据孪生体管理空间

数据孪生体管理负责农业元宇宙的数字孪生的功能管理、全生命周期管理、和各种可视化元素的展现，包括模型管理、安全管理和参数管理。

（三）农业应用层

农业应用层位于农业元宇宙架构的顶层，面向行业具体需求，对农业元宇宙进行细化和落地，指导各行业推进农业元宇宙。例如：（1）智能农产品加工应用，在虚拟环境中设定好机器人的加工方案，将虚拟数据映射到机器人中，完成自动化的食品加工生产，将大大降低食品加工厂的生产成本，并让食品口味、品质实现标准化成为可能，完成大规模量产。（2）精化农业种植应用，在虚拟环境中模拟植物整个生长过程，可在很短时间内收集到大量的植物生长数据，一改传统农业难以量化的特点，为智能化和精细化农业提供帮助；在虚拟环境中模拟害虫的活动，确定最佳的喷药方式和时间，农户不需要高深的实验技能，只需要借助设备仔细观察，就能得到第一手数据资料。（3）农业增值创新应用，消费者认养一棵果树，可以通过 VR 视频实时观看果树的种植情况，实现远程浇水、施肥的沉浸式体验；将 VR 结合到农旅休闲项目中，游玩者可以在立体化、可视化的虚拟世界体验亲自耕种、喂养等田园乐趣；元宇宙可以构建虚拟环境，加强社交属性，让消费者提前沉浸式体验民宿、餐饮服务等。（4）农业电子商务应用，虚拟人主播＋直播带货可以带来业务营收、客户体验的双重提升；虚拟身份＋客户服务可提供 7×24 小时不打烊的温暖服务。

三、农业元宇宙主要特征

当代农业特征正朝智慧、数字、整合、互动和创新方向发展。新兴技术的聚合赋能、引领农业由物理世界到虚拟世界，再朝虚拟世界与物理世界深度融合的方向发展，元宇宙为探索农业发展提供了全新的视角。本节将从技术统摄、系统结构、组成要素和实现目标等方面讲述构建农业元宇宙的模型。下图为农业元宇宙构造模型图。

（一）技术统摄：农业元宇宙构建基石

农业元宇宙顺应了科技革命的颠覆性、智能化、绿色化和国际化的发展理念，将沿"单一技术→复合技术→富技术"的技术发展路线向前推进，通过统

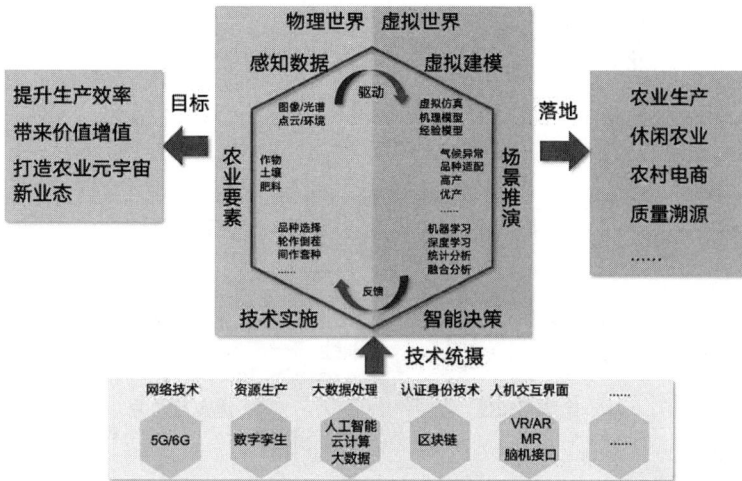

种植业农业元宇宙构造模型图

摄各种技术构建出全新的技术栈。综合来看，农业元宇宙统摄网络技术、数字服务、大数据处理、认证身份技术、人机交互等，主要依托的底层技术包括5G/6G网络、数字孪生、人工智能、云计算、大数据、区块链、VR/AR/MR/脑机接口等。

（二）系统结构：农业元宇宙的空间塑造

农业元宇宙空间存在物理世界与虚拟世界，农业元宇宙构造模型是物理世界存在的实体与虚拟世界存在的虚拟仿真对象并存模型，刻画农业生产真实环境中的各要素对象的属性、行为、条件、规则等，构建多维度、多尺度、多学科、多物理量的动态实体与虚拟模型。以农业种植业为例，农业元宇宙构造模型图中，左边物理世界里农业生产系统部署了密集的传感器，采集多种农业技术实施作用下的农作物的生长、土壤、周围温度、湿度以及阳光辐射等数据，建立右边虚拟世界的虚拟数字化模型，并与迭代优化算法结合场景推演出未来农作物的生产状况，依据不同的生产目标（高产或者优产）智能产生指导农作物的决策和实施方案。物理世界中实体通过传感器提供的数据驱动右边的虚拟世界的虚拟数字化对象模型，虚拟世界通过模型分析产生的决策反馈至物理世界，继而不断螺旋式上升，产生持续优化的决策建议。

（三）组成要素：农业元宇宙的核心特性

农业元宇宙将重新塑造、深度聚合原有农业要素，聚焦农业场景推演，从而形成了自身独有的特性。下图为农业元宇宙的核心特性图。

农业元宇宙的核心特性图

1. 智能性

人工智能技术与农业应用场景结合，实现农业要素设计、生产智能决策、资源优化配置等创新应用。具备自实时感知、自精准决策、自高效执行、自动态适应、自学习优化等特征能力，最终达到提高农业质量、效率、效益和降低成本等目的。

2. 互联互通性

在农业全生命周期过程中，农业中的各类传感器，通过物联网以有线或无线网络、通信协议与接口方式进行联接，实现农业各个组件之间的数据传输与参数语义交换。

3. 融合性

在农业全生命周期过程中，农业元宇宙融合先进农业制造技术与人工智能、5G/6G、区块链、数字孪生、VR/AR/MR 等新一代技术，赋能农业全生命周期过程。

4. 虚实互动性

在农业全生命周期过程中，物理世界的真实实体和虚拟世界的虚拟仿真对象能够双向映射、动态交互和实时连接，具备以多样的数字模型映射物理实体的能力，数字模型之间能够转换、合并。物理世界的采集的实体数据是农业元宇宙虚拟世界的仿真对象模型的驱动，而虚实交互正是农业元宇宙数据作为驱动的行为体现。

5. 全域感知性

全域感知是指实时、准确的数据感知与传递。实体与模型之间既保持准确、实时的信息传递，又保持动态平衡，实体状态的改变影响模型的输出，模型根据实体的状态进行驱动干预。例如：在农业种植业生产中，通过物理世界中放置的传感器、摄像头、无人机的航拍以及卫星遥感来全方面监测农业生产过程，实时地采集农业实体中的农作物状况、风速、风向、温度、湿度、光照强度以及昆虫种类与数量等变化，并将采集到的数据传送到农业元宇宙虚拟世界中的三维模型进行数据处理，三维模型根据采集的数据变化自行推算演变，用户（种植者）从三维模型的演变（近真实的农业种植农作物的展示和直观的数据显示）从而感知农业实体的全域变化。

6. 精准控制性

精准控制是农业元宇宙系统的核心功能，虚拟世界根据接受到的物理世界真实实体数据进行智能建模，根据业务需求在虚拟世界中的虚拟仿真对象中对物理世界的真实实体进行行为模拟、评估和预测，物理世界真实实体采集的数据提高虚拟世界虚拟仿真对象模型实行决策结果的精准度。例如：在农业种植业生产中，病虫害的出现，农业元宇宙将在虚拟模型上对病虫害防治的行为模拟得到的最优化防治措施反馈给种植户，并精准作用于物理世界的农田实体，提高农业作业水平。

7. 闭环性

在农业元宇宙系统中，通过虚拟世界仿真对象描述物理世界真实实体的内在原理，对物理世界农业真实实体的全生命周期的每一阶段状态数据进行监视，并形成新的决策模型，在新的生产任务开始前，利用新的决策模型预先分析推理、优化生产参数和实施措施，实现生产监视—升级决策—改善决策的闭环。

（四）实现目标：提升生产效率，产生价值增值，打造农业元宇宙新业态

农业元宇宙的落地场景有许多，例如在农业生产、休闲农业、农村电子商务、农产品质量溯源等，本节介绍典型落地场景：（1）农业元宇宙农业生产

场景，例如：在农业元宇宙牧场中，通过对物理世界的真实奶牛在虚拟世界的模拟出"虚拟奶牛"，对奶牛从器官、组织、毛发等整体的精确模拟，通过养殖户（操作者）的调控"虚拟奶牛"将能模仿真实奶牛作出各种反应，对奶牛生存环境改善、动物营养需要、生殖遗传、品种选育等具有重大意义。（2）农业元宇宙休闲农业场景，例如：在农业元宇宙农场中，利用元宇宙的虚拟世界，结合现在流行的认养模式、农旅休闲等项目，可以让消费者（参与者）体验到虚拟农场、虚拟种植基地中接近真实种植、养殖的沉浸式乐趣。（3）农业元宇宙农村电子商务场景，元宇宙在农村电子商务方面的创新应用，可解决传统农村电子商务成本高、拓客难、消费者信任度低等行业痛点。（4）农产品质量溯源场景，例如：在农业元宇宙电子商务创新应用场景中，利用VR/AR/MR、区块链等技术应用在食材质量溯源上，让消费者了解食材的来源、生产过程、制作师傅、农场种植者等信息。相较于原有的一物一码等形式的溯源形式，VR 视频体验更形象、更直观，可以给消费者带来身临其境的视觉冲击体验。

第二节　农业元宇宙应用价值

农业元宇宙应用价值体现在农业全生命周期，如农业数据资源建设、农业生产、农产品加工、乡村特色产业、农产品市场监测和农产品质量追溯管理等。本节主要从农业的生产、质量、供应服务、管理和实虚体验等方面讲述农业元宇宙应用价值。

农业元宇宙应用价值图

一、农业生产方面应用价值

在农业生产方面，本节从农业生产的种业、种植业、林草业、畜牧业和渔业等来分析应用价值。

（一）种业实施农业元宇宙

通过大数据、人工智能、物联网、智能装备和数字孪生等在种业全产业链的应用可取得以下成效：（1）基于实时传感器移动采集，实时传输，自动计算，提高采集的标准和准确性，降低误差。（2）软件与各设备实现数据在线互通，各数据无缝对接。（3）制定并落地实施了统一的作物育种性状数据采集等企业标准，为企业育种大数据资源建设提供了基础保障。（4）标准化的试验设计和数据分析方法，提升了数据利用效率。

（二）种植业实施农业元宇宙

农业元宇宙在农作物种植各环节的应用，通过获取、记录农业生产经营各环节数据，并计算分析得出应对方案，为种植各环节流程提供智能决策，提高生产效率。可取得以下成效：通过数字赋能、科技加持，推进种植产业数字化转型升级，数字种植经济新动能加速汇聚。体现在：（1）通过病虫害智能识别分析系统和环境监测（包括对水量、水温、施肥量、药量等）智能监测系统，实现精准化灌溉、施肥、施药，达到农业生产中的节肥、节药成效。（2）通过农业元宇宙实现平均产量提高，节省农资、人力等费用，亩均增产，经济效益增长，产业降本增效明显。（3）依托农业元宇宙，线上销售发展迅速，农产品质量安全追溯覆盖率提高。

（三）林草实施农业元宇宙

林草实施农业元宇宙是指利用遥感、地理信息系统和全球定位系统等技术，处理和解决林草系统的生产和经营管理问题，形成林草立体感知、管理协同高效、生态价值凸显、服务内外一体的林草发展新模式。取得以下成效：（1）实现虚拟林场建设，利用卫星遥感、无人机巡航、物联网等信息技术实现林场经营管理服务全业务可视化和智能化集中运营。（2）通过对林场相关数据的采集和分析，实现防火、防病虫害、防盗猎、生态效益实时监测及古树名木管理等功能，提高林场对森林资源的管护能力，实现林场的可持续经营。（3）对林业特色产业基地进行农业元宇宙改造，通过木材加工、营销等环节的数字

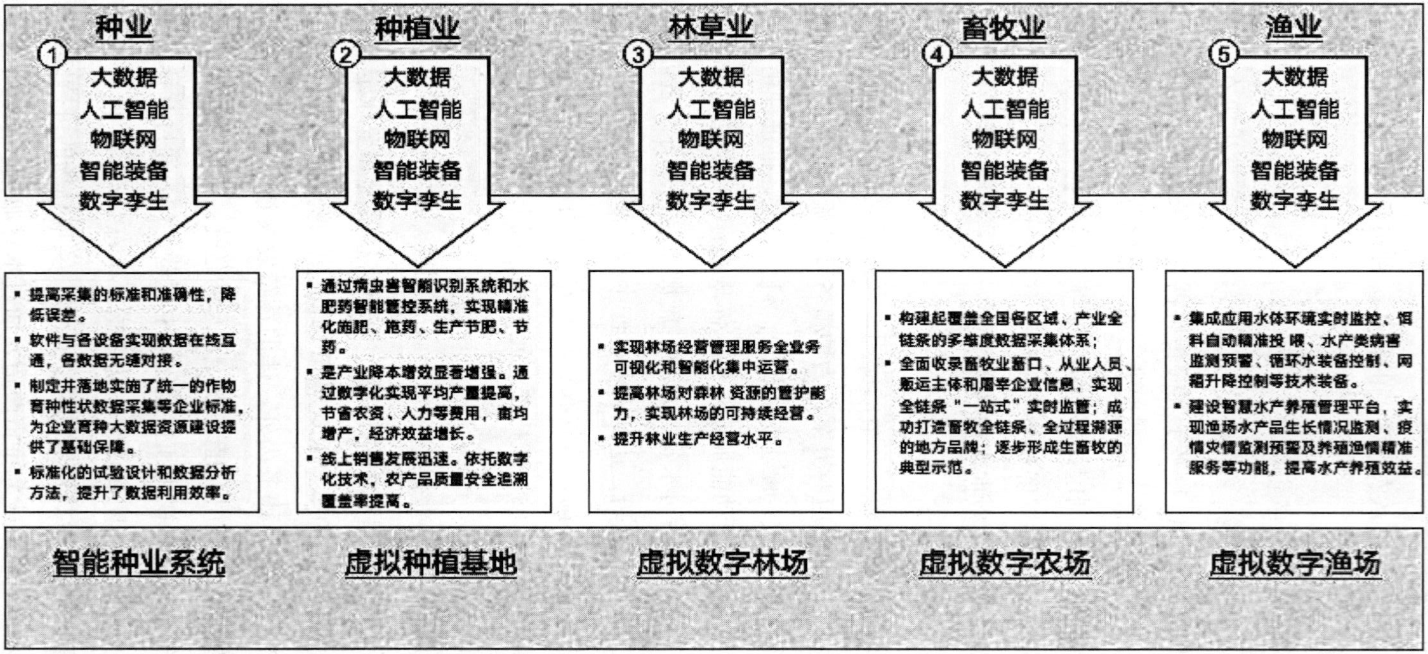
种业
①
大数据
人工智能
物联网
智能装备
数字孪生
▪ 提高采集的标准和准确性，降低误差。
▪ 软件与各设备实现数据在线互通，各数据无缝对接。
▪ 制定并落地实施了统一的作物育种性状数据采集等企业标准，为企业育种大数据资源建设提供了基础保障。
▪ 标准化的试验设计和数据分析方法，提升了数据利用效率。
智能种业系统
种植业
②
大数据
人工智能
物联网
智能装备
数字孪生
▪ 通过病虫害智能识别系统和水肥药智能管控系统，实现精准化施肥、施药、生产节肥、节药。
▪ 是产业降本增效显著增强。通过数字化实现平均产量提高，节省农资、人力等费用，亩均增产，经济效益增长。
▪ 线上销售发展迅速。依托数字化技术，农产品质量安全追溯覆盖率提高。
虚拟种植基地
林草业
③
大数据
人工智能
物联网
智能装备
数字孪生
▪ 实现林场经营管理服务全业务可视化和智能化集中运营。
▪ 提高林场对森林资源的管护能力，实现林场的可持续经营。
▪ 提升林业生产经营水平。
虚拟数字林场
畜牧业
④
大数据
人工智能
物联网
智能装备
数字孪生
▪ 构建起覆盖全国各区域、产业全链条的多维度数据采集体系；
▪ 全面收录畜牧业窗口、从业人员、贩运主体和屠宰企业信息，实现全链条“一站式”实时监管；成功打造畜牧全链条、全过程溯源的地方品牌；逐步形成生畜牧的典型示范。
虚拟数字农场
渔业
⑤
大数据
人工智能
物联网
智能装备
数字孪生
▪ 集成应用水体环境实时监控、饵料自动精准投喂、水产类病害监测预警、循环水装备控制、网箱升降控制等技术装备。
▪ 建设智慧水产养殖管理平台，实现渔场水产品生长情况监测、疫情灾情监测预警及养殖渔情精准服务等功能，提高水产养殖效益。
虚拟数字渔场

农业元宇宙生产价值图

化，提升林业生产经营水平。

（四）畜牧业实施农业元宇宙

畜牧业实施农业元宇宙综合运用现代信息技术和智能装备，将畜牧养殖管理和技术数字化，利用互联网平台，实现畜牧养殖数字化智能化管理，推动畜牧养殖由传统粗放式向知识型、技术型转变。可取得成效：（1）构建起覆盖全国各区域、产业全链条的多维度数据采集体系。（2）全面收录畜牧业畜口、从业人员、贩运主体和屠宰企业信息，实现全链条"一站式"溯源监管；成功打造畜牧全链条、全过程溯源的品牌；逐步形成生畜牧的典型示范。

（五）渔业实施农业元宇宙

渔业实施农业元宇宙综合应用现代信息技术和传感设备，深入开发和利用渔业信息资源，促进渔业养殖过程与监督管理的智能化和信息化，提升渔业生产和渔业管理决策的能力与水平，是加速渔业转型升级的重要手段和有效途径。例如：利用物联网、大数据、人工智能、数字孪生等技术建设虚拟渔场，面向基地养殖、池塘养殖、深水网箱养殖和海洋牧场养殖等不同场景，应用水体环境实时监控、饵料自动精准投喂、鱼类病害监测预警、循环水装备控制、网箱升降控制等技术设备，建设智慧渔产养殖管理平台，提高渔场养殖要效益。

二、农业质量方面应用价值

农业元宇宙在农业质量方面，利用人工智能、机器视觉检测、区块链等新技术来代替人工，实现农业全产生过程的管理，即培育、生产、成品的质量检验的全智能化，克服人工中的疲劳、错误多、效率低等缺点。体现在：（1）实现来料、过程、成品的质量检验智能化，特别是对于质量的全生命周期管理和全流程追溯。（2）运用农业元宇宙更早、更明确地识别潜在质量问题。（3）运用农业元宇宙发现检测上更细微的问题，并提供实时警报，还可获得详细、准确、及时的决策建议。

三、农业供应服务方面应用价值

应用农业元宇宙的农业供应服务链基于大数据分析的可视化、人工智能的路线优化、数据平台的各方数据整合，实现无人物流管理、自动化立体仓库。采用大数据预测和智能算法模型，实现感知需求、预测市场和重塑市场，从而主动掌控和洞察需求。例如：在农业元宇宙的电子商务场景中，基于人工智能、大数据分析、区块上链溯源技术的协同式供应链管理系统，可产生如下价值：（1）通过农产品价值引导和有竞争力的订单响应周期承诺，完善农业企业的产销协同计划，使得农业企业即能够长远考虑全局战略洞察产销平衡，又能短期应变产销的波动。（2）对农产品全生命周期进行持续监测跟踪，预测农产品需求数量的增长或下降趋势，以确定进入或退出市场的最佳时间和最佳方式。（3）综合上一季供应链过程中农产品滞留情况和采购渠道中农产品生产资料数量，指导农产品下一季培育种植比重，从而保持农产品的新鲜度和减少新老产品的市场冲突，保持消费者的满意度和市场占用率。

四、农业管理方面应用价值

成本管理是企业管理的核心和重点，成本控制也是智能制造的重要维度之一，应用农业元宇宙的农业企业在管理方面，有如下的价值：（1）在设备数字化的基础上，企业利用新一代的技术融合，提高生产过程可控性和智能化。（2）企业还构建大数据分析能力，使"数据"转化为"洞察"，再由洞察产生行动。（3）领先企业从组织、管控、能力角度同步提升，真正实现"感知—洞察评估—响应"这一闭环流程的运转与循环提升。（4）企业通过数字孪生等新技术确保实体设备机器和虚拟数字系统协调同步，释放以往未曾发现的成本效率，从而提高投资回报率。

五、农业实虚体验方面应用价值

农业元宇宙将改变农业过去"面朝黄土背朝天"的传统种植形象，也会吸引更多的消费者参与到农业生产中。农业元宇宙冲击下，会出现虚拟种植基地或者虚拟农场等场景，其运用 VR 技术到农场的体验项目中，通过沉浸式 VR 视频体验，可增强消费者（参与者）的农产品的种植生产过程；运用 AR 技术，可以尽情发挥消费者（参与者）的想象力、创造力以及增强他们的立体空间感，成为人们游戏娱乐的空间。例如：在农业元宇宙的农业电子商务场景中，通过元宇宙建立玉米种植的虚拟农场，通过 VR 给观众展示玉米从开垦到播种再到收获的整个过程，通过 AR 让观众在虚拟农场进行的生产活动同步映射到现实的农场中，让消费者（参与者）既能在虚拟的农场中体验种地的乐趣，又能收到真实的农产品玉米。

第三节　农业元宇宙实践分享

农业元宇宙已有场景落地，本节主要分享一些典型的农业元宇宙实践场景案例。

一、农业元宇宙农场

（一）案例背景及基本情况

当前大力发展智慧农业，涉及农业的产前、产中和产后，着力打造特色鲜明、优势突出的智慧农场系统，助推乡村振兴。我国农产品种植长期以来智能装备程度较低，实施精准测控技术较弱，劳动生产率和资源利用率一直处在较低水平。当前各地智能农场的主流技术，即通过成熟的数字化监控系统，实现农业种植环境和生长全过程监测，是以物联网为基础的智能农场主要技术特点。初步实现了农业的电气化，但在实际生产过程中并没有根本解决种植户的精准种植需求。物联网传感器监测确实大幅减轻了种植户的劳动强度，通过系统就能实时掌握生产环境和生产过程，但对于描述和监测种植类的活动特征、生长规律和健康状况是远远不够的。其技术局限性表现在：（1）停留在单点传感器控制单体智能设备的一对一控制，并没有对种植全过程的多源数据进行综合性集成、分析和处理，达到多传感器对多智能设备的自主化决策。（2）智能设备机械地执行阈值控制，缺乏历史数据和预测数据的决策支持，设备耗电量上升，不符合低碳化种植的政策目标。（3）完全依赖设备进行农场种植环境调节，自然界生态环境自清洁机制得不到发挥。

以物联网为基础的智能农场建设还处在有感无知的水平，还没有达到通过不同品类农作物生长习性和环境变化自动作出种植策略和执行方案的技术要求。农民还是需要依靠经验对肥料施放、水土情况以及传染疫情采取种植作业，并没有完全实现规模化、标准化、自动化、智能化种植。为此引入农业元宇宙技术，将物联网监控采集到的实景农场数据投映为农业元宇宙中的虚拟世界的虚拟农场，通过计算机分析、模拟、预测、优化种植策略，指导实景农场的种植作业。

（二）系统框架

农业元宇宙农场面向规模化种植基地和大型农场，依据不同种植品种、不同生产模式、不同区域条件进行农业机械和施肥、灌溉设备等的智能化改造和集成应用，实现农作物种植全生长周期的智能化、信息化作业，促进生产管理措施的优化调控。

农业元宇宙农场的框架图如下：

农业元宇宙农场的业务应用是通过农业实体层、感知控制层和智能应用层实现，三层模块共同构建了农业元宇宙农场的整个业务框架体系。

农业元宇宙农场的业务流程：（1）农业实体层将采集到的物理实体信息实时传输到感知控制层，感知控制层数据存储部分接受来自农业实体层的数据，并对其进行数据分类存储与可视化处理，实现对整个农业实体的实时监测。（2）感知控制层通过数据存储部分将数据传输到智能应用层中，问题分析模型首先

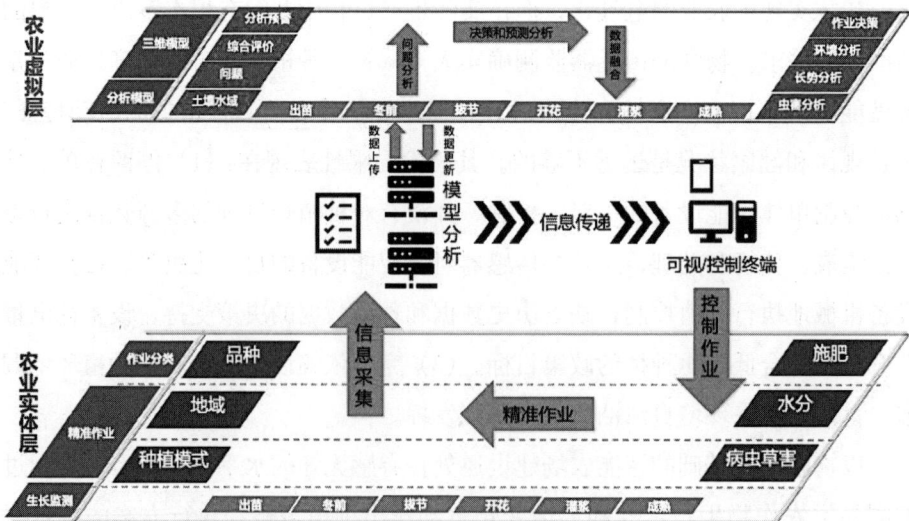

农业元宇宙农场的框架图

接收到感知控制层中传输过来的信息，分析农业实体随着时间推移出现的变化；然后将数据传递到对应的决策分析模型和预测分析模型中获得对控制物理实体的决策和预测结果，最后将数据信息融合成孪生数据传输到感知控制层中。（3）感知控制层中的数据存储部分接收到来自智能应用层中最新的孪生数据并存储，而3D模型部分将利用孪生数据建立物理世界中农业实体的三维模型和虚拟世界中进行行为模拟的三维模型。（4）感知控制层中的可视化页面端则根据数据存储部分中最新的孪生数据，获得对农业实体进行精准作业的决策，并控制农业实体层中精准作业部分内所对应的机械设备系统对农业实体进行精准控制。

（三）案例特色

1.建立了基于数字孪生农业元宇宙场景底座

面向种植业农业生产过程，建立数字孪生系统时，将离散系统仿真技术作为关键技术，并构建基于离散系统仿真的虚拟生产线，作为农业元宇宙平台的子系统之一，核心目的是对生产供应阶段的不同业务场景进行基于数据驱动的实时的仿真和预测优化。针对种植生产培育及产量预测，供应优化等业务场景，建立基于离散系统仿真技术的数字孪生平台最为适合，具有较强的数据分析及预测优化的功能，结合可视化功能，通过虚实交互、数物融合和知识自动化，贯通顶层规划、行业规定和生产实践，将政策、规定、标准、信息和现场形成农业管理者和一线种植操作者共同使用的决策支撑系统。

2.建立了农业元宇宙农业元宇宙农场可视化标准

为了建立全国标准化的农业元宇宙农场，将全国农产种植数据融合在"一张图、一张网、一本账"，加强农业种植数据宏观管理，可以由行业协会协同农业元宇宙农场数据做成可视化标准。（1）一张图：农业元宇宙种植农场基础空间数据内容格式包括：村庄信息、地块信息、地形地貌、地籍地名、水域信息、土壤信息、管线图纸、流域信息、农村基础设施信息。（2）一张网：农业元宇宙种植农场产业互联网数据内容包括：农产品类、土壤水情信息、施料喷药信息、农产种质信息、农情疫情信息、种植信用信息、农业机械装备信息、农场信息、气象水文信息。（3）一本账：农业元宇宙数字孪生农产种植溯源数据内容包括：库存设施信息、运链物流运输信息、专用道路信息、农产品加工信息、检验信息、市场行情信息、零售终端信息、溯源位置信息。"一张图、一张网、一本账"农业元宇宙农场标准数据词典，分别对应"在哪种、种什么、种多少"农业管理的大数据决策需求，丰富农业元宇宙农场的数字底座维度以及农业元宇宙农场建设的实用性，为今后扩展农业元宇宙农场应用场景预留数据接口。

（四）实施步骤

农业元宇宙农场是物理世界真实农场与虚拟世界虚拟农场共生的仿真系统。首先通过周边环境层、设备层和地理气象层的数据采集，将实体农场的各项参数转换为数字场景底座，具体流程和方法见农业元宇宙农场实施步骤图：

（1）建立农场三维模型：采用典型的模拟建模路径：solidwork（3D绘图软件）→ 3Dmax（三维建模软件）→ automod（仿真模拟软件），完成农场的建模、轻量化和分解工作。（2）建立农场仿真模型：在automod中组装农场三维模型，设置动作，按照生产农作物的单元输入参数，以单体作物为单元在仿真系统中建立虚拟仿真模型。（3）构建场景底座模型：根据不同业务场景需求，构建场景底座模型，实现基于生产过程实时数据驱动的仿真过程。本案例为根据将传感器数据、温湿度数据、环境数据等参数通过GIS、IP定位、卫星物联网等坐标系统，实时同步表达在农业元宇宙农场中的同等映射位置，在农场系统上显示数据流组态模拟仿真。（4）系统互联互通：通过建成统一API接口解决不同系统间的接口集成和信息协同的互操作。（5）试验分析与辅助决策：通过仿真与场景底座模型，对系统输入数据进行多参数多水平的仿真测试分析，代入中国农业科学院、中国农业大学、中国科学院资源与地理所等国家级研究机构开放农业大数据库，生成自主化农产种植知识图谱和环境模拟仿真以及生态种植模拟状态，融合实时农场生产数据和知识图谱，调优算法模型预测仿真，预测和预警实景农场的作业流程。

（五）案例使用技术

1. 三维建模

主要指设备等资源的三维模型，模型能够在数字孪生系统中流畅的运行还依赖一些模型的轻量化和分解技术，其中分解技术是指一个模型不同运动副之间在数字孪生系统中也需要进行相对运动的情况下，有时会需要对三维模型先进行分解，再导入数字孪生系统去定义运动参数。本案例的数字孪生系统是基于离散系统仿真平台构建的，因此模型的轻量化和分解是必不可少的。

2. 离散系统仿真

本案例中的核心在于数据驱动的实时仿真过程，且建模和仿真是相辅相成的，如果说建模是对物理世界的理解，那么仿真就是验证这种理解的正确性和有效性。

3. 信息通信

农业元宇宙农场的主要思想在于借助 IT 技术将实体与虚体抽象为统一的信息资源，并通过虚实联动，实同不同业务场景的应用。

4. 集成标准的完善

经过集成调试后，编写并制定系统连通和数据通信的集成标准，以确保各系统间可以建立起自由无缝的协同关系。

5.VR、AR 技术

虚拟现实（VR）和增强现实（AR）等技术在近几年发展迅速，而且在多个业务场景中都有应用价值。

（六）案例成效

农业元宇宙农场通过数据感知、挖掘、仿真、模拟、决策的技术优势，在对农业数据充分采集、感知、处理的基础上，通过设计、仿真、物联网、人工智能、虚拟现实等各种数字化工具方法，借助 3S 地理技术将种植农场全要素进行数据采集录入数字孪生场景底座，实现在数字空间里管理现实空间的多重建模，体现在：(1) 种植水域土壤建模，实现水域土壤环境参数同步集成分析。(2) 种植品类建模，实现物种群生长过程模拟仿真。(3) 营养图谱建模，实现分地、分季、分人的营养物质推荐。(4) 能效管理建模，种植过程中所需能耗的实时监测和计量。(5) 生态环境建模，种植水质环境影响预估和风险控制。

二、农业元宇宙渔场

（一）案例背景及基本情况

农业产业推动发展下，现代渔场养殖已逐步发展为半自动化配套的产业，为了转化农业养殖新模式，需要大力发展农业元宇宙渔场养殖。农业元宇宙渔场，是将渔场的传感器、控制设备等通过物联网连接到 PC 端、智能手机和其他智能设备，将感知、处理、控制等信息，通过数字孪生作三维建模，实现物理世界实体的渔业养殖的具体动作、功能，在虚拟世界产生"仿真"，实现养殖信息的可视化；利用数字化技术监控渔场内养殖的各个环节的区块信息上链（将记录和监控的数据以区块链技术上链于产业链），以保证渔产品销售的路径可追溯性。

目前，渔业养殖的技术与装备的应用尚处于发展阶段，表现为：（1）机械效能转化尚不到智能养殖。（2）渔业养殖环境调控、精准饲喂、自动清滤、渔病疫情监控及预警等信息化智能养殖技术方面没有能得到充分发挥并缺乏与之相适应的管理经验。因此，渔业养殖系统与养殖管理的缺陷对渔业规模化养殖产业支撑不足是影响渔业养殖业发展问题的关键，充分发挥养殖设备效能及完善养殖系统管理与解决渔业养殖效率问题、环境污染问题、产品质量问题及渔料资源浪费问题密切相关，围绕以上问题急需解决方案。

本案例利用农业元宇宙解决渔业养殖各智能化设备的使用效率和管理问题，分别为：（1）将先进的养殖技术嫁接在渔业养殖产业中推动未来的渔业养殖系统的集成，最终解决粗放型养殖模式下资源浪费的问题，从而节省资源投入并控制养殖成本。如通过流水线式的自动化设备完成渔业养殖解决用人工成本过高生产效率低下的问题。通过疫情监测和控制降低疫情发生风险解决渔业疫情频发的问题。（2）将多子系统养殖设备集成在过程复杂的渔业养殖链，通过将各子系统的信息聚合，联动控制完成系统之间的协调和管理，有助于企业的生产和管理降低，成本提高生产力，增强企业竞争力。

（二）系统框架

农业元宇宙渔场系统面向规模化养殖基地和大型渔场，具有系统功能、性能、稳定性、兼容性、低耦合高内聚和很强可扩展性等方面的先进性。通过提供共享数据接口和一致的 API（应用程序接口）能力，具有与其他数字化系统进行数据交换和数据共享的能力，再者能结合主流的硬件平台，对渔业养殖管理数据进行综合分析，直观反映渔业养殖工作开展情况。系统采用浏览器／服务器模式（B/S）架构体系，具有良好的可扩展性，支持各种应用的接口协议，具有高度灵活性和扩展性。

农业元宇宙渔场包括四个层次，分别是可视展示层、业务逻辑层、数据访问层、基础支撑层。对渔业养殖管理数据进行采集、处理、存储、分析并最终形成可追溯信息链。

1. 可视展示层

农业元宇宙渔场系统各类用户通过综合展示层访问系统，企业、农户及监管部门等通过电脑端或者智能移动终端进入系统，公众查询扫码追溯可直接进入公众端。

2. 业务逻辑层

通过智能传感器、其他接口设备以及人工录入等方式采集渔场养殖信息，同时对接多个子系统接入的物联网硬件设备和网络系统的数据；利用上述采集到的数据进行智能分析后，将分析的结果为用户提供智能化信息展现服务，包括智能化数据分析、智能化数据统计、精准数据预测，实现帮助渔业养殖户对已有数据进行高效检索和数据分析决策，通过建立数据链条实现消费者对农产品的追溯查询。

3. 数据访问层

利用数据采集、转换等，将渔场管理系统数据资源关联和资产化管理，使不同数据源的分散孤立的数据、管理对象等，通过关联建立关系，构建相互具有内在关系的统一的共享数据仓库。利用云计算、大数据技术，基于分布式计算框架、集群资源、数据分析能力，实现计算任务的分布式并行执行。

4. 基础支撑层

农业元宇宙渔场的基础运行环境需要主机系统、网络系统、平台硬件和软件系统等的支持和保障。

（三）案例特色

1. 渔场养殖病疫情预警

根据农业元宇宙可建立专家系统，拥有丰富的资源知识和经验，渔场疾病专家系统在畜牧养殖领域也得到广泛应用，如：养殖淡水渔场，鱼类体信息、体重均值、养殖环境、活跃行为等变化是鱼疾病发生和预警的依据，通过对这些行为状况的监测可以系统地了解鱼健康情况，同时可根据实时采集到的大量数据信息来研究和构建鱼类健康生长模型,为鱼类的健康养殖提供技术支撑。

2. 渔场精准饲养

渔场的饲料是决定养殖效益的因素,不同品种或不同阶段的鱼有不同水平的营养配方。随着农业元宇宙的建立,饲料数据库的不断健全,各种饲料资源得到了有效利用,饲养成本有所降低,饲料营养价值的利用更加充分。

3. 繁殖监测,环境监控

渔场繁殖性能直接关系到渔场养殖经济效益,发情判断的准确性、配种的及时性以及受胎率都可以影响渔场的产量。渔加速度感应器发情监测系统是一种通过部署在渔场实时监测的系统,可同时监测鱼群运动等行为数据,依据活动量的相对变化,经过大数据演算综合得出推断,进而推算鱼群发情情况。渔场环境,如温湿度、光照等环境指标对渔场生产量、卫生防疫和健康状况有较大的影响,它们也是评价渔场养殖效益和质量的关键,因此对这些指标的监测很必要。环境监测系统中的主要设备包括监控摄像头、射频识别(RFID)标签和各种传感器(如温湿度、气体、光照)等。

4. 大数据分析技术

对渔场养殖环境和养殖品进行监测识别(包括鱼体大小、喂量、活跃程度、繁殖产量等)产生大量数据资源,包括关系型数据及非关系型数据(如图片、音频、视频等),依托分布式计算、人工智能等技术对这些数据资源,通过关联规则进行挖掘,显现其价值。引入人工智能对大数据的分析技术,可提高渔场养殖场整体管理水平,面对这类格式多样的海量数据集,实现孤立数据自动关联,清除脏数据,数据聚合分析产生有价值的单一、精确、完整的结果数据,对未来事件的可能性进行准确的预测。例如:在淡水渔场收集大量的历史资料和实时监测数据库源的基础上,利用大数据建模分析技术,挖掘淡水鱼养殖、流通和交易之间的数据耦合关系,为管理提供决策依据,及时发现养殖过程的问题并有效控制,达到人财物的最优化利用。

(四)实施步骤

农业元宇宙渔场是实景渔场与虚拟渔场共生的仿真系统。首先通过周边环境层、设备层和地理气象层的数据采集,将实体渔场的各项参数转换为数字场景底座,具体流程和方法见农业元宇宙渔场实施步骤图:

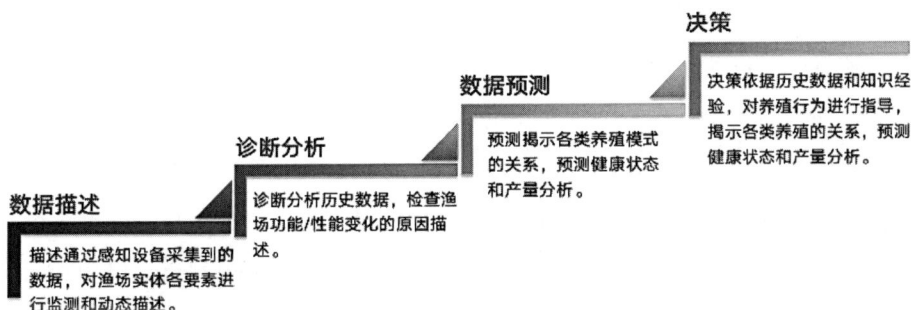

农业元宇宙渔场实施步骤图

1.数据描述

依据渔业渔政及各地海洋局对人工鱼塘、湖泊、水库、河沟、滩涂、湿地、近海围场和远海牧场的标准建设规范要求，以 3D 建模技术刻画实景渔场为虚拟数字化构筑物模型。

2.诊断分析

将传感器数据、温湿度数据、环境数据等参数通过 GIS、IP 定位、卫星物联网等坐标系统，实时同步表达在农业元宇宙渔场中的同等映射位置，在渔场数字孪生系统上显示数据流组态模拟仿真。

3.数据预测

代入中国水产科学院、中国农业大学、中国科学院资源与地理所等国家级研究机构开放渔业大数据库，生成自主化水产养殖知识图谱和环境模拟仿真以及生态种群模拟状态。

4.决策

融合实时渔场生产数据和知识图谱，调优算法模型预测仿真，预测和预警实景渔场的作业流程。

（五）案例使用技术

渔场的高效发展需要依靠现代科技来提升生产管理水平。应用物联网、云计算、大数据、人工智能和区块链为新一代技术的农业元宇宙渔场，在渔场精准饲喂、病疫情监控、繁殖管理、环境精准监控及数据分析等多领域中，将成为实现渔场养殖的核心驱动力。

（六）案例成效

随着元宇宙技术对农业的快速推动，渔场养殖的生产急需转型，增强农业元宇宙渔场的运用，提高产量和质量，减少饲养原料的投入。同时，在转变现代化农民的观念，增加其收入，提高农村生活质量和保护生态环境等方面具有重大意义，体现在如下方面：(1)社会成效：农业元宇宙渔场建设有助于推进社会养殖标准化、规模化和智能化进程，健全从养殖场到餐桌的产品质量安全体系、现代畜禽养殖业科技创新应用体系、农业工业化生产体系。(2)企业成效：农业元宇宙渔场是养殖业工厂化发展到一定程度而逐渐形成的一种新业态，实现信息要素、信息化技术的高度集约化，充分挖掘、开发和利用信息资源，改造企业的生产、管理等业务流程，实现提升企业的经济效益和竞争力的目标。(3)经济成效：农业元宇宙渔场既促进渔场企业内部在资源共享、信息传递效率、协作等方面得到提升，减少人力资源投入、提高内部工作效率；又促进渔场企业外部生产和服务的时间缩短，从而大大节约了时间成本。

三、农业元宇宙电子商务

（一）案例背景及基本情况

当前大力发展数字乡村，推进农业数字化、农业电子商务和数字乡村增值新业态。农业电子商务已达到利用互联网、计算机、多媒体等现代信息技术，使从事涉农领域的生产经营主体通过电子化、网络化方式完成产品或服务的销售、购买和电子支付的水平；乡村增值新业态基于互联网、人工智能、大数据等新一代信息技术在乡村农林牧渔、旅游、文化、教育、康养等领域的应用，完成与第一、第二、第三产业融合发展，形成的新型产业组织形态，包括智慧乡村旅游、智慧认养农业等。以上表明，当前乡村已初步实现智慧乡村，但是仍存在以下不足与问题：(1)农业电子商务平台农产品展现无真实感，用户（消费者）黏性不高：农业电子商务2C端的农场的产品销售，主要有两种方式：电子商务交易平台销售，直播带货。电子商务交易平台销售农产品多数以图片+视频方式展示，缺乏真实感，无法展示农产品特点。直播带货，存在直播主播"翻车"（主播存在劣渍，让农产品企业受损，间断蒙受经济损失）的风险。当今的农业电子商务方式只实现线上购物，缺少沉浸感支撑以及无用户（消费者）参与体验，无法形成足够的信任度，用户黏性不高。（2）农业电子商务标准化，全链流程整合度不高：大多数农产品尚没有完成标准化，所以，相对于工业用户（消费者）来说，农产品所需物流体系要求更高，一个完整的可溯源的农产品全链应包括：选种、培育、施肥、采摘、质检、分级、包装、保鲜、物流等整个服务链条，目前农业电子商务缺乏上下游数据的互联互通，上下游关系协同以及消费者参与等问题。

近年来，由于疫情等原因，用户（消费者）在线上（虚拟空间）停留的时间变得更长，农业元宇宙电子商务也变得火热。通过虚拟人、虚拟农场、VR/AR/MR 技术、人工智能等技术，建立虚拟人直播带货平台，与数字农场数据互通建立虚拟农场，让用户（消费者）通过人机接口可沉浸式体验虚拟农场，体验农产品真实性，零售商通过平台智能分析农产品供应与消费数据，协助种植生产商决策数字农场种植作业，解决农业全链的互联互通问题。

（二）系统框架

农业元宇宙系统面向规模化种植基地和大型农场，依据不同种植品种、不同生产模式、不同区域条件进行农业机械和施肥灌溉设备等的智能化改造和集成应用，实现农作物种植全生命周期的智能化、信息化作业，促进生产管理措施的优化调控。

农业元宇宙电子商务平台以农业元宇宙为基础，以协同式供应链管理系统为依托，为农产品生产商、零售商和消费者提供农产品真实展示、信息数据整合、担保交易上链、物流溯源、农产品沉浸式消费体验。平台融入了供应链协同的思想，打通了所有业务环节的数据，平台提供开放接口，提供第三方服务商的对接，实现上下游的全方位协同。农业元宇宙电子商务平台的框架图如下：

农业元宇宙电子商务平台由协同式供应链管理、虚拟数字农业、虚拟人直播，担保交易上链等子系统构成，虚拟数字农业接入虚拟农场，可根据业务发展需要扩展接入各类虚拟渔场、虚拟牧场、虚拟森林等等。

1.协同式供应链管理子系统

主要有进销存管理、档口交易、分销监控等功能模块，实现多端实时联动的移动开单、客户授信、档口销售绩效管理、档口结账管理、可视化的分销渠

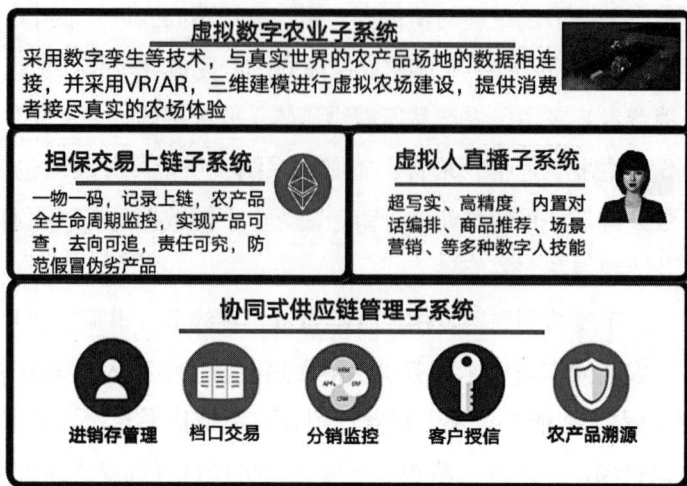

农业元宇宙电子商务平台的框架图

道数据监控等特色功能。

2. 虚拟数字农业子系统

采用数字孪生等技术，与真实世界的农产品场地的数据相连接，并采用VR/AR，三维建模进行虚拟农场建设，提供消费者接近真实的农场体验。

3. 虚拟人直播子系统

具备超写实、高精度、音唇精准同步、表情丰富逼真, TTS技术定制声音，内置对话编排、知识配置、商品推荐、场景营销、趣味游戏、真人接管等多种数字人技能，提供便于操作的图形化工作台进行编排及配置，快速实现数字人智能应用，支撑多场景解决方案。例如：农产品宣传虚拟人—德庆贡柑虚拟管家"小柑妹"，"小柑妹"以此形象（与真人无异，长相清秀，一双大眼睛中瞳孔分明，编着俏皮的大辫子，头上别着柑橘样式的发卡，声音甜美）出现，并与真人农场主在现实农场中实现互动。

4. 担保交易上链子系统

采取一物一码，流通每个步骤都记录上链数据，应用区块链技术把农产品的生产、流通、消费等全生命周期进行监控，实现产品可查、去向可追、责任可究的全方位透明化发展，更好地防范了假冒伪劣产品的产生。

（三）案例特色

1.建立协同式供应链系统

打通农业生产、销售、流通环节，链接农产品生产商，零售商和消费者，减少信息差。

2.增强消费者和生产者之间有效沟通

传统农业电子商务存在消费者和生产者之间缺乏有效的沟通，从而造成供需矛盾的痛点，农业元宇宙电子商务通过融合 VR/AR/MR，区块链溯源等技术，为农业参与者（消费者和生产者）提供了更多可能性，增强沟通，减少矛盾。例如：（1）将 VR 技术运用到农业元宇宙的虚拟农场的体验中，可以尽情发挥消费者的想象力、创造力以及增强他们的立体空间感。（2）消费者通过 VR 终端就看到农产品产地的所有情况，然后根据个人所需选择购买相应产品，产品从采摘到快递到家全程可控。（3）前沿的区块链溯源技术大大降低了对农产品质量信息的获取成本，提升消费者对品牌的信任度。

3.元宇宙为农产品的流通和销售开辟了新的空间

农业元宇宙虚拟人"小柑妹"给农产品销售提供了新思路，虚拟人带货以实时性、直观性、互动性、趣味性、安全性不仅满足了消费者对产品全方位了解的需求，也提高了农产品的人气，扩大了知名度，成为农产品网络销售的崭新模式。

（四）实施步骤

农业元宇宙电子商务平台是物理世界存在的人、农业生产场及虚拟世界存在的虚拟农场、虚拟人、供应链等共生的平台系统。实施农业元宇宙电子商务平台，实施步骤见农业元宇宙电子商务实施步骤图：

互联互通，智能分析
打通农作物生产到消费的互联互通，建立智能产量供应分析。

部署虚拟人直播
根据不同业务场景需求，构建场景底座模型，实现基于生产过程实时数据驱动的仿真过程。

虚拟农场接入
与虚拟农场接入，创造虚拟农场元宇宙世界，提供消费者体验。

部署协同供应链
建设并部署协同供应链系统及区块链交易上链系统。

农业元宇宙电子商务实施步骤图

157

（1）建设并部署协同供应链系统及区块链交易上链系统。（2）与虚拟农场接入，创造虚拟农场元宇宙世界，提供消费者体验。（3）建设并部署虚拟人直播系统：在农场元宇宙进行虚拟主播的人设（对虚拟人的捏脸、更换发型服饰妆容，定制声音的设定）；业务编排和技能配置，对话编排、知识配置、商品推荐、场景营销、趣味游戏、真人接管等。（4）打通农作物生产到消费的互联互通，建立智能产量供应分析。

（五）案例使用技术

5G/6G、人工智能、区块链、云计算、脑机等技术的发展，给构建农业元宇宙电子商务提供了技术支撑。VR/AR/MR 提供沉浸式体验，低延迟和拟真感让用户具有身临其境的感官体验；农业元宇宙虚拟人主播"上岗"，提供强社交属性，现实社交关系链将在数字世界转移和重组，极大丰富了品牌的传播渠道，大大提升了传播便利性。

（六）案例成效

元宇宙在农村电子商务方面的应用，可解决传统农村电子商务成本高、拓客难、消费者信任度低等行业痛点。例如：虚拟主播＋直播带货，可以带来业务营收、客户体验的双重提升；虚拟身份＋客户服务，可以提供 7×24 小时不打烊的温暖服务；数字货币＋订单支付，可以解决不同币种的便捷交换问题；场景拟真＋质量溯源，可以让消费者直观获取数据信息、解决信任危机；沉浸式体验，高品质地增强现实菜单带到餐厅和在线的食品订购服务中，可以让消费者看到食物成分、配料、大小。利用元宇宙的虚拟世界，结合现在流行的认养模式、农旅休闲等项目，可以让消费者体验到虚拟农场、虚拟种植基地中的沉浸式乐趣。例如，消费者认养一棵果树，可以通过 VR 视频实时观看果树的种植情况，实现远程浇水、施肥的沉浸式体验；将 VR 结合到农旅休闲项目中，游玩者可以通过立体化、可视化的虚拟世界体验亲自耕种、喂养等田园乐趣；元宇宙可以构建虚拟环境，加强社交属性，让消费者提前沉浸式体验民宿、餐饮服务等。

第五章　产业元宇宙应用——供应链元宇宙

　　供应链经历了从传统到精益，从强调物流管理到价值增加，从企业内统筹到跨企业、跨行业统筹。数字技术、产业互联网的发展更是重塑了供应链管理新模式。尽管供应链的数字化转型仍相对滞后于高速发展的数字技术本身，但数字化的供应链融合、供应链数字孪生、人工智能和算法支持下的供应链"大脑"、区块链支持下更为可信的数字化供应链……这些已经在推动传统供应链的数字化转型。而到了元宇宙时代，可以预见供应链管理依托仿真、智能预测将有更积极、更全面的作用助力于实体企业大大提高预测准确性、使运输性能更为优化、使产品可跟踪可追溯，从而在更好地服务用户、服务社会发展的同时助力企业发展。

　　产业元宇宙可推进传统供应链转型升级。传统供应链的仿真优化主要是单节点，而产业元宇宙应用到供应链中，具有全链路仿真优化能力：基于产业元宇宙数字孪生、伴生阶段的异构数据采集、融合能力，产业元宇宙能统一表达整条供应链及其运营环境的全景数据在元宇宙空间中，并进行联合优化。产业元宇宙能带来供应链领域数实融生的生产范式革新，以及全链路优化的优化范式革新，最终实现供应链效率的指数级提升。

第一节　供应链元宇宙应用概况

　　产业元宇宙应用在供应链中的创新应用构成了供应链元宇宙，供应链元宇宙将为供应链行业带来全链路的效率提升和全生命周期的新型解决方案。

一、供应链元宇宙概念

为更好理解产业元宇宙在供应链行业中的应用，可从初级阶段和高级阶段两个角度来理解其概念。

初级阶段，供应链元宇宙是物理供应链在数字世界的数字化表达。可挖掘各个数据对象实体的隐性数据（隐性数据是客观存在于物理世界，影响供应链运营状态，但一般难以或无法直接观测），整合整个供应链及其运营环境所有相关数据，实时展示数据之间的关联关系，最终完整复现物理供应链的运营方式。

高级阶段，供应链元宇宙将基于初级阶段的仿真情况，结合强化学习、可信人工智能、因果推断算法、专家知识库等智能技术，形成数字伴生能力。数字伴生能力可以提供针对供应链全链路的智能决策、优化调度、风险预警等解决方案，也能将这些方案部署到物理世界。通过实时的数据采集终端，供应链元宇宙可快速地掌握解决方案的运行情况，并不断优化改进解决方案，实现虚拟和现实世界的双向连接和智能决策的闭环优化。

二、供应链元宇宙建设架构

因供应链实体比一般的实体对象更加复杂，供应链元宇宙的数字孪生建设比一般场景的数字孪生建设要复杂得多。针对供应链数字孪生可从两个维度着手。

在水平维度，从供应商到客户的完整信息流、物流情况、资金流、产品情况以及对应的生命周期都是端到端的供应链孪生中需复刻的对象，不仅复刻只含物理信息的供应链网络，供应链的各种各样的系统信息同样需要复刻。

在垂直维度，从顶层战略到实践执行，需要对跨组织的供应链管理全层级（包括顶层的集成业务计划、中层的销售和运营计划、底层的生产主计划）链路，在统一语义空间中实现数字伴生优化。

如今大多数供应链流程和软件都是只针对供应链水平和垂直中的一个维度建立的，如水平维度的供应商管理系统（SRM）、仓储管理系统（WMS）、运输管理系统（TMS），竖直维度的企业资源计划系统（ERP）。每个系统只解决供应链管理中一个环节问题，各自孤立运行，老死不相往来，最终形成一个个

"数据孤岛"。供应链链条中的各个企业无法连通全链路的数据，企业内部也无法实现真正的协同工作，基于现有的流程和软件很难为供应链的全链路协同合作与优化决策提供基础。

供应链元宇宙应运而生，将实现供应链两个维度上的各环节、各系统的完全对接和数据集成，为数字伴生技术提供数据分析源和对物流世界的洞察能力，是供应链闭环优化的坚实基础。下图从结构上展现了供应链元宇宙的层次情况。

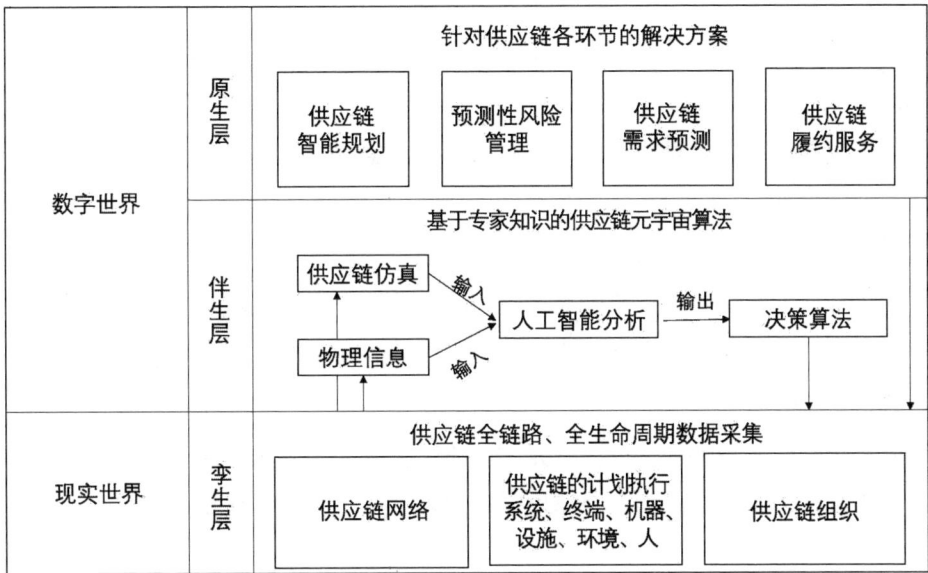

三、供应链元宇宙主要特征

（一）供应链元宇宙主要特征

从整体和功能上看，供应链元宇宙具有以下关键特征：

1.智能性

供应链元宇宙可以认为是有智能的"智能生命体"，不单单是一个静态的供应链复制体，它在精细且准确地表示供应链的同时，也要根据物理世界瞬息万变的情况不断进行状态更新和高效决策。可以说，产业元宇宙具有自我学习和自适应的能力。

2.决策一致性

（1）在水平维度，需考虑供应链的各个环节（需求、库存、供应、采购、制造、履行、运输等）制定一致性的决策。供应链元宇宙不是"听一面之词"，而是综合全链路每个环节的运行情况（如服务总成本、吞吐量、库存情况）而作决策的。（2）在垂直维度，根据供应链企业的战略和战术选择，供应链元宇宙需要在多个管理层级内保持一致，并基于策略的修改和计划的执行，实时地调整元宇宙架构，为企业运营决策的制定与执行提供基础。

3.可扩展性

从技术上看，整个供应链元宇宙是一个可扩展的元宇宙环境，"立足现在，着眼未来"，在创造全链路统一的语义空间的同时，也要确保在面临未来供应链环境可能出现的种种变化时，整个语义空间也可通过不断扩展去匹配新增的供应链业务变化。

4.可预测性

供应链元宇宙不能止步于对供应链现状的精准描述，还要从未来发展的角度，全面预测供应链的发展情况，实现供应链的预测性决策和硬件设备的预测性维护。

结合上述关键特征和供应链元宇宙的层次情况，下图表现了供应链元宇宙中水平维度、垂直维度的各个模块互相交互、闭环决策的情况。

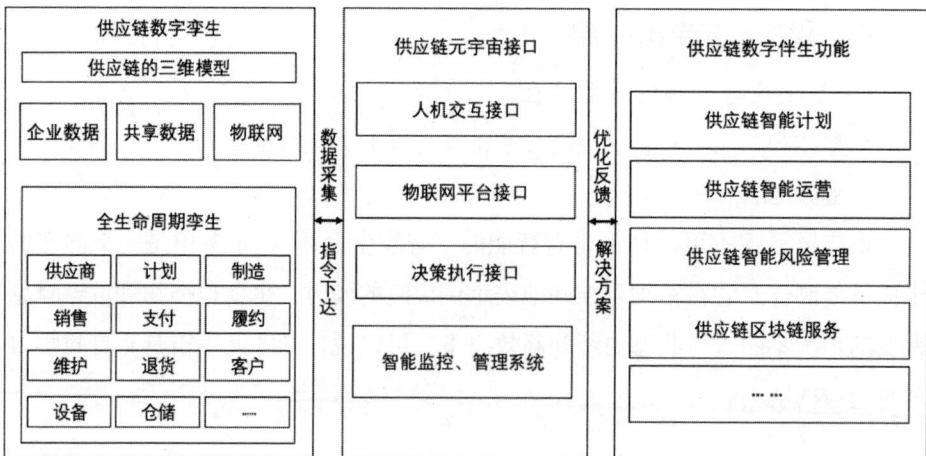

（二）供应链元宇宙主要价值

供应链元宇宙的上述特征为供应链企业带来以下主要价值：

1. 智能

产业元宇宙具有将物理信息和社会信息变成有价值的洞察与决策的能力，根据模拟仿真结果和已有的专家知识库，数字伴生技术可以明确供应链中各类数据之间的因果关系，提供预测性分析，给供应链提供预测性的决策建议，如预测性维护决策。

2. 自主决策

针对机理不明确的突发问题和不确定性导致的风险与事件，数字原生技术能够自行进行认知分析和自主学习作出正确决策，制定对应解决方案。自主决策能力标志供应链元宇宙具备数字原生能力。

3. 自主创造

当供应链的全链路数据可以自由流通，并且形成了一个数字供应链孪生网络，就可以推进产业元宇宙智慧供应链进入数字原生的全新阶段。整个产业元宇宙系统不再只针对已有的情况进行降本增效决策，而且还能自主创造新的供应链管理模式和运营策略。

4. 全生命周期解决方案

供应链元宇宙的模拟仿真将包含设计、研发、制造、服务、维护乃至报废回收的供应链全生命周期，它不只关注供应链的某一个环节，还会依据供应链的各个环节的情况综合决策。同时供应链元宇宙依赖物理实体（可以是整个供应链网络，也可以是某个环节如物流）的全生命周期数据精准描述物理实体，并为物理实体生命周期的各个环节提供服务。

5. 双向互动

产业元宇宙与物理世界的数据流动是双向的。物理世界为供应链元宇宙提供输入数据，供应链元宇宙也将产生的洞察结果反馈给物理世界。基于这些洞察，供应链企业可以人为决策优化，也可以训练对应的人工智能算法，让元宇宙自主进行各种决策，如供应链运营优化、运输路径优化、集装箱装载优化、预测性维护决策等。

6. 实时连接

供应链元宇宙和物理世界之间，可以建立实时或准实时的数据双向流通。在供应链元宇宙实时地反映物理世界中的各种变化的同时，元宇宙中产生的洞察与决策也可以实时地传达到物理世界中。

7. 数字化能力

供应链元宇宙提供一个直观、信息丰富和图形化的接口，让人们可以通过种种基于物理实体的数字化模型，了解供应链各种流程（如计划、采购、交付等），各种设施（如港口码头、物流园区、运输工具等）和各参与者（如上下游关联企业等）的情况。

四、供应链元宇宙技术体系

为了帮供应链元宇宙正确动态地实现供应链数字孪生，促进全链路、全生命周期的连通与协同，还需要掌握供应链中的重要相关技术。

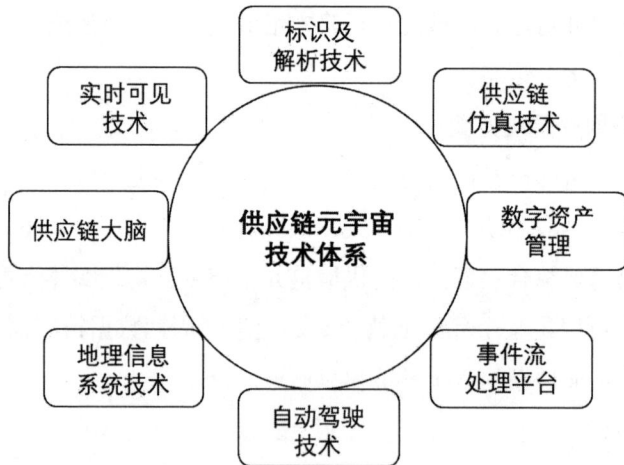

（一）标识及解析技术

供应链元宇宙是供应链全链路物理对象的数字表示，只有在元宇宙中准确地表示各个物理对象，供应链元宇宙才能发挥它的价值。所以构建全球统一的供应链物理对象标识标准尤为重要。目前国际标准组织已经为供应链中产生的物理信息设计了标准的数据格式，产业元宇宙可以借助该标准准确地识别和分析这些物理供应链对象，并生成正确的运营决策。形象地说，标识及解析技术为每一个供应链数据提供了对应的身份证号，各个企业可以跨地域、跨企业、跨系统信息地进行数据查询与数据共享，供应链元宇宙也可以在此基础上准确地表示它仿真的物理实体。

（二）供应链仿真技术

仿真技术本身就是支撑产业元宇宙的核心技术之一。针对复杂的供应链情况，如何处理内外部不确定性因素造成的影响，精准地复现供应链各个环节的真实情况，是将仿真技术运用在供应链中一定要解决的问题。

（三）数据资产管理

构建供应链元宇宙需要为传统供应链中分散的各个子管理系统提供数字资产互操作技术和实时同步技术。首先是需要无缝集成各个子系统中的业务流程和数据，通过全链路透明的元宇宙环境。然后就是需要升级这些子系统之间的互操作能力，可以使用数字伴生技术，让子系统遇见业务需求时可以自主地寻找共同提供解决方案的其他子系统，最终几个系统间通力协作、智能决策。

（四）事件流处理平台（ESP）

事件流处理是对变化中的事件数据进行实时或接近实时计算的软件系统。将采购订单、货件、推文、电子邮件、金融或其他市场的数据、移动设备或物理资产的传感器数据作为输入事件流，可选择将这些数据流存储在某个持久存储地址之前，提供实时的事件数据处理能力。将庞大的事件流拆解成较小的工作流数据集后，系统可以更快地对一个时间窗口内对的一组数据进行计算。

（五）实时可见技术

供应链元宇宙必须超越传统的电子数据交换（EDI）的可见性，着力于提供实时可操作的洞察能力和分析能力，这也是供应链元宇宙的建设目标。而且支持运输管理、仓库管理、堆场管理和车队管理功能的实时可见技术本身也是物流领域的核心技术，可以为这些场景增加规划和执行能力。

（六）供应链大脑技术

供应链大脑技术是供应链智能核心的关键，我们之所以说供应链是有智能的，就是因为建设了一个具有高级分析功能的供应链大脑，它可以自主地将元宇宙数据转化为供应链的洞察与决策。这种高级分析功能包含预测性分析和规范性分析，在识别模式和预测未来情景的同时，也可以找到满足预设目标的行动方案。

（七）地理信息系统技术和自动驾驶技术

地理信息系统技术（GIS）在当今发展迅速，它除了静态地图数据外还包含了各种动态数据，如交通速度和密度信息、维修工程和道路封闭数据以及突发事故信息，并实现特定人员、车辆的实时位置追踪。目前物流供应商已经广泛地使用地理信息系统技术来规划运输路线，并且根据实时的天气状况、拥挤信息和港口、机场、边境过境处的已知延误时间来预测物流到达时间。在紧急情况发生的时候，物流供应商们也可以快速作出响应更改运输路线。地理信息系统技术的进一步发展将促进自动驾驶技术的应用，自动驾驶的物流车辆根据信息系统的指导完成任务，同时它们也可以为信息系统提供道路情况的一手数据。

第二节　供应链元宇宙应用价值

本节将系统介绍供应链元宇宙在供应链智能计划、供应链智能运营、供应链智能风险管理、供应链智能物流和供应链中的区块链服务等多个方面的一些重要的实际应用场景、商业价值和应用实例。

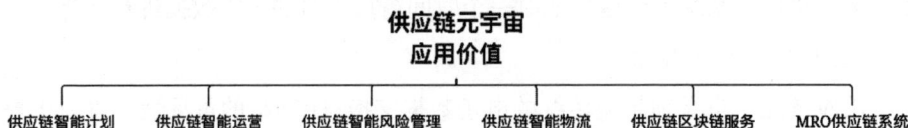

供应链元宇宙应用价值

供应链智能计划	供应链智能运营	供应链智能风险管理	供应链智能物流	供应链区块链服务	MRO供应链系统

一、供应链智能计划

处于数字时代的消费者对快速、个性化体验的需求正在持续增加，这对相关企业的组织运营及供应链管理能力提出了严峻的挑战。为了及时满足消费者的个性化需求，按时交付货品和服务，适应市场并生存下去，企业必须要确保供应链流程具有灵活性，且供应链网络必须持续改进。在这种趋势下，传统供应链行业数字化转型势在必行，而供应链元宇宙也许就是供应链数字化转型的未来，最终能够帮助实体企业在降本增效并持续改善客户体验。

（一）供应链智能计划系统转变过程的主要变化

传统供应链计划系统转变为产业元宇宙供应链智能计划系统的过程涉及三大趋势的变化。

1. 水平维度联通扩张

供应链智能计划系统不再只关注企业本身的运行状况，而是联通上下游企业，综合计算供应方和需求方情况形成供应链计划。相同的计划在水平维度联通扩展延伸到供应链的各个环节，使得更多的客户和供应商逐步采取相同的决策方式。

2. 垂直维度联通加深

在供应链智能计划系统中，企业的决策在每一个层级中执行更加有效，决策目标能快速转变成执行力，同时执行运营状况也会更快传递到决策层，使得决策更加适应企业的实际情况。最终，决策目标和执行运营的联通更加紧密，效果更加协调。

3. 自动化能力更强

供应链智能计划系统需要同时具备自动化预测和自动化决策的能力。通过对历史数据、专家知识库和预设指令的智能学习，对供应链带来新的价值增长。

传统供应链制订计划的模式和解决方案难以匹配这三大趋势。传统供应链制订计划一般采取模拟规划来制订需求计划和生产调度方案，有的企业更进一步，将多种解决方案合并形成规划技术组合，使用多个更复杂的模型解决供应链每一个环节的计划问题，但其本质仍然是模拟规划，并没有实现全链路全生命周期的供应链计划方式。而基于产业元宇宙的供应链智能计划，可以实现供应链全部环节的统一的语义表达，从而进一步实现水平与垂直双维度的联通，基于此可以对供应链元宇宙这个全面的供应链仿真环境进行预测与规定性分析，并优化得到综合考虑全链路情况的供应链计划解决方案，实现自动化计划决策。下面将详细介绍一个采用供应链智能计划实现数字化转型的企业案例。

（二）案例：SKF 公司基于产业元宇宙的供应链智能计划

SKF（斯凯孚）是轴承、密封件、机电一体化和润滑系统的全球供应商，同时也提供各种相关服务（如技术支持、维护、工程咨询、员工培训等），取得巨大的商业成功。SKF 认为他们的供应链计划系统仍需要不断升级以适应未来的需求，于是在 2015 年 SKF 公司开始推进供应链数字化转型。

1. 转型初期

SKF 公司通过建立一个供应链数字孪生系统来复现工厂的实际情况，并实现工厂计划系统的数据联通，从而将分散在世界各地的制造工厂的计划系统全部链接起来，实现全球性整体计划。

2. 转型中期

SKF 公司集成供应链运营数据和基础数据来仿真物流供应链情况，并且融合企业资源管理系统获取产品、工厂、仓库和经销商所组成的系统数据，持续扩展其数字孪生系统的数据结构，最终实现了包含物流信息和社会信息的精准供应链数字孪生。在数字孪生的基础上，SKF 公司与供应链计划软件供应商 ToolsGroup 公司一同协作为孪生系统提供了数字伴生能力，并且将这些数字伴生能力与物理供应链之间精准连接，实现了一个优化调整供应链计划的闭环。

3. 转型后期

SKF 公司将数字伴生技术对数字孪生系统中实时状态数据分析产生的洞察与决策动态地传递到 SKF 世界各地的供应链环节中，实现了降本增效的目标，构建了自己的供应链智能计划系统。目前可以自动计算项目的外部需求预测和整个供应网络中的交货时间。同时通过实际库存水平的因素，计算每个仓库的安全库存水平和净预测，创建满足未来客户需求的补给计划。除此之外，这个智能计划系统还可以对异常情况进行警示，以使员工作出改善响应。

总而言之，SKF 基于产业元宇宙的供应链智能计划系统大大改善了其供应链的整体情况，减少了整个网络的交付时间，完善了服务客户的水平。

二、供应链智能运营

供应链的运营管理从物理维度进入元宇宙世界，并且通过数字伴生技术的智能升级，再返回物理世界高效部署，将在充满不确定性的真实世界中提供更加实时准确的运营决策。在供应链元宇宙中，为提供最佳的供应链运营策略、最优的供应链网络规划、最高效的运输算法和最合理的库存计划，供应链智能运营系统会自主进行千百次计算。提供针对客户需求的最优服务、针对环境变化的快速响应和针对风险的自主解决方案，将会是产业元宇宙时代供应链智能运营的发展方向。为推动供应链智能运营在不同的运营场景中能够得到更广泛应用，一般应经过以下三个阶段。

1. 初期业务镜像建造

建设初期，需要建造一个供应链全生命周期中所有相关业务和环节的供应链元宇宙镜像，然后通过物联网系统实时收集各种数字信息，可以让智能系统在优化调整未来运营情况的同时，避免对已经发生的业务产生影响。

2. 中期运转通畅保障

建设中期，通过智能运营将改善供应链的协同性并提高供应链弹性。通过促进供应链上下游和相关方之间的合作，保障供应链通畅运转，各个供应链企业可以共同实现降本增效的目标，达成多方共赢的局面。特别是这个经济全球化的时代，企业的供应链可能遍布全球，为了在全球范围内提升资源获取效率，处理不断增大的市场带来的复杂性问题，各个供应链企业的无间合作必不可少。而通过供应链元宇宙这个统一的语义空间，企业互相分享来自供应链合作伙伴的关联数据，降低数据互联的成本，才能让这些全球化的供应链企业实时可见、互相协作且高效灵活的应对各种变化，切实提升供应链的协同及弹性程度。

3. 后期消费者价值创造

建设后期，供应链智能运营也可以为消费者创造价值，新的消费模式下，制造业供应链变得越来越复杂和难以控制，消费者对供应链缺乏信心，但在供应链元宇宙的大环境下，新兴的数字技术可以为产品的真实性和安全性提供更加多元的保障，让消费者可以直面一个透明的供应链流程。在其中，消费者可以知晓产品的合规情况与完整性，也可以追溯每个材料的制造、存储和运输情况，并且规避假冒伪劣产品，甚至为监管部门提供在避税和洗钱方面改善金融控制。

以下供应链智能运营的案例将帮助我们认识整个价值创造过程。

1.案例：DHL公司智能供应链解决方案

DHL（敦豪）公司认为提高物流行业的运营效率可以从预测包装材料性能；加强运输保护；优化物流基础设施的设计与性能；物流枢纽综合运营管理；创建动态交付网络这五个方面入手。于是DHL公司为利乐（Tetra Pak）在新加坡的仓库（也是世界最大的物流仓库之一）提供了集成的供应链解决方案。这是DHL公司在亚太地区第一次将仓储与数字孪生结合的案例，同时也融合数字伴生能力，来对物理世界中的实物资产提供管理服务。

这个集成的供应链解决方案包含六个核心要素：（1）减少拥堵，提高效率。（2）温度监控系统。（3）交通可视化。（4）实时运营数据。（5）区域警报系统。（6）增强机械搬运设备的安全系数。通过将物联网与仿真分析技术相结合，DHL公司帮助利乐构造了一个数字孪生供应链，帮助利乐实时地监控和模拟仓库资产的物理状态和行为。基于这个供应链元宇宙系统，利乐公司可以全天候地进行仓库运营决策，以解决突发状况和安全性问题。根据仿真的实时运营数据，仓库主管不需要像过去一样凭借经验估计仓库运转状态，而是可以实时了解仓库每个角落的真实情况并作出决策。在仓库的搬运机器设备上增加物联网单元和距离传感器，可以提高机器的空间感知能力，降低碰撞风险。DHL提供的中心控制塔可以实时监控货物进出情况，保证仓库的运行效率。同时为了降低操作、搬运沉重集装箱时的安全风险，该解决方案智能设计了一种集装箱存储管理解决方案，减少了员工操作这些大型物件的频次，大大提高了仓库员工的安全保障。未来会有越来越多的物流企业使用产业元宇宙中的数字孪生和数字伴生技术对自己的物流仓储进行智能化升级。

2.案例：西门子供应链工业物联网平台

西门子工业物联网平台助力Strauss和奇华顿构建的数字孪生系统，也可以看作是产业元宇宙技术在产品认证领域的一次突破。西门子工业物联网平台（MindSphere）是一个云端开放式物联网操作系统，供应链企业可以通过该平台完成接入产业元宇宙的转变。食品行业的供应链企业就在尝试使用该平台进行转型。食品安全问题是这些供应链企业关心的核心问题之一，食材收集、生产、运输的过程中都需要实时的安全监控。但是传统食品供应链不够透明，不能为消费者和企业提供良好的溯源保障和安全监控。针对这一问题，西门子 MindSphere 平台创建了专门的食品产品数字孪生单元和食品生产质量的监管模块。这些专门的数字孪生单元虚拟产品包含原有的名称、产商、出产时间、营养成分、原材料、保质期等数据，并在数字世界中表现真实的生产制造流程，提供更加透明的全链路监管方式。同时食品生产质量监管模块将实时展示生产过程的质量控制和检测数据，物流交付数据（冷链数据、交付绩效数据等），顾客对产品的喜好和评估数据等消费者最关心的安全信息。

通过构建数字孪生系统与物理世界的双向联通，西门子工业物联网平台还实现了供应链闭环监测。数字孪生系统从工厂自动化流水线和企业系统中获取数据，物流系统则根据仿真的生产情况，结合天气、温度等环境数据结合数字伴生能力智能优化、安排运输方案。同时食品生产企业和供应商也能获得产品的全生命周期透明化追溯能力，食品供应链企业也可以应用数字伴生能力，根据这些数据，执续地优化原料供应、产品生产、交付物流等整个供应链流程。同时生产商也可以追溯消费者喜好情况改进自己的产品，不断地改进生产过程、提高产品质量。

三、供应链智能风险管理

目前我们正处于一个易变性、不确定性、复杂性和模糊性互相交织的时代，数字经济的腾飞、全球化的趋势、世界竞争格局的动荡、数据匮乏和信息不对称问题都让供应链产业日益复杂。供应链本身的风险日益复杂，识别风险、防范风险同样是供应链元宇宙不可回避的问题。

（一）供应链元宇宙面临的风险

1. 运营风险或经常性风险

这些风险是在供应链运转过程中形成的，它们与业务流程紧密相关，特别是业务中不确定的供需关系。供需关系的变化会影响整个供应链的运营情况，导致库存不再保持稳定、货品面临缺货或超龄等问题，整个供应链的绩效指标也会降低。只有及时有效地协同全链路供应链情况，快速平衡供需关系，才能解决这一问题。一条更加公开透明的供应商与客户之间的信息流就是针对这一风险的预防措施之一。

2.破坏性风险

这种风险情况更加特殊，但是破坏力更大。它们是来源于环境、社会、政治的突发变化，往往会对供应链带来灾难性影响。它们可能是自然的（如新冠肺炎），也可以是人为的（如贸易封锁），也包括生产设施和运输环节中遇到的洪水、火灾等自然灾害。这些事件的发生，可能直接切断供应链并造成一系列连锁反应。面对这种突发风险，供应链企业需要在短期内迅速止损，并制定复苏计划。同时增加供应链的灵活性也可以避免负面影响连锁传播带来的二次伤害。

（二）供应链元宇宙风险管理方案

供应链元宇宙的仿真、模拟、数据分析、智能决策等手段能够帮助供应链企业提前识别风险因素，并在事故发生时可以快速响应以降低损失。供应链企业在处理风险时，供应链元宇宙实时获取的关键数据和实施下达的决策指令，可以大大提升决策的效果。供应链元宇宙实时更新的供应链数据（包括路径中断情况、供应商数据、物联网传感器数据等）和元宇宙系统中的风险数据库一起协作可以识别关键节点，对会扰乱供应链运转的事件及时发出警报，并在突发事件发生时作出针对性决策。对于来自社会的自然、金融或政治风险信息也可以嵌入供应链元宇宙中，提供更加完整的数据洞察能力以应对各种情景下的风险。例如，当一个国际物流中心受到自然灾害的影响被迫停运时，供应链元宇宙将立即仿真这一情况，并基于仿真计算停运将为全链路带来的影响，并制定有效的恢复策略和应急计划。同时在风险没有发生时，智能风险管理系统也可以自助地模拟各种突发情况，预先计算处理策略，保证事故发生时能够及时进行响应。

四、供应链智能物流

物流是供应链履约交付环节中最重要的一环，供应链元宇宙对真实物流过程每一个环节（订单下达、任务分配、货物分拣、路径规划、实际配送等）的物理信息和社会信息精准仿真，在数字世界中闭环迭代优化，可提高物流过程的整体效率为客户提供更优质的履约服务。

（一）供应链智能物流架构

供应链智能物流包含物理层、数字孪生层、数字伴生层三个核心层次。

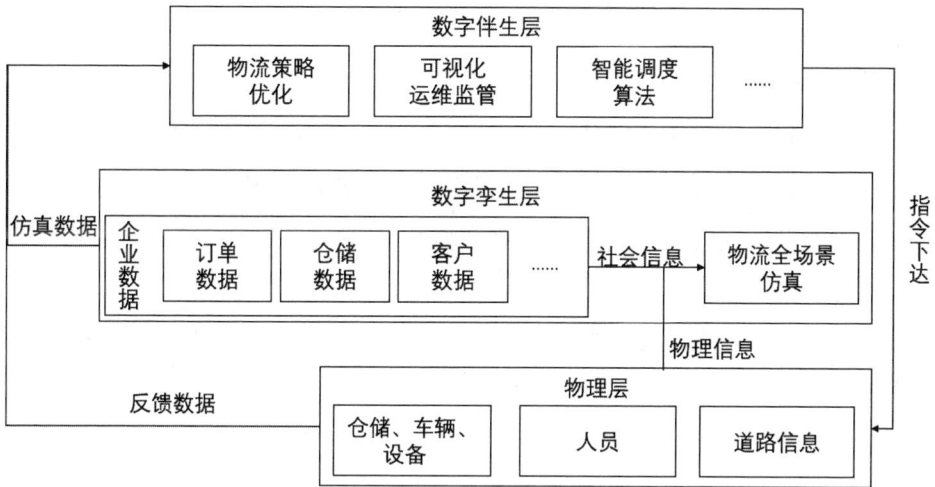

1. 物理层

物理层是真实物流场景的各种设备、人员和交通情况。物理层中的各个单元通过使用物联网系统实时向数字孪生层传递各种物理信息，例如物流车辆位置、配送人员分配、交通拥挤情况等。同时物理层也是数字伴生层各种优化算法、智能决策的实际执行者，根据数字伴生层下达的物流指令执行供应链履约任务，并且实时反馈优化结果帮助数字伴生层闭环优化决策算法。

2. 数字孪生层

数字孪生层通过综合物理信息和社会信息仿真物理全场景实时情况，为数字伴生层的决策提供支撑。其中，（1）物理信息来源于物理层，数字孪生层根据这些数据和每个设备的三维模型重现真实物流场景。（2）社会信息来源于企业数据（如订单数据、仓储数据等），这些数据决定物流系统目前的任务与需求，数字伴生层也可根据这些数据预测未来的供应链需求。

3. 数字伴生层

数字伴生层通过专家知识库、深度学习技术、强化学习技术等智能技术在仿真模拟的基础上实时完成决策。这些决策包含：（1）针对既有任务的人员、车辆调度决策。（2）供应链设备的预测性运维决策。（3）物理路径、货物摆放的优化决策。（4）未来物理任务的预测预演。通过执行这些决策并不断根据执行反馈调整算法便可以从多维度提高物流环节的履约效率。

（二）供应链智能物流应用价值

供应链智能物流可在以下环节产生应用价值：

1. 智能装载规划

在物流过程中包裹的材料、现状、重量、运送要求各不相同，客户的需求也趋于多样化，这就为装载过程提出了挑战。而基于供应链元宇宙的智能装载规划通过在数字空间中模拟各个包裹的物理、化学属性快速计算最优的装载策略，综合考虑包裹体积间的最密分布、货运设备的载重能力和客户的实际需求，为物流人员提供可视化的包裹装载规划，并指导物流机械臂精准完成装载任务。

2. 路径优化

物流环节的路径优化主要包含两个部分：（1）仓储中货物存取路径的优化。（2）运输过程中运送路线的优化。与传统模式中依靠主观经验的路径决策不同，供应链元宇宙通过在数字世界中实时模拟每一种路径规划算法并比较结果以获得最优的路径决策。在运送过程中，供应链元宇宙还可以根据交通信息实时优化配送路径避开拥堵路段，保障客户可以按时收到所需商品。

五、供应链的区块链服务

元宇宙用数字模型表示物理对象，基于实时数据分析和物理状态仿真模拟，产生有价值的解决方案，因此供应链元宇宙的建设离不开各种数据基础（物联网传感器数据、智能标签数据、外部信息数据等等）。但是企业间的"信息孤岛"和不可信数据是构建供应链元宇宙的重要障碍，而区块链技术可以提供安全可信的数据保存、共享和使用机制，并去中心化地按智能合约处理事务流程。可以预见，结合区块链将是供应链企业发展产业元宇宙的一个趋势。

从长期的角度看，要让供应链元宇宙发挥全部的能力，需要集成整个供应链生态系统的数据，并完整地仿真一个产品的生命周期。只有将供应链外部的实体信息整合到供应链元宇宙中，元宇宙才能提供丰富的洞察能力和宏观运营视图。虽然如今还没有企业真正做到这种程度的连接，但是在未来借助区块链技术打破"信息孤岛"势在必行，只有这样，越来越多的数据才能被联通到供应链元宇宙。借助安全透明的区块链和分布式账本技术，可以将供应链物联网生态系统中散落在各个数据仓库中的碎片化数据联通起来，为供应链元宇宙的建设提供更强的动力。因此也需要引入新的供应链元宇宙框架，来辅助供应链各个环节从应用区块链中获取收益并获得全新的解决方案。

供应链元宇宙可以为数字伴生能力提供供应链全链路、全生命周期的实时数据，是仿真优化、智能决策、创造全新解决方案的基础。但是，怎么保证供应链元宇宙中流动的数据是安全、可信、可追溯的呢？区块链技术服务将是一个不错的答案。

在供应链中产品从原材料供应商到消费者的全链路流程是多方参与的，产品在运输过程中会经过不同的过程阶段、地点和实体，并在不同的系统中创建大量交易数据。企业为了构建一个供应链元宇宙，必须实时捕获、验证和存储必要的数据，并形成一套自己的数据存储系统，这将导致数据的割裂和"数据孤岛"的产生。但是另一种解决方案是将数据发送到一个安全且集中的存储库中进行统一的管理，区块链就可以构建这种全链路、全生命周期的数据存储库，支撑企业在统一语义空间下进行供应链元宇宙建设。服务于供应链元宇宙的区块链技术也有一些显著特征：

（1）分布式数据库和点对点网络。区块链可以捕获和连接从供应商、制造、组装、测试直到产品最终到达客户的所有阶段数据。这些数据可以直接从客户端发往区块链，且无须投资建设专门的数据存储容量，就可以处理来自各个环节数以百万计的数据信息。

（2）支持供应链阶段（组织间和组织内）之间的智能合约。基于区块链的智能合约功能允许在供应链各个阶段（无论是内部还是外部）之间编写验证规则，保障数据准确完整。智能合约可以在制造和装配的过程中指定，对供应链的各个环节进行验证，发现异常（如不符合智能合约规范的数据）时，系统可以实时发出警报，避免对业务产生影响。

（3）通过确保数据的准确性和真实性建立信任。区块链智能合约和验证脚本可以确保供应链所有阶段能在正确的时间，用正确的方式获取正确的数据，而且这些被记录在区块链上的数据也不能随意更改。这是全球各地的区块链企业达成数据信任共识的关键，也可以促进企业对供应链元宇宙产生共识。

（4）易于审计。区块链上的数据都是可以审计的。每个单独的操作都可以方便地记录、验证和存档。因为数据审计的过程和数据存储到区块链的过程一样简单高效，供应商的违规行为可以被轻易检验。同时所有过往行为都是可追溯的，也是区块链记录真实可靠的有力保障。

（5）权限安全。区块链也需要为接入的用户提供身份验证，通过密钥或者成员服务管理链上用户的安全权限和数字身份。由于数字身份的原因，交易监控也将更加透明，当产品数据从一个节点流向另一个节点的时候，也会出现交易监控数据，企业可以在此基础上减少时间延迟、成本和人为错误。

六、MRO 供应链智能运营系统应用

MRO（Maintenance, Repair, Operations 缩写，在实际生产过程的非原材料产品，只用于维护、维修、运行设备的备品备件）供应链是指支持针对生产机器与设施（如机床和流水线），以及服务性机器与设施（如运输工具和电网）进行维护、修理和运行管理的资产维供应链。MRO 供应链是保证企业资产能够健康正常运营的生命链。如果 MRO 供应链产生问题，那么生产设备发生故障时就会发生工厂生产中断、交通运输中止、油井停运等异常问题。不合理的维护策略会为供应链带来额外的管理成本，工厂停运更是会直接带来损失。

（一）MRO 供应链面临的问题

传统的 MRO 供应链在设备管理、维修备件等方面都采取简单传统的管理办法，缺乏预测性与准确性，基本很难实现对设备失效时间或精确化备件的精确预测，也会导致设备维护计划陷入两难的境地：要么是承担因为故障停机的风险让设备持续运转，要么是频繁进行检测与维修保证设备正常运行，这两种方案都会增加运营成本。同时因为预测性能力不足，故障导致的计划外停机还会为生产企业带来直接的损失。同样的问题也发生在备件管理的过程中，在预算有限的情况下，必须评估所需的零件和购买量，无限制的备货是不现实且成本高昂的。没有提前采购对应的零件会导致无法及时处理故障，但是不加选择的备件又会积压库存，这两种情况在传统 MRO 供应链中经常发生，大大增加了相关企业的运营成本。

（二）供应链元宇宙 MRO 解决方案

供应链元宇宙提供的预测性维护能力，能够很好地解决传统的 MRO 供应链管理的痛点。元宇宙系统可以从核心设备物联网数据、企业资源计划系统、计算机维护管理系统等等数据源中快速采集有关设备运行情况的相关数据，然后将数据和历史经验结合识别设备异常状态，提前预测设备将要发生的故障，让维护人员可以找到问题根源，实现预测性维护、防患于未然。在下图中展现了一个 MRO 供应链是如何在产业元宇宙的架构下实现升级的。

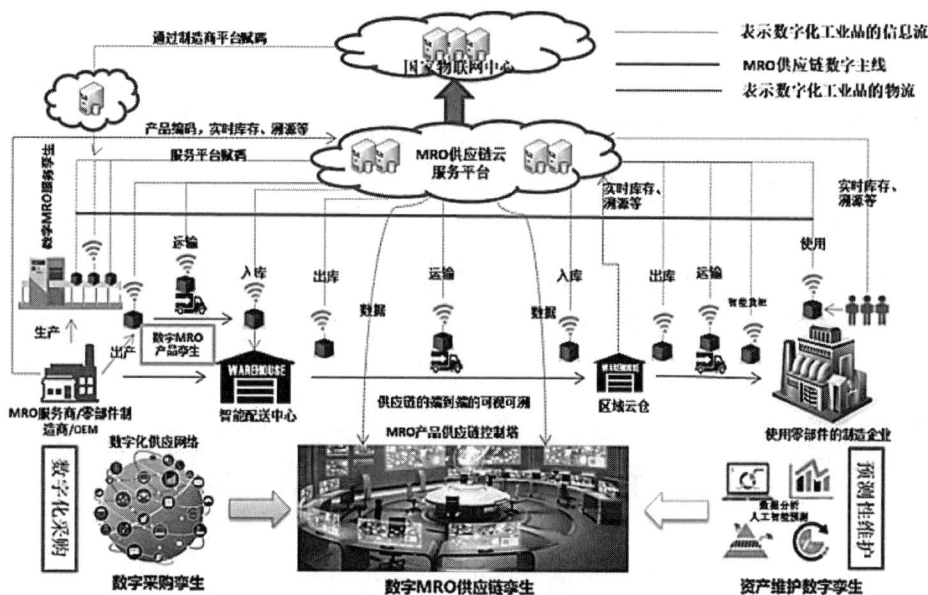

资料来源：罗戈研究院编写的《数字供应链孪生研究报告》。

在资产维护的过程中，设备往往蕴藏着各种难以或无法被维护人员直接观测到的隐性数据（如温度、压力等），但是这些数据本身就代表着设备的运行状态，而连接物联网的供应链元宇宙为维护人员提供了一个可以实时可视化展现这些情况的仿真环境。同时这些原来不被重视的隐性数据也被用于洞察分析，提供了全新的故障预测模型，可以更加准确地指导备件采购。同样也可以使用历史仿真数据，在产业元宇宙中计算训练更加柔性的 MRO 采购策略和计划。同样，合理的物联网标识系统也为维修质量追溯提供了保障。

（三）案例：AspenTech（阿斯彭科技）公司针对智能维护的优化生产计划

AspenTech 公司认为工厂机械及生产线资产故障是导致制造成本增加和客户服务失败的核心原因，需要建设一个供应链元宇宙来预测资产故障，改进工厂的生产调度，并依赖机器学习提供更加精准的资产故障预测。基于这一理念，AspenTech 公司构建了多种解决方案，并将为相关的供应链企业提供服务。

例如它的产品 AspenMtell 就是一个可以准确预测低密度聚乙烯（LDPE）工艺中的超压机故障的智能解决方案。因为化工生产是在一个个复杂又昂贵的生产设备中进行的，停机再启动时间缓慢且成本极高，所以不能像普通工厂一样每晚进行停机检修。AspenMtell 可以在 25 天前就提供故障预警，并且基于智能计划算法为企业提供最佳的维护计划排程。AspenTech 公司的另一款产品 Aspen Plant Scheduler 可以根据企业现有订单情况、库存积压成本和制造成本找到在故障实际发生前成本较低的停机维护方案。这种基于产业元宇宙的 MRO 资产管理计划系统，在资产密集型行业（如电力、金属和采矿业）可带来可观的价值回报，保证那些昂贵的设备可以健康运转，帮助企业节省一大笔维护开支。

第三节　供应链元宇宙实践分享

本节从供应链元宇宙的实施路径和风险防控两个维度分享实践经验。

一、供应链元宇宙实施路径

传统供应链在实体经济中面临大量不确定性带来的风险，而供应链元宇宙则可通过数字孪生、数字伴生和数字原生三大技术能力，经过大量的计算、仿真、推理，对可能发生的风险事件进行全方位模拟、预测、评估，从而消除供应链中各种系统，特别是复杂系统的不确定性，大幅度降低风险。除了帮助供应链企业消除不确定性问题，供应链元宇宙还可以通过数字技术重塑供应链，提供全新的解决方案。在这过程中，数字孪生基础设施建设、数字伴生能力培养和数字原生能力探索是三个核心实施路径。

（一）数字孪生基础设施建设

数字孪生技术是供应链元宇宙的基础，是最基础的信息交流框架，它为全链路、全生命周期的资产、产品、系统和过程数据提供统一的语义空间进行表达。数字孪生技术可以对产品设计、制造加工、交付甚至售后服务的各个方面信息进行统一表达。利用元宇宙技术对企业资源管理系统（ERP）、制造执行系统（MES）、产品生命周期管理系统（PLM）等全链路、多模态数据的融合升级，是产业元宇宙将数字能力引入现实世界的前提。

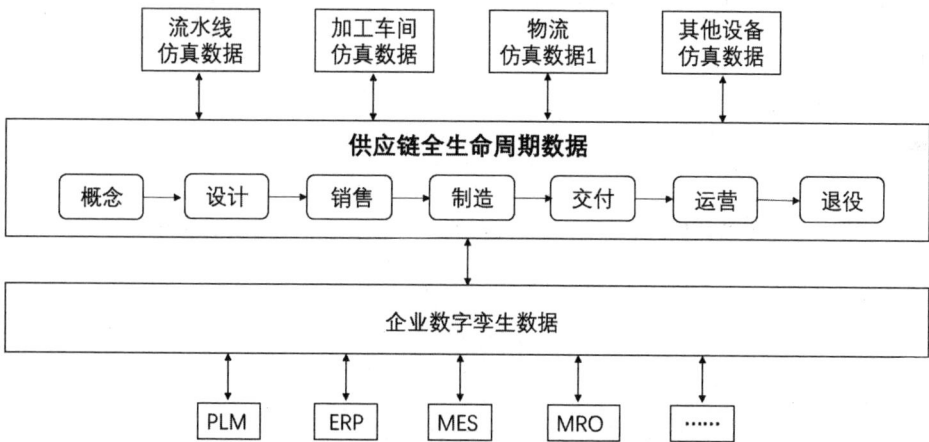

全链路数据在供应链中分为三个维度：产品维、价值维和设备资产维。这三个维度的数据在供应链元宇宙中实时交互，形成产业元宇宙的数据流基础。作为建设智能供应链的基础设施，供应链元宇宙将打造出一条信息透明、可追溯和方便协同的全新供应链，改变长久以来供应链全链路各环节的"信息孤岛"、信息低效转换、系统互不协同和流程难以追溯的现状。

（二）数字伴生能力培养

数字伴生能力的基础为描述供应链全链路、全生命周期的各种数字模型资产。物理实体通过虚拟模型在虚拟世界中精准表示，供应链元宇宙将这些虚拟模型有机地连接在一起，其价值不言而喻。在数字伴生阶段，这种虚实融合、全链路的优化范式，既可以为某个生产环节的突发事件提供解决方案，也可以迭代优化整个供应链的运营效率。产业元宇宙的协同、实时和交互理念，将大大促进供应链企业间产生新的连接网络，共建新的商业模式。

智能计划能力、客户连接能力、智能制造能力、智能供应能力、智能研发能力和智能履约能力是产业元宇宙数字伴生为供应链企业带来的六大核心能力。这六个核心能力不但可以解决供应链全生命周期的许多问题，还能互相连接形成一个供应链智能决策网络。这个由人工智能、仿真优化驱动的决策网络就是数字伴生阶段的智能供应链核心（下图表现了这个智能网络的架构）。需要注意的是，这六项能力虽然对应着供应链的不同环节，但是并不是说只用构造一个环节的供应链元宇宙就可以实现一种能力了，只有将全链路、全生命周期的情况一起纳入决策过程，供应链企业才能获得真正有价值的数字伴生能力。

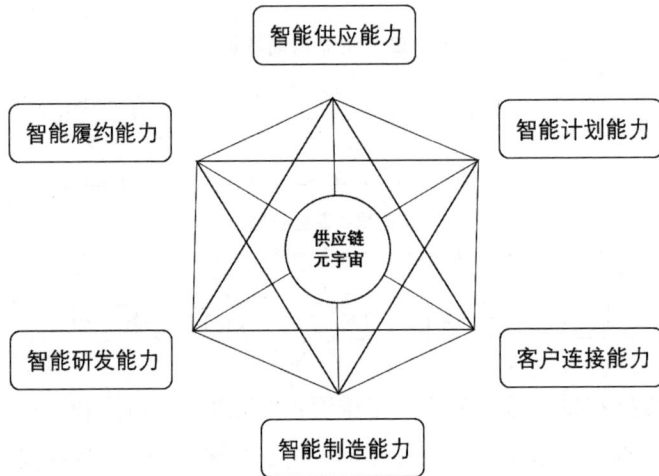

1.智能供应能力

供应商是供应链的重要组成部分，任何一个供应链都由一到多个供应商组成。智能供应能力就是促进这些供应商之间互相协同、数据共享的手段。在复杂的供应商网络结构中，供应商们需要依赖供应商关系管理（SRM）这样的新型服务实现高效协同。供应商之间可以通过产业元宇宙中的信息标准和信用体系实时同步数据。针对供应链中发生的问题与变化，供应商们可以一同根据实际情况调整需求，制订替代供应计划。

2.智能计划能力

传统计划过程中仿真模型和计划决策常常存在过度耦合，模型间太过分裂

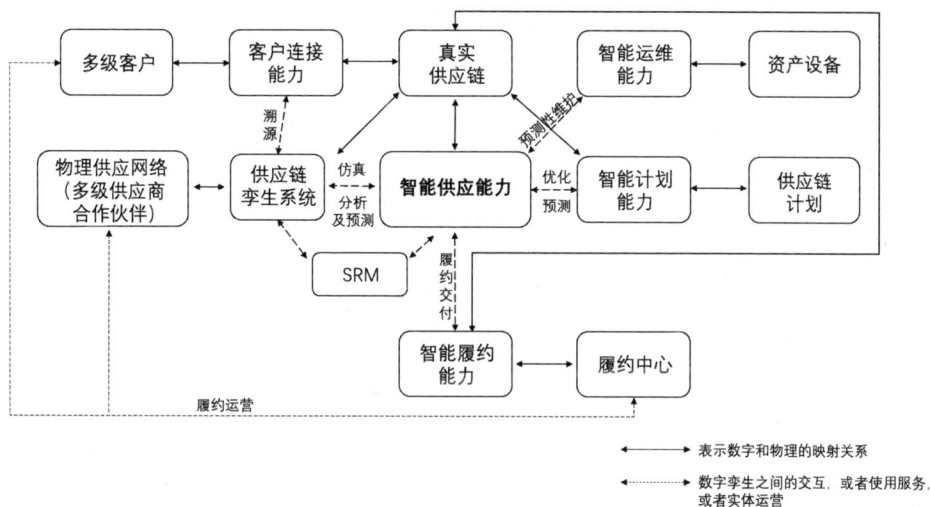

的问题，这就需要智能计划能力来解决。产业元宇宙可以将所有仿真模型统一在供应链元宇宙中，然后基于整体的仿真情况提供更加优秀的智能计划方案。未来的供应链计划不会再因为深挖单点、忽略全局而造成整体效率受限于某一环节，造成短板效应的增长，而可以针对供应链的全链路提出各种新的计划方案。

3. 客户连接能力

客户连接能力是指客户可通过电子设备（如手机、电脑）或新型交互设备（如虚拟现实设备、增强现实设备）连接供应链元宇宙。客户可以直接将自己的需求传递到供应链侧，实时了解供应链侧的运行情况。通过分析客户需求，供应链元宇宙可以柔性地变化，达到以客户为中心的服务目的。

4. 智能制造能力

产业元宇宙将赋予供应链企业进行智能制造的能力。产业元宇宙对生产和运营进行优化的核心思路是将全链路生产要素和全生命周期环节相连接，一起作为寻找新型解决方案的基础环境。通过数据（物理信息、社会信息）、模型（供应链元宇宙仿真模型）、应用（人工智能算法、模式分析）三大要素的闭环迭代，产业元宇宙可以实现对供应链全链路、全生命周期制造能力的优化。

5. 智能研发能力

智能研发能力指产品从设计到退役的整个生命周期中，使用供应链元宇宙进行仿真模拟，预测产品能力，调整产品设计和优化生产系统，再实际进行生产制造的过程。产品研发是产品生命周期的第一个环节，一个真正优秀的产品设计，需要综合考虑产品整个生命周期的情况。产业元宇宙恰恰提供了传统产品设计不曾拥有的仿真模拟能力。通过结合数字孪生技术与数字伴生技术，整合全生命周期中的多模态异构数据，设计师们可以掌握全生命周期的信息，并且仿真实验设计方案的每一种可能。在未来，设计师们不只可以预测产品质量、制造工艺的物理信息，还可以针对营销方式、配套服务等社会信息入手优化设计全新的产品。

6. 智能履约能力

智能履约能力是针对供应链后期履约交付阶段的产业元宇宙能力，可以帮助供应链企业用最低的时间成本和经济成本实现产品的交付。传统供应链中，物流过程客观存在各种不确定性事件的干扰（小到交通事故，大到自然灾害）。一旦类似干扰出现，就很难保证客户体验，完美履约。供应链元宇宙通过对整个履约链路的实时监控，可以预先发现风险事件，智能改变运输方案，避免各种干扰。如果突发事件已经造成影响，那么智能履约能力将快速分析获得补救解决方案，帮助供应链企业在履约过程中给客户提供最好的体验。

（三）数字原生能力探索

数字原生能力是未来供应链元宇宙的实时决策指挥中心，为供应链企业的全部要素流程提供智能支持。目前这种决策往往还需要人工参与，提供已有的专家知识或行业经验。在数字原生时代，产业元宇宙将获得自主决策、自主发掘的能力。它不再仅仅按照人的指令，针对已发现的问题提供智能解决方案，还可以在自主模拟的供应链中就可能发生的各种情况作出智能决策。

可想而知，未来具有数字原生能力的供应链智能核心将为供应链格局带来深远的影响。在未来，供应链的计划模式将从人为指定变为智能调整；客户提出需求将变为自主识别；工厂的流水线可以自主变化以适应柔性的生产订单；智能核心也可以根据市场洞察自主地研发设计新的产品。一个"无人供应链"的新时代将随着硬件技术的逐渐成熟而到来。这些将是供应链元宇宙的长期发展的方向，并且并不遥远。

二、供应链元宇宙实施风险防控

产业元宇宙是时下刚刚诞生不久的概念。很多人只听说了这个名词，但对其内涵、功用缺乏全面的了解。探索阶段，炒作概念、糊涂运行的情况也层出不穷，有的供应链企业由于错误地进行产业元宇宙收集，出现了运营效果不增反降的情况。元宇宙也并不是看上去那么美好，错误使用供应链元宇宙技术也会带来很多风险。要做的是，科学识别风险，做好风险防控。

（一）供应链元宇宙风险识别

下面将列举几个错误使用产业元宇宙技术的供应链风险情况：

1. 数据错误

供应链元宇宙首先是在数字世界中真实地复现物理世界的种种情况。但是如果供应链元宇宙没有获得准确的输入数据，或者缺少一些核心数据，那么供应链元宇宙根本无法准确地仿真模拟现实的供应链情况。供应链全链路涉及的设备系统非常复杂，需要准确地收集各个环节的数据，东拼西凑的不全面的供应链数据实现的供应链元宇宙不仅不能为企业带来洞察能力，而且还会干扰企业正常运行。

2. 算法错误

当企业依赖产业元宇宙对供应链的未来情况进行预测性评估时，必须要仔细地考察相关算法的可信度和预测能力。不准确的数字伴生、数字原生技术，使用错误的分析算法，产业元宇宙就会对未来情况产生错误的判断，供应链企业无法使用准确的运营解决方案达到降本增效的目标。

3. 能力匮乏

大量的企业与组织已经开始关注与实践产业元宇宙在供应链领域的应用。但只有少量的企业真正理解了产业元宇宙的价值、架构和实现方法，获得开创性成果。很多企业因为错误的理解，可能会花费大量的人力、财力、物力，却无法真正地使用产业元宇宙创造价值。这种能力匮乏的产业元宇宙不仅不能提供各种商业价值产出，而且还会干扰企业正常的财务状况。

（二）供应链元宇宙风险预防措施

真正的供应链元宇宙是建立在供应链企业对全链路、全生命周期的深刻认识和强大的数字化能力之上的。产业元宇宙带来的不是供应链一个环节、单点优化的变革，而是跨环节、跨组织、跨企业甚至跨国家的供应链全链路协同变革的结果。只提供供应链元宇宙建立物理世界情况的精准复制是不够的，还需要使用人工智能、数据分析、模式识别等先进技术为供应链提供独特智能核心，完善供应链元宇宙的洞察与决策能力。只有这样，供应链企业才能正确得到诸如供应链综合一体计划、最优物流规划等降本增效的产业元宇宙解决方案。

供应链元宇宙涉及的全生命周期情况从上到下依次是：概念和产品系列管理；产品设计和系统设计；供应链集成；制作仿真渲染模型；产品制造；产品质量；产品发布；产品使用体验；售后维修服务；退役。错误的产业元宇宙往往只关注供应链生命周期的前几个环节，只能提供基于需求的一般设计选择或自主生成单一供应链的材料目录这样简单且价值较小的服务。真正的供应链元宇宙的数字服务和功能贯穿供应链的每一个环节，包括产品需求洞察、零部件重用、集成全供应链的材料目录、供应商管理、库存智能调度、柔性制造、智能发布策略、产品溯源等各种能力，打破低效的单点优化模式，实现全链路优化。同时企业也需为产业元宇宙提供全链路、全生命周期的数据。无法实现这一需求的供应链企业往往不能享受到产业元宇宙带来的全新价值增长模式。

（三）供应链元宇宙的正确路线

从一开始就正确地构建供应链元宇宙非常重要，公司需要理解在全新的数字经济环境下如何打造一条全新的供应链创新和价值创造之路。供应链企业需要形成一个可扩展的产业元宇宙架构，并在此基础上逐步实现产业元宇宙的建设获取长期的商业价值。

（1）创造全新的数字资产来代表供应链中的所有环节，在这些数字资产里语义空间、数据模式都是统一的，数据是全链路、全生命周期互相融合交互的。这些新型数据资产包含各种有效数据，是构建供应链元宇宙的砖石，而统一的模型标准则是供应链元宇宙的数字骨架。

（2）有了大量供应链数据资产后，便要开始建立供应链元宇宙，在元宇宙中可以再现一个真实供应链的仿真模型。所有在现实中发生的变化都会实时地反映在这个元宇宙中。与传统的企业数据库和可视化仿真都不同，企业可以在这个元宇宙试验各种可能，发掘以往在设计、分析和管理时无法考量的因素和解决方案。

（3）实现产业元宇宙价值的最大化。构建产业元宇宙的价值核心不是简单地调用已有的人工智能算法，还需要从专家已有的知识、各个环节的物理特点、供应链组织的实际情况入手，保证智能核心的有效运转，这要融合多学科方法。将供应链元宇宙中的数字资产真正地转化成收入增长是一个需要不断探索、不断进化的过程，最终会为供应链带来新的运营模式和价值链路。

第六章 产业元宇宙应用——能源元宇宙

能源行业作为为国民经济提供重要生产资料的基础行业，当前面临着诸多挑战：一是能源消费还在不断增长，为"双碳"目标的实现带来了新的困难，二是传统能源比重过大的局面一时难以转变，三是整个行业实现低碳转型的速度难以满足绿色发展的要求。通过产业元宇宙技术的推广应用，可推动水、火、风、光等多种能源系统互补互济，助力能源企业协同进步，化解当前存在的一些问题，促进当前能源行业实现更加安全、高效和绿色的发展，实现提高整个社会用能效率、有效控制碳排放的目的。

第一节 能源元宇宙应用概况

将产业元宇宙应用在能源领域迸发的新型方案集成在一起，便形成能源元宇宙。能源元宇宙除了将在能源系统引起一场革命外，还可以借助供能、储能、用能等环节辐射、影响社会的方方面面。

一、能源元宇宙概念

能源元宇宙将产业元宇宙的数字孪生、数字伴生和数字原生三大技术手段深度融合到能源领域各环节，实现能源行业中的优化范式、生产范式双重革新，为能源产业的各个环节（原料开发和供应、生产、传输、分配、消费、存储和交易）提供一体化解决方案，包括新型设计、优化生产策略等。

（一）在数字孪生阶段

能源元宇宙借助 5G、云计算、大数据、物联网等数字技术，可以在能源领域实现"万物感知"。而用数字孪生技术建立一个串联全能源场景（能源开

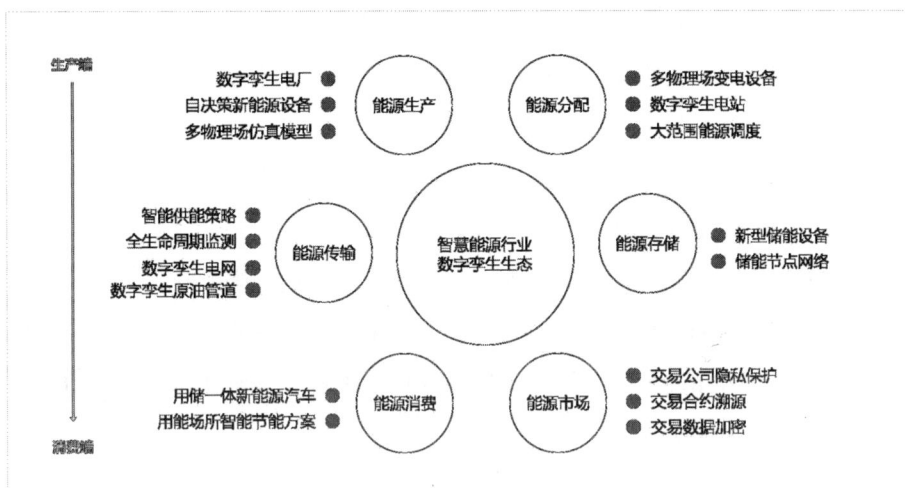

发及供应、生产、供给、使用、存储、交易）的元宇宙系统，将打破以往能源行业各节点间互相孤立的现状。因此，能源行业全链路实时数字化表达，以及元宇宙数字伴生和数字原生技术手段的应用，将成为能源行业实现智能决策、智能控制不可或缺的基础。

（二）在数字伴生阶段

能源元宇宙将基于全链路的能源数字化表达和各种仿真模拟环境，结合深度学习、大数据、可信人工智能、模式识别等智能技术，为能源行业提供仿真优化能力。这些数字伴生技术手段可以为能源行业带来高效发电方案、站点管理、数据中心能耗优化、电动汽车电力网络等智能解决方案。数字伴生的虚实融合能力，使能源元宇宙可以实时知晓每一个终端站点的情况，且可以柔性、灵活地部署相应的解决方案。

（三）在数字原生阶段

元宇宙中庞大的自主发现、自主创造能力将为能源行业提供全新的解决方案和运营模式。这将促进能源行业发展一批新型硬件设备，从而支撑未来去中心化、分布式的能源结构和智能化运营模式。以电力行业为例，未来电厂、其他电力设施、园区、建筑、家庭都将拥有能被能源元宇宙感知和控制的电力硬件基础。因此，未来能源元宇宙可以在电力网络的每一个环节部署更加节能高效的解决方案，并最大限度降低电力系统故障和安全事故发生率，从而可以更加柔性灵活的方式提高整个电力网络的运行效率。

　　能源元宇宙的最终形态是一个能源元宇宙生态圈。能源元宇宙三大阶段一同作用将为能源行业带来感知、优化、创造三个维度的综合能力提升，加速能源行业的虚实协同发展进程。未来能源开发、生产、供给、使用、存储和交易等环节的各个市场主体将在能源元宇宙中开展深度合作，共建能源元宇宙生态圈。在促进能源行业发展的同时，能源元宇宙生态圈也将影响并辐射更多其他行业，通过建立更加开放的元宇宙数字孪生数据平台，能源元宇宙可以协同处理其他相关行业的相关数据，并使用仿真优化技术为产业协同发展提供新的解决方案，进一步赋能实体经济。

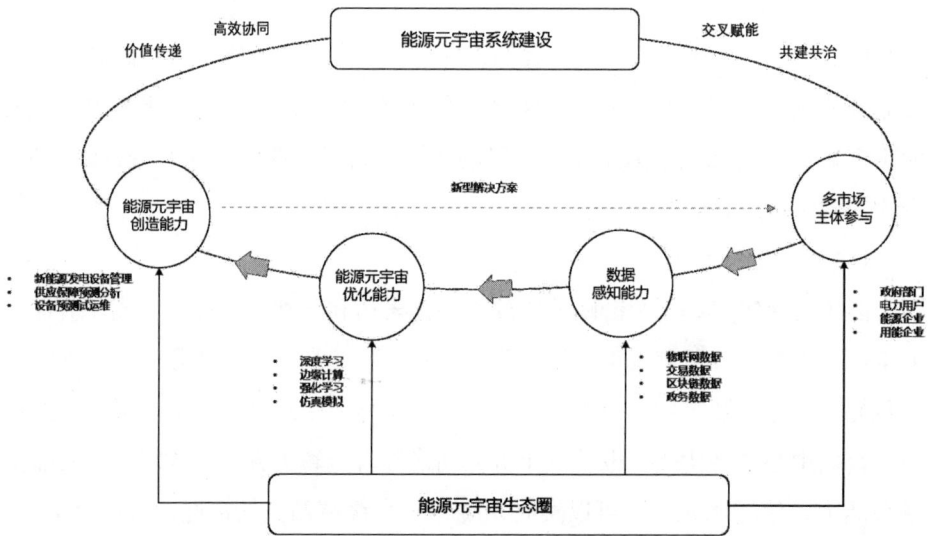

二、能源元宇宙建设架构

　　能源元宇宙的核心价值之一在于用全链路的数据驱动能源企业提升运维能力和智能化水平，并产生全新的解决方案，同时也可促进能源企业之间在协同输电、低碳减排、智能管理等方面展开更加深入的合作。能源企业建设能源元宇宙可从数字孪生洞察能力、数字伴生闭环优化能力和数字原生自主决策能力三个方向发力，支撑能源行业的高质量发展。全面态势感知对应数字孪生；自组织与自适应、虚实共变对应数字伴生；知识自动化对应数字原生。

（一）数字孪生建设

建设能源元宇宙数字孪生步骤如下：

1. 应用先进的通信技术和物联网技术

在能源企业的生产设备中部署智能感知和智能传感设备并连通为物联网系统，可以为能源企业和能源元宇宙收集能源生产状态的集成数据，并在能源元宇宙为管理人员构建一个可视化运行场景，构成智能决策的数据基础。

2. 制定统一的信息标准和通信协议

目前能源行业各环节企业的数据系统相对独立，数据共享机制很不健全，导致能源行业存在大量"数据孤岛"。能源行业需要在能源元宇宙中建立一个统一的数据协同空间，促进能源企业已有的各种数据的汇聚、融合，为数字孪生提供数据开放协同能力。

3. 应用区块链技术和智能合约技术

这些技术可为能源元宇宙构建并提供数据可信认证、数据安全、数据隐私保护等多维度的数据保护机制。届时，能源企业可以在元宇宙中充分利用各种数字资产提供新型服务、产生新的价值，能源元宇宙的数据基础也会更加安全、可靠和健全。

（二）数字伴生建设

建设能源元宇宙数字伴生步骤如下：

1. 建设能源专家知识库

能源企业需要将产业中的行为决策和状态特征转化为人工智能可以理解的工艺数据、业务模型和决策规则，并将其汇总归集，从而通过这些知识信息构建起能源行业的专家知识库。这些宝贵的行业经验是能源产业与元宇宙深度结合的基础。

2. 建设仿真能力

能源企业需要对全链路中的每一个生产设备及每一个环节进行仿真建模，而且需要复刻模型的物理、化学机理。这些精准的仿真模型将为能源元宇宙提供仿真能力，并促使各种基于仿真优化的算法可以在能源元宇宙中高效运行。

3. 建设优化能力

能源企业需要在仿真环境和专家知识库的基础上训练能源元宇宙智能系

统，直至产生可以部署在生产设备和相关环节中的边缘计算算法。企业需要使用能源元宇宙不断实时重现工厂的运行状态，并在此基础上不断对比智能系统的预测结果和现实世界中的企业真实情况，持续优化智能系统的决策能力。同时，在部署边缘计算后，企业需要让智能系统在运行过程中不断闭环迭代。最终，能源元宇宙智能系统可以集成整个能源企业的工艺过程和业务全流程，为企业提供实时、全局优化服务。

（三）数字原生建设

建设能源元宇宙数字原生步骤如下：

1. 建设整个能源行业的自动化决策中心

企业通过引导能源元宇宙的自主学习、自主分析、自主决策的能力，让能源元宇宙从通过经验和主观判断的决策模式，提升到根据仿真结果自主客观判断的决策模式。能源元宇宙将不再按照历史主观指令制定决策算法，而是自主地根据仿真建模情况建设智能决策机制。

2. 培养能源元宇宙实体经济自主洞察能力

使用实体经济中各种数据训练针对性智能算法，最终可以使其对实体经济的情况产生独特洞见，并将能源元宇宙的智能能力影响辐射到更多的行业。例如通过分析交通运输电力指数（TEI），综合孪生铁路、公路、航空、水运等场景的用电数据，产业元宇宙可以超前洞察其他相关实体经济的活跃度。

3. 研发新型硬件设备

能源企业需要研发各种柔性硬件设备和模块化硬件设备，以承载数字原生阶段中爆发的大量创造能力。例如在新能源行业，通过研发可以自由移动和变换姿态的光伏发电装置，能源元宇宙就可以按照天气信息调整发电装置的位置与姿态，提高整体光能利用率。

三、能源元宇宙主要特征

从整体和功能上看，能源元宇宙具有以下主要特征：

（一）全链路数字化

要建设能源行业功能完整的产业元宇宙，必须收集能源开发、生产、传输、分配、消费、存储和交易等环节的全部信息数据，并结合相关产业和社会信息（如特殊节日用电量的变化、交通行业活跃情况），提供数字伴生和数字原生能力所需的数字基础，才能形成全链路数字化格局。

（二）管理智能化

不断发展的人工智能技术，将驱动产业元宇宙为智慧能源提供全方位的智能解决方案。（1）在生产环节，可以提供高效的产能策略（如最大化利用光伏发电中的光能）。（2）在传输环节，可以提供全天候设备监测（如能源管网数字孪生监测）。（3）在分配环节，可以提供柔性灵活的调度规划（如全链路电力协同管理）。（4）在消费环节，可以提供绿色用能方案（如能源消费结构优化、绿色建筑运维服务）。（5）在存储环节，可以辅助研发新型储能设备（如新型半导体电池研发）。（6）在交易环节，可以提供安全透明的交易环境（如区块链能源交易所）。

（三）绿色低碳化

绿色低碳是能源行业的一大重要发展趋势，产业元宇宙将为能源行业提供各种绿色安全、开源节流的解决方案。由数字伴生技术催生的石化能源低碳开采策略、能源供应效率仿真优化、电力设备智能运行策略等新功能，不仅可以减少能源在生产、运输和使用过程中不必要的浪费，而且可以通过数字原生阶段诞生的新型硬件设备，推进能源行业转型升级，提高整个行业效能。同时还可以通过促进新能源产业发展，进一步调整和优化能源结构，提供更多绿色低碳的供能模式。

（四）安全可信化

产业元宇宙也可以为能源行业生产和运行提供安全可信的保障。能源元宇宙将结合企业实际运行情况、设备历史与实时数据、模式识别算法等，全天候监控设备的安全情况，并通过预测未来可能发生的异常事件及生产事故，有针对性地制定预案，提供一系列解决方案。在能源行业应用区块链技术，还可为元宇宙中运转的数字资产和智能模型提供新型安全保障。

四、能源元宇宙关键技术

产业元宇宙中爆发出的基础技术与能源行业的真实需求相结合，将产生一系列能源元宇宙关键技术，包括硬件技术和数字技术。这些技术将加速推动能源元宇宙发展，并使其不断推出新服务、创造新价值。

（一）能源元宇宙基础硬件技术

1. 新型电力电子技术

新型电力电子技术可以在能源产业的全链路(发电、输变电、配电、用电、储电、交易）发挥作用，并为能源元宇宙的数字伴生、数字原生能力提供基础硬件支撑。(1) 在发电环节，部分新能源电力（如风力发电、光伏发电等）难以直接并入电网，需要采用高效的电力电子转换技术将其转化为交流电，才能更方便、更高效并网。(2) 在输变电环节，使用智能大功率电力电子设备可以显著提高长距离输电时的线路输送水平、电网供电可靠性、电网安全防御能力和电网互联传输效率。(3) 在配电环节，各种新型电力电子配电设备（如分布式电源、微电网、柔性负荷等）将提供"即插即用"的接入能力，这是及时部署能源元宇宙解决方案的重要基础。(4) 在用电环节，随着各种新型配电设备的出现，也需要新型的电力电子用电设备来承载未来分布式的供电方式。与此同时，能源元宇宙也可以通过这些新型设备，为全链路相关关键环节提供更加智能的节能方案。

2. 新型半导体

未来能源元宇宙中诞生的各种新型解决方案，需要新型电力硬件设备来承载。作为构成这些能源设备的核心材料，新型半导体的应用需求也将随之增加。为了实现未来能源行业高效运行、能源的高效利用，能源的输送与控制必须向着更加安全、稳定、智能、高效的方向发展。然而目前的硅基电子电力设备基本已经达到了材料的物理极限，无法满足未来大规模能源生产、传输过程中的种种新要求。第三代半导体电子电力设备（以碳化硅为代表）在高压、高温的环境中都有着出色的运转能力，并且可以大幅度增加电子设备的能量密度。可以预见，这些新型半导体的大范围应用将为能源行业全链路各环节带来颠覆式变化。

3. 物联网（IoT）

随着分布式能源网络不断发展，产业元宇宙要感知、传输收集和分析各地的能源设备中蕴含的数据信息，必须借助物联网技术。用物联网统一管理能源产业全链路的各种设备，可以更加高效地感知能源网络每一个环节的运行状态，并且可以及时、智能化部署各种优化策略和维护方案。随着物联网技术日趋成熟，我们可以在能源设备中大规模嵌入物联网传感器与控制器，构成能源元宇宙与物理世界之间双向连接、闭环迭代优化的基础。

（二）能源元宇宙基础数字技术

1. 区块链

能源元宇宙应用区块链技术主要解决两个关键问题：

（1）可信能源交易问题。区块链分布式账单能够保证每一条交易数据可溯源、可追踪。目前能源市场中已经出现了各种数字交易服务（如电力交易、碳排放量交易），使用区块链技术可以为能源交易创造一个更加公开、透明、可信的市场环境。

（2）数据信息标准认证问题。建设完整的能源元宇宙生态，必须具备数据资产交易服务功能。由于能源行业涉及大量专业性很强的业务场景，如果各个企业针对这些场景的数据资产标准不统一的话，整个数据资产交易生态一时就难以建设。要快捷搭建能源元宇宙系统，加快数据资产交易平台建设，促进数据资产及其拥有者获得新的增长空间，就必须解决数据信息标准认证问题。使用区块链智能合约技术可以为数据资产提供信息标准认证服务，保障整个能源元宇宙生态的正常运转。

2. 遥感技术

能源行业设施遍布全球各地，要获取完整的数据资产，必须使用遥感技术监测收集分布在各地的能源网络数据（如高压电网全天候监控）、气候信息和地理信息等。各个地区不同的气候环境也是决定可再生能源网络能否稳定运转的重要因素。使用遥感技术可以快速地掌握不同地区的地理、气候及其历史等信息，提升能源元宇宙的感知能力与感知范围，并结合元宇宙仿真模拟算法，准确地预见各地的真实气候状态，寻找适合部署的可再生能源场景，真正实现全天候全球能源相关数据信息实时捕捉，推进能源元宇宙转型和绿色能源发展。

3. 多场景仿真技术

多场景仿真技术，是指能源元宇宙需要针对各种能源生产情景和生产过程的物理机理、化学机理进行针对性仿真。

（1）情景仿真：通过收集卫星遥感数据、物联网信息数据和信息系统数据，实现对能源生产情景的三维可视化仿真。能源企业可以通过这些可视化仿真对各种偏远能源生产场景（如山区高压电供电网络、海洋风力发电集群等）开展实时监测，确保各种运行策略符合实际情况。

（2）物理机理仿真：能源行业中的大量场景仿真工作都涉及多物理场仿真技术，企业需要为能源元宇宙提供声、光、电、磁、热等物理机理的全方位物理仿真能力。而使用传统的数值仿真算法难以达到能源元宇宙要求的速度，因此，需将人工智能技术与物理机理仿真进行有机结合，以加速仿真过程，提高能源元宇宙仿真优化能力。

（3）化学机理仿真：无论是能源开采、能源加工、传输，还是新型硬件开发过程，都需要对各种化学性质进行仿真。例如在对管道腐蚀情况进行预测分析的过程中，原油对管道的腐蚀速率和各种保护措施（如阴极保护）的效果需要能源元宇宙仿真系统实现精准复刻。

第二节　能源元宇宙应用价值

能源元宇宙的应用价值体现在其对产业经济的赋能作用。这种赋能主要是通过各种开放平台释放企业已有的技术能力、数据资产和先进策略，促进整个能源行业技术升级、产业进步、智能化水平提升和高质量发展。这里重点介绍能源元宇宙为能源开采型企业和供给型企业带来的新价值。

一、能源元宇宙助力能源开采

能源开采行业是高危行业，也是重资产行业。企业一旦发生安全事故，轻则延误生产、造成财务损失，重则发生火灾爆炸等事故，并因此可能造成大量人员伤亡。能源元宇宙将通过数字孪生和数字伴生等技术，助力企业实现最优化的资产管理和生产运行，将各类事故和风险降到最低，促进能源开采行业绿色、安全和高质量发展。(1)数字孪生技术将自底向上收集、分析每一层级(如设备级、系统级、成体系统级等)的信息数据，为企业提供全生产环节（如原油开采、催化裂化、加氢裂化等）和全业务流程（如采购、供应、生产、销售等）的全天候数据洞察能力。（2）数字伴生技术将自顶向下仿真分析全链路数据智能决策，为企业提供业务系统级（如智能计划、智能调度等）和生产工艺级（如生产过程优化、生产策略优化等）的智能解决方案。

（一）数字孪生对能源开采的价值

能源开采行业具有非常复杂的资产设备和运输系统，需要企业着重培养对应的数字孪生能力，以实现对信息的感知与洞察、应用。

（1）初级的数字孪生，要求能源开采企业使用物联网连接所有生产设备，确保能源元宇宙可以感知、捕获收集每一台设备的运行情况。同时，有必要综合分析能源开采企业的数字系统（如企业资源管理系统、供应链管理系统等）中的信息数据，确保能源元宇宙可以仿真每一条真实业务信息，为智能生产调度提供基础。有了上述基础，在数字孪生的初级阶段，能源开采企业就可以通过能源元宇宙获得所有业务的透明化高效管理能力。

（2）中级的数字孪生，要求能源开采企业针对整个工厂的物理信息进行收集与仿真。这通常需要将能源开采企业已有的专家知识体系融入数据信息收集的全过程，有的甚至需要企业开发专门的传感器捕捉特殊信息（如实时捕捉石油管道的厚度信息用于计算腐蚀程度等）。在数字孪生的中级阶段，能源开采企业可以通过能源元宇宙全天候监控资产设备的物理运行状态。一旦出现异常，企业可以快速反应、及时处置。

（3）高级的数字孪生，要求能源开采企业协同建设企业信息网络，打通企业之间的数据壁垒。通过共建历史数据库和专家知识库，能源开采企业可以为能源元宇宙解决训练集生成等问题。在数字伴生阶段，各种智能系统不再只围绕一家企业的历史记录进行人工智能学习和模式识别，而是系统地学习整个能源开采行业的经验与知识，从而打造更强的智能决策能力。在数字孪生的高级阶段，各企业通过能源元宇宙实现数据共享、信息协同，一同走向智能化发展之路。

（二）数字伴生对能源开采的价值

提高能源元宇宙数字伴生能力，可以为能源开采企业提供智能排产、运维管理、产能预测等重要服务。

（1）初级的数字伴牛，要求能源开采企业针对性训练能源元宇宙智能系统，使其可以依据复杂的业务需求和生产实际，实时调控开采工厂的生产策略。① 能源元宇宙可以在生产低谷时，智能安排检查、维修等工作，以保障设备安全运行。② 能源元宇宙可以在生产高峰时，优化整合整个企业资源，制定高效的生产方案。此时，能源元宇宙已经可以为能源开采企业提供智能系统管理和生产策略优化等服务。

（2）中级的数字伴生，要求能源开采企业在工厂物理机理仿真的基础上训练设备异常模式识别算法，使能源元宇宙可以全天候监控设备运行情况，并提早预警异常状况、险肇事故；此外，还可以仿真生产过程，洞察所有可能损害设备的错误行为和生产过程，避免员工的错误操作对设备造成的损伤，提高企业整体安全生产水平。在数字伴生中级阶段，能源元宇宙已经可以胜任运维管理工作，在保障企业设备安全生产的前提下减少企业的运维开支。

（3）高级的数字伴生，要求能源开采企业针对性训练预测性模型。能源元宇宙将结合历史数据和实时捕捉的种种物理信息，对未来生产状况及产能进行预测，实现企业智能管理。企业可以通过数字孪生高级阶段的预测能力，优化业务过程，提高智能化水平，提升企业整体运营效率。

二、能源元宇宙助力能源供给

将直接开采得到的一次能源（如煤炭、石油、天然气等）转换为可以方便使用的二次能源（如电能、热能等），是传统能源供给企业（以下简称供能企业）的核心业务。当前，大量的新能源企业逐渐加入供能企业的行列，它们可直接将自然能源（如光能、风能等）转化为二次能源。在能源供给环节，无论是传统供能企业还是新能源企业，都能通过能源元宇宙获得增值。

（一）能源元宇宙对传统供能行业的价值

能源元宇宙发展离不开各种基础设施的建设，供能企业可从数字基础设施布局、硬件基础设施布局和基础服务能力布局三个维度入手，推进能源元宇宙基础设施建设，加快构建能源元宇宙生态圈步伐，并带动供能产业快速进入元宇宙时代。

要加快构建能源元宇宙，可加快供能企业数字孪生技术推广、应用。数字孪生技术可以对发电、输电、配电、用电、储电、交易等环节进行统一表达，同时利用元宇宙技术对能源管理系统、调度控制系统和能源交易系统中的多模态数据进行融合升级，为能源元宇宙生态圈建设打下基础。在大力推广使用数字孪生技术的基础上，企业要结合能源行业实际，着力培养各种智能技术，使用深度学习、强化学习、可信人工智能、仿真优化等先进智能技术，为能源元宇宙构建数字伴生智能基础提供全方位的智能解决方案。例如提供能源资产全生命周期管理服务，建立从规划设计、建设到运行、检修的闭环优化管理等。

可大力发展产业元宇宙的硬件基础设施，为全链路生产设备提供物联网能力。能源系统存在大量的传感设备（如电表、水表、感光芯片、流量计、红外传感器等），为了让能源元宇宙覆盖供能、用能设备，并且实时感知与分析全链路的设备运转情况，需要对这些设备的数据进行统一集成。通过物联网系统基础接口，产业元宇宙可以通过数字伴生技术，对全系统资产运转进行分析，做到全天候精准提供针对性优化策略。同时，也可以通过实时感知实际设备运转状态，持续提升优化能力，为企业提供数字伴生闭环优化能力。

能源头部企业在积极投入产业元宇宙基础设施建设的同时，也会积累大量基础服务能力，形成产业元宇宙发展优势。头部企业可以发挥先行优势，加快建设能源元宇宙开放服务平台，为中小型能源企业和其他用能行业及时提供仿真数字资产交易服务、物理资产管理服务、电力调度优化服务等产业元宇宙基础服务。同时能源元宇宙的数据可信认证服务机制，可以保证未来能源元宇宙开放数据的安全性与可溯源能力，为相关企业协同创新提供可信保障。这些基础服务能力的积累将促进能源产业全方位实现元宇宙转型，同时从电力服务、能源管理、生活服务、社会治理和环境生态治理等多个维度，助力其他行业实现绿色低碳发展。

（二）能源元宇宙对新能源行业的价值

能源元宇宙可以为新能源产业提供全天候的实时运行监测和智能决策服务，解决目前新能源企业因为部分历史信息缺失、规划布局欠科学、协同能力差等因素带来的种种问题，促进新能源行业的高质量发展。

新能源行业，不仅因为分布式发电装置而存在布局分散、发电时间不连续、发电质量不确定的问题，而且因为新能源企业点多面广，往往给分布式设备的监测带来一定的困难。以上现状不改变，不仅会导致电力调度策略和发电设备运营模式的偏差，还将导致整个监管系统时效性差，大量优化策略与运维决策不能实时下达，也难以突破新能源发电入网方面存在的顽疾。

能源元宇宙可以大大改善、缓解这种状况。（1）通过在各种分布式能源设备中嵌入物联网系统，建立一条物理世界和能源元宇宙系统之间的双向数据通路，实时收集各分布式设备的运行数据，能源元宇宙提供的优化策略就可以实时下达。（2）通过数字伴生仿真模拟技术，优化各分布式发电设备并入电网的能力，可以提升电网末端电能质量。（3）通过仿真各种环境下新能源设备的发电情况，可以对其间断式发电情况进行预测性评估，提前调整电网调度策略以保障整体电网的稳定运行。

随着能源元宇宙智能程度的进一步提升，数字原生技术将为新能源行业带来新的洞见与解决方案。各种可再生能源的供能效率，往往与发电设备所处的环境息息相关；在供电困难的偏远地区，通过精准仿真整个地区相关环境信息，并使用新型人工智能算法（如强化学习），能源元宇宙将自主生成最佳的分布式发电设备的部署与运行策略，为偏远地区构建稳定、绿色的能源供应体系。同时，承载数字原生能力提供的多样化解决方案，需要发展更加灵活的发电设备，因此可以预见，更加柔性的分布式能源设备将是新能源行业的下一个发展方向。

三、能源元宇宙助力综合能源服务

综合能源服务主要指将多种能源体系（电能、热能、石油、煤炭、天然气等）纳入统一协同调度管理，并提供相应服务。能源元宇宙的主要优势就是可以为能源体系提供综合协同管理和服务，促进各能源供应主体互补互济，从而提升能源行业的综合能源使用效率。

数字孪生技术可以打通各能源主体间的异构数据，实现企业间的数据协作和共享。数字伴生技术可以智能产生能源调度算法，通过仿真整个社会的综合能源使用情况，可以在各能源主体间灵活调度、配置生产资料，实现多元化智能化错峰供能模式。数字原生技术可以自主开发新型供能线路和供能设备，实现各种能源形式根据需求（如供热需求、供冷需求、供气需求、电力需求等）自由转换，有效解决能源需求低谷或高峰时供需难以匹配的问题。这种综合调度策略和智能服务，可以催生两种新型商业模式：在能源元宇宙生态圈下的能源交易所和电力算力融合中心，持续为社会创造新的价值。

（一）能源元宇宙能源交易所

随着开放共享的能源元宇宙不断完善，为保障各方能够在能源元宇宙生态圈中协同发展，一个可信可靠、开放共享的能源元宇宙交易平台必不可少。企业在使用能源元宇宙过程中产生的各类数字资产，可以通过这个交易平台产生二次价值。同时能源行业已有的电力交易系统和碳交易系统都可以嵌入产业元宇宙交易体系，并结合区块链等技术，一同打造开放、透明、安全、可信的能源数据交易环境。让更多的企业可以直接享受能源元宇宙带来的数智化能力和资源优化方案。

能源元宇宙可以为能源交易提供中台级、功能级服务并通过元宇宙渠道服务的方式连接整个能源生态圈。

1. 中台级服务

中台级服务指的是能源元宇宙通过应用区块链等信息技术，为能源交易提供数据保障。建立能源元宇宙交易中台，可以为各企业提供公开透明的交易环境，同时利用区块链技术也可以确保为每一笔能源交易提供全流程数据溯源、追踪和保护。这些中台级服务为能源元宇宙中的数字资产（如三维模型、开发工具、解决方案等）开展价值评估、权限管理和可信认证等服务，形成能源交易生态圈良性运转的基础。

2. 功能级服务

功能级服务主要针对能源行业的各种交易模式展开。（1）针对个人用能客户提供能源现货交易服务（如电力缴费服务），通过分析个人用电习惯，可以预测电力消耗速率及时提醒客户缴费。（2）针对企业的大宗能源期货交易服务，能源元宇宙可以根据各企业间的能源交易合约及其他实际情况，智能调配能源资源实现订单交付。（3）针对碳交易服务，通过提供智能分析，预测每个企业的碳排放情况，帮助企业制定最优碳交易策略。（4）针对数字资产的能源元宇宙交易服务，通过智能合约构建统一的数据资产标准，确保企业在不受各种异构数据影响的情况下，方便使用其他企业的数字资产。

3. 渠道级服务

未来无论是使用门户网站、智能手机还是各种新型交互设备（如虚拟现实头盔），各交易主体都可以通过各种智能硬件设备与用户产生交互，实时接入能源元宇宙交易平台，并且还能保障各种渠道之间的数据不会出现延时差异。在能源元宇宙的加持下，用户可以用各种渠道和方式，连接统一的能源交易系统，体验智能快捷的交易服务。

（二）能源元宇宙电力算力融合中心

能源元宇宙的大量基础设施需要数据中心的算力支撑，而大型数据中心本身是用电较为集中的环节，这种相互关联的用电结构将催生算力资源与电力资源有机结合的商业模式。产业元宇宙的发展也需要电力资源与算力资源相支撑，因此，能源企业在建设能源元宇宙基础设施的同时，应积极与互联网公司协同合作构建电力算力双引擎，加快各行各业应用产业元宇宙的步伐。

在数据中心的建设过程中，可以发挥各种分布式可再生能源在支撑算力提升方面的积极作用，反过来算力提升也可反哺可再生能源创新的新型生态体系，形成互相促进的格局。未来数据中心与变电站集成的能源枢纽将成为一种趋势和主流，变电站作为电网传输的核心节点，围绕其构建数据中心，一方面可以更加高效地实现电力向算力的转变，另一方面可以将空闲的算力用于计算提升变电站运营效率的优化策略，实现算力向电力的反向转化。这种模式将在

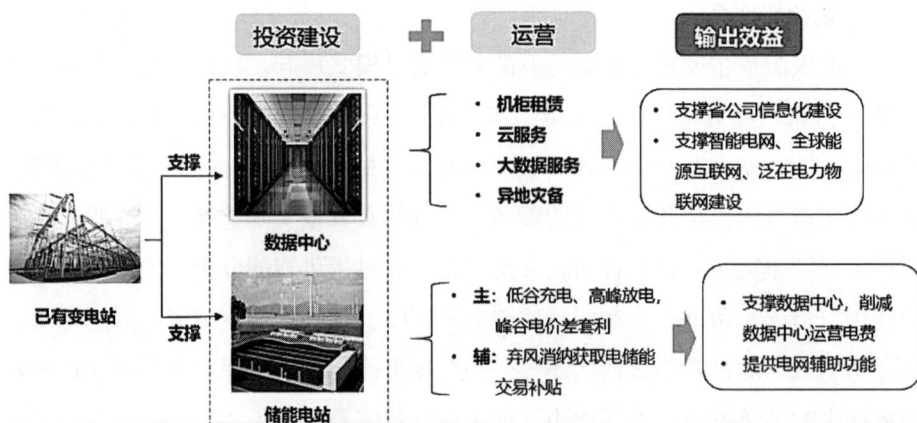

资料来源：国家电网编制的《能源数字化转型白皮书》。

电力和算力互促互济的螺旋式上升过程中，不断完善和优化电力算力融合中心，有效推进产业元宇宙高质量发展。

在能源元宇宙统一高效调度下，积极发挥电力算力融合中心作用，不仅可以提高整体电力算力网络的运行效率，充分捕捉全国各地的算力需求和电力需求，而且还可以统一分配与优化转换产业元宇宙需要使用的电力资源与算力资源，提升数据中心能源稳定性、可靠性，减少能源浪费。而数据中心具有的边缘处理能力、云计算能力和人工智能分析能力，也将为能源元宇宙的各个环节提供更加优质的解决方案。

四、能源元宇宙应用实例

未来，大型能源企业建设能源元宇宙体系将成为世界潮流；目前在世界各地已经有许多先驱企业率先开展构建能源元宇宙。这些企业数字化转型的成功案例可以看作是产业元宇宙在能源领域的先驱实例，将为其他行业提供实践经验和产业元宇宙建设启迪。

（一）廊坊数字孪生热电厂

廊坊热电厂应用数字孪生技术升级改造之前，原有的信息化系统已经无法满足日益增加的精细化、智能化管理需求，原有系统存在业务覆盖面窄、系统未连通、数据质量差等问题。为满足公司发展需求，廊坊热电厂开展全面数字化转型建设。

1. 转型过程

廊坊热电厂使用数字孪生技术，逐步为电厂的各个业务层级提供了相应的数据洞察和数据分析服务。

（1）转型初期，廊坊热电厂结合实际需求和各种新型数字技术（如云计算、大数据、物联网等），大力改造电厂原有的信息化系统，以"云边结合"的方式将整个电厂的全链路数据云端化，实现了对所有业务流程的数据互联，为电厂提供了全天候安全生产监控、智能数据洞察、人员定位监控等数字服务。在此基础上，使用多级融合建模技术在数字世界构建了一个高精度的电厂实时仿真模型，用新兴数字技术整合电厂的全部物理信息与社会信息，打造了仿真优化的基础。

资料来源：中国电子技术标准化研究院编制的《数字孪生应用白皮书》。

（2）转型中期，完成了全电厂设备的物联感知能力建设，技术人员使用数字孪生平台和设备物联网系统，可以便捷地洞察整个电厂的运行状态（如热电厂发电量、设备接线逻辑等），并且可以实时下达各种生产指令。人员定位监控系统，通过移动端应用软件实时精准定位人员位置，再使用三维立体建模方式重现整个工厂的状态，可以直观展示整个电厂工作人员相关状态。有了这些基础，安保部门可以高效掌控整个电厂人员情况。

（3）转型后期，电厂收集整理各种设备的历史数据，构建了企业设备生命周期数据库，实现了对设备全生命周期智能管理。借助该数据库训练模式识别算法，通过监控各种设备的运转参数，企业可以做到对设备异常运转及时预警，维修人员可以快捷找到异常发生点，并展开及时维护，避免事故发生。同时使用数字孪生编码技术建设电厂知识图谱，为管理人员提供更加完善的信息搜索手段（如时序关系搜索、空间关系搜索、逻辑关系搜索等），提升管理团队的管理效率和准确度。

2. 转型结果

廊坊热电厂的数字化转型将整个电厂的物理信息全面模型化、生产环境数字化，并在此基础上建成了一个可视化的数字孪生电厂，生产人员和管理人员针对各个业务场景，可以更加高效地下达优化指令或调度策略。同时连通电厂的全链路数据，打破原有信息系统之间的"数据孤岛"，也为人工智能算法训练提供了更加完整的数据集，让智能系统可以产生更多新的数据洞察，提供更多的智能决策。数字孪生升级的整个过程，为廊坊热电厂每一个业务流程进行稳定、高效、有序运行打下了坚实的基础。

（二）Doosan 公司风力发电数字孪生系统

Doosan（斗山）公司是一家韩国可再生能源公司（主营业务是风力发电），已经建设了较大规模的海上风力发电群，目前还在不断扩大规模。由于大部分发电设备架设在海上，所以只能使用远程控制系统对风力发电场的运行进行调节，这为 Doosan 公司打下了很好的物联网设备基础。为了对发电量和设备运维进行全天候监控和预测，Doosan 公司使用微软云服务平台（Azure）搭建了自己的风力发电数字孪生系统，并开展了运行状态监测和发电量预测两大核心服务。

1. 运行状态监测服务

利用微软云服务平台上的数字孪生工具，Doosan 公司结合自有的物联网设备，快速构建了整个风力发电集群的数字孪生场景。同时打造了两套仿真监控系统，一套是通过机器的实时运转数据，仿真电力集群的真实运转情况，另一套是通过人工智能算法分析实时环境数据，预测每个时点电力集群的运转情况。当两组仿真结果出现偏差时，工作人员就会排查设备是否发生故障需要修理，并同时完善人工智能算法训练更加准确的预测模型。这种对比型监测系统可以全天候感知设备的运行情况，同时为 Doosan 公司快速积累数字伴生阶段需要的针对性智能技术起到了关键作用。

2. 发电量预测服务

Doosan 公司为给整个韩国电网提供稳定的电力供给，需要精准预测未来一段时间的发电量，并实时调整输配电设备，以保证线路和供电的稳定性。依靠天气预报信息和在运行状态监测服务中训练的人工智能模型，Doosan 公司能够预先得到未来数天的发电量预测。摒弃传统的用经验和主观认知驱动的人为控制系统后，这种新兴的发电量预测服务，不仅可以为 Doosan 公司避免一大笔因为设备空转或设备过载带来的损失，而且还可增强其对整个风力发电集群的控制能力，成为 Doosan 公司这些年稳健发展的基础。

第三节　能源元宇宙实践分享

能源行业涉及面广，接下来将重点介绍能源元宇宙的实施思路和在能源开采领域与新能源领域中不同的实施方法，以及实施过程中的风险解决经验。

一、能源元宇宙实施思路

能源元宇宙主要立足于现有的能源数字化基础，提供更加智能的产业元宇宙数字孪生、数字伴生与数字原生能力，推进能源行业转型升级和高质量发展。要有序推进能源元宇宙的实施，需要统筹以下三步走战略：建设能源元宇宙基础设施、培养能源元宇宙数字技术和提供能源元宇宙产品服务。基础设施是数字技术发挥作用的前提条件，成熟的数字技术又能转化为产品服务，从而能为企业带来新的商业模式和价值增量。借助这些技术和服务，不仅可形成全新的能源市场格局，而且还可进一步辐射相关产业经济和区域经济，推进产业元宇宙的发展和推广。

（一）建设能源元宇宙基础设施

在能源元宇宙生态中，全链路数据可左右能源企业的生产活动，是名副其实的关键生产要素，因此对物理信息和社会信息的利用水平和效率可以用来衡量一个能源元宇宙的能力。为此，建设能源元宇宙基础设施，就要从增强企业数据洞察能力和利用效率入手，构建全链路、全环节数据的统一语义空间，提供能源元宇宙的数据基础。

1. 建设新型信息模型

能源行业并不缺乏针对各个环节的信息管理系统，但是由于各个系统之间往往存在着不同的信息模型，因而导致系统之间互相割裂，无法进行协同合作。为了打破这些"信息系统孤岛"，需要构筑一个新型的信息模型标准，将能源行业中的大量多模态异构数据进行集成处理，构建统一的能源元宇宙语义空间。

2.建设资产物联网系统

在日常运行中，能源行业物理资产会产生大量数据信息，有些因为容易观察而可以被实时捕捉（如实时发电量），但也有些数据因为难以直接观察而被忽视（如设备运行温度）。如果在各个环节大规模部署物联网系统，能源企业就能比较方便、快捷地发掘过去因为难以洞察而被忽视的各种数据，大大提升企业的数据洞察能力。例如部署物联网温度传感器和压力传感器，能源元宇宙可以全天候监测设备资产的运行状态，当异常发生时，能及时预警。

3.建设新型通信协议

随着企业对数据的洞察与集成能力的提升，能源元宇宙中流动的数据规模将逐渐增加（目前一些仿真模型已经达到了 TB 或 PB 级）。企业要想高效处理这些不断增加的数据，必须结合 5G 或者 6G 技术构建新型通信协议。

4.建设智能决策系统

能源元宇宙将实时产生大量流动的数据，如果仅靠人工处理，显然是无法被有效利用的。能源企业需要积极推广应用先进的人工智能分析算法（如超级深度学习、深度强化学习等），结合能源行业已有的知识储备与生产经验，构建能源元宇宙独有的智能决策"大脑"。作为未来能源元宇宙的智能中枢，该决策系统将最大化地利用能源元宇宙中的各种信息数据，实时分析全链路的运行情况，并为其提供优化方案；也可自主仿真模拟各种可能出现的突发情况，形成应急解决方案库；甚至产生自主学习、自主设计功能，建设和运营更加高效绿色的新能源电厂。

（二）培养能源元宇宙数字技术

随着人类大步迈入数字经济时代，各种数字技术日新月异、层出不穷。要将这些数字技术中孕育的巨大价值引入能源元宇宙中，就必须将新兴技术与既有业务进行有机融合。目前人工智能技术、物联网技术和云计算等相对成熟的数字技术已经在实体经济中得到广泛的应用，能源企业未来将重点着眼于如何培养区块链技术、北斗遥感技术和新型仿真技术，以便为构建和完善能源元宇宙生态圈提供支撑。

1.培养区块链应用技术

能源元宇宙的建设与扩展，必然要求各能源企业之间的数据可以方便连接、共享，并产生新的价值。在这个过程中，最核心的工作是保护数据的安全性与可靠性，防止数据在传输过程中丢失或遭到恶意篡改。而具有分布式存储、去中心化的区块链技术，通过把数据同时存储于各能源主体上，从而为能源元宇宙提供数据保护、数据溯源和数据认证等数字信息业务。要培养可以供能源元宇宙使用的区块链技术，必须以问题为导向，循序渐进地构建高效、适用的区块链技术体系。(1)构建多主体区块链信息标准。未来能源元宇宙的使用者和建设者将来自各个行业（如新能源汽车行业）。多行业之间的异构信息，必然需要统一的信息标准。我们通过将信息标准以智能合约的方式嵌入能源元宇宙区块链系统，可以确保入网数据的有效性和协同性（不符合智能合约的数据无法被区块链储存，不能入网）。也可以用同样的思路，构建未来的能源元宇宙数据资产交易标准。如此，各行各业在建设能源元宇宙过程中产生的数据资产（如仿真三维模型、开发工具等），其他企业可以直接、方便应用。在制定数据资产信息标准和交易标准后，可以搭建一个可信可靠的交易平台，以促进数据资产交易，并最大限度发挥其作用。(2)构建区块链隐私权限保障机制。要保障企业在区块链中分布式存储数据的隐私与安全不受侵犯，必须建立能源元宇宙协同企业间的互信、互助关系。为此，一要针对链上用户的多级权限进行管理，保证企业核心数据不会被恶意盗取，危害企业发展；二要允许协同合作的主体之间，在能源元宇宙公有链的基础上建立用于数据资产交易的私有链，再通过跨链通信技术使用可追溯的合约信息，保障交易主体的合法权利。

2.培养北斗遥感应用技术

目前我国已经基本建成基于"北斗"系统的电力服务网络。将该网络与能源元宇宙相结合，可以极大提升元宇宙对全球能源环境数据的实时感知能力。目前北斗系统已经可以提供厘米级乃至毫米级的精准定位服务，可以满足能源工厂建设选址仿真、能源基建设备运行监控、全天候智能调度监控等要求。能源企业有针对性部署遥感技术，可以为能源元宇宙提供更加精准的数据获取能力和方案执行能力。

可以预见，将来能源元宇宙除了使用物联网技术收集企业内部的设备运转信息外，还可以使用北斗遥感技术收集企业周围的各种环境数据，在数字世界中仿真更加精准的数字化能源工厂。而针对一些偏远地区，也可以采用先遥感

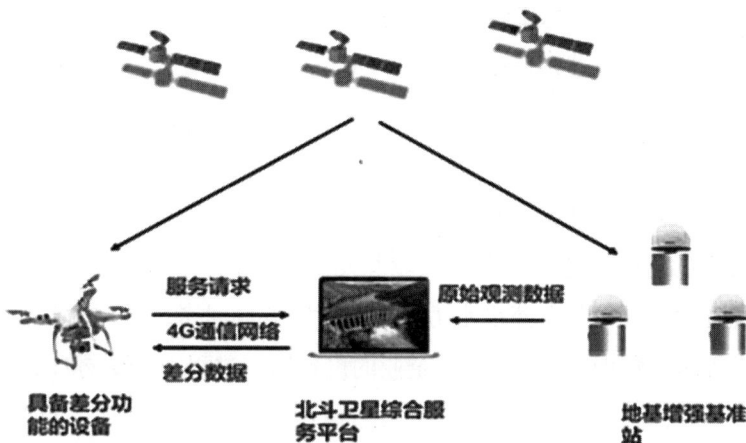

资料来源：国家电网编制的《能源数字化转型白皮书》。

观测仿真环境信息，再仿真优化设计施工方案，最后实地部署的方式，为偏远地区提供稳定的能源供给。

同时，北斗提供的高精度定位能力也可以支持无人机（或其他自动化设备）自主巡检。当能源传输设备被部署在人力难以触及的地区（如森林、高山等）时，设备的维护与监测可更多地借助自动化设备来完成。虽然能源元宇宙可以根据环境仿真提供设备维护解决方案，但是操控无人机精准实施具体的维护工作，还必须借助具有精准定位功能的北斗遥感技术。

3.培养新型仿真技术

培养能源元宇宙的数字孪生仿真能力需要从两个维度入手：一是培养高精度可视化互操作仿真技术，为元宇宙交互技术提供基础；二是培养高速人工智能物理机理仿真技术，帮助元宇宙快速重现能源场景中的物理机理。

（1）高精度可视化互操作仿真技术可以用于构建业务现场的精准数字化复刻，让员工可以使用交互设备（如虚拟现实头盔、增强现实眼镜等）沉浸式地进入业务场景，远程参与各环节业务。当然如果只是可视化复现一个业务场景还是远远不够的，还需要让员工在操控仿真场景中的数字模型时可以获得实时反馈，提高员工与仿真场景之间的互操作能力。在高精度可视化互操作仿真技术发展成熟后，员工将可以随时随地通过各种交互设备连接能源元宇宙，借鉴其积累的丰富的维修操作知识和优势，完成相关工作。例如，大型风电设备一般修建在海上，派遣人员进行实地运维非常困难，通过能源元宇宙中的高精度互操作仿真能力，借助新型远程维修设备，维修人员无须出海就可以快捷完成修理维护任务。

（2）高速人工智能物理机理仿真技术可以提高整个能源元宇宙的运转效率。目前传统虚拟仿真技术无法高速完成能源行业中各种复杂的多物理场信息的物理机理的仿真，这将大大降低能源元宇宙在数字伴生和数字原生过程中的仿真优化效率。例如，建设水力发电厂时需要同时考虑流体力学、电磁学、结构力学等多个物理场信息；石化企业的设备监测过程中需要同时仿真化学腐蚀、管线压力、热量分布情况等多个要素信息。因此，有必要通过训练对应的人工智能模型实现物理机理的高速仿真，提升整个能源元宇宙的智能决策能力，使元宇宙在遇到复杂问题时，也可以及时产生优化策略并高效完成数字伴生闭环迭代优化的过程。

（三）提供能源元宇宙产品服务

能源元宇宙完成基础设施建设和数字技术培养后，就已经进入一个功能相对完备的阶段了，有条件持续提升能源企业数字孪生、数字伴生和数字原生能力。当前，能源元宇宙生成的产品服务，已经有能力辐射到实体经济的各个角落，可以大力推进我国实体经济转型升级和绿色发展、高质量发展。

1. 能源元宇宙节能服务

能源元宇宙可以洞察用电企业的大量电力数据（如用电峰、谷时间，最高能耗设备等等）。在使用这些数据制定电力供给调度方案的同时，能源元宇宙也可以为用电企业提供智能化减排策略。这种节能服务拥有"开源"和"节流"两个维度：

（1）通过仿真用能企业的生产环境，能源元宇宙数字伴生能力可为企业提供分布式可再生能源供给方案，同时，根据整个生产环境的光照、风向、水利情况，帮助用能企业在已有的土地空间上，部署供能效率最高的新能源供能设备和新型储能设备。在企业用能低谷时，这些新能源设备，不仅可以确保供给企业的正常运转所需能源，而且还可以发挥为用能高峰反向储能的作用。这种为用能企业部署新能源供给设备，就是能源元宇宙"开源"性节能服务。

（2）研发新型用能硬件设施，使其兼具用能和储能功能，从而有效降低用能低谷期能源浪费。通过能源元宇宙数字原生能力，我们对这些新型新能源交通设备设计新的电动汽车充电用电策略，在用电低谷时，电动汽车在工作的同时可以作为整个电网的储能终端，并在用电高峰时将储存的电力反哺整个电网。这种在用电低谷时，使用新型用电设备来解决电力浪费的现象的方法，就是能源元宇宙"节流"性节能服务。

2.能源元宇宙远程运维服务

当前，各种供能和用能设备分散在社会的各个角落，故障排查和设备修理时，企业往往会耗费大量的时间与人力，同时还造成经济损失。借助能源元宇宙，能源企业可以为社会提供高效快速的设备维护服务，保障实体经济的高速稳定发展。

（1）提供快速排故服务。能源元宇宙可以自主仿真各种故障情况并构建独有的智能故障处理知识库。当用能企业发生能源供给故障（如电力中断）时，企业可以根据仿真情况快速找到故障发生的环节，减少企业在使用人力排查过程中产生的额外成本和经济损失。

（2）提供远程运维服务。过去，当故障发生时运维人员可能由于种种原因不能及时到达事故现场，不能对设备进行及时检修。通过研发新型维修设备和交互设备，维修人员可以使用能源元宇宙实时仿真能力实现远程运维。这种远程运维服务，可以有效避免等待维修人员支援、延误维修甚至停工停产等情况的发生。

二、能源开采领域实施思路

在能源开采领域，实施能源元宇宙的核心目的是打通现实世界和虚拟世界之间的壁垒，并充分挖掘、利用不断流动变化的物理信息和社会信息，为能源开采企业打造智能决策、实时部署和反馈优化的闭环迭代优化能力。在能源元宇宙建设过程中，企业需要从单元级、系统级和成体系系统级（SoS 系统）三个维度建设能源元宇宙系统。

（一）单元级维度建设

借助嵌入式技术、传感器技术和微机电技术，企业可以对能源开采领域的各种制造单元进行升级改造，实现全面感知整个企业的物理系统数据和信息系统数据。利用传感器网络和物联网通信网络连通所有设备单元，企业还可以使用数据整定和模型回归技术优化集成各类数据，同时采取序列控制、稳态检测等方法保障边缘计算模块的正确运行，实现智能决策、实时部署和闭环优化迭代。

（二）系统级维度建设

要构建能源元宇宙生态圈，重要的一个环节就是将能源开采生产过程产生的海量系统数据进行采集、储存和分析，最终为企业提供智能服务，提升企业的生产效率。为此，（1）建设能源元宇宙智能网络，以便连通物联网传感器、硬件控制系统、智能计算设备、网络终端等信息节点。（2）通过集成各个子业务系统中的数据信息（如工厂设备的设计文件、视频监控、生产过程数据等），实现整个企业数据、设备和系统实时连通。

（三）成体系系统维度建设

要发挥能源元宇宙的强大作用，重点要抓住以下三个方面：（1）需要综合仿真整个企业乃至整个行业，并提供全局优化。（2）需要能源开采企业打通所有的业务系统建设一个成体系的"系统的系统"，解决整个生产过程中参数复杂、环节工艺多、生产步骤耦合性高等问题。（3）在成体系系统的基础上，部署能源元宇宙仿真优化算法，实现全局优化。例如，当能源市场出现价格波动时，成体系系统级的能源元宇宙可以根据价格的变化及时调整生产计划和调度方案。

三、能源元宇宙新能源领域实施思路

在新能源领域，实施能源元宇宙的核心目的是在安全生产的前提下，最大化提高新能源发电设备的供能量，延长其使用寿命。

（1）在产能增长方面，借助能源元宇宙技术推动新能源企业不断增加对各种自然能源的洞察能力、预测能力，从而提高能源综合利用效率。（2）在设备运维方面，借助能源元宇宙技术，推动新能源企业加快建设全天候性能评估、设备调度管理和维护策略优化系统，并不断优化相关解决方案。接下来将以风电行业为例，介绍整体架构建设、数字孪生能力建设、数字伴生能力建设和数字原生能力建设的实施路线。

（一）整体架构建设

风电行业的设备运维成本和管理成本居高不下，是制约风能发展的主要瓶颈。因此，风电行业在建设能源元宇宙的过程中，需要立足于提升整个风力产业的数据洞察、情景预测、智能分析和自主决策能力，建设一个包含数字孪生、数字伴生和数字原生三个能力层级的能源元宇宙系统，以便切实降低企业运维、管理成本。

1. 数字孪生层

构建数字孪生层，有必要对风电设备大规模部署物联网数据收集和智能控制模块，以便实时采集风电设备在运行过程中的信息数据（如风机主控数据、变桨控制器数据、振动监测系统数据、变频控制器数据等），实现为能源元宇宙远程数据采样、设备运行参数管理和设备诊断分析提供信息洞察能力的目的。此外，还需要部署边缘计算系统，对各设备产生的原始数据进行实时分析和预处理，并用分布式计算的方法对关键信号和核心特征进行提取与分析。通过以上数据成果，并借助边缘计算算法的分析研判，可以对各设备单元部署控制优化和健康评估等智能解决方案。这些方案的实施，又能反过来进一步促进边缘计算算法的优化。

2. 数字伴生层

风力能源元宇宙的数字伴生层，主要实现仿真优化、预测性分析和智能决策三大功能。

（1）在仿真优化方面，通过在能源元宇宙中建设整个风机、风场环境的仿真模型，可以实现全天候风机运行状态分析和全生命周期状态监测管理。同时分别建立每个独立风机设备和整个风力发电群的仿真模型，再对比分析每个风机的运行情况与整体状况的区别，就可以对每一个风机设备的异常实现洞察，并实时提供运行优化方案。

（2）在预测性分析方面，先在历史气象数据和电力数据的基础上构建智能预测模型，然后利用仿真技术计算分析不同风机运行状态和不同风场环境下整个风电系统的发电效率和安全系数。这样就可以在异常状态发生前，对其可能造成的损失实现预测性分析，并提出相应的解决方案。

（3）在智能决策方面，风力能源元宇宙采取闭环优化的策略，根据实时风机效率、风机健康状态和风场状态数据优化调整风机运行策略，并根据部署后的实际结果持续训练决策算法，最终实现高效闭环决策。

3. 数字原生层

风力能源元宇宙将使用仿真能力和先进人工智能算法，自主发现新的管理模式和电厂建设方案。（1）风力能源元宇宙将模拟各种风场环境和各种风机运行策略组合，通过强化学习算法不断调优，最终自主决策，使用风场环境中整个风力系统运行效率最高的管理模式。（2）当风电行业需要扩展风电集群的时候，能源元宇宙可以仿真整个地区（甚至是整个地球）的气候环境，自主挑选风能利用率最高的地区和地点，智能部署新的风电建设方案，包括设备和发电规模等。

（二）数字孪生能力建设

（1）集成风力企业生产管理系统中的全部数据，并为企业提供可视化的数据分析和数据洞察界面。在此基础上，风力企业可以根据整个企业的物理信息（如风场实时监控数据、风机健康评估数据、风机集群发电量数据等）和数据信息（如电网运行信息、设备日志信息、历史数据信息等）的可视化表达，制定运维决策、实现远程控制。

（2）集成所有风电设备的物联网数据，监控每一个风力发电机组的运行效率，并综合分析所有发电机组的数据实现智能调度，提升整个电厂的运行效率。集成各个设备的运行状态数据（如振动状态）后，能源元宇宙还可以实现全天候的设备安全监测、预警诊断和设备管理。

（三）数字伴生能力建设

（1）训练能源元宇宙发电功率预测能力，通过高精度仿真气象数据，利用智能算法模型计算每种气象环境下的电厂发电功率，这样风电企业就可以通过天气预报数据实时预测未来的电厂工作情况并部署对应的最优生产策略。

（2）建立智能预警系统，最大程度降低因各种异常状态而可能上升的企业运营成本。① 可以使用先进人工智能技术（如超级深度学习、可信人工智能等）对每个风机设备进行实时诊断分析，避免恶性事故的发生。② 在极端气候发生前，预警系统可以预先调整所有风机设备的运行状态，以降低损失。

（四）数字原生能力建设

（1）建设新型数据采集设备，使能源企业具备可以随时感知世界各地的气象信息和地质信息的能力。然后企业需要针对性训练能源元宇宙的气象仿真预测能力，使其可以根据已知气象数据预测未来一段时间内的风场气候等情况。

（2）训练基于仿真的强化学习规划能力。企业通过能源元宇宙仿真不同风场环境，使用强化学习算法训练各个情况下的最优生产策略，最终实现根据气象数据和预测算法，自主制定、优化生产方案的目的。

（3）提升能源元宇宙对硬件设备的控制能力。① 企业可以通过升级整个电厂的网络通信环境，确保各种大规模智能决策可以实时传达。② 企业需要研发专门新型柔性硬件设备，为能源元宇宙提供更加多元生产调度方式。

四、能源元宇宙实施风险解决经验

能源行业作为传统重资产行业与元宇宙数字技术之间有着不小的差距。如果盲目跟风，不切实际部署产业元宇宙，则可能对正常生产产生不良影响；而如果实施不准确的元宇宙运维系统，反而会导致设备故障率增加，不切实际的交互设备不能为远程运维人员提供可供参考的仿真环境等。因此必须根据行业实际情况部署、实施切合实际的能源元宇宙，并准确识别能源元宇宙实施中存在的风险，制定相应预案，确保走上正确的能源元宇宙实现之路。

（一）能源元宇宙风险识别

1. 数据匮乏的能源元宇宙

能源元宇宙的高效运转需要吸收集成大量能源行业以外的信息数据，如地理信息、企业生产周期、各种气象数据等。仅有能源企业内部数据的能源元宇宙是不完整的。如果缺少外部数据，在数字伴生和数字原生阶段产生的一体化解决方案，就有可能因为数据缺失，没有综合考虑所有情况，而达不到预期目的。

2. 仿真能力匮乏的能源元宇宙

建设能源元宇宙需要依赖大量针对物理机理（声、光、电、磁、热等）的模拟仿真过程，如果这些仿真只停留在针对生产设施的渲染可视化仿真的阶段，那么大量的闭环迭代优化将无法进行。能源元宇宙就可能成为一个具有三维可视化能力的空壳，发挥不了应有的作用。

3.硬件能力匮乏的能源元宇宙

在能源元宇宙的数字伴生和数字原生阶段，会诞生大量新的运营策略和解决方案。其中，部分方案需要企业部署更加灵活的生产设施才能实施（如可以旋转移动的光伏发电设施）。但是如果能源企业只关注数字能力的培养而忽视新型硬件设备的开发、应用，那么只能构建有缺陷的能源元宇宙，而不能适应未来整个能源元宇宙的发展趋势。

（二）能源元宇宙的正确路线

要正确构建能源元宇宙，必须要把握住数字孪生、数字伴生、数字原生三大主要发展方向。而要确保三个阶段均衡发展，企业需要根据能源元宇宙特性和企业实际情况，按计划稳步推进。

1.能源元宇宙数字孪生

发展数字孪生能力要着力于提升数据洞察能力。能源企业的生产供给设备种类繁多且布局分散，除了需要打通能源企业已有的数据系统之间的信息流，还必须部署大量物联网设备和遥感设备。只有这样，我们才能对能源系统各个环节的物理信息和社会信息进行实时洞察。对这些信息的洞察就是能源元宇宙数字孪生的基础。而在目前阶段，这个基础往往也是最容易被忽视的重要环节。

2.能源元宇宙数字伴生

发展数字伴生能力要着力于提升仿真优化能力。（1）需要培养企业使用先进数字技术（如人工智能技术）解决实际生产问题的能力，同时也需要在能源元宇宙的智能策略中充分吸收采纳能源行业已经积累的大量专家知识。（2）加强物理仿真能力，让能源元宇宙可以实时快速仿真多物理场复杂情况，提升能源元宇宙运行效率。

3.能源元宇宙数字原生

发展数字原生能力，不仅需要加快先进人工智能算法(如超级深度学习等)的推广应用，以提升能源元宇宙自主决策、自主创造能力，而且还需大力发展新型硬件体系，以提供柔性的分布式能源发电策略(发电设备为适应环境变化，可以自主调整)，或者各种远程监控运维服务。最终能源元宇宙中出现的数字能力，都可以通过这些硬件设备，以智能化的手段反馈至现实世界。

第七章 产业元宇宙应用——医疗元宇宙

2021 年 12 月，工信部联合国家卫生健康委、国家发展改革委等部门和单位印发的《"十四五"医疗装备产业发展规划》提出，将加快智能医疗装备发展作为"十四五"产业发展的重要方向之一，推进医疗装备技术改造，推动生产方式向柔性、智能、精细化转变。同时，"十四五"还将聚焦于建设智慧医院服务，拓展医疗健康服务链，建立健全重点人群健康信息的自动感知、存储传输、智能计算、评估预警等全程管理体系等。

第一节 医疗元宇宙应用概况

医疗元宇宙是产业元宇宙在医疗行业的应用，医疗元宇宙将赋能医疗更多的创新应用场景，推进深化医药卫生体制改革、加快推动医疗健康产业发展。

一、医疗元宇宙概念

医疗元宇宙是产业元宇宙在医疗行业的应用。医疗元宇宙将发展传感器、可穿戴设备、手术机器人等新型医疗设备，以居民健康数据为基础，运用物联网、人工智能、大数据、云计算、移动互联网、仿真与渲染技术，构建数字化、智能化、精准化的医疗信息平台，打破原有医疗系统的时空限制和技术壁垒，实现医疗设备、个人健康数据、医疗机构之间的信息交流互动，使医疗技术手段、医生专业知识、医疗服务模式相互融合，以此降低医疗活动成本，提升医疗行业诊断效率及服务质量，创造更高的社会经济效益。

在医疗行业中一个完整的诊疗系统包含患者、医疗设备和治疗方案这三个核心要素，这三个要素之间互相交互驱动医疗诊断的进行。而产业元宇宙与这三大要素的有机融合也是医疗元宇宙成立的前提。在医疗元宇宙中患者、医疗设备和治疗方案之间的交互将更加深入并产生新的医疗模式：（1）患者与治疗方案。在医疗元宇宙中针对患者的治疗方案将基于数字孪生展开，患者的生理状态将在数字世界中精准复刻，同时医疗元宇宙将基于实时的仿真结果为患者提供个性化的诊疗方案。（2）患者与医疗设备。在医疗元宇宙中患者生理情况的仿真模拟需要基于各种医疗设备的感知单元，新型医疗设备将自主为患者"望闻问切"进行数据采集，并为患者提供各种医疗服务。（3）治疗方案与医疗设备。医疗元宇宙中产生的治疗方案将基于医疗设备提供的实时数据自主生成，同时医疗设备也是治疗方案的执行载体，是患者能够获得精准治疗的关键。

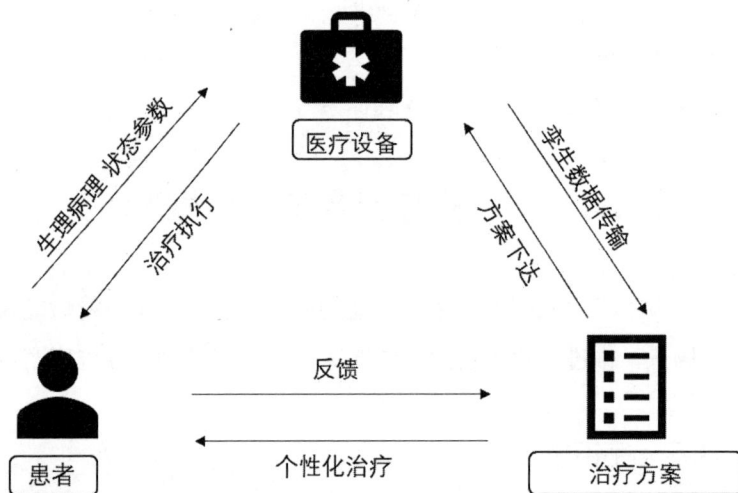

除了诊疗环节，医疗元宇宙还将为医疗行业其他方面带来全新的解决方案，无论是由数字孪生赋能的新型医疗教育模式，或是由数字伴生辅助的医疗资源调度方案，还是由数字原生主导的药品开发都是医疗元宇宙推动医疗行业发展的动力源泉。

二、医疗元宇宙建设架构

医疗元宇宙围绕虚实交融进行建设，脱离了物理世界实际情况的元宇宙世界无法真正产生价值，而实体医疗如果不采纳产业元宇宙的各种数字能力也难以获得元宇宙级的解决方案。在医疗元宇宙架构中物理世界的数字孪生交互能力和数字世界中的产业元宇宙解决方案尤为重要。

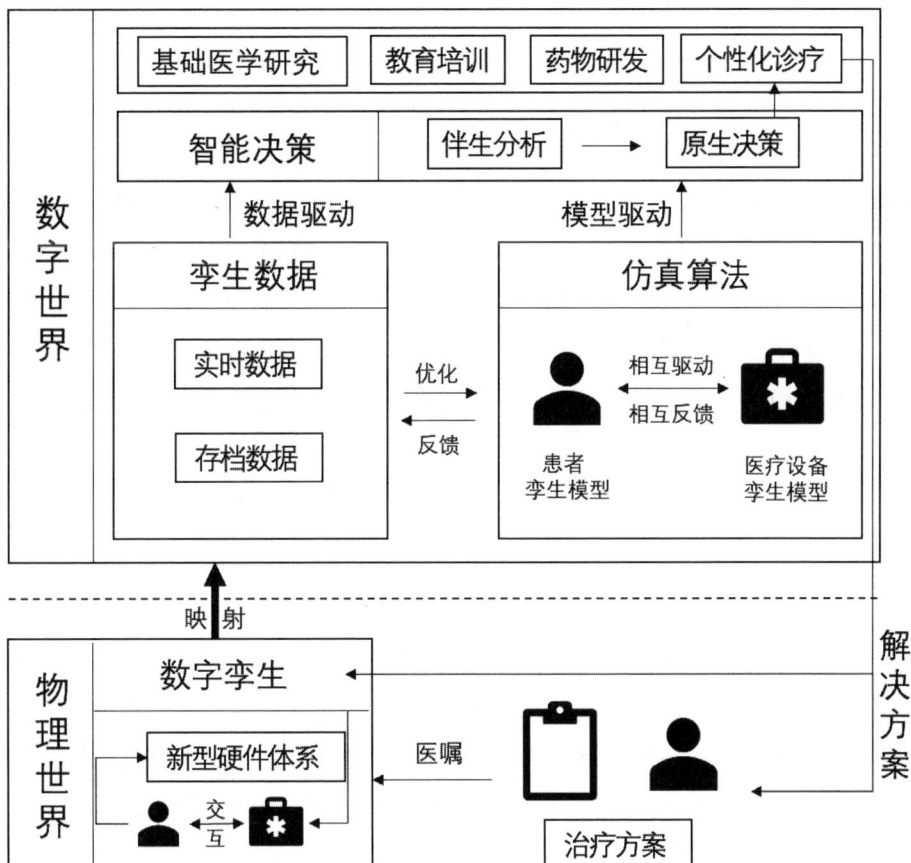

（一）物理世界体系

医疗元宇宙的物理世界体系主要以新型硬件体系和数字孪生能力作为支撑。

1.新型硬件体系

在医疗元宇宙中各种医疗设备是收集患者信息并执行治疗的基础设施。人体本身可以看作是一个复杂且精密的"机器"，通过医疗物联网技术将捕捉患者各个生物系统（如消化系统、呼吸系统、内分泌系统等）的实时数据是新型硬件体系的重要功能。除此之外，新型硬件系统需要收集医疗设备自身的运行数据、患者与医疗设备间的交互数据、电子病历信息和医疗资源分布数据并传递给医疗元宇宙。医疗元宇宙中也会产生大量新型治疗方案，同样也需要借助新型硬件体系触达患者。例如，智能手术机器人将根据指令为患者进行精准的外科手术或新型药物生产模块专门用于靶向药物的生产。

2. 数字孪生能力

数字孪生能力是在新型硬件体系提供的数据基础上仿真整个医疗场景。这种仿真可以分为两个主要任务：（1）仿真某个诊疗过程，包括患者的生理环境和治疗方案的执行情况。（2）仿真整个医疗系统，包括医疗资源（如医护人员、药物等）的分布情况和区域患者的分布与流通情况。这需要医疗元宇宙具有精准、实时的仿真能力，而且医疗元宇宙还需要能够处理各种异构数据（如三维的数字患者模型和二维的药物存量信息）并集成为一个统一的数字孪生体。

（二）数字世界体系

医疗元宇宙的数字世界体系主要包含数据存储模块、仿真预测算法和智能决策模块等重要环节。

1. 数据存储模块

医疗元宇宙数字世界中将存储大量数据包括历史数据（如病历信息）和实时数据（如监测信息），而且所有的医疗机构间数据也需要互联互通保证患者可以获得精准治疗。数据存储模块需要实现以下功能：（1）大型异构数据存储协议。医疗元宇宙中将包含大量的各种三维模型数据，需要提供新的网络通信协议以保障数据可以实时提取和分析。（2）隐私保护协议。在医疗机构间共享数据的同时也保障患者的隐私安全和数据的准确性，可使用区块链等可溯源的加密技术实现这些功能。

2. 仿真预测算法

医疗元宇宙需要在仿真的基础上进行一系列精准的预测性分析，只需要训练专门的预测算法以适应复杂的医疗环境。这些算法可以来自已有的专家知识也可以是大数据自学习的结果，医生最终可以借助这些算法基于患者的实时状态开展针对性治疗。例如，在患者经历完外科手术后，医生可以通过仿真预测患者伤口和器官的恢复情况采取不同的康复疗程。预测算法也可用于传染病的防治过程，医疗元宇宙通过收集一个国家乃至全世界的流行疾病数据便能分析未来疾病的扩散趋势，医疗组织也可在此基础上执行针对性的抗疫活动。

3. 智能决策模块

医疗元宇宙具有一定的智能决策能力，数字伴生和数字原生解决方案便是这种智能能力的产物。目前医疗诊断和药物研发等重要医疗步骤还需依靠医护人员的主观判断进行，经验高低往往决定治疗效果。而医疗元宇宙将结合患者自身的生理信息和病症的群体历史数据智能地提供治疗建议或规划治疗方针。目前仿真能力和人工智能技术已经逐步融入药物研发环节，药物的化学限制和医学作用可在数字世界中精准模拟，基于此靶向药物的研发或基因定向疗法的研究都可更高效推进。

三、医疗元宇宙主要特征

从整体和功能上看，医疗元宇宙具有以下主要特征：

（一）数字化

医疗元宇宙医疗数字化主要体现在医疗设备的数字化和网络化，数据的采集、处理、传输和存储均以计算机技术为基础，同时，物联网技术使得医疗元宇宙生态内设备资源实现共享。医疗元宇宙医疗数字化使得医学信息的内涵和容量极其丰富：从一维信息，如心电和脑电；到二维信息，如 CT、MRI 医学影像；到三维渲染可视化，如实时动态的人体器官组织。此外，整个医疗服务链路上的操作步骤都将数字化记录、数字化存储与数字化输送。完整全面的数字生态是医疗元宇宙的基石，提供了数字伴生和数字原生能力所需要的数字基础。

（二）智能化

不断发展的人工智能技术将为医疗元宇宙的多个应用场景带来优化的智能解决方案。（1）在用户端，各种智能数据采集设备（例如可穿戴式设备）可以实现主动监测，敏锐发现重大疾病先兆，按照病理样本值模式进行判断，输出结论并按其趋势与结果预先提示，并在不同阶段的病理状态发生变化前进行快速、有效的反应。（2）在医疗端，医疗设备进行大样本数据学习后可帮助临床医生作出诊疗决策，智能化的手术设备（例如，手术机器人）可帮助医生减小手术风险。（3）在医药端，人工智能技术可以用于新药发现、新药研发，缩短新药研发时间，降低新药研制成本。（4）在服务端，通过医疗物联网，突破城市与乡镇、社区与大医院之间的观念分歧和因管理制度不同而产生的影响与制约，提供全民性的高质量医疗健康服务，实现居民健康保健的全程管理，统筹规划医疗资源，实现医疗资源智能调度。

（三）精准化

医疗元宇宙的数字孪生和数字伴生技术可以实现医疗的精准化。精准医疗以个体化医疗为基础，其本质是通过生命科学技术（基因组、蛋白质组）与机器学习、强化学习等技术相融合，对大样本人群与特定疾病类型进行生物标记物的分析、鉴定、验证与应用，精确挖掘疾病的原因，找到疾病治疗的靶点，并对同一疾病的不同状态进行分类，对不同过程进行追踪，最终实现对疾病和特定患者进行个性化精准治疗的目的，提高疾病诊治与预防的效益。

四、医疗元宇宙关键技术

医疗元宇宙关键技术包含硬件技术和数字技术，各种新型技术的发明创造过程齐头并进，医疗元宇宙在不远的未来更好发挥其能力。

医疗元宇宙关键技术

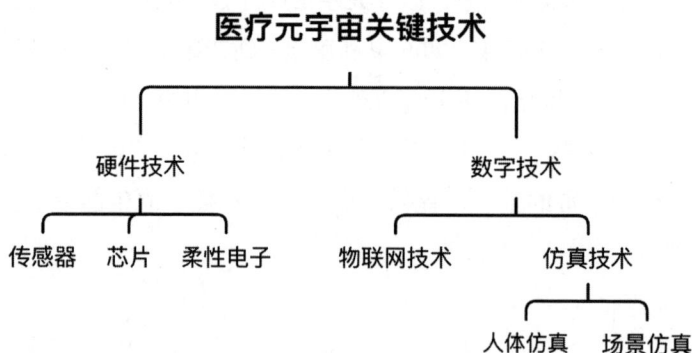

（一）硬件技术

1. 传感器

随着小型化、定制数字信号处理的发展，传感器在医疗元宇宙的建设中发挥重要作用。传感器收集的数据可帮助医务人员更快速、更准确地了解患者的关键情况，并帮助患者能更深入了解其病情和改善情况。从血压感测到透析设备监测，侵入式和非侵入式传感器通过向云端传输本地化数据和信息，为患者和医疗行业提供更优质的服务。

2.芯片

人体中一些器官和组织是不可再生和修复的，一旦出现损坏就会威胁生命安全。人体类器官芯片技术是一类基于微流控芯片的体外三维细胞培养技术，旨在将具有干细胞潜能的细胞培养形成具有器官特异性的细胞团；通过模拟、研究、控制细胞在体外培养过程中的自我更新、自我组装、特异性分化等生物学行为，形成与来源组织相似的空间结构，进而在芯片上再现器官的部分关键功能；提供高度生理相关的组织系统。人体类器官芯片具有多器官集成、高仿真人体功能等特点，在器官移植、药物筛选、毒性分型等方面产生巨大的应用价值。

3.柔性电子

随着柔性技术不断发展，柔性电子器件不断被应用在可穿戴医疗健康设备上。柔性电子器件是一种把电子器件安装在柔性、可延性塑料，薄金属基板上的新型电子器件。柔性电子特点在于，其在一定范围内进行形变（弯曲、折叠、拉伸以及压缩等）之后，工作能力并不受到影响。将柔性电子器件应用于可穿戴设备中，使得可穿戴设备与皮肤更贴合，精确度和灵敏度将得到很大提升。柔性电子在人体体征监测方面应用广泛，不仅可以监测如血压、脉搏、体温等与人类健康有关的基本生理参数，而且能够对心电、脑电、神经等各类电信号进行监测。

（二）数字技术

1.物联网技术

在医疗元宇宙发展的过程中，需要感知、收集和分析各个环节的数据信息，这就需要使用物联网技术构建医疗物联网。医疗物联网的内涵包括以下三点：（1）"物"，指医疗元宇宙的对象，包括患者、医护人员、医疗器械和医疗信息。（2）"联"，泛指交互引擎，包括传感器、自动化工作引擎、医疗信息集成平台。（3）"网"，泛指医疗元宇宙流程，包括诊断流程、护理流程以及管理流程等。

根据医疗场景应用，医疗元宇宙的物联网架构主要包括：设备层、网络

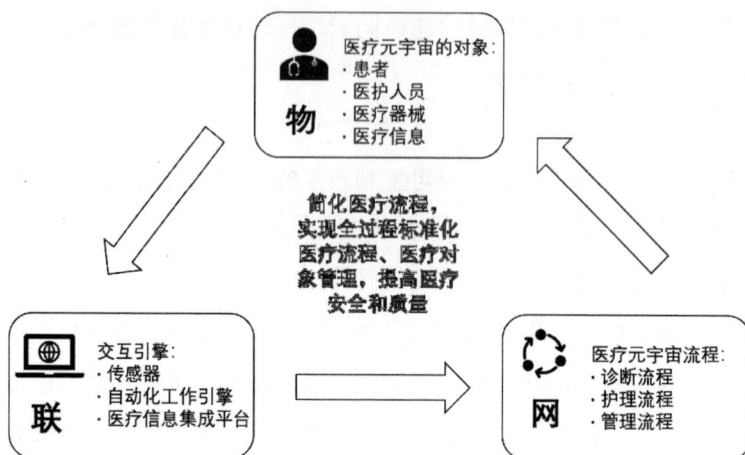

层、支撑层和应用层。（1）感知层进行多维、快速、低延迟的信息获取。（2）网络层进行安全、可靠的信息传输。（3）平台层进行准确、高效、自动化的信息消除。（4）应用层进行多样、人性化的信息应用。医疗元宇宙物联网建立的新型产业作为底层技术支撑创新产品的出现和服务模式的落地；有效连接医疗元宇宙各个环节，提高资源利用效率，提升医疗服务效果。

2. 仿真技术

临床技能培训是医学教育的重要一环，然而真实医疗环境限制了临床教学的开展，这不利于医学生临床技能的培养。医疗元宇宙数字孪生阶段将应用仿真技术解决这一痛点问题。

（1）人体仿真：医疗元宇宙的仿真技术可以实现对人体的仿真建模。人体组织结构复杂，涉及数值模拟中的非线性、流固耦合问题，3D打印技术可以实现人体组织建模。构造人体组织器官三维渲染引擎，通过医疗物联网，输入现实生活人体各项生命指征数据，打造现实人体精细化的虚拟映射，最终在VR设备端实现成像。仿真构造的"数字人体"具有和现实人类相同的生物学特征，临床医护人员可以在"数字人体"上预演手术方案，确定最优化手术方案，减少手术风险，提高医疗效率。

（2）场景仿真：医疗元宇宙时代，除可进行人体仿真，还可实现对医疗环境的仿真建模。真实医疗环境中的设备如手术器械、检测设备，以及患者都将数字化，并通过物联网技术实现互联，医护人员可以通过VR设备获得沉浸式的体验，并通过语音识别、手势感应等技术对数字化后的医疗设备进行操控。

第二节　医疗元宇宙应用价值

医疗元宇宙通过借力先进的软硬件技术，聚焦目前医疗痛点，提高医疗诊断效率，提升医疗服务质量，降低医疗服务成本，最终实现较高的社会经济效益。随着医疗元宇宙逐渐从概念走向实体，已有越来越多的应用场景落地。本书关于医疗元宇宙应用从四个维度展开讲述，具体为：（1）医疗机构端。（2）患者端。（3）医药端。（4）医疗资源再分配。医疗元宇宙的数字孪生、数字伴生和数字原生能力在这四个维度的作用各不相同，并产生了各种不同的应用方向。

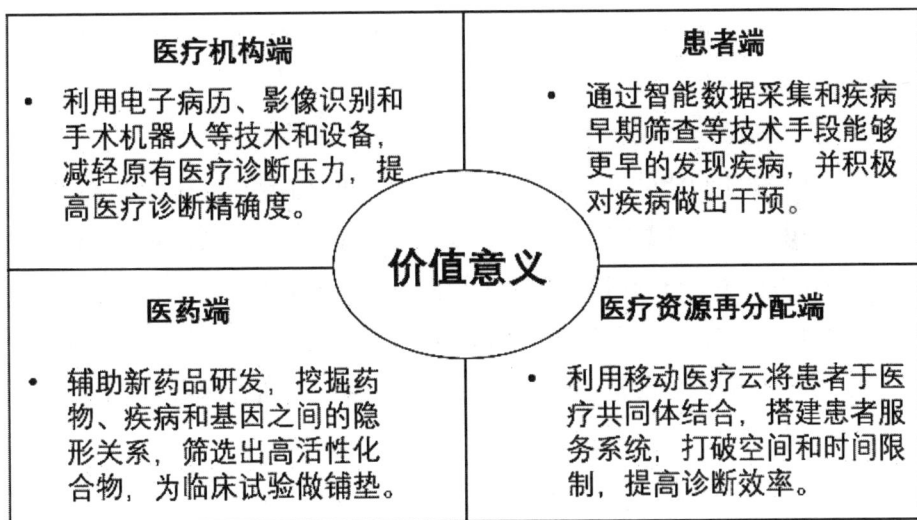

医疗机构端	患者端
· 利用电子病历、影像识别和手术机器人等技术和设备，减轻原有医疗诊断压力，提高医疗诊断精确度。	· 通过智能数据采集和疾病早期筛查等技术手段能够更早的发现疾病，并积极对疾病做出干预。
医药端	医疗资源再分配端
· 辅助新药品研发，挖掘药物、疾病和基因之间的隐形关系，筛选出高活性化合物，为临床试验做铺垫。	· 利用移动医疗云将患者于医疗共同体结合，搭建患者服务系统，打破空间和时间限制，提高诊断效率。

（中央：价值意义）

一、医疗机构端

医疗诊断关系人体健康甚至是人体生命安全，是一门高精度、高复杂度的学科。传统的医疗诊断很大程度上依赖于医生的主观判断，而医生的主观判断失误将会带来极为严重的后果。医疗元宇宙将赋能医疗机构端，引入新的技术手段，解放原有的医疗生产力，提高医疗诊断精确度。这种"催化"作用可以通过多个途径实现，包括智能影像识别、电子病历系统和手术机器人等。其中,(1)智能影像识别借助医疗元宇宙中的人工智能算法辅助医生确定病因,并基于各种影像数据实现患者生理情况的三维仿真。(2)电子病历系统可以收集患者每一次的诊疗记录辅助医生制定治疗方案,同时医疗元宇宙中的电子病历也会包含三维仿真模型记录患者病理位置的恢复情况。(3)手术机器人则是医疗元宇宙孪生、伴生、原生能力的集大成者,实时精准仿真手术过程、医生远程下达手术指令、手术设备自主执行手术任务都可以通过虚实融合的医疗元宇宙体系获得提升。

(一)智能影像识别

医学影像是医疗诊断的重要依据。目前,我国医学影像数据的年增长速率远远高于具有专业影响识别经验医师的增长速率,医学影像领域仍存在较大的人才缺口。同时,人工判断医学影像数据具有主观性高、信息利用度不高、耗时及劳动强度大等问题。而医疗元宇宙正是解决这一问题的有效方法,智能化、自动化的影像识别模式将为更多患者提供服务,并为元宇宙时代的电子病历提供更加精准的仿真数据。

1.应用价值

医疗元宇宙中智能医学影像技术能有效地解决以上困境。智能医学影像技术就是通过数字孪生和数字伴生技术实现医学影像的识别。具体而言,智能医学影像应用方面主要分为两部分:(1)图像识别,应用于感知环节,其主要目的是对医学影像进行分析,获取病理信息。(2)深度学习,应用于分析学习环节,通过大量的影像数据和诊断数据,利用神经元网络进行深度学习训练,促使其掌握诊断能力。

智能医学影像按照应用领域,可以分为放射类、放疗类、手术类和病理类:(1)放射类:通过射线成像了解人体内部的病变情况,形成影像,标注病灶位置。(2)放疗类:通过成像设备对放疗目标靶区进行识别定位,形成影像。(3)病理类:人工智能识别显微镜下的病理涂片。基于这些多维度的识别算法,医疗元宇宙可以实现更加精准的病理影像孪生。

2.应用案例

以肺结节为例,数字伴生技术可以通过肺部正异常的判断以及肺结核概率分值,精准识别定位病灶位置,对病灶位置进行智能高亮标定。同时,肺结节的医学影像表现可进一步呈现磨玻璃结节、血管旁小结节、微小结节、多发小结节等多种人为难以判定的结节形状，智能医学影像技术可以进一步进行区分。在心脑血管领域，智能医学影像技术能从冠脉 CT（电子计算机断层扫描）影像中提取血管的狭窄程度、斑块的属性等信息，为临床医生提供信息。除了在病理形态学上的诊断和识别，智能医学影像技术还能进一步诊断量化病变器官的功能指标，而传统医学需通过复杂且昂贵介入手术获取这部分信息。

（二）电子病历系统

病例是患者在医院就诊时的信息记录，包括病程记录、检查结果、手术记录、护理记录、医嘱等。纸质化的病例具有静态、非连续性、易丢失、保密性差等缺点，不利于高效连续的诊疗过程的开展。而医疗元宇宙中互联互通的电子病历数据和精准病症康复预测模型将为医疗机构提供全新的诊疗凭证。

1. 应用价值

电子病历是以电子化方式管理的个人终身健康状态和医疗保健行为的信息，涉及患者信息采集、存储、传输、处理和利用的所有过程。电子病例使用区块链技术去中心化对患者信息进行加密保护，保证患者隐私数据安全，分布式记账和存储模式，具有高容错性。电子病例作为医疗元宇宙数字生态平台中的重要一环，与硬件终端的其他数据相连接，构建患者数据闭环，提高信息利用效率。电子病例可根据自身掌握的信息和知识进行智能判断，在个体健康状态需要调整时，作出及时、准确的提示，并给出最优方案和实施计划。

数字孪生技术也将为电子病历提供新的内涵，电子病历中存储的信息不单单是文字信息和数字信息，还可包含患者生理情况的三维仿真信息。借助精准便捷的监测设备，可实时仿真患者各个生命系统的运行状态，并预测患者未来的康复情况。将这些多元化的患者信息记录在电子病历中可以为治疗方案和康复疗程的制定提供更精准的辅助。

2. 应用案例

近年来暴发的新冠疫情席卷全球，研究数据表明：每 20 名新冠患者中就有 1 人出现机型 SARS-CoV-2 后遗症（头晕、头痛、心慌、呼吸急促等），这涉及患者的病史和遗传学知识。戴尔科技集团建立的数据飞地（安全的数据存储网络）便是针对患者的历史数据为每一位患者提供针对性的新冠康复策略。

通过建立的数据飞地，科研人员对各种检测系统、电子健康记录中的数据进行收集、存储与分析。一些非营利性开源医疗研究机构基于戴尔科技数据飞地通过身份识别的患者数据，基于患者的遗传背景和病史，构建数字孪生解决方案、共享数据，并进行模拟和分析，进行个性化仿真治疗，以此协助理解和更好地治疗新冠长期症状。

（三）手术机器人

通过手术介入切除病变组织是临床医学中的常见手段。由于人体器官组织复杂性高，手术中严格要求无菌操作，术后恢复不确定性大，这些都对医生的专业素养提出了极大的要求。而医疗元宇宙驱动的手术机器人则为外科手术提供了新的解决方案。

1. 应用价值

手术机器人作为一种新型的高技术含量的医疗器械，有机融合了计算机视觉技术、运动控制技术等多学科的关键技术。手术机器人通常由三部分组成：手术控制台、机械臂以及成像系统。外科医生坐在手术控制台，根据成像系统中显示的三维影像，操控机械臂的移动。手术机器人的优点在于：（1）病灶精准定位：传统的手术主要依靠二维的 CT 图像进行病灶的辅助定位，手术机器人的成像系统能提供实时的三维高清渲染病灶图像，外科医生通过 AR/VR 设备端获得沉浸式的手术体验，同时数字变焦技术使外科医生放大视野，促进精准的组织层次识别。（2）减小手术伤口：手术机器人采用了柔性电子技术（柔性机械臂），与开放手术的切口相比，手术机器人可进行微创操作，切口较小，能大幅减少术中出血及术后并发症。（3）灵活性强：手术机器人具有一个甚至多个机械臂，通过电脑算法处理，机械臂将外科医生双手的活动复制成为人体内相应的仪器细微运动，这使得外科医生能够在较小的手术空间内流畅及精准地移动手术器械。同时，机械臂也有自主行为判断，能矫正医生的手术操作偏差，自动定位于病灶进行手术操作。

2. 应用案例

腔镜手术是手术机器人应用最为广泛的手术之一。在妇科领域，腔镜手术常被应用于深部子宫内膜异位症（DIE）。人体盆腔结构复杂，可操作空间局限，深部子宫内膜异位症的患者盆腔一般粘连严重，且病灶毗邻重要脏器，这对临床医生的手术技能提出极高的要求。机器人手术通过置于患者体内的腔镜返回实时的高清病灶图像，临床医生通过识别判断，操作灵活转动的机械臂进行操作，能够缩短手术时间，减小手术伤口，保护正常脏器，减少术后并发症。

二、患者端

医疗元宇宙将为患者提供新的健康管理模式，通过智能数据采集系统和疾病早期筛查的手段，医疗元宇宙将全天候感知用户的健康状态并提供针对性建议。在疾病发展的早期及时预警，避免用户真正受到严重疾病的危害。

（一）智能数据采集系统

现代社会，人类健康意识逐渐增强，健康服务（例如健康数据采集、健康数据检测）需求随之激增。为保证诊疗机构健康数据收集的安全性、稳定性、高效性，必须在医护人员和患者之间建立起智能的实时数据收集、智能数据分析系统。

1. 应用价值

数字孪生技术可助力医疗元宇宙实现智能数据收集，主要包括数据收集、数据传输、数据处理三个步骤。（1）数据收集：利用微型控制器收集传感器端的数据，再基于个人电脑进行数据分析，该环节的主要目的在于收集海量精准的高分辨率数据为患者提供灵活、可靠、低成本的健康信息。（2）数据传输：通过有线网络或移动网络将数据从设备终端传输到服务端。移动网络适用于数据量小、环境灵活性高的应用场景，有线网络适用于精度高、数据量大的应用场景，例如微型手术、机器人手术。（3）数据处理：根据用户需求，利用边缘计算和云计算技术可处理海量健康数据。

2. 应用案例

利用可穿戴设备进行健康数据采集。科学家设计的基于多个传感器智能物联网的网络系统就是其中之一。该系统为多传感器设备，它主要从用户的脉搏和温度中收集数据。可穿戴硬件机型数据捕获，并将所有信息发送到应用程序。移动应用程序处理设备发送的数据，机型心电信号和体温的实施绘制。设备基于以前定义的一些参数（如心率）进行异常模式识别，一旦可穿戴设备收集到的数据达到设定的阈值，该系统就会以振动警报形式向患者发送警告。应用程序不要求用户保存任何有关其健康状况的记录，它会借助智能分析能力警告用户任何检测到的异常。

（二）疾病早期筛查

一般而言，疾病越早发现并开始治疗，治愈率及愈后效果越好。现代人的工作方式、饮食习惯导致很多慢性病的发生，对潜在健康问题的忽视，传统检查方式早期筛查准确率低等也使得部分疾病在早期未能及时发现，可能错过最佳治疗时间。

1. 应用价值

疾病早期筛查主要包括以下核心环节：（1）多维数据采集：利用可穿戴设备等收集用户生理体征、疾病关键参数，同时利用内置摄像头采集用户的生活和作息图像，形成从环境到用户的完整数据集。（2）大数据风险模型：确定疾病的若干影响因素，通过采集到的多维数据组合构建疾病风险模型，定量化疾病出现的概率。（3）预警与护理系统：当大数据风险模型计算出的疾病出现概率大于预警阈值，系统对用户发出预警提醒，并给出合理护理建议。

2. 应用案例

肝癌是一项致死率极高、早期潜伏性较强的疾病。肝脏病变过程经过脂肪肝、肝纤维化、肝硬化、肝衰竭最终到肝癌的演变。在该过程中，肝纤维化是可逆转的关键过程。及时诊断出肝纤维化病变，并进行积极干预治疗，可有效地避免肝癌的发生。绘云生物研究团队曾采集 3000 多例临床样本，通过决策树模型、随机森林模型和梯度提升数模型，构建了智能肝病判别系统。患者居家即可通过在慢性肝病检测试纸上滴加代谢物，可精准判断出肝纤维化和肝硬化的风险程度。

三、医药端

典型的新药研发需要经历化合物研究阶段、临床前实验阶段、临床试验阶段，漫长的开发周期和高昂的时间成本导致新药的开发困难重重，阻碍了医药市场的发展。而医疗元宇宙仿真开发能力将缩短药物开发周期，并实现针对性、个性化药物研制。

（一）应用价值

医疗元宇宙赋能新药研发，可以显著缩短研发周期，降低研发成本。医疗元宇宙从医疗物联网数据生态平台中获取多维数据，基于真实的多维数据创建物理实体的虚拟样本（例如根据真实医院创建的患者数字虚拟状态、解剖结构或虚拟环境），构建的虚拟样本具有与物理实体相同的疾病机制相关的分子、表型，并在此基础上针对性研发靶向药物。

医疗元宇宙将通过数字原生技术有效解决新药研发的这一痛点。医疗元宇宙能挖掘出药物、疾病和基因之间不易被发现的隐性关系，构建三者深层次关系，实现精准医疗。同时，可对候选化合物进行仿真建模，虚拟筛选，更快地筛选出具有较高活性的化合物，为后期临床试验做准备。医疗元宇宙实现新药研发主要体现在以下三个方面：（1）靶点和早期药物发现：医疗元宇宙通过分析健康和患病受试者的样本大数据，挖掘新的生物标志和治疗靶点，缩短新药研发的时间周期。（2）小分子药物的合成设计：医疗元宇宙通过神经网络算法，提取小分子药物不同层面的特征，基于这些特征进行合成设计。（3）临床实验设计：医疗元宇宙可分析病例，筛选出新药的受益患者，为临床实验寻找出有效的理想受试者，优化临床实验设计。

（二）应用案例

目前医疗元宇宙的药物开发已经产生了大量成功案例，包括针对蛋白质结构分析的和以数字孪生为核心的数字双肺项目。

1.AlphaFold2 项目（人工智能项目）

蛋白质是生命的基础，了解蛋白质的折叠结构是生物医药领域最为基础且棘手的问题。谷歌的 DeepMind 团队开发出 AlphaFold2 平台，AlphaFold2 基于氨基酸序列预测其对应的蛋白质结构，对大部分蛋白质结构的预测与真实结构相比只差一个原子的宽度。此前，蛋白质结构大都使用冷冻电子显微镜、核磁共振或 X 射线晶体学等实验室技术进行解构，而 AlphaFold2 的预测准确性已经接近实验数据的水平。AlphaFold2 还协助解析多年实验仍未能获取的膜蛋白结构。

2.数字双肺项目

数字双肺项目借助已完成试验的数据，建立数字孪生代替人类志愿者，以缓解患者招募的压力。OnScale 是一家云工程模拟公司，该公司与一家生物模拟软件公司合作，开发"数字双肺"技术，通过收集分析新冠患者在治愈过程中肺部损伤的恢复情况建立独特的分析算法。该算法可以帮助临床医生在接受新的新冠肺炎患者时，能准确预测患者疾病的发展趋势并展开针对性的诊疗手段。

四、医疗资源再分配

目前，我国的医疗资源在数量分布和质量分布上都极不平衡。从医疗卫生机构数量的分布来看，基层卫生机构占据了我国医疗资源的 95%，而基层卫生机构的病床使用率仅为 59.7%，远低于全国平均的病床使用率（88%）；少量的优质医疗资源集中在少数城市，有数据表明，全国排名前 100 的医院大都分布在北京、上海、广州以及成都这些大型城市，在大型城市，每千人口的卫生技术人员数，城市的数量是乡村的 2 倍。优化医疗资源分配，促进医疗资源再分配势在必行。

医疗元宇宙借力云计算和仿真技术促使资源分配不平衡问题得到改善。(1)利用移动医疗云，打破地域限制，有效连接很多医院，实现医疗服务中心的业务、数据、信息共享，形成一个医疗共同体；同时，将患者端与构建的医疗共同体有机结合起来。(2)搭建患者端服务系统，患者可在线挂号，患者服务系统对其进行初步诊断，并利用其内置优化系统，为其分配调度医疗资源。(3)医护人员可通过云平台实现远程诊疗，患者可根据医生的建议去做相应的检查，辅助诊断自动获取检查数据，并与数据库中的海量病例进行比对，最终给出治疗方案。远程诊疗实现优质医疗资源共享，突破了空间限制，节约时间成本，并通过整合医疗资源提高医疗诊断水平。(4)发展仿真渲染技术，对需要进行手术的情况，计算机仿真渲染技术可模拟一个真实手术环境，通过传统方法获取人体组织结构的二维扫描，临床医护人员可在这个虚拟环境中进行模拟手术，最终制定出手术方案，并将手术过程录制发送给患者，患者可就近选择医院实施手术方案。

第三节 医疗元宇宙实践分享

医疗元宇宙的实现不是一朝一夕之工，需要一步一个脚印地落实每项工作，并实时警惕路途中的种种风险，医疗元宇宙将为患者提供更加优质的诊疗体验并为全民健康事业出一分力。

一、实施思路

在实施医疗元宇宙时要把握数字孪生、数字原生、数字伴生三大脉络循序渐进建立功能完善、虚实翔实的医疗元宇宙。

（一）数字孪生建设

建设医疗元宇宙数字孪生，分为以下几个步骤：

（1）使用先进的物联网和通信技术。在城市范围内的人、家庭、社区、医院、卫生站、救护车等部署传感器、芯片、摄像头等智能感知和智能传感设备，以物联网技术为核心，构建医疗元宇宙的医疗物联网系统，实现从患者端到医疗端的物联感知闭环，为医疗元宇宙提供一个高效响应、及时反馈的智能平台。

（2）建设便捷、共享、高速的网络通信基础设施，为医疗元宇宙信息共享平台的建立提供基础。通过分配适用于不同应用场景的独立网络或者共享网络，应用云计算的理念，实时高速、高可靠、低延时实现医疗元宇宙中医疗物联网系统各终端的信息传输。

（3）建立更加开放的医疗元宇宙数字孪生数据共享生态，让医疗元宇宙各终端都能进行数据交流、数据传递和数据感知。医疗元宇宙以云计算、边缘计算、大数据等技术为核心实现数据互联互通，借助区块链技术保证数据安全性能。医疗元宇宙数据共享生态除实现医疗系统内部各终端数据共享，还需协同其他行业的大数据，在助力医疗行业高速发展的同时，辅助其他行业协同发展，构建更和谐健康的元宇宙生态圈。

（二）数字伴生建设

建设医疗元宇宙数字孪生，分为以下几个步骤：

标准规范体系	**用户层**	服务者(医护人员)	服务对象(患者)	医疗卫生管理决策者	其他(相关机构)	
	智慧应用层	电子病历　健康档案　智慧医院　智慧的区域医疗　互联网医疗				
安全保障体系	**数据及服务支撑层**	云服务平台　面向服务的体系结构　服务开发　服务管理　系统处理　共性业务处理				智慧城市其他领域
		医疗健康数据资源中心　共享交换息资源　应用领域信息资源　互联网信息资源				
		数据交换平台　数据收集与储存　数据融合与处理　智能挖掘分析　虚拟数据视图				
建设管理体系	**网络通信层**	卫生专网　互联网　电信网　广播电视网　无线网　4G/5G网				
	物联感知层	医院、救护车、社区、家庭、养老院、医疗健康服务对象、医护人员、医疗器械、药品、监管部门、配套服务企业				

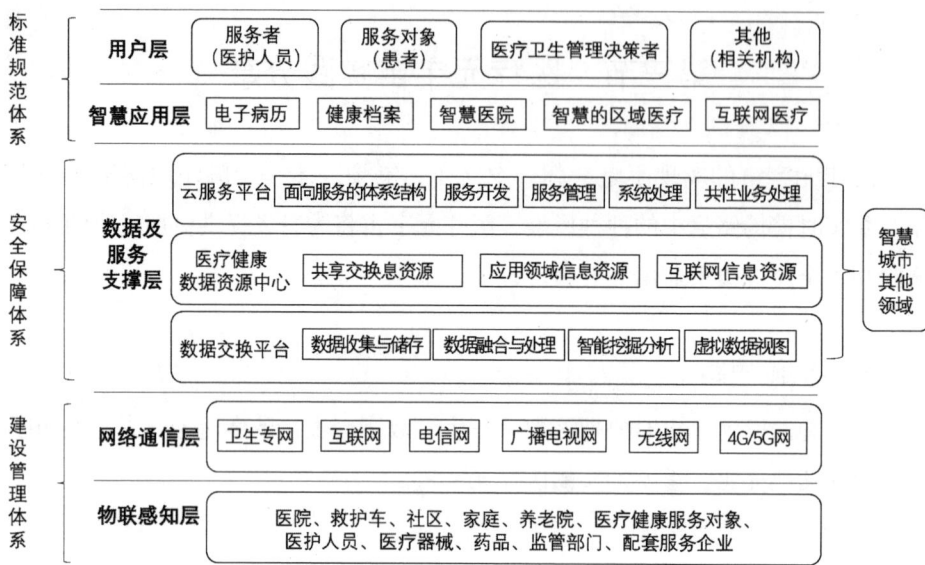

资料来源：互联网医疗健康产业联盟编制的《5G时代智慧医疗健康白皮书（2019年)》。

（1）建立医疗物联网感知系统，网络通信协议以及医疗数据共享平台，医疗元宇宙数字伴生建设将在以上基础上建立各种医疗智慧应用。数字伴生阶段建设将以满足具体领域的业务需求为目标，以人工智能、仿真渲染为技术核心，对掌握的各类知识进行总结加工，构建医疗应用体系。

（2）利用文献搜集和分析推理，大数据分析，机器人技术，计算机视觉技术（图像识别），自然语言处理（语音识别）等技术，对医疗元宇宙中的数据进行整合、加工、理解，挖掘潜在规律，进行规划推理，帮助临床医护人员作出决策，减少医疗对于医护人员主观判断的依赖性。医疗元宇宙中进一步融合人工智能技术，可应用在药物研发、健康管理、医疗机器人、自动影像诊断等场景。

（3）除了深度融合人工智能技术，医疗元宇宙数字伴生建设还需要广泛扩展产业元宇宙中仿真优化能力。开发涵盖描述几何外观、物理化学机理规律的医疗场景引擎，聚焦医疗过程具体场景的事件仿真工具，利用云计算技术实现无延迟实时仿真，借助VR设备实现沉浸式的视觉体验，构建医疗元宇宙虚拟仿真平台。医疗元宇宙仿真平台在虚拟世界中实现真实世界的物理映射，为医护人员提供生动、逼真、可重复操作环境，打破时空的限制，节约实验成本，降低手术风险。

（三）数字原生建设

医疗元宇宙数字原生阶段目标是在数字孪生阶段和数字伴生阶段构建的技术和应用平台上实现决策优化，为医疗元宇宙注入新活力。

1.训练基于仿真的强化学习规划能力

医疗元宇宙通过仿真能力构造一个物理世界的虚拟映射（环境），在此基础上构造一个交互环境和交互规则，通过强化学习算法训练智能体自动寻找在连续时间序列里的最优策略。医疗元宇宙可基于数字孪生阶段建立的数字生态平台自主制定方案。例如，医疗元宇宙在仿真真实的人体和医疗场景之后，能自主决策，疾病诊断，医药派发和临床护理。

2.提升医疗元宇宙对硬件设备的控制能力

医疗元宇宙将研发应用更多的新型设备，例如：芯片、传感器、柔性电子；开发与硬件设备相配套的软件程序；还需通过升级网络通信环境使大型化的智能决策能顺畅高速到达。

二、实施风险与解决经验

接下来将从技术层面和其他层面列举医疗元宇宙建设过程中存在的各种风险问题和解决经验。

（一）医疗元宇宙在技术层面存在的问题

医疗元宇宙在技术层面面临的风险问题主要包含以下几个方面：

1.人工智能技术发展不达预期

得益于大数据时代丰富的数据信息，人工智能技术得到一定发展；但目前人工智能技术发展仍然处在初级阶段，并没有产生关键进展，对于更高层次的人工意识、情绪感知环节还没有明显突破。

2.物联网技术发展不达预期

医疗元宇宙对于数据流通和协同化感知的要求较高，需要通过物联网系统收集患者的生理数据。如果各种生理传感器的效果不达预期，将难以建立有效的患者孪生数据集，医疗元宇宙也就难以提供精准治疗方案。如果物联网通信系统因为网络问题而产生延时也可能在执行过程引发安全事故。

3.仿真技术发展不达预期

医疗元宇宙的建设需进行大量对人体组织器官以及医疗场景的模拟仿真过程。医疗元宇宙的仿真场景以 AR/VR 设备为终端,就目前看来,AR/VR 设备还存在一些问题,例如:芯片能力不足,设备便携性不够。

(二) 技术层面问题的解决经验

需要在产业元宇宙中深耕人工智能技术、物联网技术和仿真技术。

1.人工智能技术

需要在强化学习、知识图谱、智能机器人和可解释 AI 等方向深耕发力,要对真正的分析理解能力进一步研发,从大脑的进化演进、全身协调控制等领域实现。将人工智能技术应用于医疗产业,提升算法对生命科学的识别能力,发展适配于生命科学的人工智能技术,将生命科学和人工智能技术有机结合;需了解医疗产业结构,抓住医疗产业中的痛点,优先利用人工智能技术解决需求大、难度高、社会效益高的医疗问题。

2.物联网技术

医疗物联网的快速发展需在网络传输的各个环节(例如室内定位、多网融合以及卫星通信)加强研发。为保证医疗物联网的安全性和可信性,相关部门需要积极制定有关医疗物联网的技术标准,规定医疗物联网的应用系统架构、安全要求、技术要求以及接口要求,推动医疗物联网专业化、规范化和系统化发展。

3.仿真技术

加强仿真技术能力可从硬件、软件方面着手抓:(1) 在硬件设备方面抓紧研制可以用于各种医疗环境的显示设备,并保证设备显示的清晰度和实时性。(2) 在软件方面,需要训练专门的仿真算法实现通过各种指标数据(如血压、心跳等)完成人体状态的初步仿真,并根据影像结果实现精准仿真。

(三) 医疗元宇宙在其他层面存在的问题

医疗行业是重要的民生行业,需要制度和监管措施保障医疗元宇宙的健康运转并惠及更多的群众。而医疗元宇宙治疗松散则会导致以下这些其他层面的问题风险:

1.信任问题

医疗元宇宙中的信任问题主要是由于生物信息技术和人工智能技术的融合过程带来的。医疗元宇宙中，将减少对临床医护人员的经验性判断的依赖，辅助以人工智能设备，并加入人工智能系统的决策。人工智能算法具有高度复杂性和不确定性，其本质上是一个不透明的黑箱模型，是一种不可解释的统计归因，无法直观理解决策背后的原因使人们很难相信并采纳人工智能作出的决策。

2.数据安全问题

健康医疗数据普遍具有真实性和隐私性，从微观上包含个体身体健康情况、医疗就诊情况等数据，从宏观上包含疾病传播、区域人口健康状况等数据，健康医疗数据安全事关患者生命安全、个人信息安全、社会公共利益和国家安全。医疗数字化进入医疗行业，使医疗行业原本相对较封闭的环境被打破，并使医疗数据等相关信息聚集起来更加便捷、快速。但这也会导致患者数据安全和隐私不断受到数据隐私被盗甚至泄露的威胁，这类信息一旦泄露将会对患者以及医院造成巨大损失。

3.制度与监管问题

医疗元宇宙将带来全新应用场景，带来极大社会经济效益，也给现行法律制度提出很多挑战。尤其是医疗事故之后的法律归因问题，因医疗元宇宙涉及智能决策和医生主观决策，医疗事故的责任如何界定并避免医患矛盾的进一步加剧都是医疗元宇宙在发展过程中将要面临的问题。

（四）其他层面问题的解决经验

其他层面的问题需要完善各种医疗元宇宙制度规范，包括可信保障制度、数据安全制度。

1.可信保障制度

在医疗元宇宙中提供可信保障制度将缓解患者对新型科技的怀疑态度。通过可解释的人工智能算法和透明开放的医疗决策记录，将提高医疗元宇宙在执行治疗过程时的准确度，并提升患者的信任。

2.数据安全制度

必须加强数据在共享过程中的安全保障等级，例如使用区块链技术作为数据安全的"保护伞"。区块链作为一种分布式架构，账本上记录的信息具有真实、公开可验证、不可篡改等特点，为医疗隐私保护和数据共享提供了新的思路。各种患者数据的共享将有迹可循，而不会在隐私泄露后无法找寻漏洞来源导致更多患者的权益受到损失。

第八章 产业元宇宙应用——建筑元宇宙

建筑是现实世界与虚拟世界中的基本场景，是元宇宙的基本元素之一。在元宇宙概念中，建筑可分为实体建筑空间与虚拟建筑空间。产业元宇宙在建筑领域的应用，本书称之为建筑元宇宙，将成为未来很长一段时间内的技术研究浪潮。本章主要阐述当前的建筑元宇宙应用概况，挖掘应用价值，并结合实践总结经验。

第一节 建筑元宇宙应用概况

BIM（建筑信息模型）技术使建筑行业从电子时代迈进信息时代，是一次重大的技术变革。在建设新型智慧城市的大背景下，BIM、CIM（城市信息模型）与数字孪生等新技术相结合将为建筑行业信息化、数字化发展开辟新途径，开启和促进了建筑元宇宙的发展。本节主要阐述建筑元宇宙的概念、建设架构、主要特征与应用现状。

一、建筑元宇宙概念

建筑元宇宙是虚拟建筑空间对实体建筑空间的精准重构与再创造，以多维模型和融合数据为驱动，通过实时连接、映射、分析、交互来刻画、模拟、预测、控制、管理实体建筑空间，使实体建筑空间的全要素、全过程达到最大限度的优化。

建筑元宇宙综合运用 BIM（Building Information Modeling，建筑信息模型）、GIS（Geographic Information System，地理信息系统）、物联网、大数据、人工智能、数字孪生、系统建模与仿真等技术，建立在以 BIM 为核心的集成工作流程和数据分享功能的基础上，通过动态、实时、双向的信息管理连接数据和流程，形成实体空间建筑与虚拟空间建筑的精准映射，实现对建筑空间的规划、设计、施工、运维全生命周期的一体化、智能化管控。

（一）BIM

BIM 概念是由制造业的 PIM（Product Information Model，产品信息模型）衍生而来的，最早由美国乔治亚技术学院的查克·伊士曼（Charles Eastman）博士于 1975 年首次提出。相较于 PIM 而言，BIM 的建立与管理要复杂得多，这是由建筑本身具有唯一性、涉及众多参与方、生产周期长等特性所决定的。我国现行的《建筑信息模型应用统一标准》（GB/T 51212-2016）中将 BIM 定义为"在建设工程及实施全生命期内，对其物理和功能特性进行数字化表达，并依此设计、施工、运营的过程和结果的总称"。

BIM 通过构建虚拟的三维可视化建筑模型，在此模型上加载数据和信息，从而实现在建设项目的全生命周期对建筑进行可视化呈现、量化分析与模拟，为决策者与管理者提供科学的支撑。BIM 是建筑信息技术的核心，已成为建筑行业信息化程度的重要标志。

现有 BIM 体系呈现出以下两个方面的特点：（1）现有 BIM 体系主要关注于从虚拟空间到物理空间的正向物质化生产过程，在一定程度上缺乏从物理空间到虚拟空间的逆向数字化生产过程，尚未形成真正的双向实时交互机制，易导致二者的不一致、缺乏有效联动。（2）现有 BIM 体系专注于建筑，而非专注于人。未来的城市发展不仅限于资产，还包括整个社会治理的高效协同，这意味着城市中所有的人员、过程和行为等要素也将成为重要的数据源，因此，必须从人本角度将眼光投向环境的实时交互构建，以统一的数字化技术和平台来处理现实世界中方方面面的数据和流程，才能真正避免信息的断裂与隔阂，提升城市的治理效能。

（二）CIM 与数字孪生城市

从信息城市到数字城市，再从智能城市到智慧城市，我国已经将智慧城市作为国家战略，并加速推进智慧城市建设进程。然而，当前的智慧城市发展仍存在一些问题：（1）智慧城市顶层设计不完善，在应用场景建设过程中容易造成基础数据与平台的重复建设、重复投资。（2）数据融通整合能力欠佳，缺乏统一的数据平台，跨层级、跨地域、跨系统、跨部门的数据资源融通成效不显著。（3）智慧感知治理能力有待提高，新技术在数据采集中的利用率不高，数据质量、丰度、可利用性不足，治理平台的仿真预测能力较为薄弱，须全面提升智慧治理水平。

数字孪生技术发展至今，已经在制造业、航空航天、船舶航运、铁路运输、汽车、电力、石油天然气、医疗健康、环境保护等行业领域广泛应用并发挥重要作用，在城市建设领域也彰显出越来越重要的价值。近年来，国家发改委、科技部、工信部、自然资源部、住建部等部委密集出台政策文件，加速推动数字孪生城市相关技术、产业、应用发展，助力数字孪生城市建设。数字孪生技术已被提到了与大数据、人工智能、5G 等新技术并列的高度。建设数字孪生城市是一项系统工程，是新型智慧城市建设发展的必由之路。

CIM（City Information Modeling，城市信息模型）是 BIM 在城市层面的拓展与延伸，可以看作是数字孪生城市的数字底座，所有城市场景的营造均建立在这个统一的数字底座之上。国内 CIM 概念的出现可追溯到 10 年前。北京市战略科学家、北京市建筑设计研究院有限公司总建筑师、首钢集团总建筑师吴晨于 2012 年"国家杰出青年科学基金"项目申请中首次提出 CIM 概念，并阐述其在建筑设计和智慧城市领域的应用价值。虽然由于概念超前、社会认知水平未达到等原因在当时没有被理解，但随着近年来技术的迅猛发展和认知的不断深入，如今的 CIM 理念已逐渐被社会所广泛接受，且成为政府大力推进的重点工作。

CIM 融合 BIM、倾斜摄影、基础地理信息、地下空间等数据，形成多源异构的全空间三维城市基础数据，建立实时映射的模型与物联感知体系，贯彻落实"一网统管"，构建城市运行与管理"一张图"；基于特征识别和人工智能技术，实现城市全要素的数字化和语义化，构建出可被机器理解的、支持自动推理及分析的数字孪生城市信息模型；通过物联感知数据实时地在模型平台上快速加载、融合和实时呈现，实现城市运行全场景的实时化和可视化，管理决策的科学化、智能化和协同化。

CIM 具有强大的数据承载力、表现力、兼容性和可扩展性，使得开发场景具有无限可能，能够对"人—地—房"等城市管理中所涉及的海量数据进行加载，实时渲染，赋能更多城市场景应用。不论是规划设计、城市建设还是城市治理，CIM 贯穿于智慧城市新基建之中，是数字孪生城市精准映射虚实互动的核心基底，是数据驱动治理模式的价值体现。

相较于 CIM 而言，数字孪生城市的建设更加注重应用场景的打造，已成为新技术创新融合的大势所趋：（1）数字孪生城市的建设已经具备基本的技术基础，云计算平台已经变成城市主要基础设施，政府部门、公司企业乃至个人广泛性运用，大数据变成城市主要资产、战略资源，依托大数据分析的智能决策运用不断涌现而出，物联网促进万物互联变成实际，广泛运用于城市治理领域的感知监测、数据采集等，移动互联网变成群众获取城市生活服务的主要优先渠道，也是拓展服务的主要方式，依托于深度学习的人工智能运用可精准预测城市问题，很大程度上提升民众体验，产品功能不断拓展增强，为构建数字孪生城市奠定了坚实的技术基础。（2）数字孪生城市的建设也存在着巨大的难度和挑战，虽然技术条件基本成熟，但城市是一个复杂巨系统，城市建设所涉及的领域是极其广泛的，因此数字孪生城市的解决方案相当复杂，这不仅仅是技术和数据信息深度融合的新模式，也是人类智慧达到新高度的巨大挑战，多要素融合将有可能引发颠覆式的技术创新和应用创新，技术发展迎来前所未有的机遇。

数字孪生城市是智慧城市的新起点，是支撑智慧城市建设的复杂技术体系和新型技术路径。推进以数字孪生为代表的新一代信息技术与新型智慧城市建设的深度融合、迭代演进，实现人与社会、人与自然可持续协调发展的全新的城市高级形态。在元宇宙时代，新思潮、新理念、新技术不断涌现，城市建设必将迎来更大的变革，开启崭新的篇章。

二、建筑元宇宙建设架构

建筑元宇宙的建设主要分为四个层次：后端基础设施、底层技术支撑、前端设备平台、场景内容入口。后端基础设施是为建筑元宇宙提供永续、实时的网络连接，底层技术支撑是建筑元宇宙的核心算力，前端设备平台是用于访问、交互与开发的物理终端，场景内容入口是建筑元宇宙的应用落脚点。

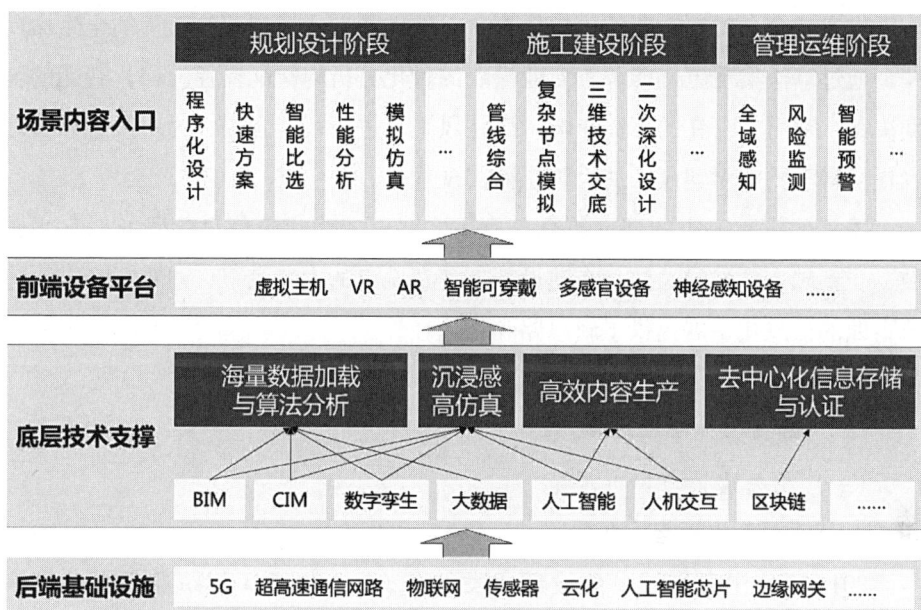

| 规划设计阶段 | 施工建设阶段 | 管理运维阶段 |

场景内容入口：程序化设计　快速方案　智能比选　性能分析　模拟仿真　…　管线综合　复杂节点模拟　三维技术交底　二次深化设计　…　全域感知　风险监测　智能预警　…

前端设备平台：虚拟主机　VR　AR　智能可穿戴　多感官设备　神经感知设备　……

底层技术支撑：海量数据加载与算法分析　沉浸感高仿真　高效内容生产　去中心化信息存储与认证

BIM　CIM　数字孪生　大数据　人工智能　人机交互　区块链　……

后端基础设施：5G　超高速通信网路　物联网　传感器　云化　人工智能芯片　边缘网关　……

建筑元宇宙建设架构

三、建筑元宇宙主要特征

总体上，建筑元宇宙的主要特征可概括为：（1）精准的实时映射，利用物联传感体系感知和反馈的数据实现对建筑的全方位数字化建模和对运行状态的动态监测，形成与实体建筑"1∶1"的精准表达与实施映射。（2）双向的虚实交互，将实体空间中的规划、建设、管理及人的活动行为拓展到虚拟空间中，

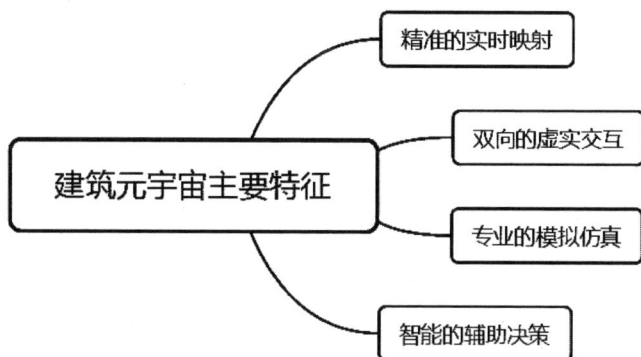

精准的实时映射
双向的虚实交互
专业的模拟仿真
智能的辅助决策

建筑元宇宙主要特征

实现虚实融合。（3）专业的模拟仿真，以软件的形式模拟建筑工程的全生命周期，通过算法实现电热能源等专业模块的量化分析与智能操控。（4）智能的辅助决策，对可能存在的不良影响、潜在风险等进行智能预警，为决策者和管理者提供科学的应对建议，从决策层面实现优化。

关于建筑元宇宙的理论研究与应用实践已成为建筑信息化研究的新兴领域，受到越来越多的关注。在建设新型智慧城市的大背景下，建筑元宇宙为建筑行业的信息化发展提供了新思路和新途径。

四、建筑元宇宙应用现状

（一）相关政策与标准规范

1.BIM 相关政策与标准规范

2011 年，住房和城乡建设部印发的《2011—2015 年建筑业信息化发展纲要》中首次将 BIM 纳入信息化标准建设内容。此后，我国陆续推出了若干 BIM 相关政策（如下表所示），内容越来越细化，可行性和专业性越来越强。

2011 年以来我国发布的主要 BIM 政策文件

序号	政策名称	发布时间	发布单位	主要内容
1	《2011—2015 年建筑业信息化发展纲要》（建质[2011] 67 号）	2011 年 5 月	住房和城乡建设部	"加快 BIM、基于网络的协同工作等新技术在工程中的应用，推动信息化标准建设，促进具有自主知识产权软件的产业化，形成一批信息技术应用达到国际先进水平的建筑企业。"
2	《关于推进建筑信息模型应用的指导意见》（建质函[2015] 159 号）	2015 年 6 月	住房和城乡建设部	"到 2020 年末，建筑行业甲级勘察、设计单位以及特级、一级房屋建筑工程施工企业应掌握并实现 BIM 与企业管理系统和其他信息技术的一体化集成应用。到 2020 年末，以下新立项项目勘察设计、施工、运营维护中，集成应用 BIM 的项目比率达到 90%：以国有资金投资为主的大中型建筑；申报绿色建筑的公共建筑和绿色生态示范小区。"

续表

序号	政策名称	发布时间	发布单位	主要内容
3	《2016—2020 建筑业信息化发展纲要》（建质函〔2016〕183 号）	2016 年 8 月	住房和城乡建设部	"着力增强 BIM、大数据、智能化、移动通讯、云计算、物联网等信息技术集成应用能力，建筑业数字化、网络化、智能化取得突破性进展。"
4	《关于促进建筑业持续健康发展的意见》（国办发〔2017〕19 号）	2017 年 2 月	国务院办公厅	"加快推进 BIM 技术在规划、勘察、设计、施工和运营维护全过程的集成应用，实现工程建设项目全生命周期数据共享和信息化管理。"
5	《推进智慧交通发展行动计划》（交办规划〔2017〕11 号）	2017 年 2 月	交通运输部	"深化 BIM 技术在公路、水运领域应用。在公路领域选取国家高速公路、特大型桥梁、特长隧道等重大基础设施项目，在水运领域选取大型港口码头、航道、船闸等重大基础设施项目，鼓励企业在设计、建设、运维等阶段开展 BIM 技术应用。"
6	《关于推进公路水运工程 BIM 技术应用的指导意见》（交办公路〔2017〕205 号）	2018 年 3 月	交通运输部	"推进 BIM 技术在公路水运工程建设管理中的应用，加强项目信息全过程整合，实现公路水运工程全生命期管理信息畅通传递，促进设计、施工、养护和运营管理协调发展，提升公路水运工程品质和投资效益。"
7	《关于推进全过程工程咨询服务发展的指导意见》（发改投资规〔2019〕515 号）	2019 年 3 月	发展改革委、住房和城乡建设部	"要建立全过程工程咨询服务管理体系。大力开发和利用建筑信息模型（BIM）、大数据、物联网等现代信息技术和资源，努力提高信息化管理与应用水平，为开展全过程工程咨询业务提供保障。"

随着 BIM 相关政策的陆续推行与落实，BIM 在我国的应用与发展正在不断扩大和深化，形成了一系列技术标准和规范，提升了 BIM 应用领域的标准化、规范化，这有利于 BIM 的技术推广和市场良性发展，我国的 BIM 技术标准体系正在逐步健全与完善。

现行的主要 BIM 技术标准规范

序号	标准名称	实施时间	发布单位	主要内容
1	《建筑信息模型应用统一标准》（GB/T51212-2016）	2017 年 7 月 1 日	住房和城乡建设部	"对建筑信息模型在工程项目全寿命期的各个阶段建立、共享和应用进行统一规定，包括模型的数据要求、模型的交换及共享要求、模型的应用要求、项目或企业具体实施的其他要求等，其他标准应遵循统一标准的要求和原则。"这是我国第一部 BIM 应用的工程建设标准。
2	《建筑信息模型施工应用标准》（GB/T51235-2017）	2018 年 1 月 1 日	住房和城乡建设部	"规定在施工过程中该如何应用 BIM，以及如何向他人交付施工模型信息，包括深化设计、施工模拟、预加工、进度管理、成本管理等方面。"这是我国第一部建筑工程施工领域的 BIM 应用标准。
3	《建筑信息模型分类和编码标准》（GB/T51269-2017）	2018 年 5 月 1 日	住房和城乡建设部	"规定了建筑信息模型中信息的分类和编码，推动实现建筑工程全生命期信息的交换与共享。"
4	《建筑信息模型设计交付标准》（GB/T51301-2018）	2019 年 6 月 1 日	住房和城乡建设部	"规定了交付准备、交付物、交付协同三方面内容，包括建筑信息模型的基本架构，模型精细度，几何表达精度，信息深度、交付物、表达方法、协同要求等。"在 BIM 数据流转方面发挥了标准引领作用。
5	《建筑工程设计信息模型制图标准》（JGJ/T448-2018）	2019 年 6 月 1 日	住房和城乡建设部	"提供一个具有可操作性的，兼容性强的统一基准，以指导基于建筑信息模型的建筑工程设计过程中，各阶段数据的建立、传递、和解读，特别是各专业之间的协同，工程设计参与各方的协作，以及质量管理体系中的管控等过程。"
6	《铁路工程信息模型统一标准》（TB/T10183-2021）	2021 年 6 月 1 日	国家铁路局	"对铁路工程信息模型实施主体、应用阶段、应用流程，铁路工程信息模型创建的原则和方法，设计阶段、施工阶段铁路工程信息模型应用的主要内容，铁路工程信息模型交付的基本原则、交付精度、交付物格式及交付方式等方面进行了明确，并提出了铁路工程信息模型应用成熟度评价指标及计算方式。"这是我国铁路 BIM 领域的第一部行业标准。

续表

序号	标准名称	实施时间	发布单位	主要内容
7	《建筑信息模型存储标准》（GB/T51447-2021）	2022年2月1日	住房和城乡建设部	"规范了建筑信息模型数据在建筑全生命期各阶段的存储，从而保证建筑信息模型应用高效率。"

2.CIM 相关政策与标准规范

近年来，多部委相继出台了一系列 CIM 相关政策文件及规范（如下表所示），体现出战略层面的科学性与前瞻性。2021年12月，上海市经信委印发《上海市电子信息产业发展"十四五"规划》提出"要加强元宇宙底层核心技术基础能力的前瞻研发，推进深化感知交互的新型终端研制和系统化的虚拟内容建设，探索行业应用"，这是元宇宙首次被写入地方"十四五"产业规划，其他省市未来或将陆续跟进。

2020 年以来我国发布的主要 CIM 政策文件及标准规范

序号	政策／标准名称	发布时间	发布单位	主要内容
1	《关于开展城市信息模型（CIM）基础平台建设的指导意见》（建科〔2020〕59号）	2020年7月	住房和城乡建设部、工业和信息化部、中央网信办	"建设基础性、关键性的 CIM 基础平台，构建城市三维空间数据底板，推进 CIM 基础平台在城市规划建设管理和其他行业领域的广泛应用，构建丰富多元的'CIM＋'应用体系。"
2	《关于印发〈城市信息模型（CIM）基础平台技术导则〉的通知》（建办科〔2020〕45号）	2020年9月	住房和城乡建设部	"规范城市信息模型（CIM）基础平台建设和运维。"这是我国首部 CIM 基础平台技术导则。
3	《城市信息模型平台施工图审查数据标准（征求意见稿）》	2021年4月	住房和城乡建设部	"规范施工图的数据内容和交付要求，促进基于城市信息模型平台的信息交换与共享，实现施工图计算机审查功能。"

序号	政策／标准名称	发布时间	发布单位	主要内容
4	《城市信息模型平台建设用地规划管理数据标准(征求意见稿)》	2021年4月	住房和城乡建设部	"规定了建设用地规划主要管控数据、建设用地管理数据和归档数据等内容,指导城市信息模型'CIM＋'应用体系建设,进一步提高建设用地规划管理的质量和时效,以满足城市精细化管理要求。"
5	《城市信息模型平台建设工程规划报批数据标准(征求意见稿)》	2021年4月	住房和城乡建设部	"规范了建筑工程、市政工程、交通工程的设计方案审查阶段、建设工程规划许可证核发阶段的规划报批数据应用。"
6	《城市信息模型平台竣工验收备案数据标准（征求意见稿)》	2021年4月	住房和城乡建设部	"规范竣工验收备案的数据内容和交付要求,促进基于城市信息模型平台的信息交换与共享,实现竣工验收备案管理功能。"
7	《城市信息模型数据加工技术标准(征求意见稿)》	2021年4月	住房和城乡建设部	"规范城市信息模型数据加工处理,为城市信息模型平台提供合格的模型产品。"
8	《关于印发〈城市信息模型（CIM）基础平台技术导则〉（修订版）的通知》（建办科［2021］21号)	2021年6月	住房和城乡建设部	在总结各地CIM基础平台建设经验的基础上,进一步完善CIM基础平台的技术要求。
9	《城市信息模型基础平台技术标准》（CJJ/T315—2022)	2022年1月	住房和城乡建设部	对CIM平台架构与功能、CIM数据库、建设运维等内容进行了规定,是我国首个CIM行业标准。

（二）应用现状

欧美国家于20世纪70年代开始将BIM技术应用于建筑行业,至今已相对成熟,而我国起步较晚,当前仍处于发展阶段。《中国建筑业企业BIM应用分析报告（2020）》中的调研数据显示,对于BIM技术在项目中的应用占比,31.84%的企业在不足25%的项目中使用了BIM技术,占比最大,而全部项目都使用了BIM技术的企业占比仅为10.18%。由此可见,BIM技术在企业中的应用力度和普及率还明显不足，大多数企业还处于初步尝试和探索阶段，实际应用经验不足。这是由于我国尚未形成标准化、规范化的 BIM 技术应用政策环境，且存在巨大的 BIM 技术人才缺口，投入成本高等原因造成的。

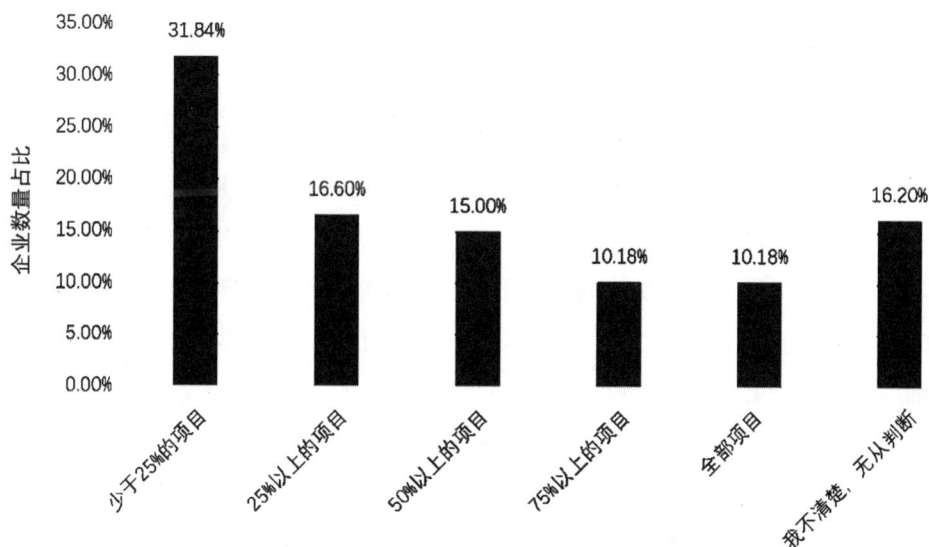

2020 年应用 BIM 技术项目的占比情况

资料来源：《中国建筑业 BIM 应用分析报告（2020）》。

建筑元宇宙在应用初期，大多停留在设计层面，以三维模型的可视化呈现为主。随着技术的不断发展和需求的不断升级，已逐步从设计阶段延伸到建筑全生命周期，从相对独立的 BIM 应用延伸到与其他数字技术集成的协同化应用，从单一的技术应用延伸到多维度全面管理应用，从项目现场管理延伸到企业经营管理，加快形成建筑元宇宙应用模式及标准体系，已成为大势所趋。

1. 从设计阶段延伸到建筑全生命周期

在施工阶段，建筑元宇宙不仅可以提供三维可视化模型，还可以进行二次深化设计与仿真，模拟完成碰撞检测、预留预埋、复杂节点模拟、构件数据细化等工作，与相关技术和管理软件相配合，可进一步实现施工进度管理、成本管控等应用。在运维阶段，基于详尽的数据模型，不但可以大大提高工作效率，还可以降低运维成本，提高运营管理效率。在全生命周期中，为绿色建筑、智慧城市提供科学的基础支撑。

2. 从相对独立的 BIM 应用延伸到与其他数字技术集成的协同化应用

建筑元宇宙协同平台可以将各专业、各领域的信息和数据纳入进来，实现资源共享。此外，平台还预留了各类扩展端口，结合互联网、物联网、云计算、大数据、人工智能、区块链、射频技术等新兴科技手段，将 BIM、CIM 中的海量数据上传至云端，实现随时随地调用与实时跟踪，提高管理及运维效率。

3. 从单一的技术应用延伸到多维度全面管理应用

对建筑元宇宙的审视与理解，起初停留在单一技术应用层面，目前正在逐渐演变为"技术＋管理"的模式，这也是该领域深度应用的一个重大突破。建筑元宇宙提供了一个统一的管理平台，在这个平台上，参照标准化的 BIM、CIM 模型，进行沟通、决策、审批，从而保证信息传达、共享的及时性和准确度，发挥桥梁的作用，确保多维度的协同化管理。

4. 从项目现场管理延伸到企业经营管理

工程项目在建设环节中需要记录和保存大量的过程信息，传统方式以人工填报为主，信息数据的真实性、实时性和可共享性均难以保证。建筑元宇宙为解决这一问题提供了有效途径：（1）项目部各部门之间需要数据协同，建筑元宇宙与工地现场采集到的智能感知数据实时关联，有助于生产过程中的数据共享与协同，避免不同部门重复进行数据采集工作以及采集过程中存在的数据偏差和软件版本不一致的问题，保证各部门间的协作建立在统一精准的数据基础之上。（2）项目部与企业之间需要数据协同，基于数据实现项目管理与企业管理一体化，有助于提高业务管理与协同效率，有助于企业作出更科学的资源调配决策。（3）项目部与参建各方之间需要数据协同，有助于让项目部与业主方、不同专业的分包单位等参建相关方，形成基于统一数据平台的协作，确保项目全过程中的信息一致和信息对称，避免脱节，使沟通更加透明化，通过数据分析与应用可以更好地寻找到各方利益的平衡点，实现多方利益共赢，减少不必要的修改和浪费。

第二节 建筑元宇宙应用价值

建筑元宇宙将 BIM、CIM、数字孪生等技术创新融合，不仅具有节省材料、工期、人力等可量化的直接价值，还具有提升管理水平等不可量化的间接价值。其短期效益主要体现在低成本、高效率的运维上，长期效益主要体现在建筑全生命周期内拓展了原有 BIM 体系的价值。本节主要阐述建筑元宇宙对于业主方、设计师、建设者、管理者及城市等不同主体所产生的应用价值。

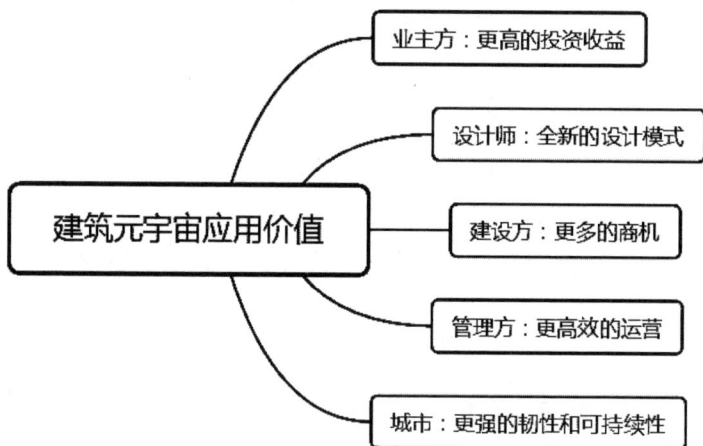

建筑元宇宙对于不同主体所产生的应用价值

一、业主方：更高的投资收益

数据直接影响着业主的判断与决策。如果数据价值隐藏于各自为政的若干个系统之中，则难以发挥其全部价值，业主难以进行监管。建筑元宇宙应用能够使业主在初期的规划和设计阶段就充分地掌握项目数据和信息，探索各种情景，从而最大限度地提高性能和延长投资生命周期，作出科学的决策，与此同时，可精确计算工程量，快速准确地掌握投资数据，有效提升业主的预算控制能力，减少造价管理方面的误差和漏洞，减少返工，降低成本，获得更高的投资收益。

二、设计师：全新的设计模式

在传统的规划设计审批过程中，受限于当时的技术条件不成熟，规划设计效果的呈现几乎完全依赖二维图纸等静态方式，在三维场景的模拟构建和动态展示上存在缺失，难以真实地呈现实际施工效果以及项目与周边景观的整体性、和谐性，容易导致规划决策失误，造成巨大的资源浪费和经济损失。建筑元宇宙为设计师创造了全新的设计模式：（1）建筑元宇宙在可视化方面的优势可以充分辅助可视化设计，在规划、设计、审批环节，可提供可视化的交互设计平台和全新的设计模式，突破了二维图纸等传统表现手段的局限性，能够全面、精准、直观、动态地呈现设计方案，并对规划设计前后的建筑能耗分析、性能分析、地区人口分布、特征、流动等进行监测比对和量化模拟，从而在空间风貌的塑造提升、地上地下空间的合理布局、人流车流的引导疏散、周边交通设施的高效衔接、产业业态的优化调整、商业服务的配套升级等诸多方面为规划和设计提供科学的量化参考。（2）建筑元宇宙应用到不同专业的协同设计中，将项目各阶段、各专业间的数据信息纳入到该平台中，各专业的设计人员能够实现数据和信息的完全共享，便于进行协同作业，以确保设计和施工能够正常、有序地进行。

三、建设方：更多的商机

工程建设方如果能提供更多的服务，创造更多的价值，自然会赢得更多的项目。在建筑元宇宙中，工程建设方可以直接计算出材料的消耗量、尺寸、参数要求等数据，预先规避施工过程中可能发生的错误，避免潜在的纠纷和开支，制定出更加科学的施工计划，从而节省更多资源，实现更好的维护，提供更好的服务，来帮助业主实现投资最大化，这也将为工程建设方自身带来更多的商机和更好的口碑。

四、管理方：更高效的运营

实际运行中的数据是不断变化的。建筑元宇宙所提供的海量数据及可视化实时呈现，使运营管理更加直观、透明、高效，管理方可以轻而易举地查询所有构件信息，大大提升对于资产性能的掌控力和洞察力，一旦出现变动或异常，可以及时、准确、有针对性地进行维护，从而减少浪费并提高安全性。

五、城市：更强的韧性和可持续性

当前城市建设的短板主要体现在健康、安全和基层民生保障方面，这也是左右城市可持续发展的主要因素。突如其来的新冠疫情更是对城市治理体系和治理能力有效性的一次全方位的挑战和检验，折射出当前城市治理能力的短板和漏洞。唯有不断精细化、优化城市规划，才能在外部环境突然变化时，让城市仍具备强有力的抵御冲击、适应变化及自我修复能力，这是一个不断试错、不断迭代、寻找最优解决方案的过程，所耗费的人力、物力和时间成本是巨大的，而建筑元宇宙应用为此提供了一种"低成本、高效能"的新途径。

以 BIM、CIM 为基底，对资源环境、基础设施、交通运输、社会治理、人口民生、产业经济、社会舆情、公共安全等城市数据进行完整、直观的呈现，全方位复现城市运行态势，进行持续地诊断、模拟、预测、决策，能够极大地降低城市规划建设管理的成本，减少不必要的资源浪费，提升城市韧性与可持续性。

与此同时，建筑元宇宙作为科技与人文的结合，是科技对于建筑与城市的重塑，将引领人类通往虚拟世界的节奏，也将引领新一轮科技创新的群体突破，催生一系列技术创新、应用创新、模式创新。

第三节　建筑元宇宙实践分享

随着 BIM、CIM 与数字孪生技术的快速发展及其在我国的普及和深化，越来越多的应用实践不断涌现，也正在受到越来越多的认可与推广。本节主要结合三个代表性强、相对成熟的实践案例，介绍建筑元宇宙应用领域的现有成果，梳理应用方法与亮点，总结相关经验，展望未来发展。

一、基于 BIM 的建筑设计建设模式创新——中信大厦"中国尊"

虽然建筑及周边地区的资源禀赋、建设需求各不相同，但基于 BIM 的建筑设计、建设、管理流程和方法应形成一种模式，进而提炼升华为统一的标准和规范，明确建设标准和技术路径，为建筑的所有构件和设备赋予感知能力和生命力，在建筑全生命周期层面提升智能建筑的全新高度，同时也有利于促进BIM技术的深度普及与应用。

（一）案例概况

北京中央商务区核心区的标志性超高层建筑项目——中信大厦（"中国尊"），位于北京市朝阳区东三环北京商务中心区（CBD）核心区 Z15 地块，建筑面积约 43.7 万平方米（地上约 35 万平方米，地下约 8.7 万平方米），建筑高度 528 米，地上 108 层，地下 7 层（局部设夹层），主要建筑功能为办公、观光和商业。该项目已于 2018 年建成，原创方案由北京市建筑设计研究院有限公司吴晨团队携国内外顾问中标，并在业主的支持与领导下，北京市建筑设计研究院有限公司作为总体设计单位与 30 多家顾问单位共同服务至项目建成投入使用。

这是世界首个在抗震设防烈度 8 度区设计建造的 500 米以上超高层，是目前北京的最高建筑，作为北京首要的地标性建造，对定义首都的城市形象有

中信大厦项目实景图

重要意义。同时，这也是国内首个采用全生命周期深入应用 BIM 技术的项目。该项目将城市整体空间、建筑设计、各项工程技术有效地统一起来考虑，形成了一个宏观、中观、微观的全面综合的城市设计及建筑设计方案。建筑造型设计从中国传统礼器"尊"的形体特征中汲取造型的灵感，以诗意的姿态见证 CBD 核心区的崛起，迎来北京城市发展的新飞跃。

（二）技术应用

以解决问题、创造效益、减少浪费为基本出发点，该项目各参建单位从全过程的 BIM 工作入手，践行了一系列 BIM 应用。建筑整体采用模块化理念设计，共分为五个模块、十个使用功能分区，楼层层高模数化，对后续各类设计有着十分重要的意义。标准化的设计大大提高了施工效率及垂直运输效率。全程采用 BIM 技术进行设计，全专业协同，并实现全关联单位全生命周期应用。项目施工阶段在常规 BIM 应用基础之上，团队创新了建筑超精度的深化设计、超难度的施工模拟、超体量的预制加工、全方位的三维扫描等深度应用。

1.BIM 在 Z15 单体设计中的应用

主要体现在建筑分系统、结构分系统、机电分系统、几何控制系统、建筑性能分析与优化等方面。

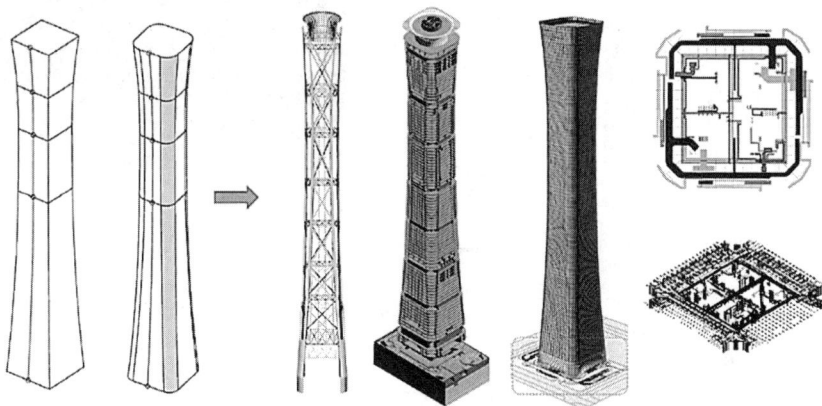

建筑几何控制系统　　　　　　　　　　完整建筑系统

中信大厦项目——BIM 在 Z15 单体设计中的应用

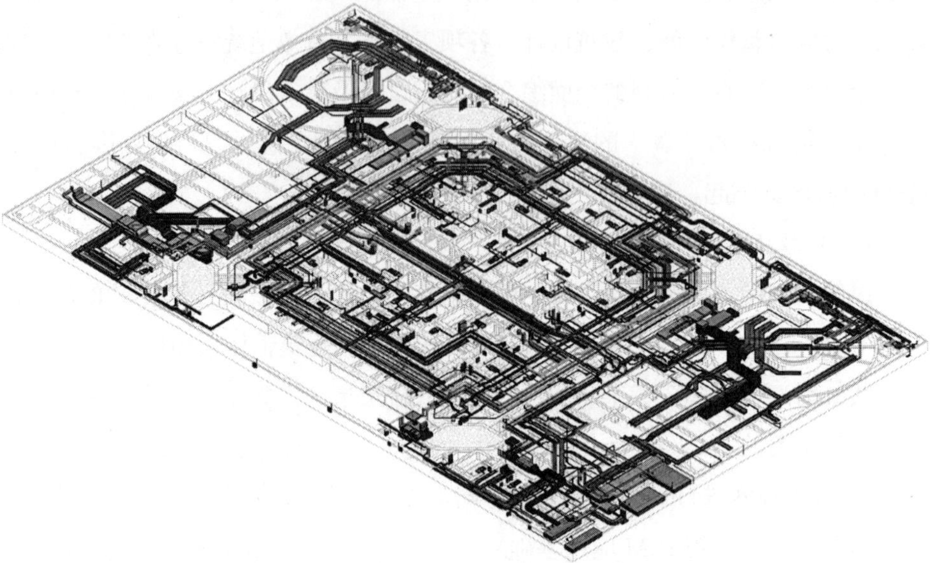

中信大厦项目——Z15 单体机电设计管线综合示例

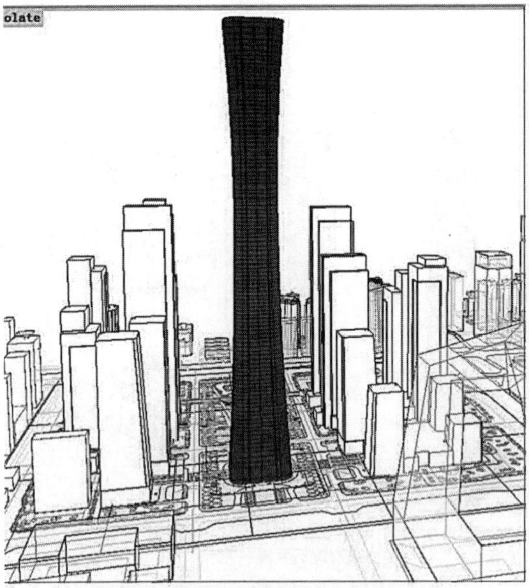

Z15单体冬至日北立面日照辐射得热分析

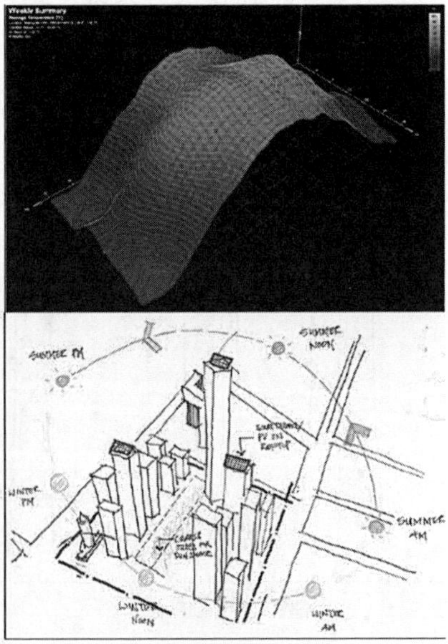

建筑每周能耗需求概况

中信大厦项目——Z15 单体建筑能耗与环境模拟

Z15单体表面气流分布情况　　　　　　　Z15单体顶部及室内空间气流流场断面

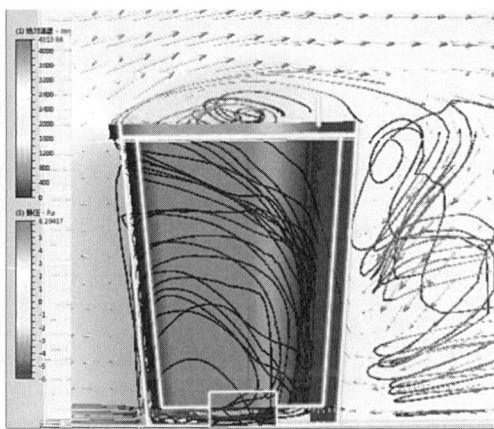

中信大厦项目——Z15 单体表面的风压力及室内外联通处外部压力数据分析

2.BIM 在规划研究中的应用

借助 GIS 数据库提取出场地周边的单体信息和场地信息，并建立一个完整的周边城市区域模型。依据核心区规划设计条件，快速重建 CBD 核心区的各单体体量模型，并将两者整合于一体，形成了核心区整个城市区域的整合

中信大厦项目——核心区整体 BIM 模型

模型。

3.BIM 在施工阶段的应用

施工阶段的施工模拟是对施工方案、工艺的再验证，并进行细节优化。项目对施工过程中的重大方案进行完整且精细化的模拟，综合考虑工艺方法、时间、空间等因素，完成大型方案的综合模拟，并在实施前进行专项方案论证和三维预演，发现综合环境下隐藏的矛盾，并提前解决，最终应用完善的三维施工模拟方式进行技术交底。

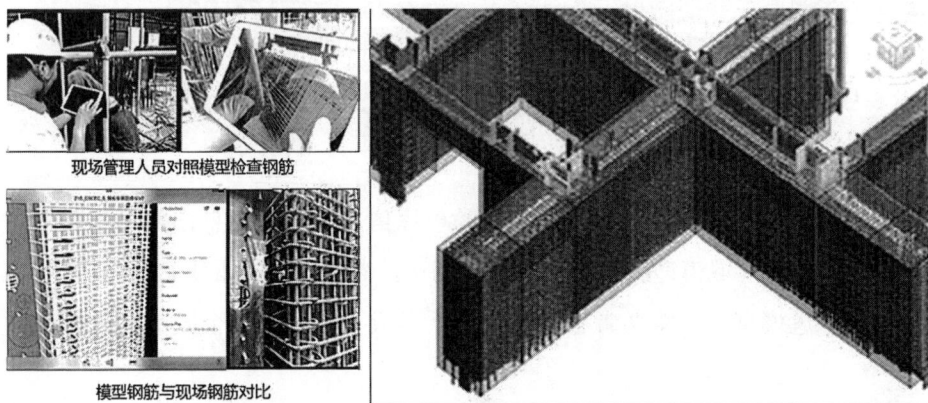

现场管理人员对照模型检查钢筋

模型钢筋与现场钢筋对比

中信大厦项目——BIM 在施工阶段的应用示例

（三）案例成效及意义

中信大厦在整个北京 CBD 片区起着重要的统领作用。实际上它是一个泛 CBD 和具体的 CBD 核心区的概念，泛 CBD 主要指朝阳区，包括国贸及周边片区，以国贸桥周边围绕着一个更大的几平方公里的范围，这是一个泛 CBD 的概念。中信大厦的出现，把碎片化的 CBD 的空间形态得以梳理，得以完整地聚拢起来，形成凝神聚气的一种精神象征。如今，中国大部分来过北京的，或者是没来过北京的人，都有可能会知道中信大厦，因为不管晴空万里，乌云密布，还是旭日东升，人们都会在各类社交媒体上看到中信大厦的身影，它已经成为北京的一个符号。未来的中信大厦将引进国际高端业态资源，集金融、办公、商业等功能为一体，着力打造世界一流的总部服务台。

该案例在 BIM 践行过程中，逐步探索出一套基于 BIM 的超高层建筑建设管理流程和方法，并形成一种模式，在多单位协同、标准化模型传递、解决实际问题等方面起到突出作用。项目也形成了多项地方标准、行业间数据融合标准、企业标准等 BIM 技术相关标准和规范，将 BIM 应用过程中的经验和成果融入其中，为整个行业的技术发展和管理升级作出了贡献。

根据 Z15 地块综合房产、设备、安全管理的需求，将 Z15 地块建筑内的物业管理、设施管理、事务管理、访客管理、节能管理，以及智能化系统安防及设备监控管理相关信息、数据、存储、备份、查询均集成到 Z15 地块物业及设施管理平台上及数据库中，为工作人员和客户提供安全、舒适、便捷、节能、环保、高效的工作与商业活动环境。

将传统建筑内独立运行并操作的各类设施与设备，汇集到统一的基于 BIM 三维可视化图形的 Z15 物业及设施管理平台上，实现统一的设施管理和设备监控。将 Z15 地块建筑内设施、机电、消防、安防、摄像机、门禁等各监控系统设备和监控点的相关信息和空间位置信息，通过 BIM 三维可视化图形进行汇集、分析、应用、展现。利用 BIM 建立的 Z15 地块可视化三维模型，使设计阶段、建造阶段、智能化系统运行阶段的所有数据和信息都可以进行查询、显示和调用。

通过基于 BIM 的物业及设施管理系统对 Z15 地块物业及设施管理运维数据的汇集、累积与分析，对于管理者具有很大的价值。可以通过 BIM 数据来分析当前管理中存在的问题和隐患，亦可优化和完善现行管理。在此基础上，采用 BIM 与物联网技术相结合的方式，基于 BIM 核心的物联网技术应用，不但能为建筑物实现三维可视化管理，而且为建筑物的所有构件和设备赋予了感知能力和生命力，从而将 Z15 地块的运行维护提升到智能建筑的全新高度。

二、全设计周期的 BIM 应用典范——北京大兴国际机场东航基地

BIM 技术在各阶段发挥着不同的作用：设计阶段利用 BIM 可实现对设计完整、准确的表达，方案阶段利用 BIM 手段实现快速方案对比及最优方案的快速确定，初步设计阶段建立本阶段精度的 BIM 模型，验证各专业之间设计的合理性，施工图设计阶段建立相应精度 BIM 模型，利用模型进行管线综合、复杂节点模拟、工程量计算、三维展示、三维技术交底等一系列应用，保证设

计理念及设计质量要求准确完整的表达及延续。BIM 作为一种高效、便捷的设计手法应用于设计阶段的全过程、全专业，并向施工阶段延伸，能够助力建筑工程的高质量完成。

（一）案例概况

本项目位于北京大兴国际机场场址内，核心工作区一期工程规划总用地面积为 3.6825 公顷，总建筑面积为 160052.31 平方米，建筑主要功能包括航空、地勤运控大厅、派遣大厅、中心数据机房、办公、空勤人员机组出勤休息室及其配套用房等。该项目由北京市建筑设计研究院有限公司吴晨团队主创设计完成，已于 2019 年建成。

北京大兴国际机场东航基地核心工作区一期工程项目实景图

按照东航北京、上海"双枢纽"运营模式，北京基地未来将作为东航核心枢纽来进行保障。在满足基地安全、高效、正常运行的前提下，适当保持一定的弹性，以适应未来需求变化时的功能改变和布局调整，使基地各功能区均衡发展，保障东航综合效益最大化。

（二）技术应用

北京大兴国际机场东航基地核心工作区一期工程项目在设计阶段引入BIM技术校核设计、辅助设计出图，利用 BIM 技术的可视化优势进行冲突识别，例如，识别管线、设备、构件之间的碰撞，是否满足净高要求等。BIM 模型能够自动生成材料和设备明细表，为工程量计算、造价、预算和决算提供了有利的依据。BIM 技术能有效提高设计阶段各专业之间的协同，减少碰撞的产生，提高生产效率，降低沟通成本。项目的 BIM 应用涵盖了项目的全设计过程、全专业，对项目土建、机电、景观、小市政及精装修进行准确性建模、专业化协调，及时发现相关问题并将问题在成果提交前解决。

根据设计周期要求及项目前期 BIM 应用规划，项目的 BIM 应用摒弃了单纯翻模的设计做法，采取二维与三维设计同时推进的策略进行。依据项目进度计划确定各设计阶段全专业提交 BIM 工作基础的时间点，同步建立建筑、结构、给排水、电气、暖通等各专业 BIM 模型，使机电专业设计由二维线性设计转变为三维空间设计，错综复杂的机电系统在同一模型空间中，实现机电专业的精细化设计。同时建立高效沟通机制，BIM 设计过程中将设计过程中将

北京大兴国际机场东航基地核心工作区一期工程项目——BIM 整体模型

发现的问题以图纸及问题报告形式及时反馈给相关专业设计人员落实修改及优化。正式提交阶段成果时同时提交二维图纸及 BIM 模型，并确保图模一致。

1. 基础应用点

（1）基础建模（利用设计图纸，建立全专业 BIM 模型）。（2）碰撞检查（使用叠合模型，并通过软件对叠合模型中不同系统间的矛盾冲突进行检测查找，并形成相关的报告）。（3）管线综合（用 BIM 对机电各系统的管线进行统一的空间排布，确保机电管线可以满足自身系统以及其他系统的整体要求。管线综合是用于形成或验证设计成果合理性的 BIM 应用）。（4）空间分析（利用 BIM 模型对重点区域净高进行分析及优化）。（5）施工模拟（利用 BIM 施工模型，对于施工工艺进行三维可视化的模拟展示或探讨验证。模拟中的工艺要素，是由施工工艺标准或技术交底所提供的）。（6）工程量基础数据统计（基于指定的某一模型，对模型中的系统构件进行数量统计，由软件自动生成的统计量）。

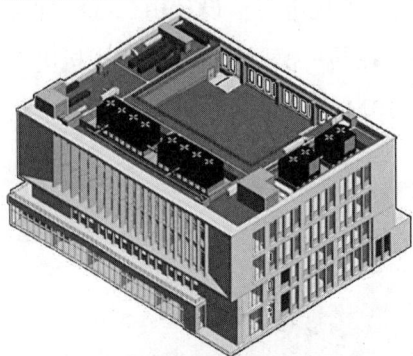

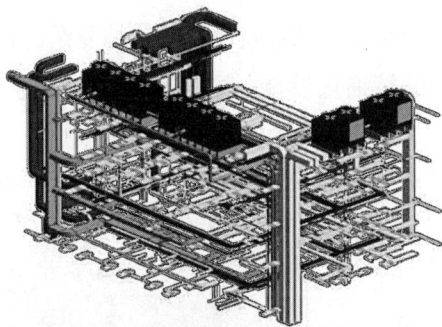

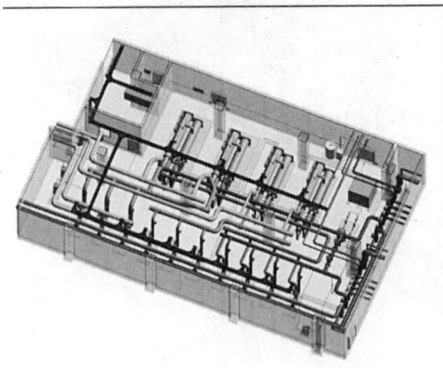

北京大兴国际机场东航基地核心工作区一期工程项目——BIM 全专业模型示例

（7）协同设计（使用 BIM 组织和实施多专业或多参与方在设计过程中的协作，达成共同的 BIM 交付成果）。（8）BIM 出图（利用 BIM 设计的模型成果，直接在模型中进行平面、立面、剖面、节点等的二维图纸生成以及三维轴测图纸的生成）。

2.创新应用点

（1）全设计周期的 BIM 应用。（2）全建筑系统覆盖。（3）利用 BIM 全信息模型指导室内精装修，实现建筑空间效果的最终控制。(4) 三维施工图会审。（5）三维技术交底。（6）VR（Virtual Reality，虚拟现实）展示。

3.示范应用点

全设计周期的 BIM 应用，保证了设计阶段的 BIM 模型可以延续到施工方，由施工方 BIM 团队或 BIM 顾问咨询服务团队，继续按照施工的精度要求进行精细化设计，并应用于施工阶段的土建和机电安装深化设计，加强施工控制。随施工过程的设计变更，可以定期反馈到施工 BIM 模型中，从而在施工完成时，可以得到最终的和施工结果相一致的全专业全信息 BIM 竣工模型。

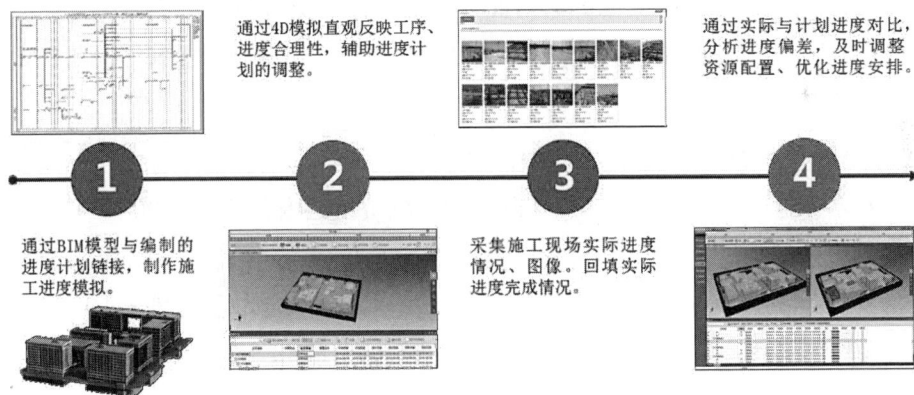

北京大兴国际机场东航基地核心工作区一期工程项目——BIM 施工阶段应用流程

（三）案例成效及意义

为满足北京区域航空运输需求，完善北京大兴国际机场功能设施，增加国家航空公司市场竞争力，确保北京大兴国际机场建成后顺利运行，启动建设了北京大兴国际机场东航基地项目。按照东航北京、上海"双枢纽"运营模式，北京基地未来将作为东航核心枢纽来进行保障。在设计中全面考虑影响各个地块的相关因素，统筹规划，整体考虑。在满足基地安全、高效、正常运行的前提下，适当保持一定弹性，以适应未来需求变化时的功能改变和布局调整，使基地各功能区均衡发展，保障航空公司综合效益最大化。随着北京大兴国际机场和东航基地核心工作区工程的顺利竣工及投入运营使用，将为国家和东航业主带来良好的经济效益和社会效益。

在该案例中，BIM作为一种高效、便捷的设计手法应用于设计阶段的全过程、全专业，并向施工阶段延伸，建立了基于BIM的项目管理思维，实现数据共享、专业协同，有效提升了工作效率，精准掌控工程进度和建设成本，保证了项目的高质量完成。

三、打通城市管理"最后一公里"智慧平台——上海市花木街道数字孪生城市

新型智慧城市强调"以人为本"的理念，而以区为单位的管理单元颗粒度略大，以街道为单元的管理更贴近群众，在为市民服务上更有优势，也更贴近城市实际情况，在治理上也更加精准、高效。打通城市现代化全周期管理的"最后一公里"，应从街道层面做起，让城市变得可知可感，形成智能监测管理的闭环。

（一）案例概况

花木街道位于上海市浦东新区陆家嘴金融贸易区内，面积约20.93平方公里，是浦东新区行政文化中心，也是全国数字孪生城市建设试点中处于最前沿的试点。"花木街道数字孪生城市"建设是落实"人民城市人民建、人民城市为人民"重要理念，贯彻"一网统管"和"一网通办"，推进城市数字化在社区基层落地的重要创新。该项目由上海众装网络科技有限公司参与完成，通过建设花木街道数字孪生底座，全要素呈现三维高精地图，并接入人口分布信息系统、商业分布统计系统、城域规划系统、街道应用管理系统等，构建了一套相对完整的数字孪生城市系统，在城市治理中发挥了重要作用。

（二）技术应用

通过对地上、地下部分进行精细化建模，构建了一个全要素、全方位的数字孪生系统，将城市中的大到道路、建筑、设施，小到灯杆、树木、井盖等地

上海市花木街道数字孪生系统——建筑与道路展示

面附着物的所有底层数据进行系统集成与整合，运用数字孪生技术复刻进数字系统，完成城市底座的数字化搭建，形成与实体城市"1:1"全要素孪生映射的"虚拟城市"平台，该平台由基础设施、技术支撑平台、智慧应用平台及运营管理中心组成。在虚拟的"花木街道"中，每一个要素都有独立的身份标识用以快速精准定位，每一个部件预留了今后管理和采集数据的通道。

最早这些基础数据收集是源自疫情期间，大量排摸和筛查形成的庞大数据使花木街道全覆盖的市民信息系统和疫情防控平台应运而生，形成"一街道一图""一小区一图""一楼一图""一房一图"，每个层面的数据管理和维护权限开放给相应的社区管理者，只需二三十分钟便可在屏幕前完成一遍对于所有主出入口人员进出情况的轮巡，大大提升了街道布防巡逻的整体管控效率。

该系统不仅能在接下来的疫情防控工作中发挥作用，如今还正在为人口管理、政务办理、基层党建、交通出行、志愿者工作、社区养老、物业管理等多方面工作提供支持。例如，在社区管理者的应用端上，"花木街道数字孪生城市"将为他们提供一幅全域化的"房态图"，建筑、道路等均以三维化呈现。点击某幢居民楼中的任意一户人家，即可根据相应管理者的权限，显示各类数据，亦可操作修改。此外，该系统全面支持移动端操作，方便社工在走访时即

上海市花木街道数字孪生系统架构

上海市花木街道数字孪生系统——"一网统管"人口数据展示与查询

上海市花木街道数字孪生系统——"一网统管"地铁线路展示与查询

上海市花木街道数字孪生系统——"一网统管"服务设施数据展示与查询

时修改数据。根据用户不同的岗位、级别，系统严格划分权限，呈现个性化的界面和内容，最大限度保护居民的数据安全。此次数字孪生城市的建设，是花木街道在"一网统管"和"一网通办"方面作出的重要探索，进一步提升城市管理效能。

（三）案例成效及意义

"花木街道数字孪生城市"形成了一套可拼贴、可叠加、可成长的系统架构，已有的数据与系统接入其中，深度赋能城市现代化治理的方方面面，在有效的资源和系统整合的前提下，用活海量数据，高效赋能人力，衍生各类场景应用，提升数字化治理效能，助力浦东新区打造社会主义现代化建设引领区。

"花木街道数字孪生城市"为最小管理单元的数字孪生城市建设树立了典范，在海量数据基础之上，运用数字孪生技术手段打通了城市管理的"最后一公里"，在街道管理层面，既提升了态势感知能力和社会治理水平，又能精细化调控有限资源，促进街道管理工作合理有序科学开展，让人民拥有更多获得感。

四、建筑元宇宙的前沿探索

在元宇宙中，不再受限于天气、材质、成本、时间等现实因素，虚拟建筑空间会呈现出崭新的面貌。建筑师也将成为一个多元的角色，不仅需要掌握建筑设计技巧，还需要与游戏设计、脑机交互等多个专业领域融会贯通。熟知现实世界构建的建筑师，未来将不再需要从不同的接口进入网络，而是在元宇宙的虚拟空间中完成所有工作，这将成为未来的主流工作模式。国际上对于这一领域的探索已经有所突破。国际知名的科技公司 NVIDIA（英伟达）于 2021年 4 月推出了一套元宇宙技术平台 Omniverse（本书将其译为"全能宇宙"），这是全球首个支持处于世界各地的设计团队跨多个软件套件工作，并在同一共享虚拟空间中进行实时协作的技术平台。Omniverse 可以将三维材质、三维场

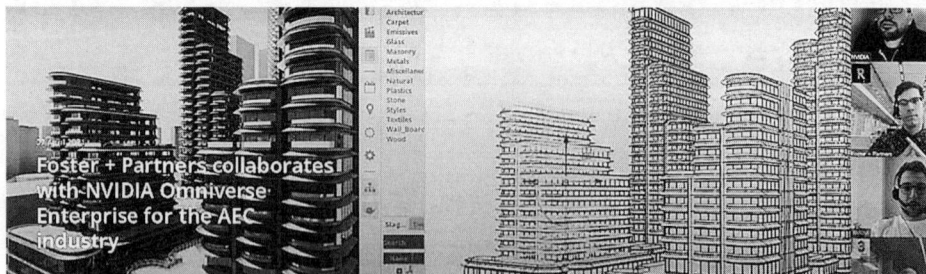

英国建筑设计和建造公司 Foster + Partners 利用 Omniverse 平台实现虚拟空间协同工作
资料来源：《2021—2022 元宇宙报告：化身与智造元宇宙坐标解析》。

景与游戏引擎连接，并提供即时协作功能，建立以假乱真的虚拟世界环境，同时可提供自设计、虚实影片拍摄、人工智能训练等应用。目前，英国建筑设计和建造公司Foster＋Partners（福斯特建筑事务所）已利用Omniverse构建了"协同共享的虚拟空间"，使分布在14个国家的设计师团队实现了从无缝协作设计到可视化等多项功能的协作。

从建筑延伸到城市的建设领域，诸多国家和城市也纷纷开始布局元宇宙城市的发展计划，以求抢占先机，形成先发优势。韩国首尔在智慧城市建设领域一直走在国际前沿，如今也已成为全球首个宣布即将入局元宇宙的城市，于2021年11月发布了《元宇宙首尔五年计划》，将分三个阶段在经济、文化、旅游、教育、信访等市政府所有业务领域打造元宇宙行政服务生态。首尔计划在2022年底搭建一个"无接触通信"平台，该平台将提供一系列公共服务，如历史地标、文化活动，市民可以通过佩戴VR头盔载入；到2023年，将开设"元宇宙120中心"（Metaverse 120 Center），作为一个虚拟市政厅，市民可以与政府官员（以他们的虚拟形象）见面以解决政务问题；到2026年，这一元宇宙平台将全面建成，承载各种公共功能，包括虚拟市长办公室、商业服务空间、金融技术孵化器及公共投资组织。

元宇宙的出现正在为建筑和城市带来巨大变革，本质是用虚拟空间的手段服务于真实生活，正在基于不同的技术能力和用户需求实现多元化发展。在未来，当元宇宙被广泛而深入地应用时，将摆脱现有物理空间的局限和传统建造方式的束缚，只需要修改代码便能实现一座建筑的重建，建筑的美学属性将逐渐增强，让建筑走向更纯粹的艺术，实现一种知识领域的碰撞与创新融合。

第九章　产业元宇宙应用——制造元宇宙

产业元宇宙将给传统制造业带来机会，这一过程会伴随传统软件体系的解构与技术支撑服务体系的重构，在工业互联网平台基础上，推动制造业朝更智能方向发展，高效赋能制造业向"高质量、高效率、低成本"转型升级。未来能充分利用产业元宇宙驱动的制造企业，将成为新时代的行业弄潮儿、领军者。制造元宇宙是产业元宇宙在制造业中的应用，制造业是国家经济的支柱产业，覆盖面非常广泛，本章将以钢铁制造业为例，介绍制造元宇宙应用概况、应用价值以及进行实践分享。

第一节　制造元宇宙应用概况

制造元宇宙是支撑制造业数字化转型升级，指导智能制造研究和应用的重要赋能技术。

一、制造元宇宙概述

制造元宇宙概念来自产业元宇宙，可以理解为产业元宇宙与制造业场景深度融合与应用。以钢铁工业为例，制造元宇宙结合 5G、物联网、区块链、云计算、人工智能、数字孪生等技术，实现钢铁生产过程中工艺流程设计、生产排程、产品质量分析预测、设备故障诊断、成本分析与预测等场景的数字化、智能化应用。

二、制造元宇宙建设架构

以钢铁工业为例，钢铁行业智能工厂的制造元宇宙体系架构包括基础支撑层、数据互动层、模型构建层、业务应用层和虚拟空间优化层。

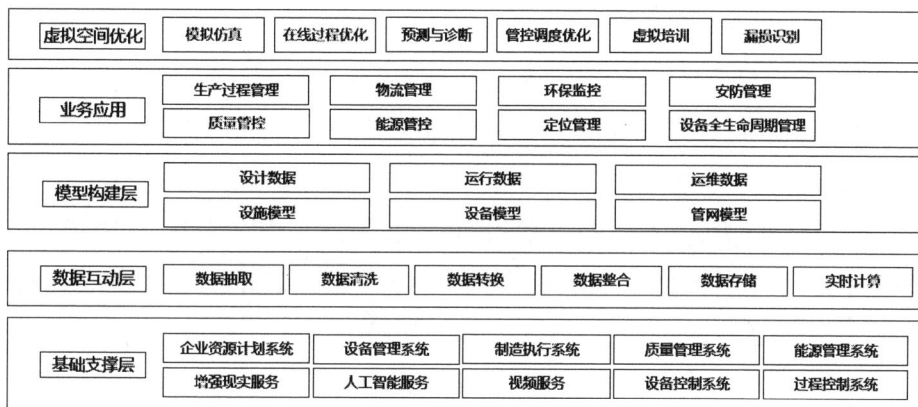

虚拟空间优化	模拟仿真	在线过程优化	预测与诊断	管控调度优化	虚拟培训	漏损识别

钢铁智能工厂制造元宇宙体系架构图

（一）基础支撑层

基础支撑层是由钢厂制造过程的各设备、各工序、各业务系统的数据组成，为制造元宇宙的应用提供数据基础，是制造元宇宙的活水源头。以钢铁行业为例，该层包括：

（1）设备，如高炉、转炉、连铸机、轧机等。（2）工序，如原料、烧结、焦化、炼铁、炼钢、轧钢等。（3）业务系统，如制造执行系统、设备管理系统、质量管理系统、能源管理系统等。

（二）数据互动层

数据互动层对各类数据进行抽取、清洗、转换、整合、存储等处理以便满足应用要求。以钢铁行业为例，数据一般分为两种类型：（1）结构化数据，以传统二维表形式存储和管理，如钢厂现有的 L1 基础自动化系统、L2 过程控制系统、MES 制造执行系统等。（2）非结构化数据，需要大数据技术进行处理的文本、图像、音 / 视频等数据，如用于质量判定的低倍硫印图片、用于安防监控的视频流等。

（三）模型构建层

以钢铁行业为例，模型构建层是结合 BIM（建筑信息模型）技术构建钢厂各类厂房设施、设备、能源管网、管线等物理对象模型，并在物理对象模型基础上绑定设计和运维等全生命周期数据，使得孪生工厂可真实地体现钢铁制造过程。

（四）业务应用层

业务应用层是制造元宇宙最核心部分，基于孪生模型实现工厂生产、物流、环保、安防、质量、能源、设备等全流程业务场景的应用。

（五）虚拟空间优化层

以钢铁行业为例，虚拟空间优化层是基于模型构建层、业务应用层叠加大数据及人工智能技等技术，实现钢铁生产过程中的模拟仿真、在线工艺优化、预测与诊断、管控调度优化、虚拟培训和漏损识别等智能优化功能。

三、制造元宇宙主要特征

制造元宇宙技术特征包括互操作性、扩展性、实时性、保真性和闭环性。在制造业应用场景中，其特征可表示如下内容：

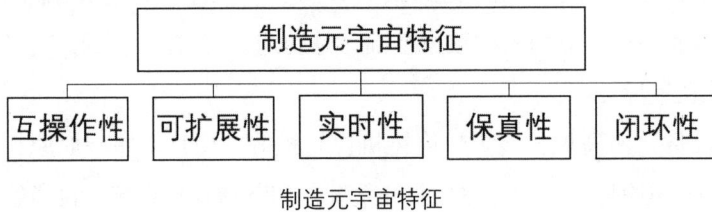

制造元宇宙特征

（一）互操作性

互操作性指构建数字模型实现物理对象和虚拟空间的双向映射、动态交互和实时连接。在钢铁生产中，互操作性体现在数字孪生模型可以集成数据传输技术采集钢厂生产全流程数据，并将模型计算过的控制参数实时反馈至物理生产线，指导现实生产过程的工艺方法持续改进。

（二）可扩展性

可扩展性是制造元宇宙技术在具体应用时，可以灵活地集成多个虚拟模型，不仅支持单个生产工序、设备的孪生场景，也可扩展到车间乃至整个工厂的全流程业务场景。

（三）实时性

实时性为构建的虚拟对象与物理实体在外观、状态、属性及内在机理各方面都保持实时同步。比如，在钢铁生产中，利用数据驱动不仅使得虚拟钢厂的设备位置、动作与实体工厂保持一致，同时保证虚拟生产过程与实体产线的生产节奏也保持一致，由此准确及时地反映真实生产工艺过程。

（四）保真性

保真性是构建的虚体空间模型和物理实体，不仅要保持物理形态和结构的高度仿真，在运行状态及规律上也要仿真。现在钢铁行业多数通过三维设计实现物理形态的孪生，通过仿真软件并结合生产工艺模型实现生产运行状态及规律的孪生。

（五）闭环性

闭环性是孪生模型结合大数据及人工智能技术对生产过程的状态数据进行监视、分析和优化，并将优化结果反馈至实体产线实现决策。如构建钢铁全流程配料优化、冶炼过程预测、能源优化调度等专家模型持续优化关键岗位的生产工艺及管理，最终实现孪生钢厂与实体钢厂高度一致。

四、制造元宇宙典型应用

国家已先后出台了一系列相关政策，助力制造企业解决数字化转型所面临的数字基础设施、通用软件和应用场景等难题。相关参与方积极提出制造元宇宙解决方案，并通过一批示范应用场景整体带动相关技术的创新应用。国内一些优秀企业顺势而为，提供了制造元宇宙应用的实践方案，如中冶京诚工程技术有限公司（以下简称"中冶京诚"），该公司依托长期积累的丰富工程经验开展数字化转型工作，积极利用制造元宇宙，秉承"一张地图、一个平台、一个中心"理念，打造涵盖"数字化设计、数字化交付、数字化运维"的全生命周期数字孪生工厂建设解决方案。目前该方案已经在河钢唐钢新区、五矿营钢、济源钢铁、黑龙江紫金铜业等多个企业得到了充分应用，尤其是承建的河钢集团唐钢新区三维数字孪生工厂项目，是国内钢铁行业第一个包括数字化设计、数字化交付、数字化运维，并覆盖料场、炼铁、炼钢、轧钢全流程业务的数字化工厂项目，对推进钢铁工业数字化转型升级具有开创性的意义。

高炉区数字孪生

高线车间数字孪生

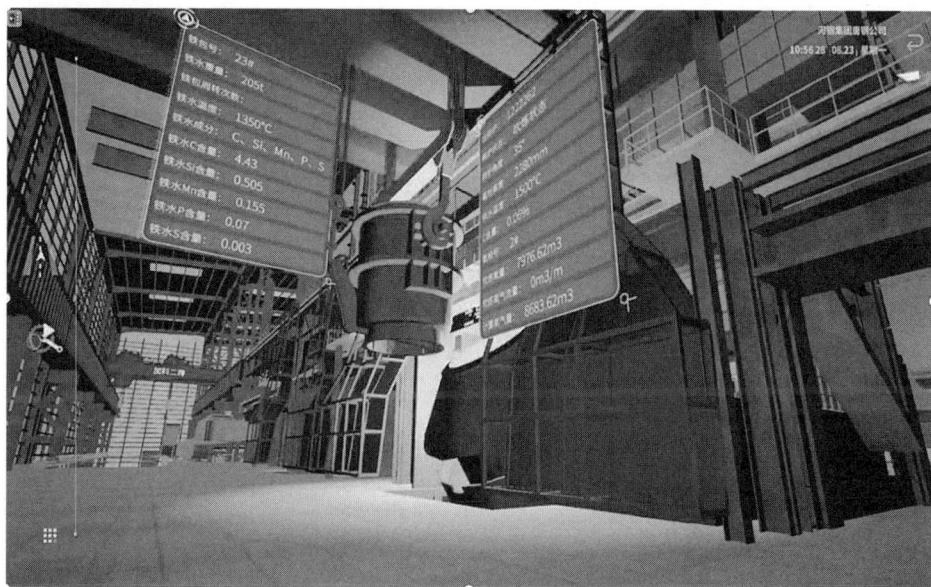

炼钢车间数字孪生

第二节　制造元宇宙应用价值

数字经济推动了经济社会各领域的发展与变革，制造元宇宙作为一项重要动力，在钢铁等制造业发展转型中日益发挥重要作用。

一、打破企业信息孤岛

当前工业生产已经发展到高度自动化与信息化阶段，现有工厂已投入使用的软硬件系统已运行多年。由于传统信息化系统架构及 IT 技术的局限性，造成生产信息的多源异构，形成了很多信息孤岛，工业生产中大量数据未能发挥出应有的价值。借助制造元宇宙，可以打破工厂中的信息孤岛，贯通企业流程各阶段、全业务数据，为企业智能化发展提供坚实的数据基础。

二、实现精细化集约化管控

制造元宇宙包括 BIM（建筑信息模型）、GIS（地理信息系统）、AR/VR（虚

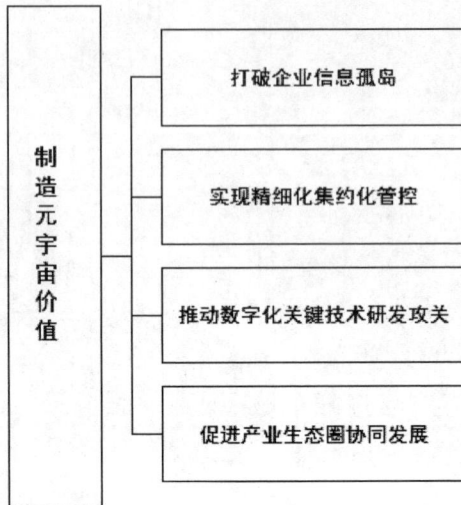

制造元宇宙价值

拟现实/增强现实)、大数据、人工智能等技术，集成企业全生命周期数据，可视化、数字化、智能化集中管控企业生产、能源、物流、设备、安防等主要业务，有效控制和优化企业生产计划、设备产能和效率、物流供需及资源利用，促进企业生产运营的精细化、集约化管控与决策，助力企业实现真正的智能化。

三、推动数字化关键技术研发攻关

制造元宇宙集成了大数据、人工智能等多种先进技术，以钢铁行业为例，钢铁工业生产具有资源消耗高、设备复杂、生产过程难以预知等特点，为制造元宇宙的应用提供了丰富场景，尤其是一些"黑箱"生产场景大大带动了人工智能技术的发展。推动制造元宇宙的落地应用能够提升制造企业技术创新能力，加强大数据、人工智能等关键核心技术攻关，加速科技成果转化，提高企业生产效率及竞争力。

四、促进产业生态圈协同发展

多数企业在供应链协同方面仍主要采用传统营销模式，产业链各方主体信息交互不顺畅、不充分、不及时。制造元宇宙的应用搭建了一个共同协作的平台，在工业场景需求、数字化智能化关键技术、企业供应链物流、信息流及资金流等方面进行整合，实现产业全价值链的互联互通，改变上下游服务传统模式，促进了产业生态圈各企业信息共享及协同发展。

第三节　制造元宇宙实践分享

制造业领域广泛，本节以钢铁工业为例进行经验分享。钢铁工业是典型的流程制造业，其特点是设备设施复杂，生产过程连续，各种物料形态变化和物理化学反应不可预知。制造元宇宙给传统钢铁工业转型升级带来新的思路与方法，解决转型过程面临的瓶颈难题，包括：(1) 传统钢厂的设计、施工、生产、运营各过程数据自成体系，彼此独立，缺乏系统性融合。(2) 各产线及工序信息系统间彼此孤立，形成了信息孤岛，数据之间无法实现互通互联，缺乏协同性利用。(3) 海量的工业生产数据仍在"沉睡"，数据深层次价值未得到充分的挖掘。

为解决上述问题，制造元宇宙已在一些大型钢铁企业形成了场景丰富的应用实践，本章节将分享中冶京诚为河钢集团唐钢新区打造的数字孪生工厂建设案例，该案例经中国金属学会组织的专家评委会鉴定为"国际领先水平"，获得中国冶金建设协会 BIM 竞赛一等奖、中冶集团 BIM 技术应用大赛一等奖，具有很好的参考价值。该案例特色包括：(1) 包含钢厂设计、交付、运维全生命周期。(2) 融合烧结、原料、球团、高炉、炼钢、轧钢等全工序流程。(3) 纵向贯穿设备、单元、车间、工厂、企业各层级。(4) 横向覆盖生产、质量、能源、物流、销售、服务等全要素，实现了多学科、多维度、跨专业的实体工厂与虚拟工厂同步设计、建设和运维，全面提升企业数字化管控水平，打造了钢铁企业智能制造典范。以下将从数字孪生工厂建设路线、关键技术两方面做详细介绍。

一、钢铁企业全流程数字化建设技术路线

钢铁企业全流程数字化建设分为设计、交付及运维三个阶段，建设路线图如下：

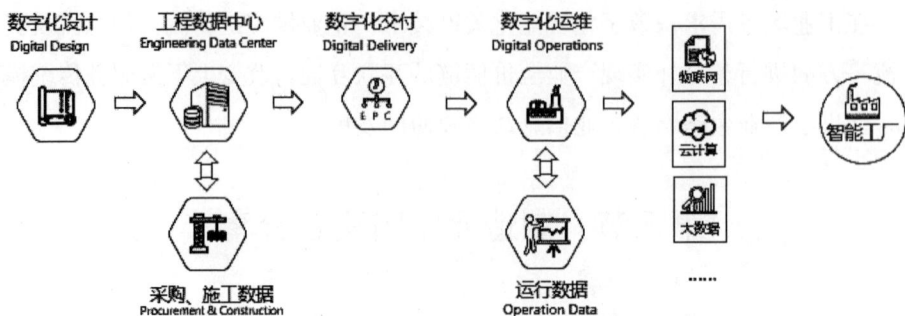

数字化工厂建设路线

（一）设计阶段

在工程的源头即注入数字化基因，利用 CAE（计算机辅助工程）仿真技术对设计进行验证和优化，可在同一平台、同一标准环境下完成三维数字化精准设计，并构建统一编码及统一数据接口贯穿工程建造各阶段。

（二）交付阶段

构建工程数据中心，实现工程建造全过程信息的汇聚、存储与管理，建立了具有京诚特色的数字化交付平台，实现工程资产的数字化交付，为用户提供全新的资产管理模式。

（三）运维阶段

以数据化交付成果为基础，全面展现企业产线布置、工艺设备、能源管线等静态数据，并集成企业生产、设备、能源、物流、安防等业务动态数据，借助物联网、大数据、人工智能等手段，实现三维可视化智能运维管控，形成一条完整、可持续的数字化智能化工厂建设路径。

二、数字孪生工厂建设关键技术

（一）数字化设计

工程数字化工作以设计为先导，力求在工程项目的初始设计阶段，就为企业注入数字化基因，为智能工厂夯实坚实的数据基础。数字化设计关键技术包括：（1）开发编码管理平台。（2）构建数字化元件库。（3）建设三维数字化协同设计平台。工作流程如下：

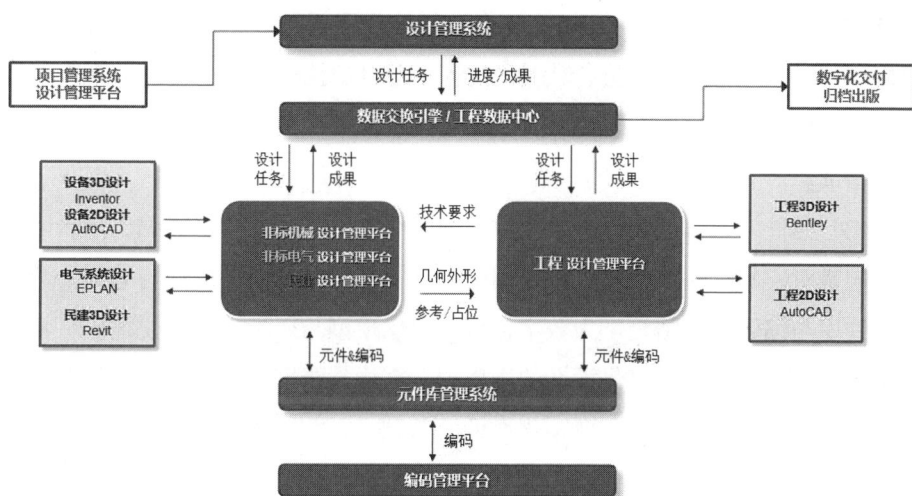

数字化设计流程

1. 开发编码管理平台

大型工程的综合设计，业务类型较多，兼具工程设计与非标设备设计，因此在数字化设计实施过程中，往往会采用不同的协同设计平台与设计软件，也就产生了不同格式的模型与数据。目前市场上主流设计软件有本特利（Bently）系列和欧特克（Autodesk）系列等专业设计软件，在数字化交付的背景下，需要保证各平台及软件中产生的模型和数据的一致性与准确性。

因此编码平台开发重点工作是构建统一的编码体系，将工程设计中用到的材料、设备等物料的属性进行统一梳理，确定其属性及编码规则，并定制于编码平台内，保证平台内的物料编码是"一物一码"，即一类物料具有其唯一的物料编码。例如炼铁设备中，热风炉系统设备的补偿器，定制在编码平台中的属性包括补偿器名称、补偿器形式、通径、轴向位移、横向位移、波纹管材质、介质温度、波纹管长度等。

2. 开发数字化元件库

数字化元件库用于将企业的数字化元件集中存储与管理，以便设计人员从库内调取元件完成设计内容。开发数字化元件库需要满足以下两点：

（1）元件 BIM 模型应符合企业需求。数字化元件入库时需满足企业相关的 BIM 模型标准，保证元件模型的准确性。数字化元件的模型几何精度（模型外观与实际的近似程度），比如一台电机，是需要把散热结构按照实际完全建模，还是以近似圆柱体进行代替；或者一台自动扶梯的每个梯级是否需要按照实际进行建模等等，都要按照这些设备的具体使用需求进行规定，不需要无限制精细。

（2）元件库条目与编码平台一致。数字化元件库内的条目和编码平台内的条目应是对应的，即数字化设计应用的构件都具有其唯一的属性与编码。数字化元件库与编码平台结合，为数字化设计提供模型与属性，可以说编码平台和数字化元件库是三维数字化设计的主数据，在构件级别上对几何模型精度与属性信息进行了统一规定，是数字化设计的基础，是数字化交付模型与数据来源的有效保证。

3. 建设数字化协同设计平台

数字化协同设计平台通过编码体系，串接工厂对象，构建"工厂数字地图"。平台功能包括自动接收设计任务、自动配置标准设计环境、信息共享、设计协同、三维提资、模型校审及一键出图等，实现设计过程线上管理、设计标准统一推送、设计成果"一键"归档及设计过程全程可追溯。本案例在协同设计平台基础上，开发了多款面向工程应用的三维数字化工具软件，形成了"架构先进、系统完备、运行高效"的三维数字化设计体系。

（二）数字化交付

数字化交付是以三维模型为载体，接入企业现有信息化系统，整合存量数

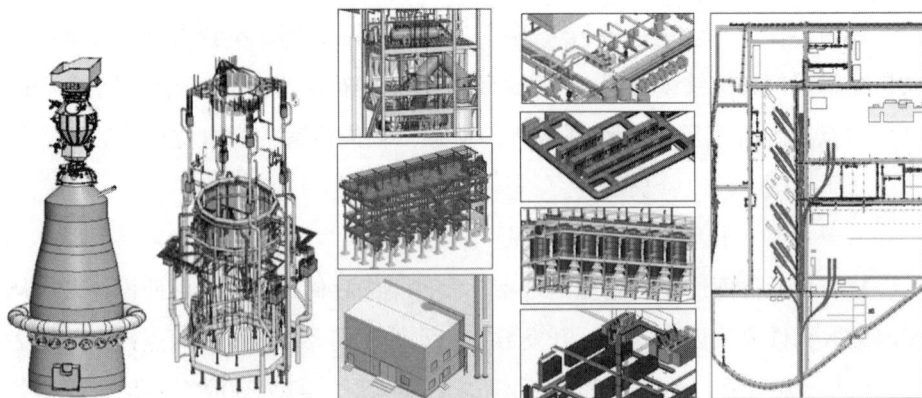

高炉三维数字化设计

据资源，在计算机环境中搭建可同步运转的数字虚拟空间。数字化交付打通了钢铁行业上下游企业全生命周期生态链条，改变了行业传统交付模式，率先实现了工程建造全生命期信息的数字化，为企业提供了全新的资产管理模式。

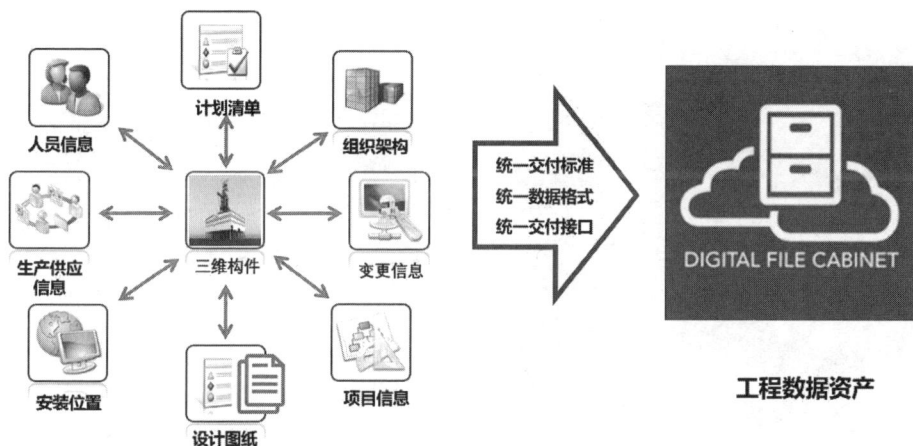

数字化交付原理

数字化交付关键技术包括：（1）开发网状关系数据库。（2）构建工程数据中心。（3）形成冶金工程数字化交付标准体系。

1.开发网状关系数据库

区别于传统工程以"卷册"为核心的交付体系，数字化交付以"工厂对象"为核心，将工程设计、采购、施工、制造、安装等阶段产生的数据，进行结构化处理，建立以"工厂对象"为核心的网状关系数据库，存储于工程数据中心，并基于统一的数据接口完成数据交付，为业主提供可靠的工程基础数据，形成构建数字化工厂的企业静态数据资产。

（1）工厂对象。构成工厂的设备、管道、仪表、电气和建（构）筑物等具有编号可独立识别的工程实体。

（2）位号。即工厂对象的识别编号，每个工厂对象具有唯一的位号。例如某钢厂内设备位号 T1218 表示第 12 车间的第 18 号机器。设备位号在整个系统内不得重复，具有唯一性，所有工艺图上设备位号均需一致。

目前钢铁行业基于数字化设计开展的工程设计项目，二维和三维设计数据已实现基于位号的结构性数据集成以及多专业协同；同时采用与数字化交付配套的文档系统，实现了基于位号的非结构性设计文档、供应商文档关联，在交付时可整体移交数据库。

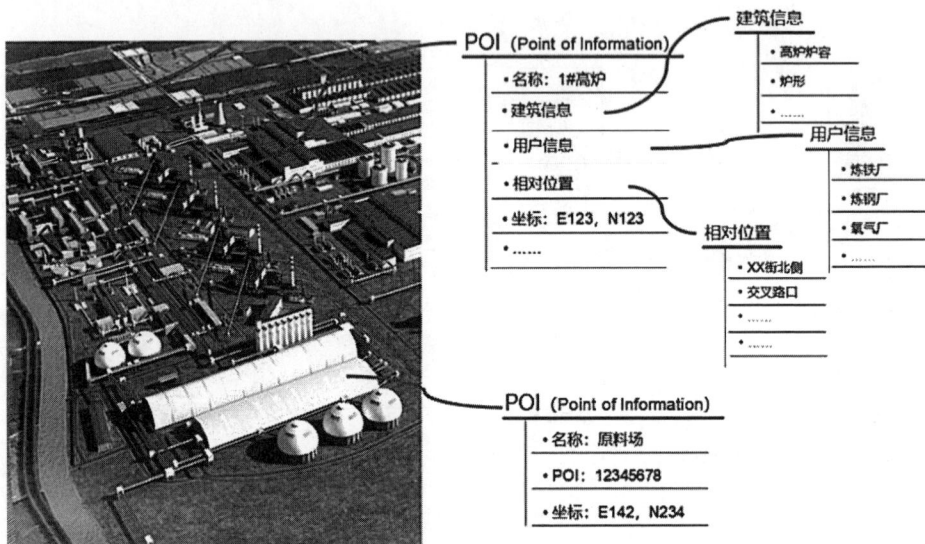

编码示意图

2. 构建工程数据中心

在以"对象"为核心的"网状"数据结构基础上构建工程数据中心，汇聚设计、采购、施工全过程信息，形成可交付的数据资产。数据中心的服务器端由高性能计算机组构成，用于高速存储和海量数据运算，项目全流程主体可在网页端及移动端随时随地进行访问，形成了融合本部设计、异地协同设计、多专业协同设计、施工现场及时辅助的多维度模式，为项目业务及第三方提供了快捷高效服务。

3. 形成数字化交付标准体系

数字化交付的核心内容是三维模型、数据、文档及其关联关系，本案例同时建立了数字化成果交付标准，对交付内容作出规定。交付的范畴包括：(1)设计阶段产生的模型、数据、设计图纸、计算书等。(2)采购阶段的装箱清单、使用说明书、质量证明文件等。(3)施工阶段的各种施工记录、试验报告、验

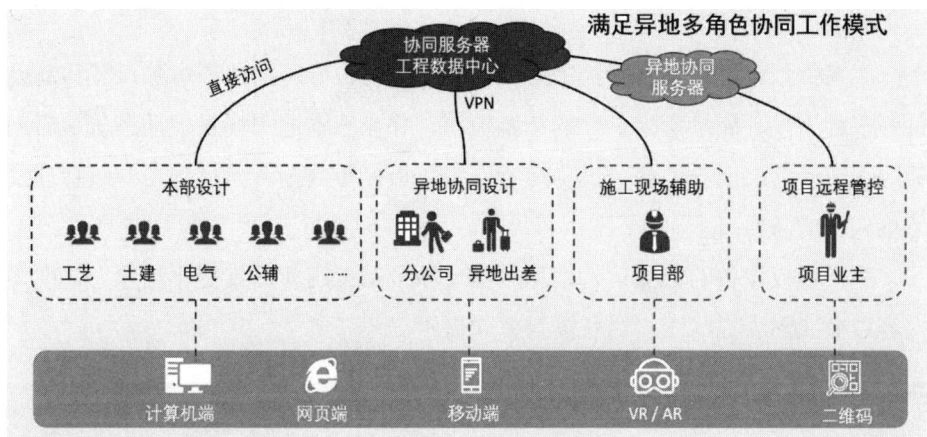

工程数据中心协同模式

收报告等。

在数字化交付的条件下，不仅需要文档存储，更需要处理文档和工厂对象的关联关系以便内容检索，需要建立完整的文档编码系统，来适应文档分类管理与查询的要求。

（三）数字化运维

数字化运维是数字孪生工厂建设的重要内容，数字化设计成果作为企业静态资产交付后，以三维可视化模型为载体，接入企业现有信息化体系后，整合生产、能源、物流、安防、设备、环保等存量数据资源，形成可同步运转的数字虚拟工厂，实现工厂数字化智能化运营管控。数字化运维主要实现以下功能：

数字化运维功能结构图

1. 工厂整体运营监控

本案例结合唐钢新区管控中心的调度大屏幕、分厂的监控电脑以及移动设备等多种手段，展示孪生工厂的三维地图，并在三维地图场景中动态显示唐钢新区生产运营、能源消耗、设备运行、绿色指标等数据，满足公司各级管理及运维人员的需要。

生产线或设备的重要运行信息可实现秒级动态刷新，其变化趋势、幅度等内容以曲线图、柱状图、饼状图等方式展示。

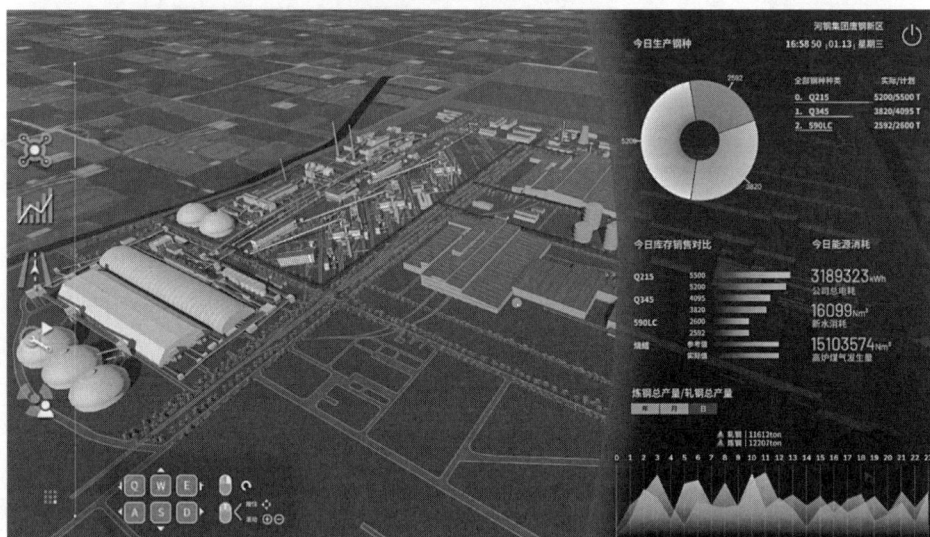

整体生产运营监控

2. 生产工艺监控与仿真

数字孪生工厂可对生产工艺过程实现在线监控和离线仿真。

（1）在线监控

在线监控采用数据驱动的方式，利用现场的工艺设备信号驱动数字化工厂的动作，可实时查看各重要工艺流程的实际工艺动作，同步三维模型，保证虚拟环境和现场工艺设备动作的一致性，关键场景结合工艺动画和重点工艺参数进行展示。以钢铁为例：①数字化高炉展示场景包含：高炉的料仓下料、皮带上料、炉顶布料、炉内料层高度、风口回旋区状态、铁口出铁等关键场景。②高炉料仓下料场景展示的工艺信号包含：各料仓的物料类型、物料名称、料仓仓位、各料仓下料的设定值、下料实际值、当前料批号、各料仓物料的平均成分、物理性能等。

（2）离线仿真

离线仿真可在非生产环境下模拟整个生产工艺流程的完整运行。通过模拟数据变化动态驱动三维模型状态改变，通过调整模拟参数进行工艺生产过程仿真，从而验证更优化的方案，不断提高生产管理的效率，降低生产运行成本。

高炉监控与仿真

3.数字化设备运维管理

数字化设备运维管理功能包括全生命周期数据管理、智能装配指导、智能点巡检、报警及故障处理。

（1）全生命周期数据管理。在数字化工厂平台中，基于 BIM 编码体系全面融合设备设计图纸、操作指导、维护指导、运行数据、监控报警、优化预测、检修信息等各类数据，实现设备全生命周期信息集成和数字化管理。

（2）智能装配指导。数字孪生工厂系统平台中针对重点设备的部件进行智能化装配指导，可以查看零件各部件的基本信息、设计参数、装配工具、装配注意事项、设备 BOM（物料清单）、使用寿命、备件换件信息及使用手册等内容。

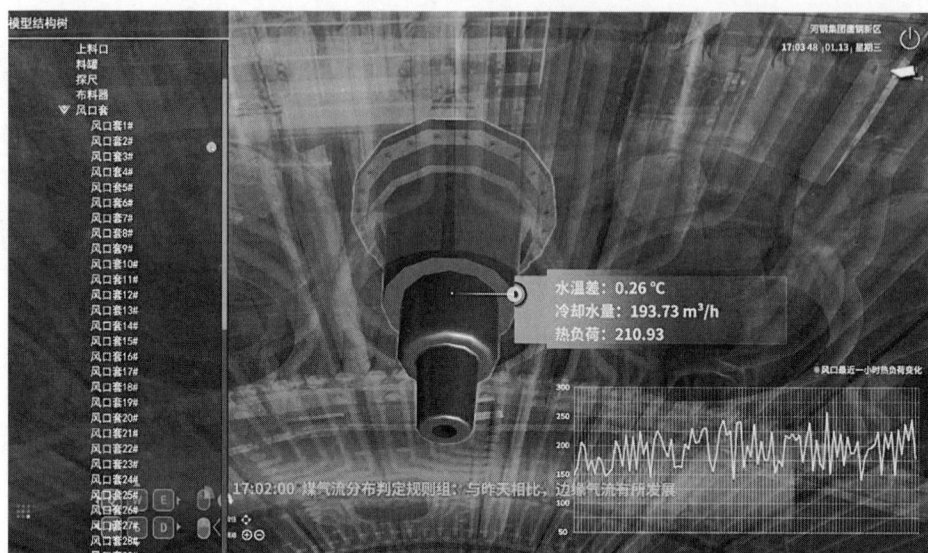

设备实时监控

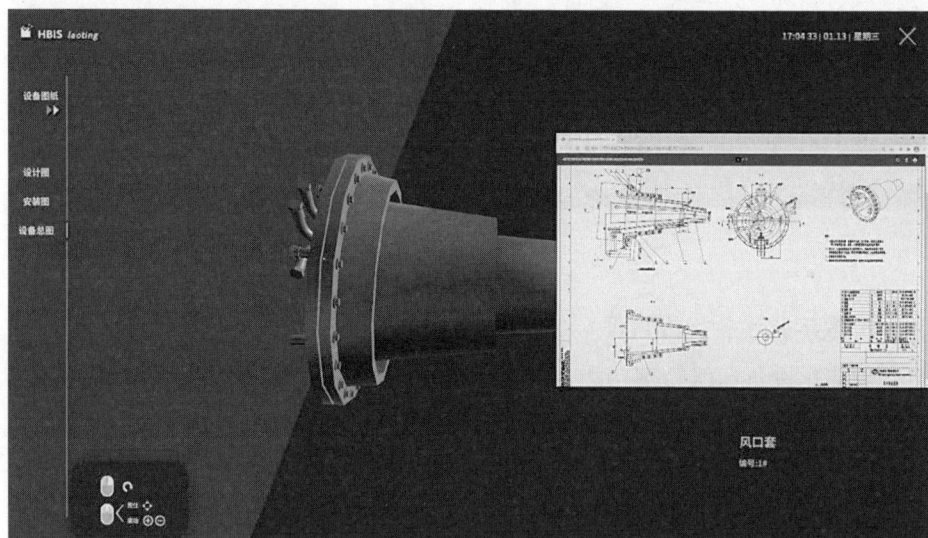

全生命周期设备管理

（3）智能点巡检。数字孪生工厂可集成设备管理系统中的点巡检数据，当点检人员发现设备存在故障或故障隐患时，通过移动巡检设备发出维修报警信号，系统在数字地图的设备安装位置处动态展示闪烁报警图标，故障维修人员到达相应位置进行维修时，通过终端查看设备的运行情况、基础信息、图档资料、装配步骤和安全提示等内容进行维修工作，设备报警处理完毕后，报警图标自动消失。

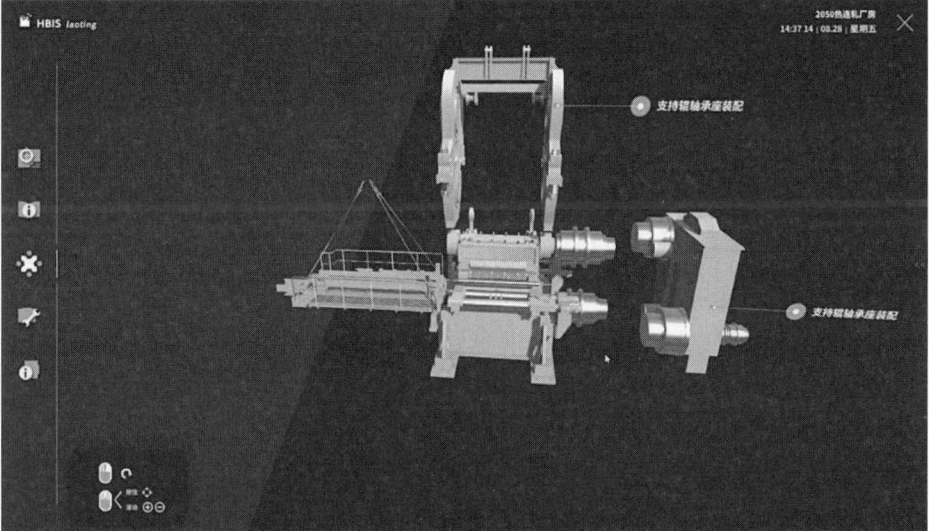

设备装配指导

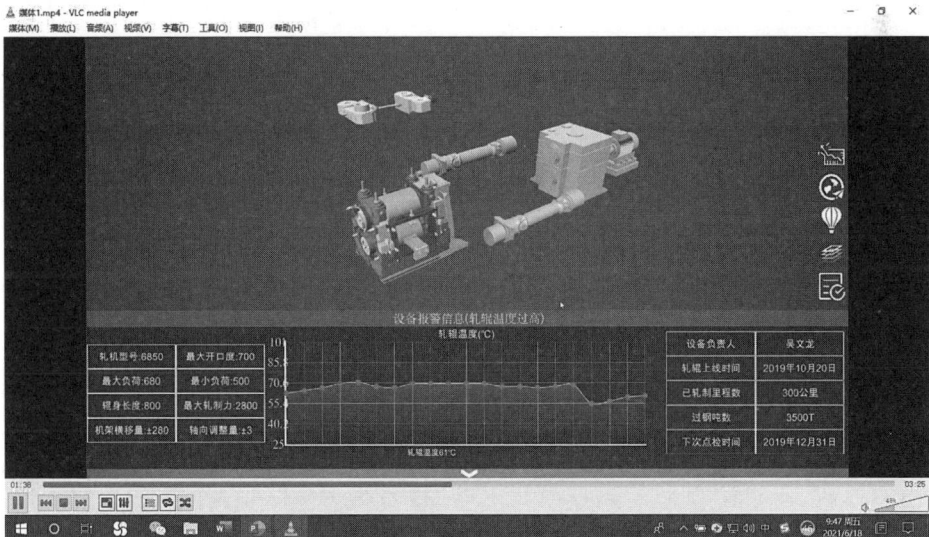

设备报警

（4）报警及故障处理。当发现某处设备运行参数异常时，平台自动发出报警信号，设备管理人员通过点击报警信息快速定位到报警设备，同时快速调出设备相关的P&ID图（管道仪表流程图）、接线图、操作维护手册、历史故障和处理方法等信息，方便设备管理人员查阅并确定报警故障点。整个故障处理过程将被自动存入系统中，用户还可以自定义设备故障预警规则，实现故障智能预警。该功能可以大大提高事故的处理效率，不断扩展企业知识库，从整体上提高工作人员的故障处理能力。

4.管网安全监控

本案例将唐钢新区几百公里能源管网全面可视化，对企业"生命线"进行全面监控预警，同时针对管网日常运行数据进行分析，反向优化日常管网及主干电缆安全管理的效率，有效降低运营成本。功能包括：

（1）实时监控。通过三维数字地图直观展现全厂地上、地下、土建中的管网、管线及电缆，可快速查看管网的安装位置、埋深、架空高度、材质、口径、介质以及仪表阀门运行信息等内容，并可以通过三维模型更加精准地计算管网管线的长度。

（2）安全预警。实时监测管网的压力、温度等信息，结合能源供需平衡和

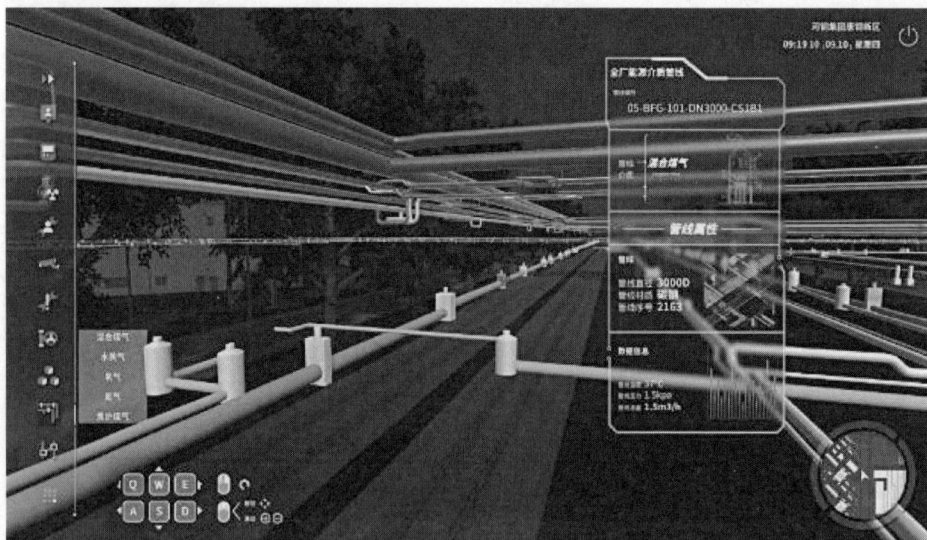

管网安全监控

企业安全标准进行自动分析、监控管网安全。当发生危险事故时，可以对危险事故（如爆管、泄漏影响、能源供需平衡、管损等）进行智能化分析，集成事故应急预案，实现紧急调度指挥。

5.数字化环保监控

数字孪生工厂实现唐钢新区有组织无组织排放数据统一管理，提供环保排放监测、环保设备监测和环保应急联动等功能，实现环保业务协同管理。

（1）环保排放监测。数字化工厂平台接入厂区内的排放点的实时数据，通过平台设定判断规则，对于超出正常范围的排放数据，在数字地图上进行预警，提醒管控人员排放超标。

（2）环保设备监测。接入厂内主要环保设备（除尘器等）的实时运行参数和设备报警数据，或者在数字化平台设定判断规则，对超出正常范围的设备异常数据，在数字地图上进行预警，提醒管控人员环保设备运行异常，将会造成什么类型的排放超标，并提前进行相应的调度措施。

（3）环保应急联动。在应急指挥模块中，设定不同类型的环保应急预案及启动条件。在数字化平台发出环保预警信号时，根据对应的预警事故类别，数字化平台自动启动相应的应急预案，支撑管控人员快速高效处理，避免发生环

数字环保监控

保事故。

6. 物流调度管理

数字孪生工厂系统集成唐钢新区内部主要的道路信息,通过和物流系统通讯实时读取厂前区车辆、厂内运输车辆的位置坐标信息,并在三维工厂模型上动态跟踪车辆的位置信息变化,协助物流调度人员掌控公司内部的物资调拨情况和厂内车辆位置。

同时系统可集成物流系统的运输计划路径、车辆计量过磅实绩、车辆排队等信息,动态展示车辆的计划行驶路线及车辆排队等候情况,协助管理者更好地优化物流线路。

7. 应急联动指挥

数字孪生工厂应急联动指挥包括:

(1)危险物标注。对厂内危险源和应急储备物资的位置、危险等级、危险源安全距离区域、应急物资储备位置、储备量、购置和更新日期、检查日期等信息进行标识,当出现应急物资不足、过期等问题时平台会自动提醒。

(2)应急联动。对可能发生的事故进行应急事故演练模拟,快速进行事故分析定位、事故扩算速度和范围分析;并提示正确的事故处理步骤、逃生路线指引、影响生产力分析等,提高企业应急指挥调度能力。

8. 虚拟培训考核

利用 AR 及 VR 等相关技术实现设备模拟拆卸组装的培训,可协助用户无需到实物装配车间,就可快速学习了解设备操作和安装的关键步骤和相关知识。通过这种浸入式培训和考核,可以提高培训效率,传承优秀的操作经验;同时标准化培训业务,使公司的知识固化到培训中。虚拟培训考核的功能主要有员工岗位培训、设备操作培训考核及安全应急培训。

(1)员工岗位培训。新员工进入工作岗位后,通过浸入式的 VR 和 AR 技术,利用平台相关功能提前感知、熟悉未来的工作岗位和相关工作内容,快速了解相关工艺规程和工作流程。

(2)设备操作培训考核。设备检修人员通过管理平台以及 VR、AR 技术对需要检修、维护和操作的设备进行精细化的培训及考核,通过虚拟操作了解每一个步骤的操作方法、要点、规范及相关安全注意事项,保证生产操作的准确性和安全性。

（3）安全应急培训。通过管理平台可以定期为员工进行安全培训，对厂内的危险源进行标注及说明，同时在 VR 和 AR 漫游中，让员工了解危险源的位置、影响范围、绿色通道、发生安全事故时的应急措施、逃生路线等。

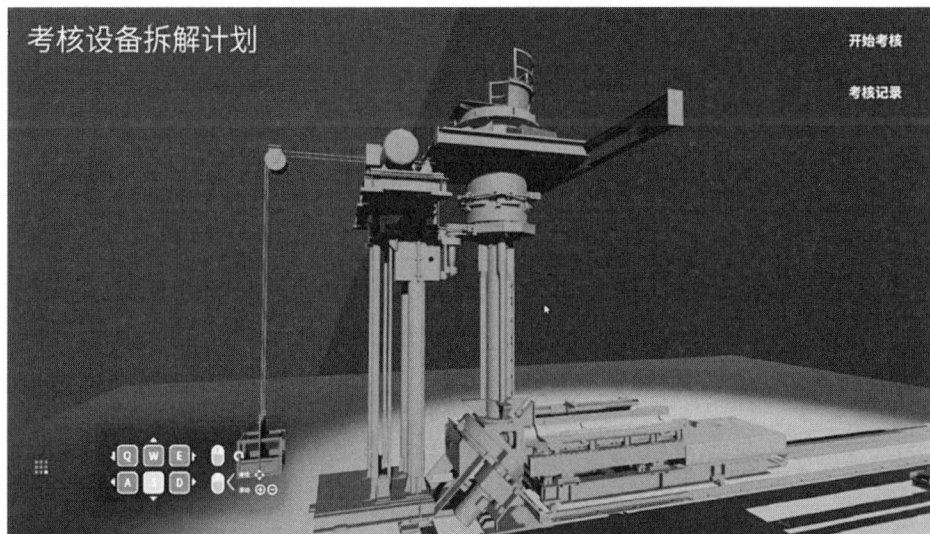

虚拟考核

虚拟培训

（四）智能化关键技术

河钢集团唐钢新区智能化应用以三维工厂模型为基础，重点结合大数据及人工智能算法，实现钢铁生产配料优化、冶炼过程专家预测、大数据质量分析、设备预测性维护、能源优化调度等场景的应用。

1. 智能配料技术

以钢铁行业为例，每年都要消耗大量的铁矿粉、煤粉、焦炭、铁合金等原料和辅料，上述原料供货商和种类繁多，产品性能和质量波动较大，造成对钢铁冶炼生产的冲击过大。优化配料模型可以适应各种原燃料条件的变化，保证

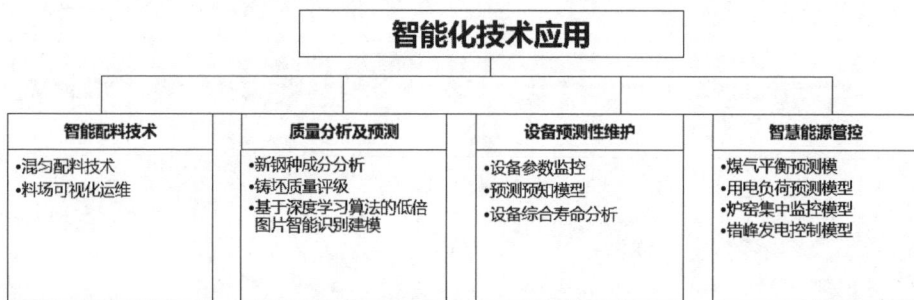

智能化技术应用

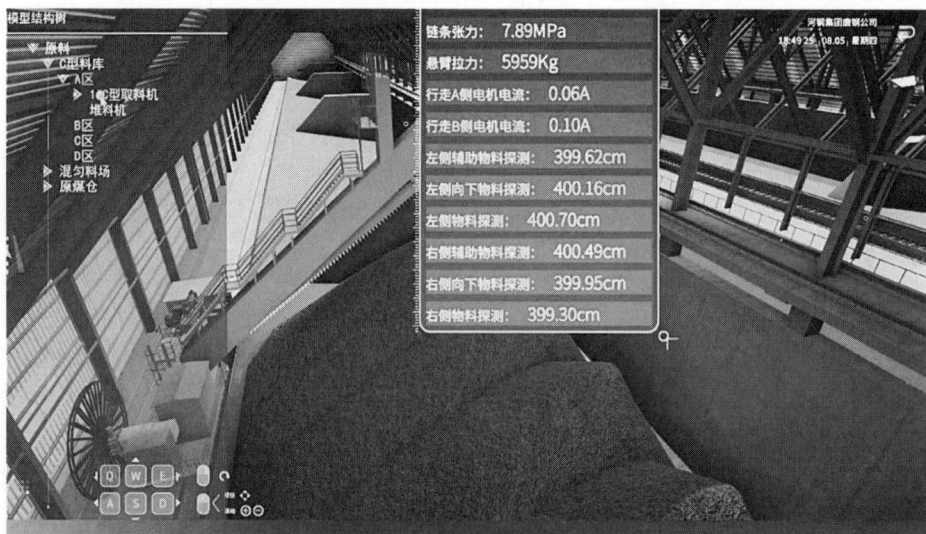

智能配料

最终入炉材料的综合成分合格稳定，从而保证钢铁企业全流程的中间品和产品质量合格。

混匀配料技术是根据混匀矿化学成分的配比要求，通过人工智能算法进行基于成本最优化的配料计算，混匀配料系统根据计算结果进行精准配料作业，再根据作业实绩和混匀料堆的物料检验情况，结合混匀无人大机控制模型对配方进行重点优化调整，最终实现混匀料堆成分更均匀、堆取料更精准的智能混匀配料作业。

2.质量分析及预测

质量预测规则库用于质量规则的管理和在线质量预测及评价，包含支持向量机、神经网络、决策树等多种机器学习方法，能够灵活、可扩展、结构化进行规则配置。基于这些模型规则库实现产品的在线质量预测功能，预测结果可作为下游生产原料的选择依据。

以铸坯质量评级为例，质量预测规则库的使用流程如下：

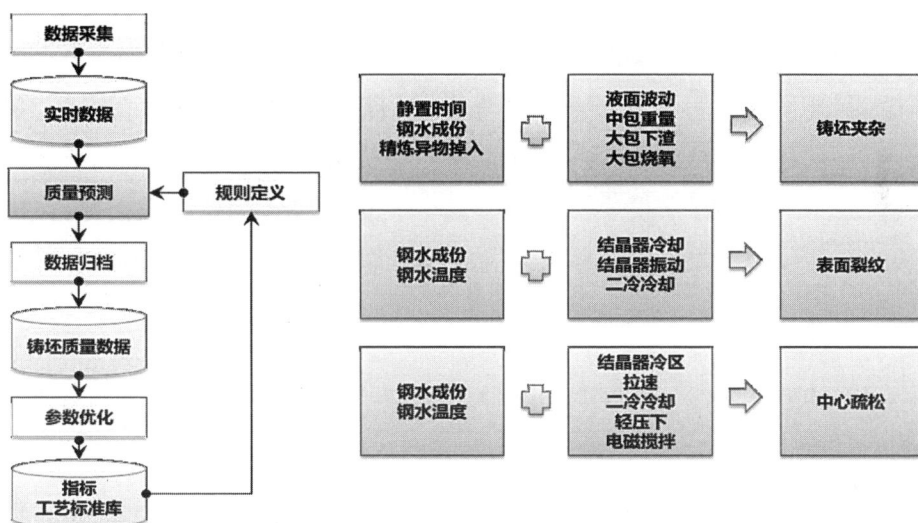

铸坯质量评级流程

（1）质量数据收集。铸坯质量评级模块融合 L1（基础自动化系统）、L2（过程控制系统），采集铁水预处理、转炉（电炉）、精炼、连铸（模铸）、加热炉、轧钢各个工序的生产过程数据、人工输入数据及 MES（制造执行系统）等数

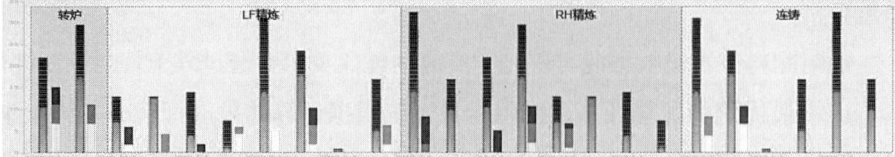

质量数据监控

据，通过炉号、坯号、钢板号（捆号）将数据一一关联，为铸坯的全流程质量评价提供数据保障。

（2）质量规则库配置。工艺专家可依据传统经验、大数据分析结果，对铸坯质量规则进行增加、删除、修改、优化参数等操作，提高了规则库的灵活性，满足钢轧对铸坯质量的评价需求。

（3）质量分析及预测。同时依据最终产品的质量反馈，基于支持向量机、神经网络等算法分析产品产生缺陷的原因，根据分析结果优化质量规则，形成闭环全流程质量分析。

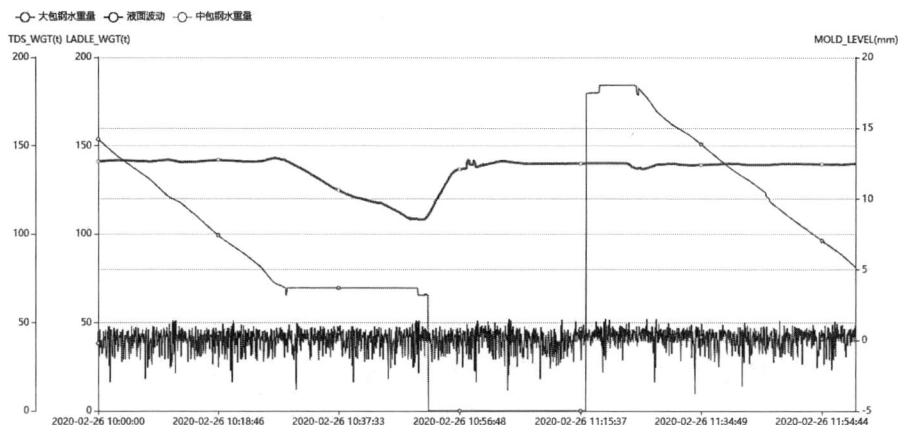

铸坯质量评级

3. 基于深度学习算法的低倍图片智能识别建模

根据图像分析技术及深度学习技术建立智能识别模型，对产品的影像数据进行自动质量等级判定，模型的建立分为三部分：（1）利用工具或文档将低倍图像从整体到像素级别进行标注。（2）基于深度卷积神经网络进行图片预处理，分割前景与背景。（3）基于深度学习算法建立钢板缺陷检测及评级模型，模型建立分为检测任务和分割任务。

可通过主元分析等算法，对所有生产过程数据（如炉次信息）进行降维处理，通过主元，找出生产过程中发生变动的主要参数，如拉速、过热度、压下量等，并利用散点图找出质量最关键影响因素。

4. 设备预测性维护

构建基于大数据和人工智能的设备故障预知预测模型，通过对轧机轧辊轴承的振动、温度等综合监测，实时捕捉机电设备的运行状态变化，从而及时捕捉设备中潜在的故障隐患，避免因重大设备故障导致的经济损失，提升设备的管理效率，使关键设备运行处于可控状态。

（1）故障预知模型。获取当前设备状态（上线时间、轧钢量、规格、品种等），利用大数据钻取的信息，综合对比分析、统计分析、频谱分析、CNN 分析、深度学习等，建立设备故障的预知预测模型，逐步取代定修定检，减少停产时间，最大化设备利用率。

（2）综合寿命分析。① 通过大数据分析，获取当前设备状态（上线时间、轧钢量、规格、品种等），分析出在不同工况下的剩余寿命，并进行提前预警。② 对于同样设备、不同工艺参数，分析相同设备在不同工艺条件下的使用寿命、效率、产品质量等，为设备的使用优化提供依据。③ 对于同样参数、不同厂家，分析不同厂家的设备使用情况，在相同或不同工艺状态下的使用寿命，进而得到设备厂家质量价格的综合排序，为设备的合理利用和采购提供决策。④ 不同班组设备使用情况，通过不同班组操作参数对设备寿命的影响分析，得到不同班组操作水平对设备影响分析，进而提高班组操作水平。

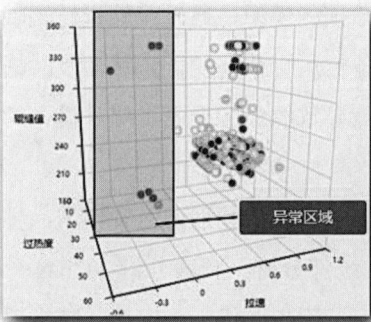

低倍图片智能识别

5. 智慧能源管理

提供煤气平衡预测模型、用电负荷预测模型、炉窑集中监控模型、错峰发电控制模型等一系列先进的专家控制模型，为用户提供动态预测能源平衡，优化煤气利用率和提升自发电比例等服务。

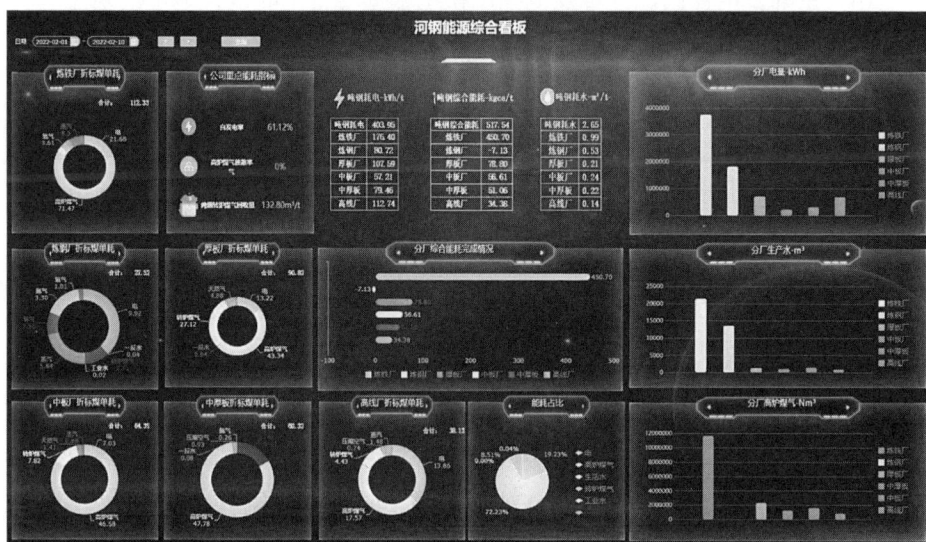

智慧能源管理

（1）煤气平衡预测模型。煤气平衡预测模型根据钢铁企业的用能特点，将煤气的产、供主要用户及管网平衡进行实时稳定性分析，分析平衡的方向及状态，为值班调度员科学调整提供参考。平衡预测按照高炉、转炉、焦炉煤气三种介质分别进行，通过设定各级煤气用户的优先级制定优化调度规则，当煤气供需平衡发生变化时，自动根据调度规则计算，给出优化调度建议，协助煤气调度更好地实现全厂的煤气平衡管理。

（2）用电负荷预测模型。用电负荷预测模型通过结合企业的生产计划、历史用电负荷变化曲线和所在区域电网的负荷约束，实时监控钢铁企业的总用电负荷变化和重大耗电设备的运转状况，对未来企业整体用电总负荷变化进行动态预测，避免重大间歇冲击型负荷冲击电网引起的超需量罚款，及时进行错峰调节。

（3）炉窑集中监控模型。炉窑集中监控模型对企业的重大煤气消耗用户，如热风炉群、加热炉群，进行群组化监控和生产管控协调，整体优化热风炉换炉时间，避免多组热风炉同时换炉给煤气管网带来巨大冲击影响发电；同时热风炉和加热炉自动燃烧控制模型，实现全局调度和工序单体优化的全面结合，更有效地协调主要煤气用户和下游发电机组之间的关系。

（4）错峰发电控制。错峰发电控制模型根据峰谷平时段外购电的费用和自发电的成本（燃料成本、用电成本）建立数学模型，充分考虑各用户的有功需求、无功需求、蒸汽需求，同时结合机组设备能力限制、检修计划、燃料供应情况、负荷变化曲线、机组爬坡曲线、煤气柜柜位变化等因素制定成本最优的错峰发电计划，指导各发电机组峰时多发电，谷时多产煤气，在保证生产的前提下，充分利用各气柜的缓冲能力和发电机组的调节能力，实现对二次能源的最优利用。

（五）案例效果

河钢集团唐钢新区数字孪生工厂建设完成后，在设计效率、施工进度、运维水平、管控效率、节本降耗等方面都得到了显著的提升：（1）材料量统计精确化提高 5%，共优化管线 390 吨，电缆 145 千米，钢材 2035 吨，混凝土15000 立方米，累积经济效益达 6300 余万元。（2）较同类传统工程，设计返工率减少 25%，建设周期缩短近 6 个月，累积节约成本 4213 万元。（3）通过数字化运维管控平台，钢厂的整体管控效率提升 5%。（4）设备全生命周期管理，降低重大设备异常停机时间 20%，减少备件库存 30%。（5）虚拟培训方式较传统培训效率提升 60%。

第十章 产业元宇宙应用——碳中和元宇宙

全球气候变化已日渐影响着全人类的生产发展，实现全人类的碳中和已经逐步成为全世界的共识。数字技术的飞速发展正快速改变着人类的生产生活方式，产业元宇宙技术作为数字技术的集成，将在全球应对气候变化进程中扮演重要角色，也是我国实现碳达峰碳中和的重要技术路径，本章将介绍产业元宇宙在碳中和方向的应用。

第一节 碳中和元宇宙应用概况

在我国作出碳达峰碳中和重大战略决策的大背景下，随着产业元宇宙概念的提出和兴起，碳中和元宇宙将成为数字技术与碳中和概念有机融合的抓手，其建设架构、技术特征与产业特征将对碳中和相关数字技术发展产生深远影响，是数字技术在应对全球气候变化、助力我国实现碳达峰碳中和的表现形式之一。

一、碳中和元宇宙概念

（一）"碳中和"背景

1. 全球碳排放概况

当太阳辐射达到地表后，地表受热并发出具有长波的热辐射线，这些热辐射线可被大气中的二氧化碳（Carbon Dioxide，CO_2）、甲烷（Methane，CH_4）、氧化亚氮（Nitrous Oxide，N_2O）等气体吸收，当吸收的热量增加到一定程度后将导致地球表面温度升高，此现象被称为温室效应，可吸收长波热辐射的气体被称为温室气体。地表温度升高将带来冰川消融、海平面上升、引发极端天气等危害，严重威胁着人类的生存安全。

自工业革命以来，工业的快速发展导致大量温室气体被排放入大气，其中 CO_2 排放量占比超 90%。自 1750 年以来，大气中 CO_2 含量已由 278ppm 增长到现如今的 398ppm。世界气象组织发布的《2020 年全球气候状况》指出，截至 2020 年全球平均气温较工业化前约升高 1.2℃。因此，减少大气中温室气体含量、控制地表温度已迫在眉睫。

据 BP 世界能源统计年鉴数据，2019 年以前全球 CO_2 排放量逐年增加，且最大值达到 343.6 亿吨，2020 年 CO_2 排放量较 2019 年明显降低，归因于 2019 年的新冠病毒大流行导致的生产生活方式改变与能源消费调控。从 CO_2 排放量上看，我国处于全球首位，约占全球的 30%，但从人均能源消费量上看，我国远低于美国、欧盟、日本等发达国家，与全球人均能源消费量接近，且呈逐年增加的趋势，与碳排放趋势基本一致。

2.碳中和概念及发展

长期以来，由环境破坏、温室效应导致的极端天气严重影响着人类生活与工作，许多国际组织长期致力于扭转这一局面。1972 年，联合国在斯德哥尔摩召开第一次全球环境与发展会议，并发表《联合国人类环境会议宣言》，首次对人类环境进行了评估，促使全球对人类环境问题的严峻性及挑战达成

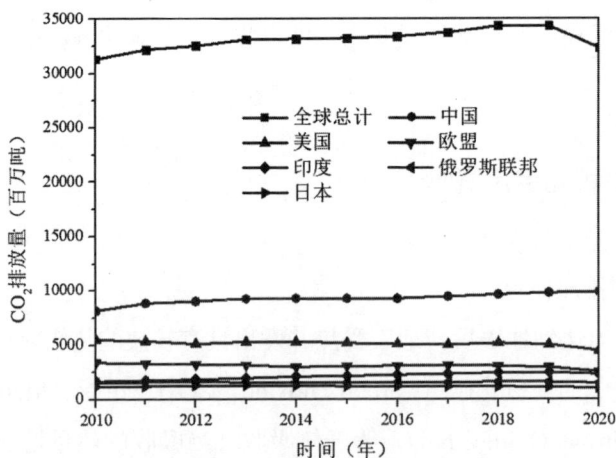

全球主要碳排放国家或地区的碳排放量

数据来源：BP 世界能源统计年鉴。

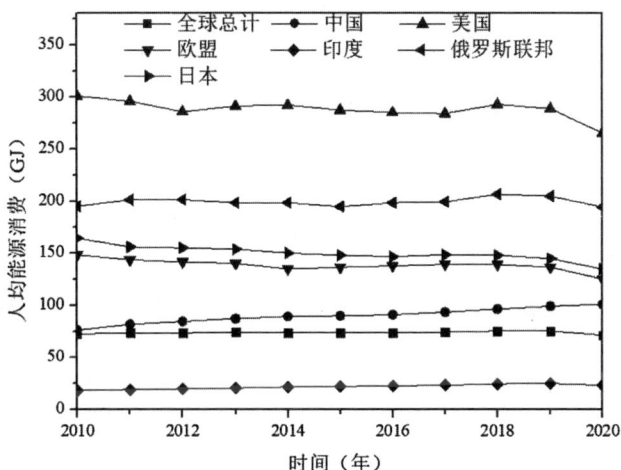

全球主要碳排放国家或地区的人均能源消耗

数据来源：BP 世界能源统计年鉴。

共识。此后，多个环境保护国际组织相继成立，多部相关国际法律文书、政策、文件相继发布。1997 年，政府间气候变化专门委员会（IPCC）与联合国各成员国一道于日本京都草拟了《京都议定书》，其目的在于保证大气中温室气体含量稳定在适当水平。同年，英国 Future Forest 公司（未来森林公司）成立，旨在通过以植树造林的手段减少大气中由生产生活带来的 CO_2，进而提出 CO_2 "净零排放"的低碳理念，"碳中和"（Carbon-neutral）概念开始萌芽。此后，Future Forest 公司更名为 Carbon-neutral 公司（碳中和公司）。1999 年，Sue Hall 创立了名为"Climate Neutral Network"（气候中和网络）的社会组织，期望企业通过再造林与可再生能源开发的技术手段实现 CO_2 排放与吸收的平衡，进而达到节约成本和环境保护的目的。"碳中和"概念随着这些企业和国际组织的推广逐渐为大众所知，"Carbon-neutral"一词于 2007 年被《新牛津英语词典》正式收录。

2015 年，在第 21 届联合国气候变化大会上通过《巴黎协定》，指出"将全球平均气温较前工业化时期上升幅度控制在 2℃以内，并努力将温度上升幅度限制在 1.5℃以内"，且"尽快达到温室气体排放的全球峰值"和"在本世纪下半叶实现温室气体源的人为排放与汇的清除之间的平衡"，即在 2050 年至

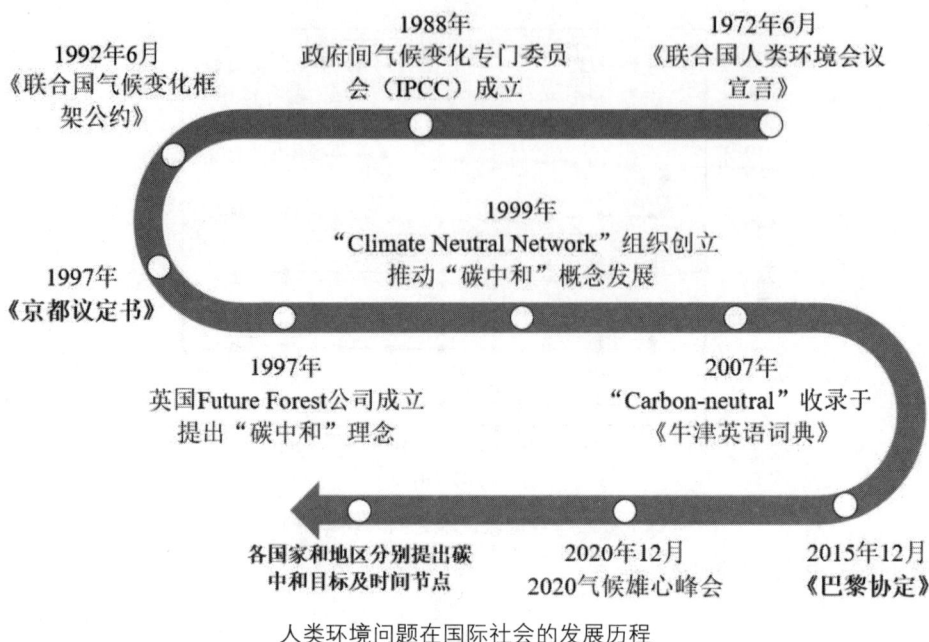

人类环境问题在国际社会的发展历程

2100 年间，实现全球碳中和。自 2016 年 11 月《巴黎协定》正式生效以来，"碳中和"概念已被全球各国广泛接受，多个国家和地区相继承诺提出各自的碳中和目标，目前具有低工业排放与高森林覆盖比例的苏里南和不丹两个国家已实现碳中和。

"碳达峰"与"碳中和"目标的进一步明晰，为减少大气温室气体含量、控制全球气温升幅具有重要意义。虽然给全球大多数国家经济发展带来巨大挑战，但同时也为全球生产生活方式的低碳变革带来契机。

3.我国碳中和发展路径

根据中国碳核算数据库（CEADs）数据，在 2000 年之前，全国 CO_2 平均排放量仅 29.2 亿吨，而在 2000 年至 2013 年间，随着社会经济的高速发展，CO_2 排放量直线上升，在 2013 年达到 94.5 亿吨，随后受国家政策调控，CO_2 排放量出现小幅波动。从不同领域来看，根据国家能源局 2019 年数据，工业领域碳排放约占全国碳排放总量的 37%，电力领域约占 47%。工业领域中，黑色金属企业和非金属矿物制品业（含水泥、耐火材料等）分别占工业领域 CO_2 排放量的 51% 和 31%。因此，我国实现减碳目标将以电力领域和工业领域减碳为主要着力点，而工业领域的减碳主体则为黑色金属（主要为钢铁）和非金属矿物制品业。

据新华社报道，2021年9月22日，《中共中央 国务院关于完整准确全面贯彻新发展理念做好碳达峰碳中和工作的意见》印发，提出了清晰的碳达峰、碳中和主要目标，我国将通过降低化石能源消费、提高森林覆盖率和增加新能

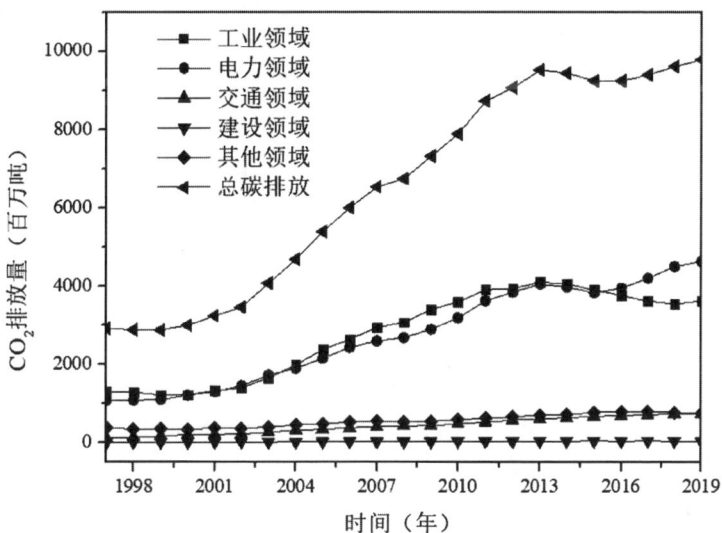

我国不同领域 CO_2 排放量

数据来源：中国碳核算数据库。

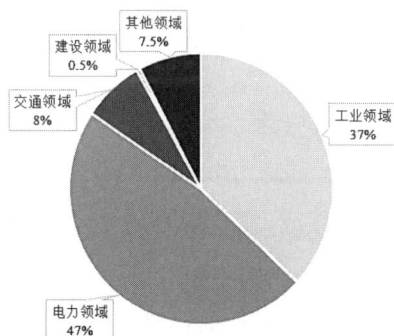

2019年各领域 CO_2 排放量占比

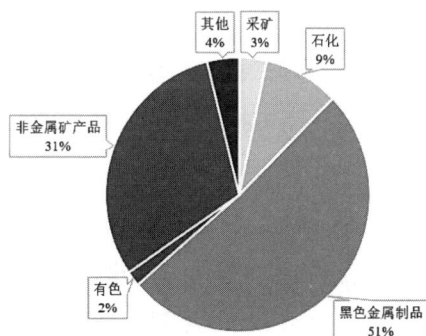

2019年工业领域不同行业 CO_2 排放量占比

数据来源：中国碳核算数据库。

	单位GDP能耗	单位GDP CO₂排放	非化石能源消费比重	森林覆盖率	森林蓄积量	风电、太阳能发电总装机容量
2025年	比2020年下降13.5%	比2020年下降18%	20%左右	24.1%	180亿立方米	
2030年	大幅下降	比2005年下降65%以上	25%左右	25%	190亿立方米	12亿千瓦以上
2060年			80%以上			

我国碳中和目标

资料来源:《中共中央　国务院关于完整准确全面贯彻新发展理念做好碳达峰碳中和工作的意见》。

源发电装机量等路径实现碳中和。

(二)碳中和元宇宙概念的提出

数字化技术在应对全球能源及环境问题过程中扮演着极其重要的角色,根据全球移动通信系统协会(GSMA)与碳信托(Carbon Trust)发布的《实施效应:移动通信技术对碳减排量的影响》,移动通信技术通过赋能智慧城市、智慧能源、智能制造等领域,推动人类的生产生活方式的改变,仅2018年通过移动互联网技术的应用降低全球温室气体的排放量约21.35亿吨。同时美国、英国、欧盟、日本等发达国家和经济体在政策、资金、数据、技术等方面设计了不同的政策方案促进全球绿色经济的增长,应对全球气候变化。我国碳达峰碳中和"1＋N"政策体系提出要推动大数据、人工智能、第五代移动通信技术(5G)等新兴技术与绿色低碳产业深度融合。

产业元宇宙技术是5G、物联网、大数据、区块链、云计算、人工智能等新兴数字技术的综合体现,碳中和元宇宙是利用产业元宇宙技术对我国生产生活中碳源、碳汇进行数字化准确描述的数字技术集成,能够对物理世界的"碳行为"进行数字化描述,构建碳中和数字虚拟世界,进而与物理世界相互作用。

碳中和元宇宙技术对生产生活赋能,一方面可以通过信息化、网络化减少物理世界的活动,另一方面可以通过大数据分析、人工智能技术对经济和社会活动进行优化,从而实现减碳降耗。碳中和元宇宙技术的主要作用路径为:

（1）对生产生活方式的改变及社会需求的拉动，促进产业结构、能源结构的调整与优化。（2）对传统技术进行改进和革新，优化生产资源配置，促进生产工艺和服务模式的创新，支撑低碳绿色发展。（3）对碳排放、碳移除进行精准的管控，提升碳监测、碳交易、碳金融等碳管理效率，从而支撑碳中和、碳达峰相关政策规划的制定。

二、碳中和元宇宙建设架构

碳中和元宇宙是国家重大战略决策与数字技术的深度融合，其建设进程需遵从党中央、国务院作出的顶层设计以及产业元宇宙技术的发展规律。我国碳中和关键政策《中共中央　国务院关于完整准确全面贯彻新发展理念做好碳达峰碳中和工作的意见》明确指出实现碳中和需处理好发展和减排、整体和局部、短期和中长期的关系。以产业元宇宙技术数字孪生、数字伴生、数字原生发展阶段为参考，提出碳中和元宇宙建设的三阶段总体建设思路。

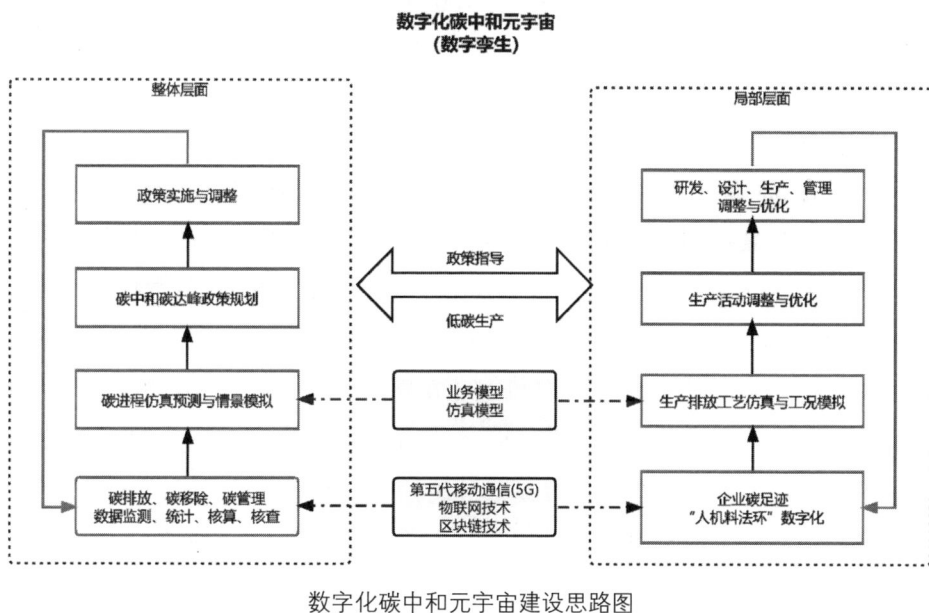

数字化碳中和元宇宙建设思路图

（一）数字化碳中和元宇宙建设思路

第一阶段以建设数字孪生系统为核心，利用5G、物联网、大数据、区块

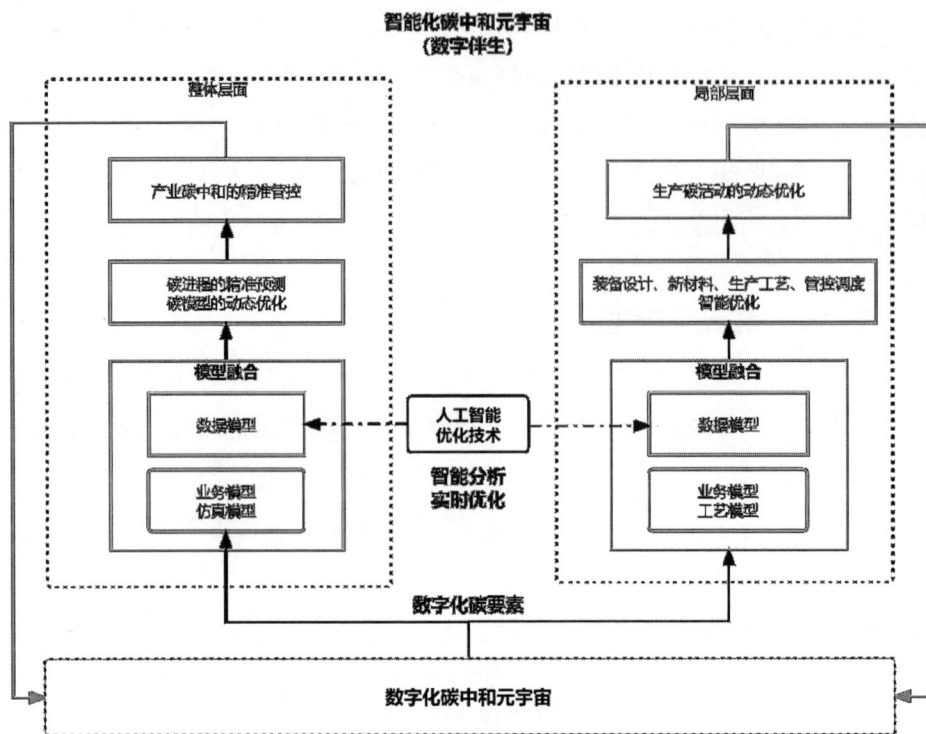

智能化碳中和元宇宙建设思路图

链等技术完成对碳中和全产业数据的全生命周期管理，集成多行业、多领域的业务模型、仿真模型等专业模型，实现碳排放、碳移除、碳管理的业务数字化。在整体与全局层面，建设全社会及企业的碳排放、碳移除的数据监测、统计、核算、核查机制，并基于产业模型对碳达峰、碳中和发展进程进行仿真预测，支撑相关政策规划的实施和调整；在局部层面，建设企业碳数字孪生系统，对企业生产涉及的"人机料法环"实现全面的数字化，建设企业碳足迹管理，利用工业互联网、工业仿真模型、业务模型等技术对工业企业研发、设计、生产、管理等各环节的碳排放监控与优化提供支撑，实现低碳生产经营活动。

（二）智能化碳中和元宇宙建设思路

第二阶段以建设数字伴生系统为核心，在数字化碳中和元宇宙的基础上，引入以人工智能技术为核心的优化技术，构建涉及多行业、多领域的数据模型，并与业务模型、仿真模型融合，实现面向碳排放、碳移除、碳管理的实时、高精度的智能优化和智能分析，对碳排放、碳移除、碳管理涉及的基础技术、生产工艺、管理模式等进行系统性的优化。在整体与全局层面，基于碳中和的全生命周期数据，构建产业级、地区级的碳排放、碳移除精准数据模型，精准管控并优化产业碳中和目标，支撑相关政策规划的动态调整。在局部层面，利用"人工智能＋"技术，在装备设计、材料研发、工艺优化、管控调度等方向构建低碳数据智能模型，与工艺模型、业务模型深度融合，建设动态实时的生产碳活动优化系统，实现模型驱动的生产碳管理与优化。

（三）生态化碳中和元宇宙建设思路

第三阶段以建设数字原生系统为核心，在前两阶段完成高保真的碳数字世界的基础上，引入更具备创新能力的人工智能系统，并依赖物联网技术、通信技术、算力的持续发展，实现碳中和数字世界的创造性方案与物理世界的无缝融合，是碳中和产业元宇宙建设的高级阶段和远期目标。该阶段将建设打通"社会—产业—企业"各层面，实现整体与局部的统一，企业级的创造性解决方案将实时反馈并影响产业级、社会级数字世界，国家政策规划的实施与调整

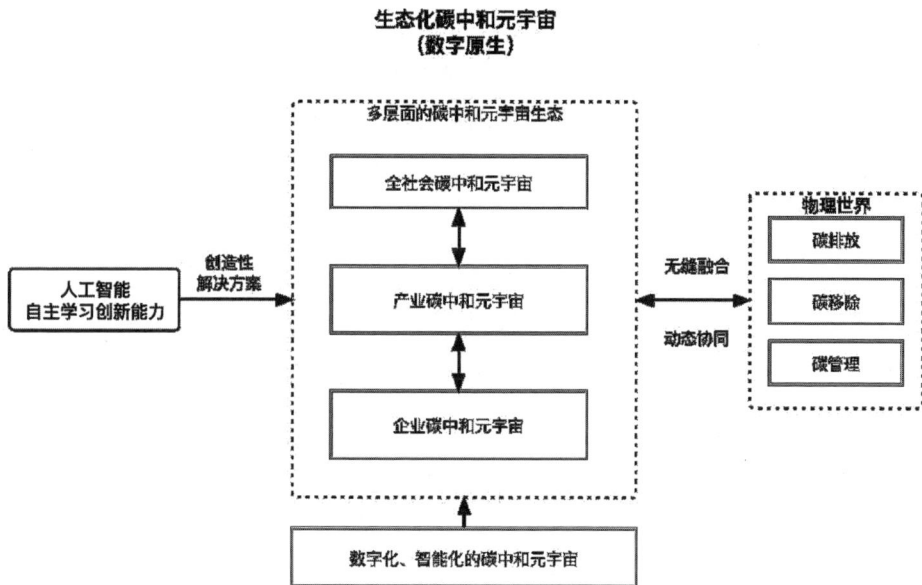

生态化碳中和元宇宙建设思路图

也将实时影响产业级、企业级数字世界，实现碳中和全领域数字世界的动态协同，形成碳中和数字世界的生态系统。

三、碳中和元宇宙主要特征

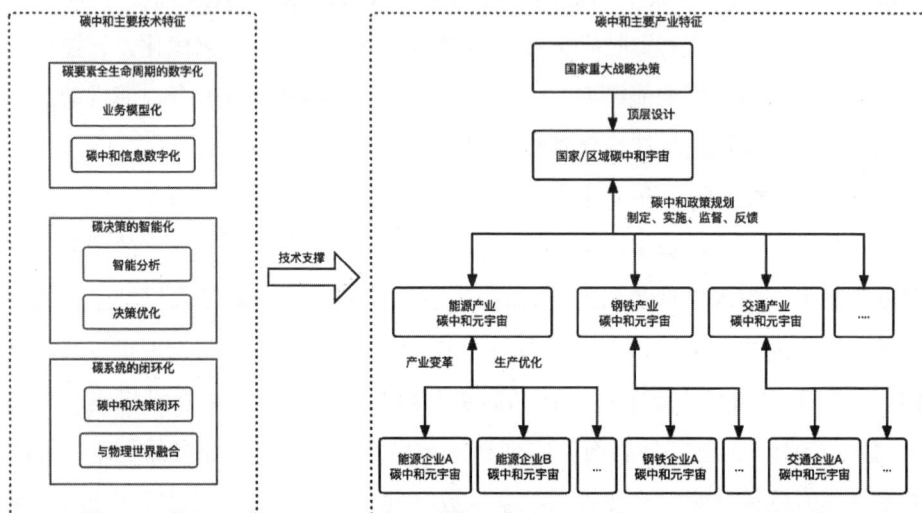

碳中和元宇宙主要特征示意图

碳中和元宇宙能充分发挥互联网、大数据、人工智能、5G 等数字技术对绿色低碳产业的推动作用，建设绿色制造和绿色服务体系，促进产业转型升级和结构优化，形成绿色低碳的生产生活方式，最终助力物理实体社会的低碳发展。因此，碳中和元宇宙具备的主要特征为数字技术特征和社会产业特征。

（一）碳中和元宇宙的技术特征

碳中和元宇宙是数字技术在碳中和战略决策实施过程中的集中体现，具备显著的数字技术特征：（1）碳要素全生命周期的数字化，将碳中和相关的产业、政策、管理等信息实现全生命周期的信息数字化，将涉及"碳行为"的生产业务、政策规划等模型化，完成碳中和各类对象的数字化并与物理对象全生命周期实时映射。（2）碳决策的智能化，基于碳要素全生命周期的数字化，引入以人工智能技术为核心的优化体系，形成面向碳中和相关生产、管理、规划的智能分析决策能力。（3）碳系统的闭环化，碳中和元宇宙实现对碳要素对象的信息映射和决策优化，最终通过决策者反馈作用于碳中和物理世界，其实施效果通过碳要素的数字化反馈回元宇宙，形成闭环优化流程，最终实现碳中和元宇宙与物理世界的无缝融合和碳系统的闭环优化。

（二）碳中和元宇宙的产业特征

实现碳中和是国家重大战略决策，是我国绿色低碳发展的内在要求，是工业化进程的发展方向，将涉及能源、工业、交通、建筑、金融等多个领域，具备显著的产业特征：（1）碳中和元宇宙是面向于国家顶层设计的元宇宙系统，对碳排放、碳移除、碳管理的数据进行精准管控、进程预测及智能分析决策，支撑碳中和路径和政策规划。（2）碳中和元宇宙要求多产业元宇宙互联互通，涉及能源、冶金、石化、交通、建筑等多产业元宇宙碳要素的交互作用，具备国家层面、地区及产业层面、企业级车间层面的碳要素信息的实时映射、分析及决策优化。

第二节　碳中和元宇宙应用价值

在碳达峰、碳中和的大背景下，随着大数据、5G、物联网、人工智能等数字技术不断发展，产业元宇宙技术将为社会生产生活方式带来巨大的变革，具备广阔的应用空间。积极探索产业元宇宙技术在电力、钢铁、化工、交通运输和建筑等主要碳排放领域中的应用方式，落地碳中和元宇宙应用价值，对支撑碳减排，实现碳达峰、碳中和目标具有重要意义。

一、电力领域

（一）领域应用背景

中国将持续大力推进工业化进程，将伴随着能源消耗量的增加与与之相应的碳排放量增加，其中电力作为我国工业主要动力来源，发电量已连续多年居于世界首位，在相当长的一段时间内，我国发电量还将进一步增长。根据2019年统计数据，我国是世界最大碳排放国，其中电力能源行业碳排占比达到了总量的47%，居所有行业首位，大幅超过第二位的钢铁行业。因此，电力行业减碳是我国实现碳中和目标的重要途径。

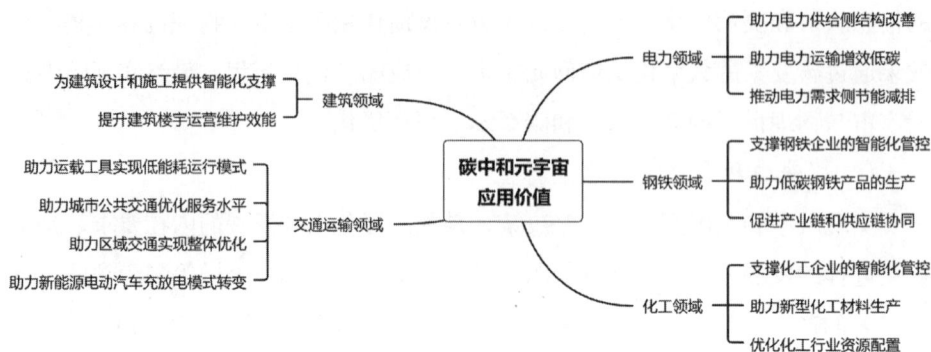

碳中和元宇宙应用价值概略图

近年来，在诸多实现碳中和目标的技术中，国家电网提出建设的泛在电力物联网政策与产业元宇宙技术相辅相成，融合发展。产业元宇宙技术体系中的移动互联网、人工智能、大数据以及区块链技术与电力系统供给侧、需求侧、输送端等环节的互联耦合，支撑电力行业减碳降耗。

（二）应用形式及价值

1.产业元宇宙助力电力供给侧结构改善

从我国能源发电结构来看，现阶段我国以火力发电为主要发电方式，根据国家能源局数据显示，2020年火电装机总量占比高达68%，而其中燃煤发电占有率又高达80%，且我国能源转化率相较发达国家仍有一定差距，我国一次性能源转化效率约为35%，而发达国家可以达到45%。基于这两个原因，在发电端可以从提高清洁能源占比和提升能源转化率两个方向促进减碳。

我国目前的电力能源结构中，仍然以集中式发电为主要的生产形式，但大力发展的风电光电受到地区资源的限制。分布式发电是就近利用资源发电，服务于当地的发电方式，具有就地利用、因地制宜、低碳清洁、调度灵活等益处，其去中心化、数据透明等特点与区块链技术理念不谋而合。利用区块链技术可创造出一种全新的能源交易模式。我国某能源区块链项目中，发电端用户屋顶太阳能电站发出的电通过智能电网传递给电力消费端用户，利用区块链技术可智能生成合约，实现用户与电网和电站的能源交易。

元宇宙数字化技术推动了新型智慧电厂的建设，将数字化技术与实际工况结合，实现发电厂运行智能化，利用智能感知、无人机、巡检机器人等技术完成电厂24小时无人巡检任务，利用智能感知、智能预测、智能推荐、智能调参等深度学习技术提升风力发电厂的捕风能力、风能转换效率等重要生产指标。

2.产业元宇宙助力电力运输增效降碳

国家能源局数据显示，2018年我国电网输配电损耗大约占总输电量的6.6％，其中包括线路损耗和管理损耗。线路损耗的主要原因有输配电设备能量损耗和电路网络结构不合理，管理损耗的主要原因包括电能表统计误差、抄表不同时、设备绝缘不良等。

国家电网公司利用数字孪生等技术对电网运行状态进行仿真，通过智能计算合理规划输电线路，优化线路拓扑结构，提升输电线路利用率。通过智能规划用电需求引导负荷转移管理，改变电力消费习惯，削峰填谷，提高电网负荷率，降低发电机组负荷，使电网运行更加稳定的同时节约了资源，减少碳排量。利用电力大数据技术对输电网络进行智能预测、网络故障分析、网络状态监测，提升电网智能管理水平，以降低电网能量损耗间接达到减少碳排量的目标。

3.产业元宇宙推动电力需求侧节能减排

电力用户端即电力能源的需求侧，做好需求侧"减碳"对实现双碳目标至

■ 第一产业　■ 第二产业　■ 第三产业　■ 居民用电

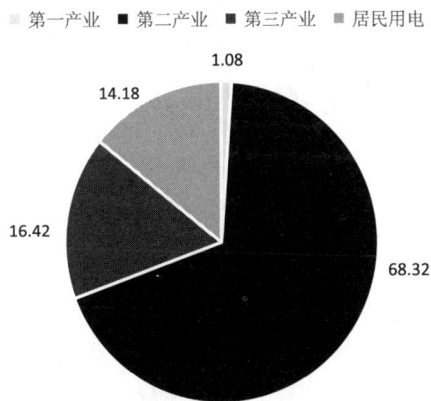

2019年我国全社会用电统计所占百分比（单位：％）

来源：前瞻产业研究院。

关重要。企业可利用现有技术，加快创新，政府可制定相关政策引导需求侧合理用电，减少能源浪费，抑制不合理用电方式。

我国第二产业用电占比高达 68%，电力系统减碳绕不开工业、制造业领域，随着智能制造的兴起，产业元宇宙概念也随之诞生。工业大数据平台、数字孪生、全连接工厂、信息物理系统（即虚实融合仿真技术）等元宇宙技术深度融合，打造了一系列"未来工厂"，实现工业自动化、信息化、智能化，极大地避免了资源的浪费，实现节能降耗，达到了降低碳排放的目的。

二、钢铁领域

（一）领域应用背景

目前我国钢铁行业碳排放量占全国碳排放总量的 18%左右，是制造业 31 个门类中碳排放量最大的行业。全球钢铁碳排放量占全球能源系统排放量的 7%左右，其中中国占比超过 60%，排放比例明显高于世界水平，钢铁产业低碳转型对实现我国的碳达峰、碳中和目标至关重要。我国钢铁产量长期居于世界首位，产能产量高以及以长流程为主的工艺流程是我国钢铁行业碳排放量高的主要原因，因此从钢铁生产流程入手减少钢铁行业的碳排放量将更加有效。

《钢铁行业碳达峰及降碳行动方案（初稿）》提出，2025 年之前钢铁行业实现碳排放达峰；到 2030 年，钢铁行业碳排放量较峰值降低 30%。钢铁行业的减碳任务重、周期短。碳排放贯穿钢铁生产的整个生产流程，仅仅针对其中某一工序并不能实现很好的减排，需要从整体与细节共同着手，才能实现最佳的减排效果。针对长流程工艺的减碳问题，从工艺角度，应重点控制炼铁和炼钢的碳排放；从整体生产角度，应结合全工艺流程进行管控，对产线的生产进行合理的调度安排。产业元宇宙作为新兴数字技术的集成，将助力钢铁行业实现其减碳目标。

（二）应用形式及价值

由于钢铁行业生产流程长、工艺复杂，使用数字孪生及智能交互等新兴数字技术有利于简化信息沟通流程，全面了解产线生产状态，降低生产管控成本，在智能制造的大背景下，我国钢铁行业已初步具备自动化和信息化基础，产业元宇宙技术已经逐步应用于钢铁行业的设计、管控和操控等流程，各大企业已经开始着手部署减碳工作。产业元宇宙技术可以应用于钢铁行业生产的方方面面，例如对钢铁企业进行智能化管控可以提升生产效率并降低生产成本，从而达到减碳的目的，利用智能感知及大数据技术可以对工艺流程进行更细微精准的把控，助力低碳钢铁产品的生产。除此之外，依托于产业级工业互联网平台，产业元宇宙技术可以助力产业供应链协同，跨平台信息互通使资源调度配置更优，减少不必要的资源浪费，从而减少碳排放。

1.产业元宇宙技术支撑钢铁企业的智能化管控

应用于钢铁企业智能化管控的产业元宇宙相关技术主要包括数字化孪生工厂、人工智能和交互技术等。数字孪生技术通过对钢铁企业的设备、工序及生产流程构造虚拟孪生体，从而达到虚拟化控制管理的目的，使钢铁企业的生产更加安全、高效和节能。利用产业元宇宙助力钢铁企业的智能化管控，具有以下应用方式：

（1）以"黑灯工厂"为代表的无人化生产钢厂。目前，各大钢铁龙头企业已开始部署使用无人铁水运输车、无人行车及专用机器人等智能化设备，这些设备是实现无人化生产钢厂的基础。基于"黑灯工厂"，钢铁企业将更易实现集中式生产调度管理，实现生产和管控分离的工作模式，其中最常见的方式便是构建智能化集控中心。集中式调度管理可以从生产全局的角度提升能源和资源的利用效率，从而降低碳排放量。

（2）依托于数字孪生的质量大数据系统。根据《数字孪生应用白皮书2020版》，数字孪生质量大数据系统核心是对于物料在时间和空间上的追踪，通过建立动态的数字孪生体，对钢坯的质量进行全生命周期追踪，从而为质量数据的实时监控、查询，以及预警分析和产品质量追溯打下基础。通过基于钢坯的动态数字孪生的建立，将生产过程中的数据实现跨越时空的串联，实现生产过程数字化，通过对数据的追踪、预警和分析，完善钢铁生产的质量控制和管理体系。数字孪生技术的使用，可以提升钢材的质量、提高生产的效率，从而减少对材料和能源的浪费，达到降低碳排放量的目的。

2.产业元宇宙技术助力低碳钢铁产品的生产

钢铁产品的生产过程会带来较多的碳排放，一方面，很多大型企业从生产工艺流程的优化着手，考虑从上游的能源结构调整、余能回收等方面进行节能减排；另一方面，从下游出发，部分钢铁企业开始向客户推广绿色理论、绿色钢铁产品，引导下游产业用钢的更新换代，促进低碳绿色钢铁产品的应用。基于钢铁企业的现有生产数据和工艺原理，利用大数据、人工智能等手段可以指导钢材材料制造中的成分控制，加速高性能、轻质高强度钢材的研发进程。这类新型钢材的研发可以增加产品的使用寿命，减少物料损失，并且可以间接使下游用钢行业碳排放量减少，例如轻质钢使汽车的耗油量更低。

3. 产业元宇宙技术促进产业链和供应链协同

依托于区块链等产业元宇宙相关技术，钢铁工业产品电商平台逐渐流行，钢铁电商具有价格公开透明，物流、资金、支付等环节方便快捷等优势，发展非常迅猛。钢铁电商平台汇聚钢铁生产企业、加工运输与仓储服务商等行业主体，同时包含各种客户群体。钢铁电商平台可以促进钢铁产业链和供应链的协同，降低企业间交易成本，缓解低端产品过度同质化导致的恶性竞争，有效化解产能过剩，从而减少过度生产导致的碳排放。

三、化工领域

(一) 领域应用背景

2020 年化工行业碳排放量占全国碳排放总量的 9% 左右，虽然排放量小于电力、钢铁等高排放工业行业，但在区域层面，由于地区经济结构、发展水平以及能源结构不同，化工的单位收入碳排放量远高于工业行业的平均水平。因此，化工行业的碳排放量具有总量低、强度高的特点，在区域层面的减碳任务仍然艰巨。

工信部印发的《"十四五"工业绿色发展规划》明确落实能耗"双控"目标和碳排放强度控制要求，推动重化工业减量化、集约化、绿色化发展。严控尿素、磷铵、电石、烧碱、黄磷等行业新增产能，新建项目应实施产能等量或减量置换。目前控制产能增加是实现化工行业的减碳作用主要途径，但从长期来看，产业元宇宙相关技术应用于化工行业的数字化生产，将成为助力化工行业实现"双碳"目标的重要技术路径。

(二) 应用形式及价值

在碳中和的大趋势下，化工行业作为支撑国民经济发展的基础性产业，除了本身需要面临碳中和的挑战之外，还承担着为其他行业减碳赋能的重要任务，例如为其他行业提供低碳新材料、可降解材料等。目前化工行业的减碳途径主要包括使用可再生能源和发展碳捕集与封存技术，此外，产业元宇宙相关技术正逐步被应用于化工行业，在提升效率的同时，对降低碳排放量也起到了重要作用。一方面，产业元宇宙相关的数字化技术被用于化工企业的智能化管控，提升了化工企业的生产效率和资源利用率，从而降低碳排放量；另一方面，产业元宇宙技术可以应用于新型化工产品的研发和生产，从源头上降低碳排放量。

1.产业元宇宙支撑化工企业的智能化管控

产业元宇宙技术可以应用于化工企业的智能化控制，主要应用方式为构建数字孪生化工企业。在数字孪生化工企业中，员工扮演操作选择决策者的角色。依靠数字孪生技术，化工企业可以实现集中生产调度控制。目前，国内已有化工企业根据自身业务特点部署适合企业发展方向的整体技术架构。借助工业互联网平台、智能制造架构、自动控制系统、云服务平台技术实现企业智能化集中生产调度控制，提高了企业的生产效率和资源利用率，降低了人力成本，有助于降低化工行业的碳排放。

2.产业元宇宙助力新型化工材料生产

化工产品的研发需要经历小试、中试和工艺验证等步骤，想要商业化生产，需要大量的实验验证；与此同时，为响应国家"双碳"政策，新型储能电池原材料、可降解化工材料引起了工业界的广泛关注，这类产品的研究难度大、周期长。基于人工智能等数字化技术进行化学反应过程的模拟和产品性能的数值化仿真，可以大幅提升新型化工材料的研发效率，为其他行业输送更多低碳材料的同时降低了研发成本，从源头上减少了碳排放。

3.产业元宇宙优化化工行业资源配置

化工行业尤其是石化化工行业产业链长，线下销售不利于产业链供应链协同。借助于区块链等新技术，化工产品的电商平台开始逐步形成，电商平台的形成缩短了化工企业和需求方企业的距离，提高了产业链和供应链的协同程度，有效提高了化工行业的资源利用率，缓解了产能过剩的问题，从而减少过度生产导致的碳排放。国内已经有化工行业企业开始利用区块链技术构建化工电商平台，并取得了较好成效。

四、建筑领域

（一）领域应用背景

建筑领域每年都会产生和排放大量的温室气体，建筑领域碳排放的主要来源有三个方面：直接碳排放、间接碳排放和隐含碳排放。其中，直接碳排放和间接碳排都是建筑运行阶段产生的碳排放，从建筑的生命周期来看，建筑运行阶段产生的碳排放以及建筑材料在生产和运输过程中产生的碳排放是建筑领域二氧化碳排放的主要方式，分别占比 43% 和 55%，是碳达峰、碳中和的重点关注内容。

根据《中国建筑节能年度发展研究报告 2020》，2018 年我国建筑运行阶段产生的碳排放量约为 21 亿吨，超过我国当年碳排放总量的五分之一。建筑运行阶段的碳排放总量主要受到建筑面积、城市化率、建筑节能以及能源结构变化等因素的影响，我国建筑行业目前还处于发展阶段，城市化进程持续推进，能源结构处于变革阶段，建筑领域碳排放总量和碳排放占比都还存在继续提升的可能，我国建筑行业实现碳达峰、碳中和目标面临着严峻的考验，实现难度较大。

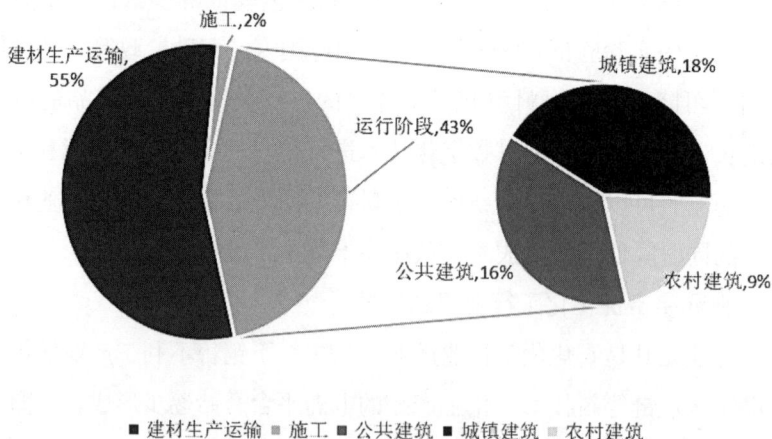

2018 年建筑全过程碳排放分布情况

资料来源：清华大学建筑节能研究中心《中国建筑节能年度发展研究报告 2020》。

住房和城乡建设部等 13 部门 2020 年 8 月联合印发的《关于推动智能建造与建筑工业化协同发展的指导意见》指出：截止到 2025 年，建筑领域应实现能源资源消耗及污染排放大幅下降，环境保护效应显著提升。当前，在"碳达峰、碳中和"及新型城镇化、城乡融合发展的宏观大背景下，绿色智能建造需求旺盛，无论是绿色发展、生态文明，还是建筑工业化，都与数字技术密切关联，相关的标准、理论、技术已出现蓬勃发展的局面。

（二）应用形式及价值

在我国积极推动新型城镇化、智慧城市等战略的大背景下，随着元宇宙技术的不断进步，大数据、5G、物联网、人工智能等信息技术的不断发展，利用相关信息技术赋能建筑领域的建设和运行管理，逐步加大对建筑业的影响和渗透，推进建筑业信息化逐步走向智能化阶段，探索元宇宙技术支撑建筑领域绿色智慧建筑体系的构建方式，对于实现"双碳"目标具有重要意义。

1. 产业元宇宙为建筑设计、施工提供智能化支持

建筑领域实现碳减排，要在设计阶段增加低碳节能维度的设计理念，将被动的节能技术与主动的减碳方法有机结合起来，考虑引入再生能源技术降低化石燃料的消耗和碳排放，使用绿色建筑技术降低建筑材料造成的碳排放。在此阶段，可以利用元宇宙体系相关技术建立建筑信息模型，提供设计施工到运行退役的全生命周期信息化管控，利用建筑信息模型，可以高效管理建设过程，并利用信息模型进行协同工作，提升建设的效率，还可以为运行阶段提供智慧运维与数据挖掘的基础，有效推动楼宇在运行阶段的提效减排，提升建筑质量、安全、效益和品质，进而优化建筑施工与运行阶段的能效。此外，还可以利用元宇宙技术打造绿色建筑，发展新型建筑工业，以装配化作业取代手工砌筑作业，减少施工失误，解决系统性质量问题，延长建筑使用寿命，有效提高未来新建筑能效，间接或直接减少建筑带来的碳排放。

2. 产业元宇宙提升建筑楼宇运营维护效能

元宇宙技术体系中，利用物联网传感器技术，可以实现设备的能源管理、监测、分析以及各项能源指标的计算，从而达到智能化控制能源的目的；利用人工智能技术和大数据技术，对设备和环境进行实时感知，实现设备的自我控制和智能决策，进而实现智慧建筑内部的数字碳中和、能源资源利用最优和经

济绿色运行。特别地，产业元宇宙可以为高耗能领域行业的楼宇运行提供智能化管控技术支持，实现节能减碳。对于高能耗行业领域的楼宇运行，例如数据中心行业，需要研发针对性的能耗优化技术，利用物联网、人工智能技术及动态气流平衡技术对数据中心空调设备进行精准控制，通过传感器监测各区域温度，按需制冷，保证服务器散热需求的同时，降低数据中心整体能耗。

五、交通运输领域

（一）领域应用背景

截至目前，交通运输工具仍以化石燃料为主要能源，燃烧化石燃料将排放大量温室气体和污染物，交通运输领域被国际组织公认为能源消耗和碳排放的三大领域之一，是节能减排与应对气候变化的重点领域。2019年中国碳核算数据库的统计数据显示，我国当年的交通运输领域累计排放的碳总量多达11亿吨，占全国碳排放总量的10%左右。其中，交通子领域碳排放占比如下图所示，从结构分布来看，城市交通和公路运输是交通运输领域碳减排的关键。

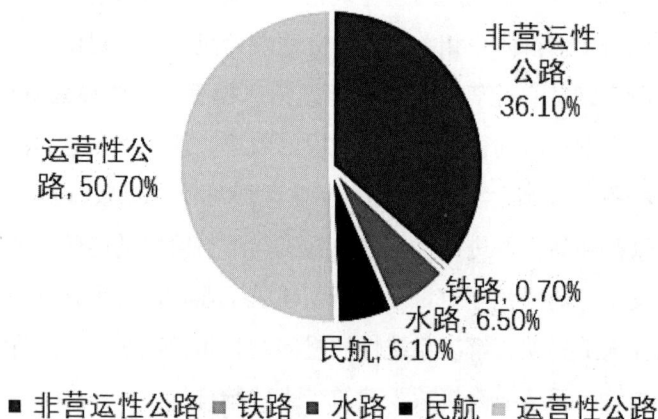

非营运性公路，36.10%

运营性公路，50.70%

铁路，0.70%
水路，6.50%
民航，6.10%

■ 非营运性公路 ■ 铁路 ■ 水路 ■ 民航 ■ 运营性公路

2019年交通行业碳排放分布情况

资料来源：中国信通院《数字碳中和白皮书》。

我国交通运输行业还处于发展增长阶段，在较长的一段时间内，我国居民的交通运输需求仍将呈现较快发展的态势，我国仍将面临十分重大的碳减排压力。在实现碳达峰、碳中和目标的大背景下，基于我国当前交通运输需求不断增长的现实情况，如何推动交通运输过程中 CO_2 的深度减排，实现交通领域碳达峰、碳中和目标，是我们当前面临的重大挑战。

百度 CEO 李彦宏在百度 Create2021 大会上作出了数字技术对交通运输变革的畅想，他认为，大数据、物联网、人工智能、数字孪生等技术将改变交通的方式，实现智慧交通，是影响未来的重大变革。这些数字技术正是元宇宙的核心技术。面临实现碳达峰、碳中和目标的挑战，积极探索元宇宙技术在交通运输领域中支撑碳减排，实现碳达峰、碳中和目标的应用方式将具有重要意义。

（二）应用形式及价值

交通运输领域要实现深度碳减排，核心是构建绿色交通体系，其主要内涵是改善交通运输的能源的结构，提高交通运输的能源利用效率，优化交通运输的发展模式，从而降低交通运输的碳排放，实现行业的可持续发展。元宇宙技术体系中物联网、大数据、人工智能、5G、数字孪生等新兴技术，可以为交通运输领域的全产业链条提供信息化支撑，协助交通管理服务部门进行资源配置优化和决策，推动交通运输工具驾驶智能化、交通出行结构优化和运载运输效率提升，促进电动新能源汽车与再生能源的高效协同，直接和间接降低碳排放强度，推进绿色交通体系的建设，在系统层面实现碳减排。

产业元宇宙在交通领域的应用主要包括以下几种形式。

1.元宇宙技术体系助力运载工具实现低能耗运行模式

元宇宙技术体系助力运载工具实现低能耗运行模式，交通领域的驾驶场景集合了大数据、人工智能、5G、车联网等元宇宙数字技术，是支撑绿波行驶引导、编队行驶、生态路径规划等智能驾驶服务的核心要素。车联网技术将车辆与环境（车、人、道路、平台）通过网络连接起来，协同人工智能、5G、大数据等技术，为交通运输工具提供运行监控、出行导航、远程诊断、智能驾驶等智能在线服务，可以根据交通情况和车辆的状态，优化车辆的行驶速度，避免交通工具因为不合理时速、突发事件或恶劣路况带来的无效怠速行驶、车辆启停、急加减速等行为，提高通行效率，有效降低驾驶能源消耗，降低二氧化碳排放。

2.元宇宙技术体系助力城市公共交通优化服务水平

元宇宙技术体系助力城市公共交通优化服务水平，物联网、大数据等技术可以构建智慧公共交通系统，实现"人—车—路—云"终端的协同，实现精准引导、超视距感知，打造交通路口公共服务优先通行等公共交通智能服务，可以提升用户的公共交通乘坐体验，增加居民乘坐公共交通的舒适感和首选率。在共享出行和出租服务方面，基于智能驾驶、终端协同的交通系统建设，可以提升交通工具的运行安全指数、提升共享和出租服务的运营效率，进而改善出行体验，构建绿色交通出行方式，降低非公共交通产生的碳排放。

3.元宇宙技术体系助力区域交通实现整体优化

元宇宙技术体系助力区域交通实现整体优化，提高交通运输能力和通行效率，有效降低单位面积的二氧化碳排放。在城市运输道路场景下，基于物联网、大数据技术，构建道路状况可测、可视、可控的管理体系，可以提升区域交通的感知能力、管控能力、服务通行能力，从而实现交通信号精确控制、弱势交通参与者管控、特殊车辆优先通行等交通精细化服务，提高交通运输的能力，还可以有效降低交通事故的频率、减少经济损失、提升运输和通行效率，从而实现降低交通运输碳排放的目的。

4.元宇宙技术体系助力新能源电动汽车充放电模式转变

元宇宙技术体系助力新能源电动汽车实现充电模式由无序或单向有序到双向有序的转变。利用物联网、大数据、人工智能等技术，监测新能源汽车的电池信息、车辆状态，结合区域、时段的电价信息，灵活调整电动汽车充电功率、储能单位供电模式，深入参与电网能源智能调度；利用大数据分析车辆充电需求，结合人工智能技术，为车辆提供最优充电场所，并协助能源调度系统充分利用新能源发电特性，使用分布式光伏发电满足车辆白天在工作场所等地的充电需求，利用风力发电反调峰特性，满足夜间分布在家庭小区等地的汽车充电需求。

第三节　碳中和元宇宙实践分享

工业部门是我国国民经济中重要的组成部分，对我国社会生产和国民经济发展具有巨大的推动作用，同时也是我国能源消费、碳排放的主要组成部分。工业部门大力发展数字技术，在各工业行业开展了数字技术与低碳降耗的应用实践，为碳中和元宇宙的发展开展了有价值的探索。

一、碳中和元宇宙在钢铁工业中的应用

钢铁工业是除能源工业以外碳排放量最大的工业行业，也是长期注重低碳降耗技术研发和应用实践的工业部门，在产业元宇宙相关的仿真、5G、物联网与大数据、人工智能等技术方向都有着低碳减排的应用实践。

（一）低碳冶炼中的仿真技术实践

1.高炉仿真应用实践

高炉是世界上最大的单体反应器，是钢铁工业碳排放的重要工艺单元。高炉炉内涉及复杂的多相反应、气流分布、炉料运动等过程，具有高温、高压等特征，长期以来，由于缺乏对高炉炉内复杂物化现象的认识，高炉就像是一个巨大的"黑匣子"，一直困扰着炼铁工作者。近年来，以仿真技术驱动的数字孪生技术逐渐被用于高炉，开展了炉内仿真模拟、高炉数字化设计、高炉操作优化等应用实践，"黑匣子"已逐步被打开。在低碳高炉设计、煤气利用率优化等方向上，高炉仿真已成为一种实现低碳、智能炼铁的重要手段。

高炉仿真，即以真实世界中的高炉结构为对象，通过数学方法表征与真实世界有相同原燃料条件、操作条件等特征的模拟高炉内的气固相演变过程，并基于得到的特征规律设计炉型、优化高炉操作等。在炉型设计方面，可根据不同炉型、不同送风制度、不同布料制度、不同炉料属性，自动计算得到炉型设计所需的炉内料层结构、气流分布等关键参数，大大提升设计效率。在高炉操作优化方面，通过仿真可虚拟计算高炉内的温度场、压力场、速度场、物相分布等情况，可清晰观测到高炉炉内不同区域的温度分布状况，进而可分析得到炉内软融带宽度与位置，生产人员可根据软融带状态与压力场分布情况适时调整布料制度，控制高炉稳定顺行；还可得到炉内铁矿成分分布与还原气浓度分布，并依据此结果调整送风制度，优化炉内温度及还原气分布，提高煤气利用率。

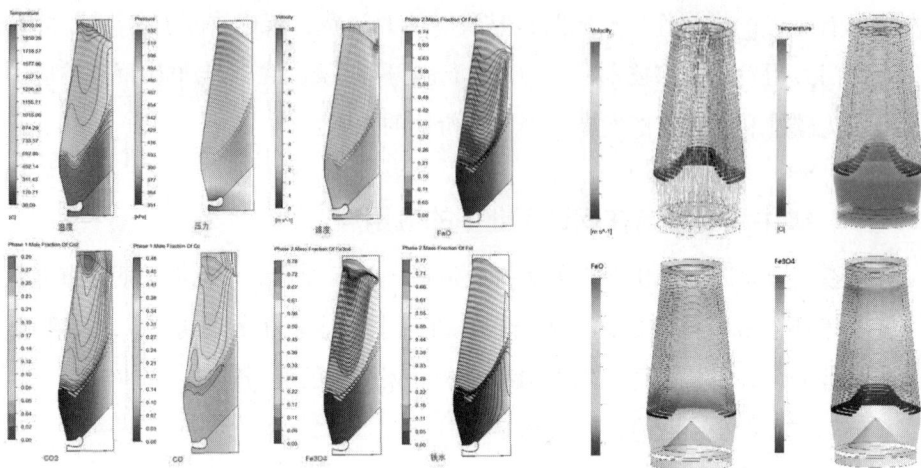

虚拟高炉内不同场的分布情况示意图

2. 气基竖炉仿真技术实践

高炉炼铁技术是目前较为成熟的炼铁手段，但由于在现行技术前提下无法摆脱对焦炭的依赖，导致高炉的能耗及排放仍较突出。近年来，以熔融还原和直接还原为代表的非高炉炼铁工艺相继试验成功并投产，其中直接还原工艺是以气态燃料、液态燃料或非焦煤为还原剂将固态铁矿还原成具有较高还原度的还原铁工艺，可使用无碳排放的氢气作为能源和还原剂，在"碳中和"目标指引下，此工艺越来越受到炼铁工业的重视。近年来，部分科研机构及团队已开始尝试研究并开发氢基竖炉冶炼技术，其中竖炉仿真技术凭借其高效、准确、成本低等特点，被用来支撑新技术的研发与相应设备的开发，利用仿真技术可得到不同工况（装料条件、进气条件、原燃料性能等）下氢基竖炉内的气流分布、气固相温度状态、还原性气体利用情况等，根据不同工况下的仿真结果，优化竖炉结构设计及工艺操作。

3. 电弧炉仿真

2022 年 1 月 24 日，国务院发布的《关于印发"十四五"节能减排综合工作方案的通知》指出"鼓励将高炉—转炉长流程炼钢转型为电炉短流程炼钢"，以废钢为主要原料的电炉短流程炼钢工艺，其碳排放强度远小于以铁矿石为原料的高炉—转炉炼钢过程的碳排放强度。随着我国废钢资源的逐年递增，以电炉炼钢为代表的短流程炼钢将成为我国钢铁工业低碳降耗工作的重要路线

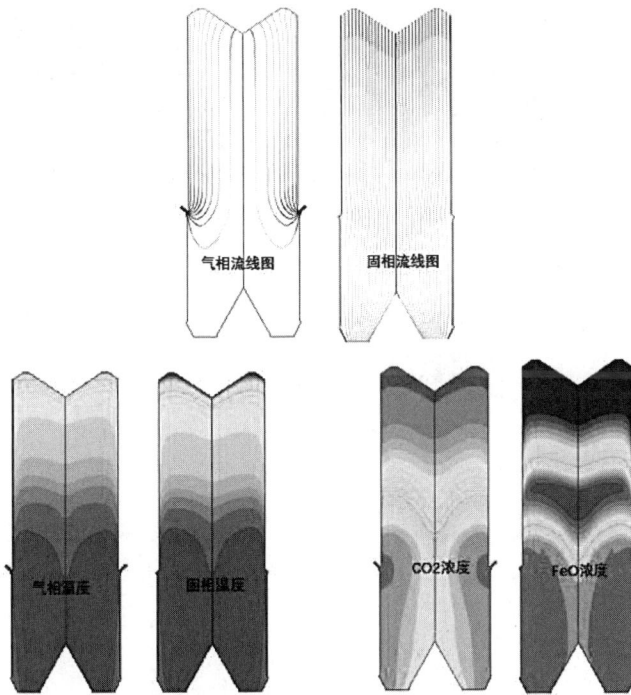

气基竖炉内流场、温度场与浓度场分布示意图

之一。

　　仿真技术被用于电弧炉的装备设计及操作优化。例如，（1）姜周华等人基于磁流体力学建立了可描述电弧炉内电弧的数值模型，并研究了电流大小、弧长等参数对电弧温度、速度、压力等特征参数的影响，研究结果可为改进电弧炉冶炼工艺提供理论指导。（2）朱荣等人对某厂150t电弧炉的射流过程进行了数值仿真，结合仿真结果分析了不同供氧流量下的脱碳速度，研究结果可为电弧炉供氧操作提供支撑。（3）中冶赛迪集团有限公司（中冶赛迪）针对电弧炉添加合金料、底吹等过程开展了仿真模拟，分析了电弧炉中合金料扩散过程、底吹条件下气流速度，支撑电弧炉的装备设计。

　　综上，仿真技术在钢铁工业中应用广泛，已成为一种认识各类反应器内复杂物理化学现象的有效手段。在完成"碳中和"目标的道路上，仿真技术将为掌握钢铁企业低碳冶炼技术开发过程中涉及的复杂低碳工况条件下的冶炼过程

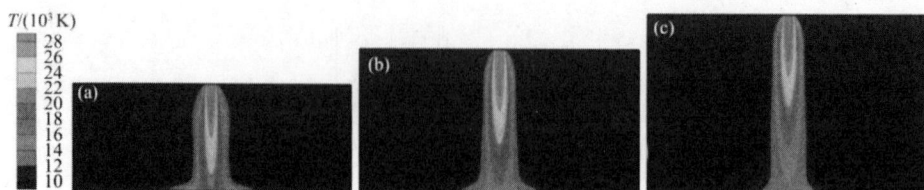

不同弧长对电弧温度的影响

资料来源：姚聪林等编制的《电弧炉内长电弧等离子体的数值模拟》。

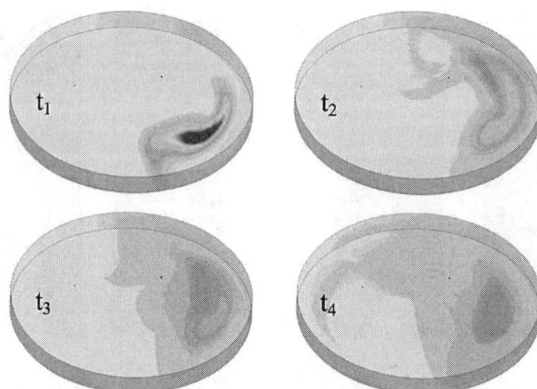

电弧炉内合金料扩散过程示意图

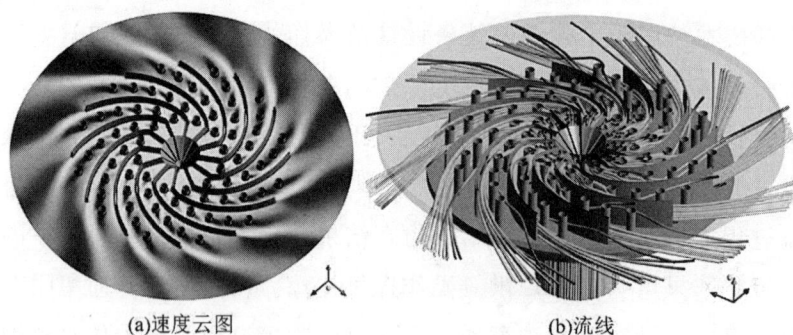

(a)速度云图　　　　　　　　(b)流线

电弧炉底部风道流场示意图

提供基础支撑。

（二）生产管控中的物联网与大数据技术的应用实践

中冶赛迪建设的宝武韶钢智慧中心，利用物联网与大数据技术，整合了铁区与能源介质两大板块所有流程的控制与决策，实现了跨工序、跨空间的大规模集中控制。整个中心的生产控制包括原料、高炉等6大工序5万个数据点位被采集并上传到大数据平台，并将工艺机理与仿真技术、人工智能技术结合，构建了超过20个工艺模型，完成了370张全自动数据报表，形成了一个强有力的"钢铁大脑"，对两大板块的生产进行智能分析和智能决策。借助于这一钢铁大脑，436名炼铁操作人员从靠近高炉的42个中控室撤离，集中于智慧中心实现远距离控制。远距离集控的实现将从两方面助力铁区节能减排，一方面是减少人员流动，炼铁操作工人无需再每日奔赴5公里深入炼铁厂区，出行碳排放大大降低。另一方面是炼铁效能提升，铁区和能介数据存于同一数据库中，数据之间相互联系与调用更加便捷，有助于提高系统能效，提升模型优化效果。自2018年12月投运后，与2018年相比，2019年焦比降低25kg/t，煤比提高29kg/t，吨铁成本降低25元，年化经济效益约1.5亿元。且通过降焦提煤，按年产600万吨计算，每年可减少 CO_2 排放量约7万吨。

远程集控智慧中心

（三）无人化生产中智能物流技术

1. 无人化铁水运输系统实践

在整个炼铁炼钢工艺流程之中，铁水运输向上承接铁厂，向下连接钢厂，是炼铁炼钢两大生产环节的核心纽带。铁水自高炉流出后被装入鱼雷罐车之中，鱼雷罐车经机车牵引，在铁道的不同点位上按规划行驶。铁水运输具备两大难点：（1）节奏性，生铁水作为炼铁厂的高炉产出，是炼钢厂转炉炼钢的重要原料，为保障上下游的高效运转，铁水运输既需要配合高炉出铁节奏，也需要配合转炉炼钢节奏，通过合理规划与调度，铁水运输可以满足高炉到转炉之间生产过程的连续性。（2）安全性，鱼雷罐车中的铁水温度高达 1300 摄氏度，在运输过程中一旦发生罐车侧翻，或急停时发生铁水溢出、喷溅都将对周围环境、机车以及铁轨产生严重损伤，因此铁水运输需要尽可能保证机车匀速运动，减少因调度产生的车辆冲突情况。

在铁水运输系统，通过对钢铁工艺知识的专业化理解，将大数据、智能化技术与钢铁生产场景深度融合，在铁水运输场景实现无人驾驶以及调度最优规

无人机车

划。赛迪奇智研发的智慧铁水运输系统在宝钢湛江钢铁投用后，全厂8台铁水运输机车无人化运行，机车运周转率有效提升，运输效率及油耗有明显改善。

2.无人化重载仓储系统

无人化重载仓储系统实现了行车无人驾驶、机器视觉感知、智能仓储管理、最优路径规划和效率动态分析，行车能够自主选择作业任务、最优化分配库位及行走路径，大幅提高库区运转效率。通过行车智能感知系统对车辆鞍座、库区物料、步进梁物料进行位置、尺寸及坐标信息的精准识别，引导行车精准作业。

中冶赛迪研发的智慧重载仓储系统在宝武新疆八一钢铁投运后，智能热轧钢卷库实现库区作业人员减少50%以上，库区整体作业效率提升10%以上，综合能耗降低5%—10%，设备及货物损伤彻底消除，减少了高温高危作业，提升了整体安全性。并可广泛运用于钢铁厂板坯库、钢卷库、船库等冶金全流程中间库和成品库以及其他重工业仓库领域，保障库区安全、高效、低碳、无人化的运转，降低企业运营成本。

无人行车

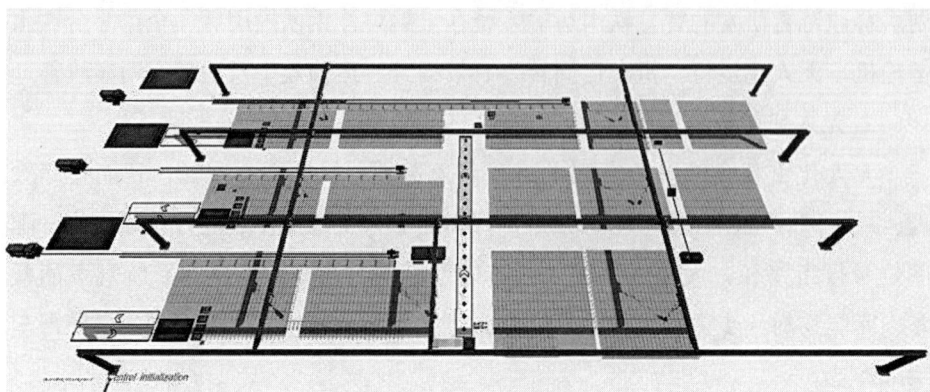

无人行车虚拟仿真系统

二、碳中和元宇宙在其他主要碳排放行业中的应用案例

目前，除钢铁领域外，产业元宇宙的相关技术在其他主要碳排领域也进行了节能降碳的实际应用，为实现碳达峰、碳中和目标提供了有力支撑。

（一）交通运输应用案例简介

某品牌基于物联网、大数据等技术，为国外某巴士总站提供了从中低压配电设备到智能能源基础设施的全套交通能源解决方案，其中包括 48 个充电容量为 150 千瓦的充电站、中低压配电设备。使用物联网、大数据对公交车在站停车的数据进行分析，灵活利用车场屋顶布置相关设备，完成配电、充电设备的集成，节省车站的空间，分析公交车充电的最佳方案，在公交车在站停车时进行充电，提高充电站的利用效率，降低充电管理维护成本，实现碳减排。

新能源电动汽车驾乘舒适且节能环保，是交通运输领域降低碳排放的重要举措，但里程焦虑是阻碍消费者选择新能源电动汽车，影响新能源电动汽车发展的重要因素。某品牌利用大数据、物联网、人工智能等数字化信息技术打造的智能换电站，将新能源电动汽车实现电能转化消纳的整个过程缩短到两分钟之内，建立远程调试平台使用大数据分析技术，协助解决换电站数量增长、位置分布、维护规划等复杂难题。截至 2021 年，该品牌的换电站已经广泛分布于全国 21 个省自治区直辖市，平均每年可以减少 1500 万吨二氧化碳排放。

某公司利用大数据、物联网、人工智能、5G 等技术建立了交通开放式数字平台，实现了从数据抓取、收集、分析到决策的价值链条整合，可以辅助交通服务管理部门更加高效地利用交通数据，创造附加价值。目前，该平台已经运用在某城市的地铁交通系统中，为信号系统和轨道设备提供技术支持，精准高效地提供状态监测和预防性维护服务，助力交通设施实现更高的可用性，降低了10%—15%的维护成本和能耗，有效推动低碳运营。

（二）电力能源应用案例简介

根据《人民日报》《推动能源转型　赋能绿色发展》报道，国家能源集团江苏某电厂采用两台660兆瓦超超临界二次再热机组发电，利用"汽电双驱"引风机高效灵活供热技术，实现电能和热能双向无缝转换。借助基于深度学习计算方法实现锅炉氧量自动寻优，提升锅炉燃烧效率。2020年，机组供电煤耗低至263克标准煤/千瓦时，每年可节约标准煤14.4万吨。

根据《齐鲁晚报》《绿色发展！山东省首个微电网工程清洁发电54万度》一文报道，国网山东电科院投资建设的"新能源分布式发电及微电网实验工程"，自投运至2019年6月17日，已自发电54万度，实现了"绿色发展，节能先行"。此工程由"风—光—柴油"混合发电系统，混合储能系统、阻性可调负载、交直流电动汽车充电桩和配用电设备组成，可根据系统需求自适应地调整各分布式电源的接线方式，实现并网/孤网不同模式运行。该系统依靠数字化技术建设了微电网能量管理系统作为运营的"中枢大脑"，通过实时监测、优化调度、负荷管理、自动实现微电网同步等功能，实现了整个系统有效、合理的调度与管理，提升了微电网的灵活性和可靠性。

对于居民用户和一些第三产业用户，通过电网大数据云计算平台及电网为用户开发的软件平台，可以实时监测建筑物中各负载设备的运行状态，在用户端可随时查看房屋内的耗电情况，能远程关闭一些不必要的耗电设备，起到节省电能消耗的作用。在用户层面，向消费者提供关于其能耗细节的反馈，他们可能会改变其能源使用模式，研究表明，实时反馈建筑层面的能耗可以节省约9%。

（三）建筑楼宇应用案例简介

芬兰某购物中心使用了包括智能楼宇控制系统、微电网控制和分布式光伏及储能系统在内的多种信息化智能减排技术，是具备生态环保特性、访者众多的购物中心。使用物联网技术和人工智能技术，利用供暖通风与空气调节系统及环境数据，为楼宇建筑系统提供能源消耗、空气质量管理等综合优化方案，每年通过优化运维方式、提高运行效能，节约能源消耗，带来经济效益约118000欧元，二氧化碳年排放降低约281吨。

法国某数据中心是高能耗的建筑楼宇，需要对数据中心的机房进行降温冷却，消耗大量能源并产生二氧化碳排放。该数据中心使用温度传感器采集温度信息，利用大数据技术对冷却系统进行数据挖掘和分析，使用基于人工智能的动态调节技术，实现冷却系统对机房温度变化的自主响应，通过模拟冷却系统的工作运行情况，生成最优的制冷系统运行调度方案，保持最佳工况运行，满足数据中心的散热要求，实现1.2的能效指标（PUE）。

北京某公司园区使用了分布式能源、智慧楼宇等节能减排方式对办公楼和工厂进行智能改造。该公司装配了峰值功率为340kWp的光伏发电系统，结合物联网、大数据、人工智能等技术，提供了一套建筑楼宇综合效能提升方案，用以优化楼宇的照明、供热、制冷和新风系统的管理，提高利用效率，并对楼宇的整体能耗进行智能化管控，每年可以减少800吨碳排放。此外，园区还应用了光伏资产管理平台，利用大数据、人工智能等技术，高效精准地对光伏发电系统进行运维和管理，每年额外减少211吨碳排放。

第十一章　产业元宇宙发展挑战、趋势与应对

随着产业元宇宙在各行各业应用领域不断扩展，产业元宇宙的发展目前仍然有诸多难点等待被攻克，产业元宇宙作为新一代的数字技术（云计算、大数据、人工智能、5G/6G、区块链、数字孪生、VR/AR/MR 等技术）的融合，呈现一系列发展趋势，面临的挑战更大，应对措施要求更高。产业元宇宙挑战与机遇并存，面对这些挑战与机遇，需要"闯"的劲头、"干"的行动，在实践中探索和运用产业元宇宙。

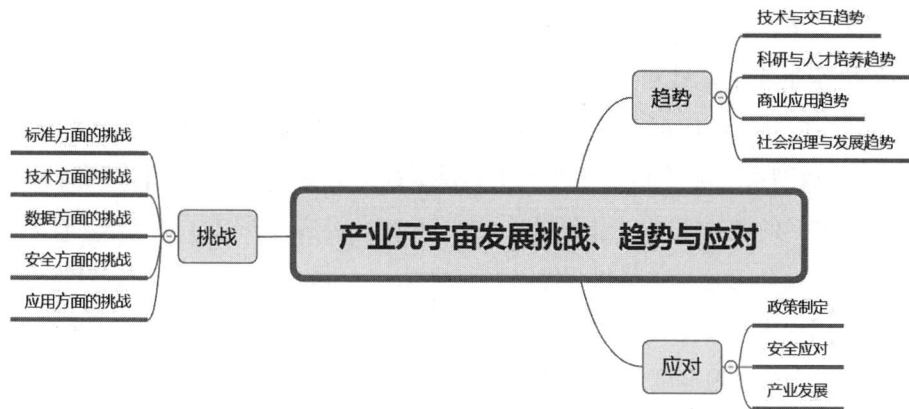

第一节　产业元宇宙发展面临的挑战

事物前进道路上充满挑战，产业元宇宙也一样，产业元宇宙在标准、技术、数据、安全、应用等方面面临一系列挑战。

一、标准方面的挑战

（一）标准制定其路漫漫

传统产业之间的差异较为明显，其遵循的物理世界的标准也经过若干年演化才逐渐形成。许多行业、企业尚未完成数字化转型，也缺乏针对技术、数据、应用模式、互联互通的标准考虑和制定，更可能缺乏对企业未来数字化战略的深度思考和理解。未来即使各家企业分头行动开展了元宇宙的建设，在协作时也容易形成"驴唇不对马嘴"的局面，比如通信协议不匹配、数据格式不统一、系统接口不兼容的情形，这也可能会成为阻碍产业元宇宙融合发展的重要挑战。

（二）国外厂商占得先机

产业元宇宙的发展潜力正逐渐被世界所认知并不断发掘。在这个过程中，许多在传统制造业积累了领先优势的发达国家厂商敏锐地意识到了这一点，他们在工业制造、网络通信、仿真系统、软件设计等方面拥有标准制定的话语权，也及早地向产业元宇宙进行了布局，形成了自有的理论和标准体系并输出解决方案。例如，美国 Ansys 公司（一家虚拟仿真软件公司）推出了自己的数字孪生体系，针对制造企业的数字孪生落地提出了构建（Build）、验证（Validate）、部署（Deploy）的方法论和配套的 Ansys Twin Builder 服务平台（一个集成型系统仿真工具），平台上提供了数据采集、数据仿真等多项能力助力解决方案的快速实施；德国西门子公司于 2019 年基本形成了数字孪生体系，并推出了融合工业互联网和低代码编程的 Xcelerator 平台（一个集成软件、服务、应用程序开发平台的解决方案组合），旨在帮助制造业企业加快工业互联网数字孪生的落地速度。国内的企业如果分头与国外厂商合作，借鉴、复制产业元宇宙的发展路线的话，不仅有企业间互相适配困难的可能，也容易丧失对行业标准制定的话语权。

二、技术方面的挑战

产业元宇宙涉及的技术分两大类：传统技术（例如制造业技术、能源行业技术等）和构建元宇宙所需的数字技术。就现状而言，这两方面均面临重大挑战。

（一）传统领域技术数字化的短板

1. 传统领域技术缺乏结构化梳理

许多传统企业都在行业内深耕多年，积累了不少技术相关的经验，这些积累的形态以纸质文档、电子文档、电子表格、幻灯片、图像、视频、音频、网页等各种形态出现，也有一些以工作日志、档案等形式进行归档。对于经验传承而言，一般都会由新人自我学习一段时间，或者是由经验丰富的老员工来进行授课。这些多模态的技术知识对于计算机而言，不利于系统地、准确地理解、查阅和管理。要想让产业元宇宙发挥出较好的效果，让机器能快速学习数据并掌握知识以提升整体生产效率，这些技术知识的结构化梳理是非常有必要的。目前有些企业或机构在进行一定范围内的知识结构化探索，但整体而言，传统领域技术的结构化梳理和模型构建过程缺少统一的行业标准和成熟的实施经验，也是显著阻碍知识结构化的难题。

2. 传统领域技术缺乏整体架构的建设视角

除了技术缺乏结构化梳理之外，技术之间的关联关系也是需要体系化考虑的。传统领域技术在不断演进，其积累的首要目的一般是以实用性为主，即为了解决当前具体方面的问题或者记录、传授当下的技术点，较少考虑到新旧技术的承接性和技术之间横向的关联性。如果技术的演进伴随着职责的转移和人员的更替，其传承性一般也会打折扣；若相关联技术的积累和实施分属不同的机构或部门，不同环节、不同阶段之间技术即使分别做了结构化，如果这个过程没有统一的数据结构和知识结构的整体设计考虑，技术之间的对接与融合也容易出现无法适配、无法协作的尴尬局面。因此，传统领域技术知识体系的系统性、前瞻性构建面临较为严峻的挑战。

（二）数字技术本身的不足

1. 仿真引擎与硬件载体离"真"尚有差距

仿真引擎能够对计算机数据进行渲染和计算，以便将数字世界的感官体验尽可能真实地呈现在操作者面前并与其实时交互，或者在数字世界中进行模拟推演。优秀的仿真引擎及其硬件载体能有效支撑产业元宇宙的实时性和物理准确性。就目前而言，此方面存在的挑战如下：（1）视觉渲染性能有限，仿真引擎与硬件的性能不足，会导致视觉渲染的帧数过低，进而引发操作者显著察觉画面卡顿，操作流畅性打折扣。（2）无法完全复刻物理世界的交互动作。元宇宙中的行走、奔跑、攀爬等无法基于现有硬件载体进行真实交互，容易引发操作者的撞墙、绊倒、踏空等问题；如果人的真实位移与数字世界的画面不同步，又容易造成晕眩等不良体验。（3）目前仿真引擎与配套硬件较少为操作者提供嗅觉、触觉等感官的真实反馈，与物理世界体验的差距较大。

2.基础设施面临挑战

产业元宇宙较为依赖计算设施和通信设施这两类基础设施。高速率、低延迟的通信是实现物理世界与数字世界实时同步和交互的基础，对 5G 和光纤等通信设施的需求会在元宇宙时代中展现得淋漓尽致。云计算设施承载了云端存储和计算的职责，需要具备高性能、高可用的云化存储和计算能力，对于高能耗比的特定算力需求（例如现场可编程门阵列 FPGA）也会急剧增加。此外，一些解决方案中，也会将相当一部分原本属于边缘设备的仿真计算能力推向云端进行计算，这进一步增加了对计算和通信设施的依赖。当产业元宇宙时代来临时，这些基础设施都将承受较大的压力。

3.大数据与人工智能能力有待进一步提升

准确、及时地处理海量数据是产业元宇宙运转顺畅的基础之一，这里对大数据能力提出了更高的要求。（1）对历史运行数据、故障数据的分析，需要将大量数据转化为机器可快速调取的知识，或者抽象成计算机模型，这对海量数据的存储、加工、治理能力提出了挑战。（2）针对历史数据、多渠道多模态的数据，需要有严谨的数据科学理论依据，目前针对天量的时序数据分析和数据间的隐性知识挖掘等理论还在完善中，这对数据的分析和人工智能模型构建能力也提出了较为严苛的挑战。（3）针对故障的精准预测、识别或诊断，可能需要将不同渠道汇集的数据进行快速的处理分析，这对准实时数据的高效处理、人工智能模型的推理性能提出了较大挑战。（4）目前基于深度学习的智能能力建设中，对于模型结构、模型参数的可解释性较为困难，人们较难将其与已有的经验相结合，较难提前判断模型在真实场景中的能力如何。

（三）技术融合面临的挑战

除了在传统领域技术和数字技术各自单方面的挑战外，针对二者的有机融合也是一大挑战。产业元宇宙需要的是综合性技术，是集 PLM（产品全生命周期）、CPS（信息物理系统）、智能制造、仿真、5G、物联网、人工智能、区块链、大数据、边缘计算等多种技术的融合体。为了能让整个体系运转顺畅，不仅需要对技术融合方面的理论和方法进行研究创新，也需要注重异构设备集成、异构系统集成、异构数据集成、通信协议适配等"润滑剂"的建设。这个交叉领域的门槛更高，探索和试错代价也更为昂贵，许多企业缺乏足够的技术积累，缺少意志、财力和应用场景支持，都会成为阻碍其达到"融会贯通"境界的"拦路虎"。

三、数据方面的挑战

构建产业元宇宙，需要大量依赖数据和基于数据构建的模型。为了更准确地刻画出一幢建筑、一个工厂园区、一个城市，都需要尽可能全地获得其当前数据和历史数据，并且如果要发挥出元宇宙更大的威力，实现物理世界与数字世界的联动，我们还要尽可能地实现准确、及时的数据同步以及高效的数据处理，并且可能还涉及与外部数据的交互。而要想从数据中洞悉异常情形，知道的历史数据（尤其是异常情形的历史数据）越多，对于其数字世界的准确刻画和智能分析就更为精准。就目前来看，上述多个过程中均与理想状态有一定差距，具体表现在以下几个方面。

（一）各厂商、机构的数据格式和标准不统一

目前，各厂商、机构的数据采集一般面向的是自身当下的需要，其数据采集方式、采集周期、采集标准、存储格式等都会体现出各家的特色，目前缺乏通盘的数据采集考虑。这种情况下，面向不同功能、不同粒度、不同层次采集来的数据就无法兼容使用，或者需要付出额外而又昂贵的代价。比如，地图数据采集者会采集道路的精确信息和建筑的粗略信息，建筑设计者采集和关注的是建筑的结构数据，室内装潢设计者只采集和关注于自身承接业务范围内的一个个房间的数据，室内的设备厂商又只采集自家设备的运行数据，这些数据都是构成一个数字孪生世界的基础数据，但由于数据的采集者、采集时间、采集频次、采集目的各不相同，这些数据的格式、标准不一致，在数据融合时难以直接合并使用。

（二）数据获取的稳定性不足

数据获取的稳定性包含两个方面：数据的准确性和数据传输的稳定性。就现状而言，不少信息系统由于构建时考虑不周、数据采集录入的审查机制不强等原因，导致可能会出现数据质量不高的情况，比如一定周期内的数据缺失、数据录入/迁移错误、数据的采集/统计方式发生变更导致数据标准前后不一致等情形，这些都可能显著影响数据的准确性。而数据传输目前较依赖无线数据传输技术，为了满足物理世界与数字世界实时交互的需求，其在工厂车间、建筑工地、偏远山区等场景的稳定性、抗干扰性、异常恢复能力等都有提升空间。

（三）异常样本的数据极为匮乏

在真实世界的运转中，异常数据是极不容易捕获、也是极容易被忽略的一类数据。以工厂机器运转为例，其异常情形可能会有机械自身故障、工作人员操作失误、外部因素扰动（比如停电、停水、进水、进老鼠、地震、火灾）等多种情形，如果缺乏异常数据全靠元宇宙技术进行随机模拟，有可能会出现"仿而不真"的情形，即模拟出的异常在物理世界中不会出现，而物理世界的异常在数字世界中不能复现。对于此类数据的采集工作而言，需要提前布局并采取合理的采集方式、采集频次、数据存储和加工手段才能有效记录这类数据，为元宇宙的构建和运转提供更为真实的数据基础。

（四）数据共享机制有待完善

在数字化时代，数据已经被认定是核心的生产要素之一。数据的所有权也在很大程度上被认为是一种掌控力的象征，交出了数据就像交出"底牌"一样让各方都感到不安。国家与国家之间、行业与行业之间、企业与企业之间，甚至企业内部的部门与部门之间，都在一定程度上有意识地保护自己采集或管辖的数据。这种保护主义对于元宇宙建设是很不利的。为此，数据共享相关的机制和系统建设必须要足够完善，尽力解决各参与主体的担忧，满足整体的利益诉求。只有各相关方都能贡献出自身的数据，才能最大限度地在产业元宇宙建设中发挥最大效用。

（五）多源多模态数据全面融合较难

构建元宇宙的数字世界需要尽可能将物理世界的一切信息捕获进行数字

化，并进行有机融合处理，高度还原出物理世界的细节，并可交由计算机模型来进行智能分析和辅助决策。这些数据包括但不限于基础空间数据、多渠道采集的视频/音频数据、传感器数据、知识库数据等。这些数据本身往往较为孤立，要想在数字世界中高度还原物理世界，甚至能实现双向实时交互或者智能决策，都是较为艰巨的挑战。

四、安全方面的挑战

产业元宇宙具有虚实融合、数字化、网络化、智能化等特征，其应用更开放，互联互通更强。在梦想着被产业元宇宙赋能产业从而实现质的跨越时，是否意识到，一个巨大如黑洞般的风险正虎视眈眈地窥探着，伺机吞噬他们的利益？这就是产业元宇宙的安全问题。

产业元宇宙安全已经不仅仅关乎企业利益，更是企业生存的底线，传统安全生产时代的那句"安全生产大如天"在数字时代变成了更加不可回避的现实。

以数字技术（云计算、大数据、人工智能、5G/6G、区块链、数字孪生、VR/AR/MR 等）为基础的产业元宇宙涉及物理世界与虚拟世界两个空间，以及两个空间之间的连接，根据产业元宇宙的物理与虚拟空间的安全威胁不同，可从物理层、感知层、接入层、网络层、控制层、数据层、应用层等分析产业

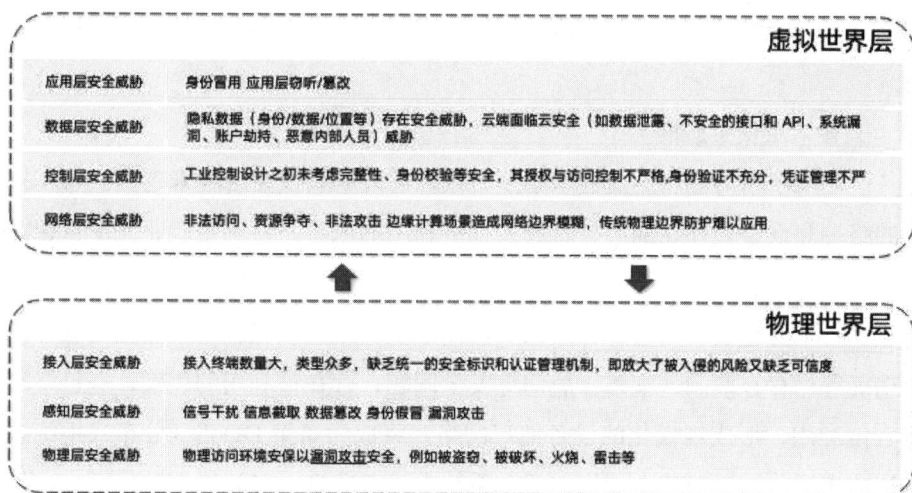

产业元宇宙的安全威胁图

元宇宙面临的安全威胁。

（一）物理世界安全威胁

1. 物理层安全威胁

产业元宇宙的物理层是构成产业元宇宙的物理世界的真实实体，如数据中心、传感器、接入终端、服务器、网络设备等。其主要的安全威胁是物理访问环境安保安全，例如被盗窃、被破坏、火烧、雷击等。

2. 感知层安全威胁

产业元宇宙的感知层是智能物体和感知网络的集合体，智能物体上可能会有电子标签和各种传感器，感知器的计算能力有限、部署广、运行环境风险复杂、容易受到恶意攻击。感知层面临的安全威胁：（1）信号干扰。感知层设备大多使用无线通信方式，在通信范围内，便可以使用干扰（干扰使正常的通信信息丢失或不可用）设备对通信信号进行干扰，严重情况可使感知层网络瘫痪。（2）信息截取。攻击人员使用专用设备在感知层网络获取通信的重要信息。（3）数据篡改。非授权人员对感知层设备通信的正常数据进行篡改，达到篡改数据的目的。（4）身份假冒。假冒就是使用非法设备假冒正常设备进入到感知层网络中，获取信息或渗入假冒的数据包，造成信息泄露或破坏系统目的。（5）漏洞攻击。黑客利用感知层设备软硬件层面和操作系统层面的 0day 漏洞获取感知层权限，进而渗透到其他感知层设备。注：0day 漏洞又称"零日漏洞"（zero-day），是已经被发现（有可能未被公开），而官方还没有提供相关补丁的漏洞。

3. 接入层安全威胁

产业元宇宙的应用产业越来越多，接入的终端和设备也越来越多。（1）接入的终端和设备如存在漏洞，就放大了被利用的风险。特别是产业元宇宙智能制造应用使得海量工业终端接入，成千上万的终端同时也增加了攻击风险点，终端设备本身包括所用芯片、嵌入式操作系统、编码规范、第三方应用软件以及功能等均存在漏洞、缺陷、后门等安全问题，存在被利用的风险，一旦终端被入侵利用，形成规模化的设备僵尸网络，将成为新型 DDoS（分布式拒绝服务）攻击源，进而对工业应用、后台系统等发起攻击。（2）终端数量巨大，类型众多，应用场景多元化，但缺乏统一安全标识和认证管理机制，这也增加了网络安全管理的难度。

（二）虚拟世界安全威胁

1. 网络层安全威胁

网络层面对非法访问、资源争夺、非法攻击等安全威胁，不同安全域间的非法访问、用户数据被窃听、针对公共网络的拒绝服务攻击等切片内安全威胁，外部网络的非法访问、病毒木马攻击等网络间的安全威胁，非法租户的非法访问、管理员权限滥用、敏感信息的篡改等安全威胁。产业元宇宙的5G网络由于采用了SDN（软件定义网络）、NFV（网络功能虚拟化）等大量新技术，网络传输链路上的软、硬件安全威胁业随之带入产业元宇宙。产业元宇宙靠近业务场景以满足其对低时延业务的需求，随之而来的大量终端、感知设备的接入造成网络边界模糊，传统物理边界防护根本"招架不住"。

2. 控制层安全威胁

以产业元宇宙在智能制造的应用场景为例，工业控制、工业机器人对时延的要求极高，需要控制信令端到端的精确传送才能保障应用场景中控制系统的协作，如机械手臂的联动、工业设备的同步加工等。工业控制协议、控制平台、控制软件在设计之初可能未考虑完整性、身份校验等安全需求，其授权与访问控制不严格，身份验证不充分，配置维护不足，凭证管理不严。同样，应用软件也持续面临病毒、木马、漏洞等传统安全挑战，5G网络使得原来不联网或相对封闭的控制专网连接到互联网上，这无形中增大了工控协议与IT系统漏洞被利用风险。

3. 数据层安全威胁

产业元宇宙的多业务场景要求安全与业务需求、接入技术、终端能力等相结合，对数据管控有更严格的要求，产业元宇宙存在的隐私数据存在安全威胁，根据隐私数据的类型，隐私数据可包括：（1）身份隐私，关于个人身份、特征、信用状况等。（2）数据隐私，关于个人的医疗、购物、休闲等过程形成的数据记录。（3）位置隐私，个人在活动中所出的地点和周围环境信息，产业元宇宙大量与个人生活息息相关的隐私数据必然受到安全威胁。此外，产业元宇宙应用层多数位于云端，必然也会面临其他云安全通常的威胁，例如数据泄露、不安全的接口和API（应用程序接口）、系统漏洞、账户劫持、恶意内部人员等威胁。

4.应用层安全威胁

应用层主要威胁:(1)身份冒用。产业元宇宙感知设备一般无人值守,这些设备可能被劫持,伪造客户端或应用服务器发送数据并执行相关指令。(2)应用层窃听/篡改。由于物联网通信需要通过异构、多域网络,其安全机制相互独立,应用层数据可能被窃听、注入和篡改。

五、应用方面的挑战

产业元宇宙应用方面主要面临的挑战有构建普适化的应用,以及构建顺畅的产业链协同机制。

(一)普适化是一项巨大挑战

近年来,随着产业元宇宙中涉及的数字技术的发展,其应用也在多个行业内"开花结果"。军方制造业企业积极构建工业物联网,并依托仿真数据进行产品设计、故障诊断等多项任务;人工智能和三维仿真技术也帮助生物医药行业对多氨基酸的复杂蛋白质结构进行建模和预测,帮助攻克一项又一项行业难题。然而,目前应用成果的迁移难度还较为显著。受限于目前行业间的差异过大以及技术的泛化能力不强,适用于一个行业的数据、模型和解决方案无法完全照搬到另一个行业;同行业内两个公司所处的自然环境、技术体系、历史数据积累不同,一套解决方案甚至也不能同时适用于这两家公司;甚至同一个公司,针对不同的厂房、设备、异常情形可能都需要定制化收集数据、定制化给出方案、定制化建模优化。如此一来,产业元宇宙建设新场景所付出的成本可能较为艰巨。

(二)产业链协同机制待优化

在武侠世界中,武林高手打通"任督二脉"之后,从此练就绝世神功站在江湖巅峰。相似地,打通产业链协同机制的效果也不言而喻,它能将产品的研发效率、迭代速度、质量保证、成本控制等多方面指标都带到一个新的高度。然而,在目前看来,企业与企业、行业与行业之间要想在产业元宇宙的时代达到这种状态还需要克服许多阻力。遵循标准的差异、采用技术的差异、数据格式的差异甚至合作意愿的差异,都会导致这种跨域合作不会那么顺畅。当这些阻力被一一攻克后，还需要面对制度建设的挑战，比如建立相应的管理体系、协作制度和监管要求等。当企业、行业真正体会到"合则两利"的时候，可能会更有动力促使跨域甚至跨界的紧密合作，使得产业链呈现新的业态。

第二节　产业元宇宙发展趋势

产业元宇宙在技术与交互、科研与人才、商业应用、社会治理与发展等呈现一系列新趋势。

一、技术与交互趋势

产业元宇宙的出现给技术发展提出了更严格的要求，一方面要能提供更优质的体验、支撑更多场景，另一方面也要注重实施的经济成本和绿色环保要求。

（一）技术迈向普适化

技术普适化很可能是随着产业元宇宙发展所终将形成的趋势。（1）如前面提到的，缺乏小样本数据可能会导致"仿而不真"，研究人员也意识到了这一点，目前部分研究课题也聚焦于小样本学习的理论和应用，未来有望让计算机在少量数据中习得"精髓"并服务于特定的场景中。（2）此外，超大规模的预训练模型也能在相当程度上提升模型的普适性。OpenAI（美国人工智能非营利组织）创建的 GPT-3（人工智能模型）参数超过 1700 亿个，能够在知识搜索、对话聊天、文本审查、机器翻译甚至故事创作的任务中达到一定的效果，如果给这个模型再"喂"入少量专业领域数据进行微调，它可能会迅速掌握其中的知识要点，以此实现跨领域的应用迁移。

（二）追求算力和能耗比的极致

无论是大数据运算、人工智能模型构建还是三维仿真、图形渲染，都是算力消耗大户。到了元宇宙时代，将这些吃算力的任务融合在一起进行协作，更是会对算力提出更大的需求。结合碳达峰、碳中和这一节能环保的时代背景，在堆叠算力的同时，未来全球也都将对算力的能耗比（标准单位的计算量所需要花费的能量）进行极致压缩，手段包括优化仿真算法、优化模型结构、优化计算框架、优化算力设备等。

（三）大型企业提供平台化赋能

在产业元宇宙建设所依赖的许多技术能力、数据能力、业务能力中，都存在一定程度的复用性，于是构建和使用能力平台可能会成为优选的方案。搭建以 XR、三维仿真、人工智能、大数据、云计算、区块链、物联网、边缘计算等能力组成的产业元宇宙平台并按需迭代升级，其核心手段是集约整合，其核心目的是高效协同。例如，阿里巴巴、腾讯、华为等新型科技公司倡导并贯彻中台理念，整合基础技术、数据运营、产品服务并整体对外赋能，基于抽象的、不变的基础能力，应对多样的、万变的业务场景。未来，这些平台建设企业会注重在易用性、普适性、兼容性上的布局，使用低代码、零代码的思想，让具有行业技能、经过平台使用培训的企业人员可以在平台上自助地、低成本地构建场景，并且尽可能实现不同企业、不同行业的互联互通。对于中小型企业而言，雇佣较多的信息技术人员会为其带来显著的成本压力，自行搭建一套集各种前沿技术为一体的平台其代价更是无法承受的，因此对于它们而言，使用这些平台产品是非常经济实用的选择。

（四）丰富交互渠道

在工业时代，机器向操作者展示的内容一般是机械装置的移动、声响，而操作者通过机械装置上的按钮、机关等方式与机器进行交互。到了信息时代，计算机提供了显示屏、键盘、鼠标、打印机、扫描仪等外接设备与操作者进行交互，交互信息的方式一般以文字或者图像 / 视频为主，以音频为辅，给人提供视觉、听觉的交互。

到了元宇宙时代，人机交互方式可能会变得更为丰富。借助 5G、VR/AR/MR 等技术，有可能会迎来一个集视觉、听觉、嗅觉、触觉的更为丰富的沉浸式、多渠道感知时代，而可以借助手势、语音甚至是脑机接口来与元宇宙实现交互。人们可以在一天内"身临其境"地与各地的亲朋好友一起游览世界的七大奇迹，并且由于沉浸式的交互给人的体验如此之好，以至于我们可能与亲临现场游览的感受无异。

（五）元化万物

元化万物是将物理世界中的一切实体物质按需进行元宇宙化，在元宇宙中找到该实体物质对应的数字形态的物质，数字世界中该物质的物理特性也与物理世界中相差无几；接下来，物理世界的物质和元宇宙世界的物质可以建立链接，在一个世界中对物质的操作可以影响另一个世界的物质的形态或性质，即可以实现数字孪生。如此一来，数字世界和物理世界的边界可能也显得不那么明晰了。

二、科研与人才培养趋势

产业元宇宙可能将颠覆现有的学习和科研的方法，为科学研究带来新的工作模式，也为人才培养提供了新的思路。

（一）推动科研新形态

1.模拟出原本不易或根本无法完成的实验

（1）自然科学中，许多理论的突破都来源于珍贵的观测和实验数据。大到宇宙起源、星球演变，中到物种兴衰、气候变迁，小到基因表达、粒子湮灭，每一项科学技术的突飞猛进，都离不开无数代人基于观测的大胆而又理性的假设和反反复复孜孜不倦的实验。无论是观测还是实验，都受限于条件，比如观测气候变迁需要数百年甚至数千年的直接和间接的证据，彻底弄清基因如何影响生物又需要珍贵的实验环境。有了元宇宙之后，我们可以在数字世界中构建自然科学实验，突破物理世界许多约束条件的限制，对于这些学科的理论研究可能会形成新的范式。

（2）社会科学中，无法证实或者证伪的理论就更多了。历史爱好者们总会针对历史上他们热衷的朝代或事件进行剖析，以推定出当时某个决策的高明或者愚蠢；而经济学家们在经济危机后也会对事件进行复盘，以得出"如果采取某种行动，结果会比现在好得多"之类的结论，并绘声绘色地进行反复推演；而也有部分旁观者对于这些行为持保留意见，甚至嗤之以鼻，认为是"事后诸葛亮"。如果有了元宇宙帮我们重建实验环境，我们也可以对这些历史事件进行全面复盘，通过代入新的决策而观察对当时局势产生怎样的影响。这种实验的结果会比纯理论推演更为直观，更容易为大众所接受，或许还能从中形成新的理论。

2.多组实验并行

数字世界不仅可以突破某些观测或者实验中对物理世界要求极为苛刻的约束条件，同样地，也可以对同一组初始条件的实验环境施加不同的实验操作以得到不同的结果。例如，一家超市需要研究商品该如何摆放才能吸引顾客停留更多时间以实现更高利润，在传统方法中，超市无法同时给出几种摆放策略来让顾客做"实验"，最多只能每天采用一种或者每周轮换一种来观察，而元宇宙中我们不仅可以同时测试好几种方案，还可以同时观察和对比实验细节。又如，某国政府需要决策采用何种货币政策以使用低成本手段最大限度地刺激经济，通过在元宇宙中平行的数字世界输入多种备选决策以观察每个世界的演化结果，来为真实决策提供直观而又合理的依据。

3.超越时空完成实验

依靠目前的科技，人类在物理世界中无法完成时空的突破。譬如，我们为了验证某一种农作物的基因修饰会起到怎样的效果，最合理的方法是将这种作物种在土壤中，观察其完整的生命周期。但这个过程极为漫长，如果其中有需要调整实验的需求，又需要等待一个完整的周期。对于药品研发而言也是类似，如果某种疾病，我们在寻找能有效应对其的特效药的过程中，需要完成一轮一轮严谨的临床试验。对于地球地表气候的演化过程，我们也只能停留在历史数据和理论研究上，无法知晓未来全球变暖或者变冷对地球气候和生态的影响。如果有了元宇宙的技术，在数字世界中，时间是可以被自由加快或者减缓的，我们不需要等待作物的完整周期，也不需要等待以周甚至以月计量的要务临床试验周期，更不需要一代又一代人等上数千年来观测气候演变，而是可以在极短时间内得到一个个实验答案。甚至，我们还可以在数字世界中"流浪地球"，去寻找移民其他星系的方案。对于科技迭代的节奏而言，这是极具颠覆性的。

（二）提出人才能力新需求

元宇宙时代，对人才能力的需求可能将发生新的变化，具体表现在以下几个方面：

1.重复劳动的价值将更低

工业时代机械设备的发明使得生产力迈上了一个新的台阶，也使得人类社会对于人和动物重复劳动力的依赖显著降低；信息时代的计算机又进一步推进了生产力演化进程，使得原本许多依靠人力的工作也逐渐减少或消失，比如超市收银员、公司出纳等；人工智能时代，使得客服座席、速记员、翻译、律师这种依赖大量训练、经验积累甚至有一定学历门槛的行业都有了危机感。到了元宇宙时代，如汽车驾驶员、保卫治安等这些职业在数字世界中可能几近消失，而在数字世界中可能还需要一定的建筑与设计专业背景知识才能在一个宏大的元宇宙世界建设中谋得一个完善细节设计的小差事，其产生的价值或许只能等值于原本在物理世界中工地"搬砖"的工作。

2. 一技傍身依然如鱼得水

相比传统互联网时代和现在的移动互联时代，产业元宇宙时代中由于需要在数字世界中渲染出极为逼真、又有真实反馈的场景，因此其对计算能力、存储能力、网络能力的需求极高，相关基础设施的建设和维护需求自然会得到飞速发展。此外，由于其中涉及的技术体系众多，诸如5G、物联网、人工智能、区块链、云计算、大数据等技术在元宇宙的建设中需求是有增无减，因此相关产业链上的技术型人才依然会非常紧缺。

3. 创造性思维的人如虎添翼

诗人、作家、画家、音乐家等职业，是人类社会生产力发展到一定阶段后出现的非常古老的内容生产者，他们丰富了人们的精神生活，也推动了人类文

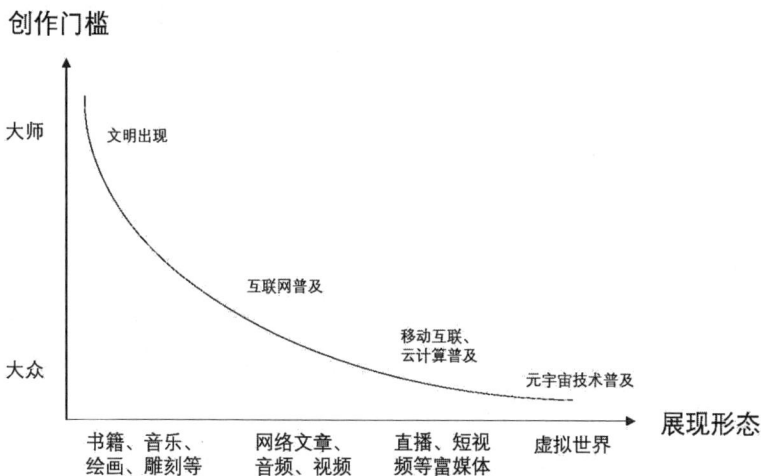

元宇宙时代创作门槛进一步降低

明的演进。唯一不同的是科技的进步会持续提升他们创作的速度和质量，譬如计算机的出现让作家不需要反复修改、誊写纸质手稿，可以把更多精力聚焦在创作活动。即使进入元宇宙时代，拥有创造性思维的内容生产者依然会受到大众的追捧，甚至优秀的内容生产者会因为元宇宙技术的突破导致其内容生产的效率和质量更为优秀。

除此之外，许多学科的技术突破也需要依赖创造性思维。设计创新的实验、发明创新的装置、诞生创新的思想，这些都是在强人工时代到来前，以现有技术无法替代的。刹那间的"灵光一现"仍然会是人类科技和文化进步的重要推动力。

（三）构建人才培养新模式

可能在许多人的印象中，知识是靠着老师和课本来传承的，这种方式已经存在了数千年，但对于知识接收者而言，未必是转化效率最高的方式。现如今，强大的自媒体平台和内容提供者也正在颠覆传统教科书式的知识传授模式。如 B 站（即哔哩哔哩，bilibili.com 网站）上拥有两千万粉丝的 UP 主（即内容分享者），来自中国政法大学的罗翔教授，其直接上传的视频点击量超过 5 亿次，由其他 UP 主上传的关于其讲授刑法的视频点击量更是不计其数，在"一人、一桌、一保温杯"的简约视频风格中，通过生动而又诙谐的授课方式向法考学子和广大知识爱好者传播了法治的路程和法律的理念，颠覆了许多人心中对于学法那种"严肃"而又"刻板"的印象。像罗教授这种通过自媒体的形式传授优质内容、分享宝贵知识的 UP 主也越来越多，也越来越受到广大学生的欢迎。未来在元宇宙的时代，这种绘声绘色的教学形态还会"再接再厉"，我们可能不仅能通过看视频的方式来学习，还可以在数字世界中搭乘宇宙飞船去遨游外太空、"穿越"到古代去感受当时人文环境，抑或是"缩小身体"去探索生物组织结构的奥秘。这种"感同身受"的方式获得的知识可能会是未来的主流方式，其学习效率和记忆留存时间都是传统授课方式不可同日而语的。

除了身临其境的学习方式，元宇宙还能提供无限的"实操"课程。以外科手术为例，培养一位熟练的外科手术大夫需要若干次手术经验（包括成功经验，可能也包括宝贵的失败经验），医学学生显然无法在物理世界获得基于真实案例反复练习的机会，因此可能会使用哺乳动物来模拟案例，或者使用一些替代方案来近似模拟外科手术中涉及的一些技巧（比如使用果皮练习缝合伤口）。有了产业元宇宙的技术后，在数字世界虚拟化出一个个病例供医学学生反复练习，并且能够全程记录操作细节并给出及时的手术指导和操作评价，这可以更有效地帮助学生提升实战操作水平。相似地，元宇宙能让小学生自己撒下种子并观察植物苗壮成长，让中学生完成原本危险的化学实验，元宇宙也能帮助建筑学学生在数字世界中按照设计方案构建出真实的建筑效果，帮助设计学学生在数字世界中切身感受到每种装修方案的最终效果。这种能够避免物理世界的潜在危险、为操作提供全程悉心指导、为学习效果提供及时反馈的实践课程，很可能会颠覆现有人才培养的效率和培养模式。

三、商业应用趋势

随着技术的不断积累，产业元宇宙的商业应用也呈现出"多点开花"的势态，当一种商业模式被成功验证之后，会激发出更大的浪花，激励更多的行业和企业投身其中，除了提升生产效能之外，也会发掘出更多的商业模式。

（一）多个行业涌现先导落地案例

产业元宇宙最早在航天军工领域开始探索应用，比如飞行器设计、仿真火箭发射、数字化作战演习、军事智能博弈对抗等。近年来也逐渐开始向民用领域进行拓展。到目前为止，在工业制造、城市治理、交通物流、能源电力、农业发展、建筑建设、数字教育、园区管理等多个领域均有理论研究和探索成果。接下来，随着技术的普适化，这些先导行业在产业元宇宙落地的宝贵经验和教训也将运用到其他更多的行业中，在更为广阔的空间发挥出其所蕴含的巨大能量。

（二）产业链生产和迭代过程融会贯通

产业元宇宙将贯穿产品的整个生命周期和整条产业链，并引发生产范式的革新和优化范式的转变，形成新的商业生态。

（1）就生产范式而言，以新能源汽车产业链为例，处于产业链上游的材料企业可以使用元宇宙技术进行材料结构的模拟、仿真性能测试，并基于其改进结构设计；处于产业链中游的电控、电机、电池等核心装置部件生产企业可以基于上游企业的材料数据进行产品零件和核心装置的设计和改进；处于产业链下游的充电桩、整车设计和制造企业可以基于中游企业提供的各类零件和装置数据直接进行整车的设计和装配工艺的研发。当下游的企业提出制造需求时，整条产业链将智能化地配置出相应的生产资源并基于智能物流的交付。这种研发和生产的模式完全颠覆了基于文档和邮件的慢协同渠道、基于样品和试产的慢研发周期和基于传统物流仓储的慢交付方式，使得整个产业链的协作效率大大提升，激发产业链的整体活力。

（2）就优化范式而言，处于产业链每个环节的企业都可以基于元宇宙相关技术，对自身的生产线进行多维度监控和感知，基于采集到的生产线数据进行生产工艺的迭代优化，针对仿真模拟生产线的高风险环节采取预防性措施。此外，下游企业还可以基于充电桩、新能源汽车的仿真测试数据、用户反馈数据、使用监控数据和智能分析结果来按照整车、零部件、材料这一反向顺序来推动整条产业链的优化和升级。在有了元宇宙加持的行业中，相比于只在物理世界中进行实验、基于小样本事件和用户投诉得到反馈的传统模式，企业对研发和制造细节的把握更为精准，研发成本和管理成本能控制在更低的水平，产品可靠性大大增强，更新换代周期也将进一步缩短，甚至可以快速响应客户个性化需求实现定制化的智能制造，企业所产生的价值也将更加快速地释放。

（三）新的商业模式逐渐呈现

实体产业与数字产业未来的边界会越来越模糊，或者说二者将是"你中有我，我中有你"的状态，并衍生出新的商业模式。实体产业的物理产品在数字世界中也能找到或者复制，并且具有相同或相似的性质和体验，数字世界帮助突破实体产业中对生产资源、自然环境、时空约束等诸多限制；数字产业的虚拟产品，如虚拟形象、即时通信、无感支付、智能助手等也会在帮助人们在物理世界中获得更为原生的体验。

以服装零售为例，消费者在实体店购买服装可以感受到衣服的材质、体验到自己穿着服装的真实样子，缺点是需要花时间、花体力在数百家店的成千上万件商品中进行挑选，并且想购买的商品可能还不在同一个购物中心内；而消费者在互联网上购买衣服可以足不出户，可以同时浏览和比对多个品牌的服饰，缺点是互联网电商不能让消费者"感同身受"。而在产业元宇宙的时代，最终或许能做到线上线下相同的优质体验，消费者可以在元宇宙内通过第一视角体验和第三视角观察自己身着新服饰的效果，人工智能甚至还可以了解消费者的喜好，为其推荐服饰甚至搭配不同店家的服饰以达到其满意的效果，通过及时通信与分享新的形象和身着新衣的喜悦，并通过无感支付进行购买，然后零售商根据客户需求制订采购计划并通过智能物流送达消费者的手中。最终，客户还可以提出穿着衣服的意见和建议，生产商还可以根据客户的反馈不断优化其产品。

演唱会形态的革新也值得关注和思考。1992 年，美国歌手迈克尔·杰克逊（Michael Jackson）在罗马尼亚首都布加勒斯特的演唱会共有约 7 万余人在现场聆听，一度创造了规模最大演唱会的世界纪录。然而，2020 年 4 月，美国说唱歌手特拉维斯·斯科特（Travis Scott）在 3D 游戏《堡垒之夜》上举办的线上演唱会的人气规模和视觉效果都刷新了大家对传统演唱会的认知，歌手的声音和动作都被复制到游戏世界中呈现，并且数字世界的视觉体验更为新奇、酷炫。据游戏运营方公布全球超过 1200 万名玩家在线收看了这场演唱会，如果加上视频网站的转播，最终收看演唱会直播的观众可能远超这个数字。在这个例子中，原本属于物理世界的演唱会和属于数字世界的在线社交、电子游戏、流媒体发生了融合，也成为当年的现象级事件。未来类似的情形也将会不断涌现。

资料来源：《堡垒之夜》官方网站 https：//fn.qq.com/act/a20200414yyj/index.html。

元宇宙甚至还可能成为满足人类心理诉求或者治疗精神疾病的绝佳手段。在当代快节奏的生活状态下，许多人都或多或少都感觉"压力山大"，因此"减压经济"也顺理成章地成为很"潮"的创业方向。从"减压神器"到"减压生活馆"，都是为人将负面情绪转移或宣泄于外部物质中，以达到优化心理状态的目的。心理学上也有一种方法——沙盘游戏（或者称为"箱庭疗法"），它最早是指心理疾病患者在治疗室的陪伴下，自由挑选各种微缩玩具并摆放于装有细沙的盘状容器中，任意创造一些场景作品，心理治疗师据此分析、共情和感应作品，并以此为突破口发现问题并对患者进行心理评估和治疗。除了缓解和治疗心理疾病外，对培养健康的人格、引导想象力和创造力都具有积极作用。元宇宙技术可以帮助以低成本的代价构建一个沉浸式的虚拟环境，相当于把人置于一个独立的"沙箱"中，以帮助人们克服恐惧、焦虑或其他心理障碍。《Speech Trainer》《Public Speaking VR》《Speech Center for VR》等多款软件，可以将演讲者置于一个虚拟的坐满听众的会场中，有的甚至模拟了会场演示所用的交互设备（例如激光笔、有回声的话筒），以此克服演讲恐惧、提升演讲技巧。许多心理诊所也开始重视并普及基于 XR 的心理治疗，帮助患者缓解或改善病情。

四、社会治理与发展趋势

除了在科研领域和商业应用领域外，元宇宙还会引发社会治理方面的趋势和变革。

（一）提升治理水平

基于三维仿真相关的数字化技术，辖区内的空间布局、要素变化、资源配置等方面的信息可以非常直观地展现出来。（1）结合相关数据进行历史事件复盘、结合智能模型进行模拟事件推演，帮助决策者洞悉辖区运行规律、布局辖区发展规划、制定辖区管理政策、应对辖区事件处置。（2）提供虚拟化政务服务大厅，并结合教育、医疗、旅游等相关产业，进一步突破物理世界时空的限制，为公众在元宇宙内提供相应的沉浸式交互的公共服务。（3）针对当前辖区内的公共服务资源需求和资源供给进行有效调配，提升公共服务的质量、效率和体验。（4）针对重大突发事件需要进行紧急动员时，能够联动企业和各部门协同配合共同应对。例如出现疫情时，通过仿真系统及时评估所需物资，并将需求发往相应产业链的企业，各企业自动地调节生产线，优先确保相关物资的供应。

（二）带来地域禀赋变革

从古至今，每个省份、城市所处的地理位置，很大程度上决定了其发展方向和发展潜能。比如，光照充足、雨水丰富、土地肥沃的平原区域，投入较少农业劳动力也很容易产出大量人口的粮食；有煤、铁、稀土等矿产资源的区域，其靠出售资源就能够获得财富，在工业化进程中具备先发优势；靠近沿海的、靠近江河的省份和城市其运输成本低廉，商业和经济更加繁华，更容易吸引资本和人才入驻。这种地域禀赋就像是孙悟空头上的"紧箍咒"一般，即使为了经济发展付出再多的努力，也很难彻底突破这种限制。产业元宇宙的到来，有可能会弱化原有的地域禀赋，各个省份、城市因此迎来重新洗牌。例如，有水电、风能、光能的区域，可以吸引算力密集型数据中心的落地生根。如果能够抓住这一历史机遇，有可能可以实现跨越式发展，其经济、文化地位也可能因此获得跃升机会。

（三）促进文明发展

"十四五"规划指出，在"十四五"期间内，要"推动建立多边、民主、透明的全球互联网治理体系"，"积极推进网络文化交流互鉴"。诚然，技术的发展是社会和文明演进的重要驱动力。在新技术普及的时代，我们也将会发展出一套与之相适应的机制，带动人类文明翻开新的篇章。元宇宙时代，可本着自由、平等、互信、开放、包容的心态，为社会谋求福祉，振兴偏远地区、低收入地区，帮助欠发达国家也享受到数字红利，构建人类命运共同体，让文化瑰宝以新的形态持续发扬，让人类文明以数字化的方式传承万代。

第三节　产业元宇宙发展应对

产业元宇宙发展道路上充满种种挑战，呈现一系列趋势。面对这些挑战，准确识变、科学应变、主动求变，顺应趋势，需要"闯"的劲头、"干"的行动，在实践中探索、应用和发展产业元宇宙。

一、政策制定

（一）统筹产业元宇宙的顶层设计

顶层设计是为了高效地推进某个任务或目标，从全局出发，采用系统的方法论，针对该任务或目标的推进所涉及的多方面、多层次、多因素进行统筹分析和规划，集中优势资源达到最终目的。产业元宇宙目前的格局是有一些国内外的厂商开始进行初探和摸索并形成一些先导经验，从整体而言尚不具备完整的顶层设计体系。而产业元宇宙涉及的领域众多、涉及的行业众多、涉及的参与方众多，越晚形成整体的标准和系统规划，对于打通各方的能力、融合各方的资源就会付出越高的代价，也不利于行业生态体系的整体构建。

为此，首先需要针对该行业的标准术语、参考框架等进行规范，这是针对该行业标准化设计的第一步。其次，建议基于国内外的优秀技术、典型的应用现状、已经形成的一些标准体系进行系统梳理，把握该产业的技术演进方向和价值应用方向，合理规划出政策的引导路线图，确保产业元宇宙的发展能够在产业价值链上达到预定规模并发挥出较好的作用。再次，产业元宇宙的全面发展也离不开产、学、研的齐头并进，企业是其中技术的需求方，也是技术成果的直接受益者，因此可以以企业为主体结合各院校、各科研机构进行产业元宇宙的标准体系和技术布局的研讨和探索。最后，在国际合作方面，也积极引导、参与产业元宇宙的国际标准、相关技术体系的交流和制定。

（二）筑牢产业元宇宙的数据流通基础

国务院办公厅印发的《科学数据管理办法》标志着在科学研究领域，一个个高耸的"数据烟囱"正在被拆除，以在各行业和国家整体层面实现科学资源整体利用和共享。在信息技术相关领域中，"数据烟囱"的现象仍极为普遍，每家企业都有保护自有数据、获取其他数据的动机，其数据采集方式、存储形态、交换格式都存在差异，这导致社会整体对数据及其衍生领域的价值利用的"天花板"不高。

数据的标准化和流通是产业元宇宙融合的基础。产业元宇宙也是高度依赖数据作为重要驱动力，要想推动各参与方、协同方之间的互联互通，破除"矮天花板"的局面，建议政府可以作为对该领域内数据流通共享的主导方，引导各企业、各大院校和科研机构进行数据的流通、共享、交易，加强参与方之间的互通互信，促进人工智能、大数据、区块链等产业元宇宙重要技术的理论体系完备与商业应用创新，夯实产业元宇宙的基础，完备产业元宇宙的核心竞争力。

（三）强化产业元宇宙的示范效应

实践是检验真理的唯一标准。随着近年来数字经济的蓬勃发展，产业元宇宙的相关技术呈现日新月异的态势，而在不少领域或行业内（如智能制造、智慧交通、智慧城市等），都出现了引人注目的产业元宇宙落地效果。接下来，持续强化产业元宇宙在重点领域的示范效应，践行"小步快跑"的思路不断地低成本试错，将已有的成功经验通过学术论坛、研讨会、行业会议等多种渠道进行更大范围的推广，可以提升行业整体的发展演进效率。

（四）激活产业元宇宙的产业协同

构筑产业协同效应一直是我国经济发展中的重要政策手段。建议可以类似各地政府大力推进其他高新技术那样建设产业元宇宙创新产业园的和示范基地，拉进各参与方之间的物理距离与产业链距离，吸纳具备探险精神、包容新生事物的优质行业和企业进行合作。针对中小企业缺技术、缺人员、缺资金的局面，积极推动产业元宇宙的公共服务平台建设，由大型企业或专业公司输出相应的数据采集和处理、模型构建、三维仿真等公共能力，形成规模效应和协同效应；积极推动企业、行业协会、科研机构、高校等形成"产、学、研"合力；除了政府直接下场扶持相关企业开展产业元宇宙的转型工作、针对高新技术企业出台优惠政策之外，也可以颁布相应的政策鼓励社会资本针对相关领域提供直接和间接融资服务。

（五）重视核心技术的自主可控

产业元宇宙相关的一系列技术体系容易形成闭环，并形成"赢者通吃"的局面。犹如 PC 时代的"Wintel"（Windows-Intel 架构，由微软操作系统与英特尔中央处理器所组成个人计算机，也指微软与英特尔组成的商业联盟）基于 x86 的软硬件架构形成了事实的"一统江湖"的局面，直到今日仍然能够在个人电脑和办公电脑领域日复一日地"躺着赚钱"，用赚来的钱构筑更深的行业"护城河"，并且对世界各国的数据隐私、信息安全等方面构成强大的威胁。芯片半导体的高端制造领域也是如此，从芯片设计、晶圆制造和加工、封装测试等一系列环节都是以美国为首的企业构筑的闭环生态，这让美国政府具备了用产业控制实现更高阶战略目的的手段。中兴、华为和一系列公司被美国政府"制裁"的案例都历历在目，这些时间也时刻警醒国人，技术上要放弃完全依赖"拿来主义"的幻想。因此，重视科研机构和人员的培养和发展、重视知识产权的成果保护和转化、重视走向世界的科技输出与合作，在核心技术上拥有足够的自主权和话语权，也是引导产业元宇宙建设的关键环节。

二、安全应对

为应对产业元宇宙所面临的各种安全威胁，传统的安全解决方案不能满足产业元宇宙场景的安全需求，当今的基于边界网络防护架构，已不能够完全保护产业元宇宙的安全。零信任架构是数据安全的未来，是为产业元宇宙安全保驾护航的重要选择之一。下面是产业元宇宙的安全应对架构图。

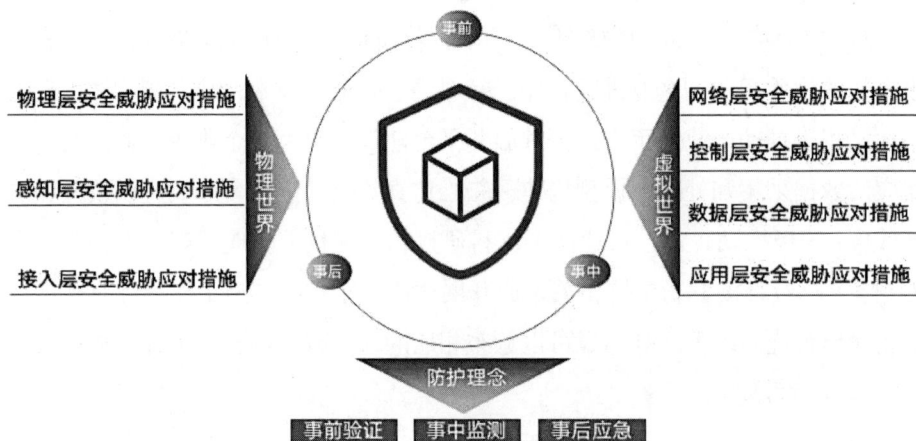

产业元宇宙的安全应对架构图

（一）产业元宇宙的防护理念

为应对产业元宇宙所面临的各种安全威胁，主要从事前验证、事中监测和事后应急三大环节来构建产业元宇宙的防护措施视角。（1）事前验证，事前部署相应的防护监测设备及措施，实时感知内部、外部的安全风险，针对网络不同域不同逻辑层部署采集功能，完成全网信息采集。（2）事中监测，事中通过大数据、智能分析等手段，进行海量信息的综合处理，并利用安全威胁特征库分析识别安全威胁。根据智能决策的理论、模型、方法针对发生的安全威胁作出全面综合的科学响应决策。（3）事后应急，事后根据响应决策，研究实施响应处置的方法，包括大容量威胁流量清洗追踪溯源等，能够实时完成威胁处置等。

（二）产业元宇宙的威胁应对措施

基于"事前验证，事中监测，事后应急"防护理念，结合产业元宇宙面临的安全威胁，可采用下面的具体措施：

1. 物理层安全威胁应对措施

（1）采取物理访问控制、防盗窃和防破坏、防雷击、防火、防水和防潮、温湿度控制和电力供应等环境防护措施，保护产业元宇宙运行环境安全。（2）采取故障检测技术、事件树分析、危险与可操作性分析等功能安全防护技术，并结合信息安全风险分析技术，防止因误操作、网络攻击等造成随机硬件失效和系统性功能失效，使得产业元宇宙保持设备处于受控状态，保护产业元宇宙物理安全。

2. 感知层安全威胁应对措施

感知层终端的安全架构需统筹考虑其计算、通信、存储等资源，可在以下方面实现其安全设计：（1）可信安全。保护传感器、终端部署的可信安全芯片等，从物理层面对感知设备的数据进行加密和哈希处理等实现防篡改，在传感器、终端设备遭受攻击时，确保设备在被攻击后身份、认证以及账户等相关重要数据不会被攻击者利用。（2）存储安全。感知终端设备需要确保身份、认证以及账户等重要数据的存储安全。（3）通信安全。感知终端需采取安全的通信传输协议，确保身份、认证以及其他重要数据在传输过程中不被恶意攻击和泄露。（4）操作系统安全。感知终端需采取措施确保设备固件完整真实，满足访问控制、日志审计、接口安全、失效保护等安全要求。

3. 接入层安全威胁应对措施

需要确保感知终端在接入时经过严格的标识和认证，防止伪造和假冒，包含终端的接入认证、终端的访问控制以及数据传输的安全设计，定义多重接入认证和信息加密方式，从较粗粒度的网络级认证到细化的切片认证，以及进一步的数据网络认证，不同的业务可以灵活配置不同级别的认证策略或者策略组合，以满足不同行业的接入安全需求。

4. 网络层安全威胁应对措施

网络层是连接感知层、接入及应用的传输通道，由于感知层的传输网络多样化，网络层需要融合多种传输网络，采取多网络叠加的开放性网络，其通信传输比传统网络更为复杂，协议破解、中间人攻击等威胁十分突出，在网络层安全架构设计可从以下方面考虑：（1）接入安全。网络层需考虑与终端的相互认证方式，确保终端接入安全，同时具备访问控制等安全措施。（2）传输安全。网络层需采取加密措施确保通信网络数据的机密性和完整性，防止通信数据发生劫持、重放、篡改和窃听等中间人攻击。（3）网络攻击防护。网络层需考虑病毒传播、DDoS（分布式拒绝服务）等网络攻击行为，确保网络的安全可靠；需要通过协议健壮性测试保障开放的协议和端口能抵御畸形报文攻击。（4）协议融合安全。作为多网络融合的开放性网络，网络层需要考虑异构网络间信息交换的安全。

5. 控制层安全威胁应对措施

控制层主要对平台层提供的主体访问客体的功能进行授权控制，可考虑：（1）功能权限安全，保证主体只能访问被授权的功能。（2）数据权限安全，保证主体只能访问被授权的数据。

6. 数据层安全威胁应对措施

产业元宇宙根据不同的应用场景，平台数据中心为感知层终端提供设备管理，数据管理、分析和反馈等服务，也具备数据挖掘、决策等重要功能。平台在进行大规模、分布式、多业务管理时，可考虑：（1）数据安全。需考虑平台所传输和存储的物联网数据完整性、保密性和不可抵赖性。（2）接口安全。需考虑平台对外提供 API（应用程序接口）服务的安全性，确保 API（应用程序接口）不被非法访问和非法数据请求，防止通过 API（应用程序接口）过度消耗系统资源。

7. 应用层安全威胁应对措施

应用层主要对平台层提供的数据进行分析处理，面向用户实现具体业务功能，需要考虑：（1）身份认证：考虑应用用户的身份认证，防止身份伪造，确保用户仅访问其授权的资源。（2）访问控制：考虑用户与系统资源的访问策略，严格限制用户访问的系统权限。（3）应用攻击防护：考虑应用可能面临的 SQL（结构查询语言）注入、跨站脚本、信息泄露、恶意代码等攻击行为。

（三）零信任架构增强产业元宇宙海量设备接入安全

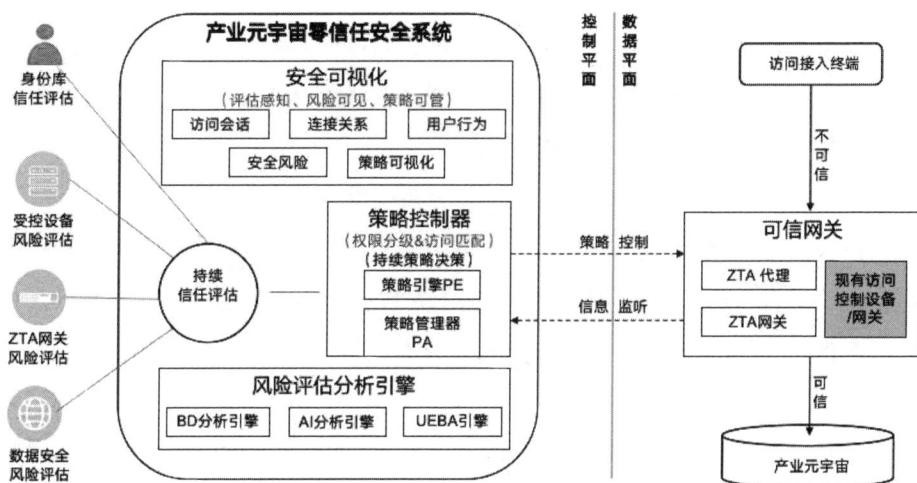

零信任架构增强产业元宇宙海量设备接入安全系统

随着产业元宇宙的行业深入，海量行业终端将接入产业元宇宙，相应的安全风险也在增加，表现为：产业元宇宙应用更开放、互联互通和共享更强，安全边界模糊化，传统安全采用边界防护方式，即在网络边界验证终端身份，确定用户是否被信任。随着攻击方式和威胁多样化，传统网络接入安全架构凸显出很大局限性，一旦产业元宇宙海量终端被入侵利用，将会产生非常严重的后果。

产业元宇宙安全架构可引入基于零信任安全理念，基于先进的零信任理念即永不信任、始终验证原则，采用 SDP（软件定义边界）网络安全架构，采用单包敲门技术、细颗粒度最小授权管理及风险动态识别能力，采用防数据泄露等手段，提供安全可靠的应用接入与访问控制和应用服务隐藏，打造新型身份验证管理模式，充分利用身份验证凭据、设备、网络、应用等多种资源的组合安全边界。

产业元宇宙零信任安全系统包括策略控制器、风险评估分析引擎、可信网关、安全可视化四大组件。产业元宇宙零信任安全系统通过现有安全架构对接资产数据、身份数据、行为数据、历史画像、设备环境变化信息、数据安全信息、威胁情报信息等，持续地对用户、设备环境、数据安全等进行信任评估，形成 ZTA（零信任）访问控制策略与现有安全访问控制点策略的协同，动态调整用户权限和访问控制策略，及时应对各类入侵行为，减少可能造成的损失。（1）策略控制器作为安全控制面的核心组件，为可信网关提供认证服务、动态业务授权和集中的策略管理能力。控制器对所有的访问请求进行权限判定，权限判定不再基于简单的静态规则，而是基于身份、权限、信任等级和安全策略等进行动态判定。（2）风险评估分析引擎为控制器提供信任等级评估，作为授权判定依据。风险评估分析引擎持续收集终端、可信网关、控制器的日志信息，结合身份库、权限库数据，基于大数据和人工智能技术，对身份进行持续画像，对访问行为进行持续分析，对信任进行持续评估，最终生成和维护信任库，为动态访问控制引擎提供决策依据。（3）可信网关作为用户面的网络准入节点，是确保业务安全访问的第一道关口，是动态访问控制能力的策略执行点。（4）安全可视化提供产业元宇宙零信任安全系统的安全展示，主要将评估结果、风险预见、策略配置等以可视化界面显示出来。

　　针对产业元宇宙终端访问控制需求，通过控制器对访问主体进行认证，对访问主体的权限进行动态判定。只有认证通过并且具有访问权限的访问请求才予以放行。产业元宇宙零信任安全架构下的终端安全接入不再以网络边界为限，无论是来自企业网络之外的用户，还是来自企业网络内部的用户，在建立连接前均需进行认证授权。产业元宇宙零信任安全架构，使得原来的被动防御向主动防御的转变，从边界防御方式向内生安全转变，有力保障产业元宇宙环境下海量行业终端的接入安全。

三、产业发展

（一）持续突破核心技术

　　核心技术是保障产业元宇宙应用效果的重要基础之一。针对现阶段技术能力不足的挑战，各技术企业和研究机构可根据自身基因和优势布局重点技术领域，高端硬件和设备制造、渲染和仿真算法、海量数据处理、人工智能决策等多项技术都极有潜力得到长足发展。也可以形成技术联盟和产业联盟，在共同促进技术先进性、稳定性和兼容性的同时，也形成一套行业规范甚至制定相关标准。

（二）积累相关案例并进行交流推广

目前，一些传统企业已拥抱产业元宇宙并积极探索相关应用，取得了宝贵的实战经验，相关能力也得到逐步积累。然而，尚有更多企业对于这一富科技含量的新兴领域持有观望态度，或者对于在本企业内落地产业元宇宙应用的方法和效果存疑。为了破解这个局面，建议可以在行业内广泛收集龙头企业和优秀企业的案例，在各个行业内将优秀解决方案做展示和推广。此外，各企业也可以加强交流合作，对于暂无定论的方面互相切磋交流，对于创新探索领域互相扶持促进，对于已获得的成功经验或者失败教训也互相学习思考；消除企业、机构之间的故步自封与协作的多重壁垒，共同促进产业的高质量长足发展。

（三）加强培养专业人才

无论是制造、能源、交通这些传统产业，还是三维仿真、人工智能、云计算这些数字产业，再到产业元宇宙的交叉学科，每一个技术方向都需要大量的行业技术专家、业务专家耗费大量甚至毕生心血才能积累下来的珍贵经验和技术宝藏。因此，在产业元宇宙的进程当中，必将在多个产业内产生技术人才的缺口，具备将这两类产业融会贯通能力的人才更是凤毛麟角，人才依旧是未来社会的宝贵财富，也会构成未来企业的核心竞争力。

（四）建设能力开放平台

"专业的人做专业的事"，这句话对建设产业元宇宙依然适用。对于有意开展元宇宙转型工作的传统企业来说，自己研究、搭建技术体系不仅费时费力，经济成本也很容易让它们望而却步。对于重要的技术基础设施、技术、应用能力而言，如果能够云化、平台化，实现能力共享，无论对于每家企业还是对于社会而言都是比较经济和高效的方案。现在，在国内也有百度、阿里巴巴、腾讯等针对制造、交通、能源等领域已经成功落地的案例，提供工业数字孪生、高速公路智慧运营、输电设备智能巡检等一站式解决方案并积极推广，大数据、物联网、人工智能、云计算的基础技术或服务提供厂商更是如雨后春笋般涌现。未来，可能还会有许多企业开放具备行业特色的产业元宇宙相关能力，在帮助其他企业完成探索和转型的同时，也强化自身解决方案的可靠性和完备性。这也能促使每家企业都在自身擅长的领域进行深度思考和耕耘，提升企业各自的竞争力和影响力。

　　人们对产业元宇宙的期望是无限的，而产业元宇宙离期望的水平永远都有差异，正是这种不满足心理推动产业元宇宙的进步、发展、繁荣。产业元宇宙道路上也许荆棘丛生、坎坷不平，但产业元宇宙发展已是大势所趋。路漫漫其修远兮，吾将上下而求索。随着相关政策加快落地，产业元宇宙技术的不断发展，产业元宇宙在各领域的规模化应用终将开花结果。产业元宇宙的发展永远在路上！

主要参考文献

一、相关政策文件

1. 国家电网：《能源数字化转型白皮书》，国网能源研究院有限公司，2021年12月。

2. 华为：《数字能源十大趋势白皮书》，数字能源产业智库，2021年2月。

3. 德勤：《元宇宙系列白皮书——未来已来：全球 XR 产业洞察》，搜狐网，2021年12月。

4. 中国信息通信研究院：《中国数字经济发展白皮书（2017年）》，中国信息通信研究院官网，2017年7月。

5. 北京大有诚安科技有限公司：《零信任——应用访问堡垒（ZTAppGW）产品白皮书》，北京大有诚安科技有限公司网站，2021年5月。

6. 中国移动通信集团公司、中兴通讯股份有限公司：《5G＋工业互联网安全白皮书》，中国移动，2020年5月。

7. 安世亚太科技股份有限公司、数字孪生体实验室：《数字孪生体技术白皮书（2019）》，安世亚太科技股份有限公司，2019年12月。

8. 中国信息通信研究院：《中国数字经济发展白皮书(2020年)》，中国信息通信研究院官网，2020年7月。

9. 信息物理系统发展论坛：《信息物理系统白皮书（2017）》，信息物理系统发展论坛，2017年3月。

10. 中国电子技术标准化研究院、树根互联技术有限公司：《数字孪生应用白皮书（2020版）》，2020年新一代信息技术产业标准化论坛，2020年11月。

11. 清华大学互联网产业研究院：《中国数字农业白皮书》，清华大学互联网产业研究院，2019 年 6 月。

12. 工业互联网产业联盟：《工业数字孪生白皮书》，工业互联网产业联盟网站，2021 年 8 月。

13. 中国人工智能学会：《中国人工智能系列白皮书——智能农业》，中国人工智能学会网站，2016 年 6 月。

14. 中国电子技术标准化研究院、树根互联技术有限公司：《数字孪生应用白皮书》，工信部网站，2020 年 6 月。

15. 中国信息通信研究院：《中国数字经济发展白皮书（2020 年）》，中国信息通信研究院，2020 年 7 月。

16. 中国信息通信研究院：《中国网络安全产业白皮书（2019 年）》，中国信息通信研究院官网，2019 年 9 月。

17. 互联网医疗健康产业联盟：《5G 时代智慧医疗健康白皮书（2019 年）》，中国信息通信研究院，2019 年 7 月。

18. 全国信标委智慧城市标准工作组：《城市数字孪生标准化白皮书（2022版）》，数据观微信公众号，2022 年 1 月。

19. 龚才春：《中国元宇宙白皮书》，丝路商学公众号，2022 年 1 月。

20. 商汤智能产业研究院：《元宇宙白皮书系列——元宇宙"破壁人"：做虚实融合世界的赋能者》，商汤科技官网，2022 年 1 月。

21. 中国信通院：《数字碳中和白皮书》，中国信通院官网，2021 年 12 月。

22. 西门子：《中国碳中和白皮书》，西门子官网，2021 年 11 月。

23. 华为：《5G 时代十大应用场景白皮书》，华为咨询，2018 年 7 月。

24. 工业互联网产业联盟：《工业数字孪生白皮书（2021）》，工业互联网产业联盟微信公众号，2021 年 11 月。

25. 德勤：《元宇宙系列白皮书——未来已来》，德勤，2021 年 12 月。

26. 蛋壳研究院：《医疗健康物联网白皮书 2020》，蛋壳研究院，2020 年 12 月。

27. 工业和信息化部办公厅：《中小企业数字化赋能专项行动方案》，工业和信息化部官网，2020 年 3 月。

28. 中共中央、国务院：《关于构建更加完善的要素市场化配置体制机制的意见》，中国政府网，2020年3月。

29.浙江省第十三届人民代表大会常务委员会：《浙江省数字经济促进条例》，浙江省人大，2020年12月。

30.四川省人民政府：《关于加快推进数字经济发展的指导意见》，四川省政府官网，2019年8月。

31.国家发展改革委、中央网信办：《关于推进"上云用数赋智"行动 培育新经济发展实施方案》，中国政府网，2020年4月。

32.广东省经济和信息化委：《广东省数字经济发展规划(2018—2025年)》，广东省经济和信息化委网站，2018年4月。

33.中国云安全与新兴技术安全创新联盟：《物联网安全设计指南》，CSA云安全联盟官网，2020年6月。

34.中国电子技术标准化研究院、中国信息物理系统发展论坛：《信息物理系统建设指南(2020)》，中国电子技术标准化研究院，2020年8月。

35.中国电子技术标准化研究院：《信息物理系统(CPS)典型应用案例集》，中国电子技术标准化研究院，2019年5月。

36.中华人民共和国中央人民政府：《中华人民共和国国民经济和社会发展第十四个五年规划和2035年远景目标纲要》，中国政府网，2021年3月。

37.中国电子学会：《全球产业数字化转型趋势及方向研判》，国家工业信息安全发展研究中心信息技术分中心官网，2019年12月。

38.殷利梅、李宏宽、赵令锐、路广通、李端、刘芷君：《我国数字基础设施建设现状及推进措施研究》，国家工信安全中心官网，2020年5月。

39.工信部信息通信发展司：《工业和信息化部召开数字基础设施建设工作推进专家研讨会》，中国通信工业协会网，2020年4月。

40.北京国信数字化转型技术研究院（国信院）、中关村信息技术和实体经济融合发展联盟（中信联）：《数字化转型工作手册》，数字化转型暨两化融合管理体系贯标2.0推进会，2020年10月。

41.中华人民共和国住房和城乡建设部：《2011—2015年建筑业信息化发展纲要》（建质〔2011〕67号），中华人民共和国住房和城乡建设部官网，2011年5月。

42. 中华人民共和国住房和城乡建设部:《关于推进建筑信息模型应用的指导意见》(建质函〔2015〕159 号),中华人民共和国住房和城乡建设部官网,2015 年 6 月。

43. 中华人民共和国住房和城乡建设部:《2016—2020 建筑业信息化发展纲要》(建质函〔2016〕183 号),中华人民共和国住房和城乡建设部官网,2016 年 8 月。

44. 中华人民共和国国务院办公厅:《关于促进建筑业持续健康发展的意见》(国办发〔2017〕19 号),中国政府网,2017 年 2 月。

45. 中华人民共和国交通运输部:《推进智慧交通发展行动计划》(交办规划〔2017〕11 号),中华人民共和国交通运输部官网,2017 年 2 月。

46. 中华人民共和国交通运输部:《关于推进公路水运工程 BIM 技术应用的指导意见》(交办公路〔2017〕205 号),中华人民共和国交通运输部官网,2018 年 3 月。

47. 中华人民共和国发展改革委、住房和城乡建设部:《关于推进全过程工程咨询服务发展的指导意见》(发改投资规〔2019〕515 号),中华人民共和国住房和城乡建设部官网,2019 年 3 月。

48. 上海市经济和信息化委员会:《上海市电子信息产业发展"十四五"规划》(沪经信规〔2021〕1184 号),上海市经济和信息化委员会官网,2021 年 12 月。

49. 上海市经济和信息化委员会:《上海市电子信息产业发展"十四五"规划》(沪经信规〔2021〕1184 号),上海市经济和信息化委员会官网,2021 年 12 月。

50. 中华人民共和国住房和城乡建设部:《关于印发〈城市信息模型(CIM)基础平台技术导则〉的通知》(建办科〔2020〕45 号),中华人民共和国住房和城乡建设部官网,2020 年 9 月。

51. 中华人民共和国住房和城乡建设部:《关于印发〈城市信息模型(CIM)基础平台技术导则〉(修订版)的通知》(建办科〔2021〕21 号),中华人民共和国住房和城乡建设部官网,2021 年 6 月。

52. 中华人民共和国住房和城乡建设部:《城市信息模型平台施工图审查数据标准(征求意见稿)》,中华人民共和国住房和城乡建设部官网,2021 年 4 月。

53. 中华人民共和国住房和城乡建设部:《城市信息模型平台建设用地规划

管理数据标准（征求意见稿）》，中华人民共和国住房和城乡建设部官网，2021年4月。

54. 中华人民共和国住房和城乡建设部：《城市信息模型基础平台技术标准》（CJJ/T315—2022），中国建筑工业出版社2022年版。

55. 中华人民共和国住房和城乡建设部：《城市信息模型平台竣工验收备案数据标准（征求意见稿）》，中华人民共和国住房和城乡建设部官网，2021年4月。

56. 中华人民共和国住房和城乡建设部：《城市信息模型数据加工技术标准（征求意见稿）》，中华人民共和国住房和城乡建设部官网，2021年4月。

57. 中华人民共和国住房和城乡建设部：《关于印发〈城市信息模型（CIM）基础平台技术导则〉（修订版）的通知》（建办科［2021］21号），中华人民共和国住房和城乡建设部官网，2021年6月。

58. 中华人民共和国住房和城乡建设部：《城市信息模型基础平台技术标准》（CJJ/T315-2022），中国建筑工业出版社2022年版。

59. 中国建筑业协会等：《中国建筑业BIM应用分析报告（2020）》，中国建筑工业出版社2020年版。

60. 中央网信办信息化发展局、农业农村部市场与信息化司、国家发展改革委创新和高技术发展司、工业和信息化部信息技术发展司、科技部农村科技司、市场监管总局标准技术管理司、国家乡村振兴局社会帮扶司：《数字乡村建设指南1.0》，中央网信办网站，2021年7月。

61. 工业互联网产业联盟：《中德工业4.0×工业互联网行业：实践与启示》，工业互联网产业联盟网站，2018年6月。

62. 中国电子技术标准化研究院、震兑工业智能科技有限公司：《信息物理系统建设指南（2020）》，新华网，2020年1月。

63. 世界气象组织：《2020年全球气候状况》，世界气象组织官网，2020年4月。

64. 政府间气候变化专门委员会：《巴黎协定》，联合国气候行动官网，2015年12月。

65. 中华人民共和国中央人民政府：《中共中央　国务院关于完整准确全面

贯彻新发展理念做好碳达峰碳中和工作的意见》，中国政府网，2021 年 10 月。

66.工业和信息化部：《"十四五"工业绿色发展规划》，中国政府网，2021年 11 月。

67.住房和城乡建设等十三部门：《关于推动智能建造与建筑工业化协同发展的指导意见》，中国政府网，2020 年 7 月。

68.全国人民代表大会常务委员会：《中华人民共和国网络安全法》，中国人大网，2016 年 11 月。

69.全国人民代表大会常务委员会：《中华人民共和国数据安全法 (草案)》，中国人大网，2020 年 7 月。

70.国家互联网信息办公室：《国家网络空间安全战略》，中国网信网，2016 年 12 月。

71.国家智能制造标准化整体组：《国家智能制造标准体系建设指南（2021版)》，工业和信息化部官网，2021 年 11 月。

72.邬江兴：《新基建安全痛点与拟态防御亮点》，2020 第二届中国电子政务安全大会，2020 年 9 月。

二、专著

73.翟振明：《有无之间：虚拟实在的哲学探索》，北京大学出版社 2007年版。

74.张怡、郦全民、陈敬全：《虚拟认识论》，学林出版社 2003 年版。

75.《党的十九届五中全会〈建议〉学习辅导百问》编写组：《党的十九届五中全会〈建议〉学习辅导百问》，党建读物出版社、学习出版社 2020 年版。

76.《新时代党员干部学习关键词（2020 版）》编写组：《新时代党员干部学习关键词（2020 版）》，党建读物出版社 2020 年版。

77.中国电子技术标准化研究院：《信息物理系统(CPS) 典型应用案例集》，电子工业出版社 2019 年版。

78.汤潇：《数字经济：影响未来的新技术、新模式、新产业》，人民邮电出版社 2019 年版。

79.[美] 布莱恩·阿瑟、曹东溟、王健译：《技术的本质（经典版）》，浙江人民出版社 2018 年版。

80. 胡虎、赵敏、宁振波等：《三体智能革命》，机械工业出版社 2016 年版。

81. 李杰、邱伯华等：《工业大数据：工业 4.0 时代的工业转型与价值创造》，机械工业出版社 2019 年版。

82. 李杰、邱伯华、刘宗长、魏慕恒：《CPS：新一代工业智能》，上海交通大学出版社 2017 年版。

83. 安筱鹏：《重构：数字化转型的逻辑》，电子工业出版社 2019 年版。

84. 中国电子信息产业发展研究院：《智能制造术语解读》，电子工业出版社 2018 年版。

85. 曼纽尔·卡斯特尔：《网络社会的崛起》，社会科学文献出版社 2000 年版。

86. 曼纽尔·卡斯特尔：《认同的力量》，社会科学文献出版社 2006 年版。

87. 彼得·德鲁克：《管理的实践》，机械工业出版社 2009 年版。

88. 亚历山大·奥斯特瓦德：《商业模式新生代》，机械工业出版社 2016 年版。

89. 秦荣生、赖家材：《数字经济发展与安全》，人民出版社 2021 年版。

90. 陈雪频：《一本书读懂数字化转型》，机械工业出版社 2020 年版。

91. 李剑峰、肖波、肖莉：《智能油田》，中国石化出版社 2020 年版。

92. 中华人民共和国住房和城乡建设部：《建筑信息模型应用统一标准》（GB/T51212-2016），中国建筑工业出版社 2016 年版。

93. 中华人民共和国住房和城乡建设部：《建筑信息模型分类和编码标准》（GB/T51269-2017），中国建筑工业出版社 2017 年版。

94. 中华人民共和国住房和城乡建设部：《建筑信息模型设计交付标准》（GB/T51301-2018），中国建筑工业出版社 2019 年版。

95. 中华人民共和国住房和城乡建设部：《建筑工程设计信息模型制图标准》（JGJ/T448-2018），中国建筑工业出版社 2018 年版。

96. 国家铁路局：《铁路工程信息模型统一标准》（TB/T10183-2021），中国铁道出版社 2021 年版。

97. 中华人民共和国住房和城乡建设部：《建筑信息模型存储标准》（GB/

T51447-2021），中国建筑工业出版社 2021 年版。

98. 中国建筑业协会等：《中国建筑业 BIM 应用分析报告（2020）》，中国建筑工业出版社 2020 年版。

99. 清华大学建筑节能研究中心：《中国建筑节能年度发展报告 2020》，中国建筑工业出版社 2020 年版。

100. 王筱留：《钢铁冶金学（炼铁部分）（第 3 版)》，冶金工业出版社 2013 年版。

101. 张磊：《价值》，浙江教育出版社 2020 年版。

102. 张异宾：《思想政治》，人民教育出版社 2014 年版。

103. 赵国栋：《元宇宙》，中译出版社 2021 年版。

104. 陈俊桦：《智慧医院工程导论》，东南大学出版社 2018 年版。

105. 中国工程院：《全球工程前沿》，高等教育出版社 2020 年版。

106. 郭源生：《智慧医疗共性技术与模式创新》，中国工信出版集团 2020 年版。

107. 王宝亭：《医疗器械蓝皮书：中国医疗器械行业发展报告（2021)》，社会科学文献出版社 2021 年版。

三、学术论文

108. 史炜：《元宇宙如何成为信息经济的催化剂?》，《人民邮电报》2021 年 12 月。

109. 沈开艳：《对"元宇宙"产业未来发展的几点思考》，《江南论坛》2022 年 1 月。

110. 吴文福、张娜、李姝峣、王雨佳：《5T 智慧农场管理系统构建与应用探索》，《农业工程学报》2021 年 2 月。

111. 孙滔、周铖、段晓东、陆璐、陈丹阳、杨红伟、朱艳宏、刘超、李琴、王晓、沈震、瞿逢重、蒋怀光、王飞跃：《数字孪生网络 (DTN)：概念、架构及关键技术》，《自动化学报》2021 年 3 月。

112. 闵万里：《智力革命是纵贯三次产业的升级动力》，《新经济导刊》2020 年第 2 期。

113. 张晓：《助力供给侧结构性改革数字经济需从产业互联网发力》，《人民邮电报》2020 年 7 月。

114. 谭建荣：《数字经济与数字产业：关键技术与发展趋势》，《中国信息化周报》2019 年 4 月。

115. 戴双兴：《数据要素市场为经济发展注入新动能》，《光明日报》2020 年 5 月。

116. 黄欣荣、曹贤平：《元宇宙的技术本质与哲学意义》，《新疆师范大学学报（哲学社会科学版）》2022 年 1 月。

117. 石芳权、王辉、赵一广、熊本海：《数字化技术与装备在奶牛养殖中的应用》，《中国乳业》2021 年 8 月。

118. 邱伏生：《智能供应链在智能制造领域的应用（上）》，《物流技术与应用》2019 年 9 月。

119. 李欣、刘秀、万欣欣：《数字孪生应用及安全发展综述》，《系统仿真学报》2019 年第 3 期。

120. 邓建新、卫世丰、石先莲、陈星雨、韦婉冬：《基于数字孪生的配送管理系统研究》，《计算机集成制造系统》2021 年 2 月。

121. 王继刚、王庆、滕志猛：《可定制的 5G ＋工业互联网安全能力》，《中兴通讯技术》2020 年 10 月。

122. 杨红梅、赵勇：《5G 安全风险分析及标准进展》，《中兴通讯技术》2019 年 6 月。

123. 马名杰、戴建军、熊鸿儒：《数字化转型对生产方式和国际经济格局的影响与应对》，《中国科技论坛》2019 年 1 月。

124. 张雪玲、焦月霞：《中国数字经济发展指数及其应用初探》，《浙江社会科学》2017 年第 4 期。

125. 张伟东、王超贤、孙克：《探索制造业数字化转型的新路径》，《信息通信技术与政策》2019 年 9 月。

126. 易宪容、陈颖颖、位玉双：《数字经济中的几个重大理论问题研究——基于现代经济学的一般性分析》，《经济学家》2019 年 9 月。

127. 肖旭、戚聿东：《产业数字化转型的价值维度与理论逻辑》，《改革》

2019 年第 8 期。

128.薄明霞、白冰：《5G 智慧港口行业应用安全解决方案》，《信息安全研究》2021 年 4 月。

129.胡天亮、连宪辉、马德东、马嵩华、孔胜利：《数字孪生诊疗系统的研究》，《生物医学工程研究》2021 年 3 月。

130.刘霞：《2022 年医疗健康领域五大技术趋势》，《科技日报》2022 年 1 月。

131.李剑峰：《企业数字化转型的本质内涵和实践路径》，《石油科技论坛》，2020 年 10 月。

132.杜庆昊：《以数字经济助力新阶段高质量发展》，《经济日报》2020 年 12 月。

133.杜庆昊：《关于建设数字经济强国的思考》，《行政管理改革》2018 年 5 月。

134.耿志云：《数字经济关键要素解读》，《科学 24 小时》2019 年 7 月。

135.杨虎涛：《数字经济 2.0 如何成为高质量发展引擎》，《北京日报》2020 年 12 月。

136.廖晓红：《数字孪生及其应用跟踪》，《广东通信技术》2019 年 7 月。

137.丁凯、张旭东、周光辉：《基于数字孪生的多维多尺度智能制造空间及其建模方法》，《计算机集成制造系统》2019 年 6 月。

138.陶飞、张萌、程江峰等：《数字孪生车间：一种未来车间运行新模式》，《计算机集成制造系统》2017 年 1 月。

139.陶飞、程颖、程江峰等：《数字孪生车间信息物理融合理论与技术》，《计算机集成制造系统》2017 年 8 月。

140.庄存波、刘检华、熊辉等：《产品数字孪生体的内涵、体系结构及其发展趋势》，《计算机集成制造系统》2017 年 4 月。

141.侯增广、赵新刚、程龙等：《康复机器人与智能辅助系统的研究进展》，《自动化学报》2017 年 12 月。

142.曾艾婧、刘永姜、陈跃鹏、孟小玲、温海骏：《基于数字孪生的物流配送调度优化》，《科学技术与工程》2021 年 7 月。

143.张新长、李少英、周启鸣、孙颖：《建设数字孪生城市的逻辑与创新思考》,《测绘科学》2021 年 3 月。

144. 戴斌、熊雄、孙浩:《揭开"元宇宙"面纱》,《解放军报》2021 年 11 月。

145. 刘占省、李安修、孟鑫桐、史国梁、曹存发:《装配式建筑吊装安全风险管理数字孪生模型建立方法》,《土木建筑工程信息技术》2021 年 5 月。

146. 戴晟、赵罡、于勇、王伟:《数字化产品定义发展趋势:从样机到孪生》,《计算机辅助设计与图形学学报》2018 年 11 月。

147. 陶飞、刘蔚然:《数字孪生及其应用探索》,《计算集成制造系统》2018 年 1 月。

148. 马方、闫俊武:《"智慧城市"与城市经济》,《经济师》2017 年第 3 期。

149. 陈晓红、胡东滨、曹文治、梁伟、徐雪松、唐湘博、汪阳洁:《数字技术助推我国能源行业碳中和目标实现的路径探析》,《中国科学院院刊》2021 年 9 月。

150. 高昕:《360 深度解析:数字基建时代的四大安全挑战》,《红刊财经》2020 年 3 月。

151. 葛红玲、杨乐渝:《实现数字经济和实体经济深度融合》,《经济日报》2021 年 1 月。

152. 牛少彰:《深耕数字孪生核心技术 助力工业经济高质量发展》,《衢州日报》2021 年 8 月。

153. 项颂、陈璐、苏鹏等:《考虑风储多维运行边界的调峰资源优化配置模型》,《可再生能源》2020 年 3 月。

154. 孙荣富、王隆扬、王玉林等:《基于数字孪生的光伏发电功率超短期预测》,《电网技术》2021 年 11 月。

155. 陈志鼎、梅李萍:《基于数字孪生技术的水轮机虚实交互系统设计》,《水电能源科学》2020 年 9 月。

156. 向峰、黄圆圆、张智等:《基于数字孪生的产品生命周期绿色制造新模式》,《计算机集成制造系统》2019 年 6 月。

157. 刘彬、张云勇:《基于数字孪生模型的工业互联网应用》,《电信科学》2019 年第 5 期。

158. 邓龙安、徐玖平：《技术范式竞争下网络型产业集群的生成机理研究》，《科学学研究》2009 年 4 月。

159. 杨青峰、李晓华：《数字经济的技术经济范式结构、制约因素及发展策略》，《湖北大学学报（哲学社会科学版）》2021 年 1 月。

160. 程秀峰、肖兵、夏立新：《知识融合视角下用户行为数据采集与共享机制研究》，《情报科学》2020 年 1 月。

161. 金红洋、滕云、冷欧阳等：《基于源荷不确定性状态感知的无废城市多能源协调储能模型》，《电工技术学报》2020 年第 13 期。

162. 林峰、肖立华、商浩亮、徐畅、罗仲达、陈俊杰、马小丰：《"双碳"背景下能源互联网数字孪生系统的设计及应用》，《电力科学与技术学报》2019 年 6 月。

163. 方凌智、沈煌南：《技术和文明的变迁：元宇宙的概念研究》，《产业经济评论》2021 年 12 月。

164. 江海凡、丁国富、肖通、樊孟杰、付建林、张剑：《数字孪生演进模型及其在智能制造中的应用》，《西南交通大学学报》2021 年 7 月。

165. 钱学森、于景元、戴汝为：《一个科学新领域——开放的复杂巨系统及其方法论》，《自然杂志》1990 年第 1 期。

166. 江小涓：《高度联通社会中的资源重组与服务业增长》，《经济研究》2017 年 6 月。

167. 陈晓红：《数字经济时代的技术融合与应用创新趋势分析》，《社会科学家》2018 年第 8 期。

168. 肖红军：《共享价值、商业生态圈与企业竞争范式转变》，《改革》2015 年第 7 期。

169. 熊鸿儒：《我国数字经济发展中的平台垄断及其治理策略》，《改革》2019 年第 7 期。

170. 孔宪光：《数字孪生将成数字化企业标配》，《中国电子报改革开放 40 周年两化融合特刊》2018 年 11 月。

171. 邢黎闻、孙优贤：《论工业信息物理融合系统》，《信息化建设》2018 年 1 月。

172.邱伯华、蒋云鹏、魏慕恒、何晓、朱武:《知识经济与 CPS 在船舶工业中的应用实践》,《信息技术与标准化》2016 年 11 月。

173.李洪阳、魏慕恒、黄洁、邱伯华、赵晔、骆文城、何晓、何潇:《信息物理系统技术综述》,《自动化学报》2019 年 1 月。

174.艾纳·安德尔:《信息物理系统和工业 4.0》,《智能制造》2015 年第 9 期。

175.马述忠、房超:《弥合数字鸿沟 推动数字经济发展》,《光明日报》2020 年 8 月。

176.陈锦、王禹、成林、杜文越:《从生产要素角度看数据安全保护存在的问题》,《中国信息安全》2020 年第 11 期。

177.陈涛:《数据资源确权的必要性和可能性》,《市场周刊》2020 年 6 月。

178.李齐、郭成玉:《数据资源确权的理论基础与实践应用框架》,《中国人口·资源与环境》2020 年 6 月。

179.王琼洁、高婴劢:《数字经济新业态新模式发展研判》,《中国电子报》2020 年 7 月。

180.徐宗本:《把握新一代信息技术的聚焦点》,《人民日报》2019 年 3 月。

181.何立胜:《推动数据由资源向要素转化》,《解放日报》2020 年 8 月。

182.张学颖:《数字经济发展面临的挑战及有关建议》,《信息安全研究》2020 年 9 月。

183.孙松儿:《主动安全:数字经济时代的安全基石》,《中国信息安全》2018 年 12 月。

184.方兴、朱通、费媛:《从数据流转角度看数据生产要素的安全治理——〈数据安全法(草案)〉解读》,《信息安全与通信保密》2020 年 8 月。

185.吕铁:《传统产业数字化转型的主要趋向、挑战及对策》,《经济日报》2020 年 2 月。

186.安筱鹏:《解构与重组,迈向数字化转型 2.0(上)》,《今日制造与升级》2019 年 9 月。

187.陈煜波:《中国数字经济的未来》,《中国日报海外版》2021 年 1 月。

188.陈劲、杨文池、于飞:《数字化转型中的生态协同创新战略——基于华为企业业务集团(EBG)中国区的战略研讨》，《清华管理评论》2019年6月。

189.陆峰：《发挥数据生产要素的创新引擎作用》，《学习时报》2020年6月。

190.姚聪林、朱红春、姜周华、潘涛：《电弧炉内长电弧等离子体的数值模拟》，《工程科学学报》2020年11月。

191.姜大膀、刘叶一：《温室效应会使地球温度上升多高？——关于平衡气候敏感度》，《科学通报》2016年3月。

192.孙晓歌：《基于碳减排的我国钢铁企业应对策略探析》，《冶金管理》2021年12月。

193.姚聪林、朱红春、姜周华、潘涛：《弧炉内长电弧等离子体的数值模拟》，《工程科学学报》2020年11月。

194.黄典冰、杨天钧、孔令坛：《炼铁过程操作线图》，《金属学报》2000年2月。

195.李晶、何宁、游小华、刘钰：《数字孪生在海洋石油行业的泛化应用》，《化工管理》2021年11月。

196.戴家权、彭天铎、韩冰、王利宁、臧红梅：《"双碳"目标下中国交通部门低碳转型路径及对石油需求的影响研究》，《国际石油经济》2021年12月。

197.伍朝辉、刘振正、石可、王亮、梁晓杰：《交通场景数字孪生构建与虚实融合应用研究》，《系统仿真学报》2020年10月。

198.李晓易、谭晓雨、吴睿、徐洪磊、钟志华、李悦、郑超蕙、王人洁、乔英俊：《交通运输领域碳达峰、碳中和路径研究》，《中国工程科学》2021年12月。

199.宁海龙：《数字化时代建筑企业转型升级路径探究》，《中国建筑》2021年5月。

200.王铁宏：《贯彻新发展理念加快建筑产业绿色化与数字化转型升级》，《中国建设报》2021年4月。

201.丁怡婷：《推动能源转型 赋能绿色发展》，《人民日报》2022年1月。

202.王瑞超：《绿色发展！山东省首个微电网工程清洁发电54万度》，《齐鲁晚报》2019年6月。

203. 谢宗晓、董坤祥、甄杰：《信息安全管理系列之五十四 信息安全、网络安全与隐私保护》，《中国质量与标准导报》2019 年第 7 期。

204. 唐辉：《金融信息系统网络安全风险分析》，《清华金融评论》2019 年 3 月。

205. 许晔：《美国〈国家网络战略〉对我国的防范遏制与对策建议》，《科技中国》2020 年 1 月。

206. 黄家才、舒奇等：《基于迁移学习的机器人视觉识别与分拣策略》，《计算机工程与应用》2018 年 6 月。

207. 新京报：《山水文园集团与腾讯达成战略合作 共建腾讯山水智慧试验区》，《新京报》2019 年 6 月。

208. 石彦龙：《新形势下蒙古数据中心优势突出、挑战犹存》，《通讯世界》2020 年 8 月。

209. 孟群：《医疗物联网的发展现状》，《中国卫生信息管理》2013 年 8 月。

210. 魏钦俊、姚俊、鲁雅洁、曹新：《生物医学前沿进展在高等医学教育中的作用与实施策略》，《基础医学教育》2019 年 10 月。

211. 中国电子报：《2018 年全球人工智能市场将逼近 2700 亿元》，《中国电子报》2016 年 8 月。

212. 朱洪波、杨龙祥、朱琦、朱晓荣等：《物联网边缘服务环境的智能协同无线接入网及其关键技术》，《南京邮电大学学报（自然科学版）》2020 年 10 月。

213. 顾斯佳：《"5G" 启航，为三农带来无限遐想》，《东方城乡报》2019 年 10 月。

214. 师博、张新：《三孩政策政策下中国产业适老化转型发展研究》，《长安大学学报（社会科学版）》2021 年 7 月。

215.《广西城镇建设》：《中共南宁市委员会南宁市人民政府关于全面落实强首府战略的实施意见》，《广西城镇建设》2020 年 3 月。

216. 王楠、陈力：《人工智能在医疗卫生领域应用的思考》，《中国急救复苏与灾害医学杂志》2018 年 12 月。

217. 刘兰馨、王坤茜、邹阳、张纯：《针对大球类运动球场机器人的设计研究》，《科学技术创新》2019 年 2 月。

218. 徐安伯：《一种新型柔性电极制作的探索》，《信息系统工程》2017 年 11 月。

219. 张欣毅：《基于人工智能企业分布的城市网络结构研究》，《2019 年中国城市规划年会》2019 年 10 月。

220. 陶林：《近六年来国内关于人工智能法律规制的研究述评——基于 CSSCI 来源期刊论文的分析》，《青岛科技大学学报(社会科学版)》2021 年 2 月。

221. 林沛：《中泰化学多元化战略对企业创新影响》，《现代企业》，2020 年 7 月。

222.《中国药学文摘》：《临床应用与药物评价》，《中国药学文摘》2011 年 12 月。

223. 王笛、赵靖、金明超、刘婧等：《人工智能在医疗领域的应用与思考》，《中国医院管理》2021 年 3 月。

224. 王超：《第四代机器人成功辅助自体肾移植 属国内首例》，《西安日报》2020 年 7 月。

225. 陈岳飞、王思思、田明棋、陈川：《数字孪生技术在医疗健康领域的应用及研究进展》，Metrology Science and Technology，2021 年 10 月。

226.《江苏经济报》：《斯凯孚收购美国通用轴承》，《江苏经济报》2012 年 2 月。

227. 赵乐、代奇慧：《家电行业供应链发展现状及趋势研究》，《供应链管理》2020 年 10 月。

228.《中国物流与采购》：《信息动态》，《中国物流与采购》2011 年 4 月。

229. 果翔：《高端制造对特种海洋输油胶管国产化的推动》，《消费导刊》2019 年 9 月。

230.《人民政协报》：《委员观点》，《人民政协报》2021 年 2 月。

231. 廖亮亮：《继电保护相关二次回路的在线状态检测技术》，《科技尚品》2017 年 3 月。

232. 吴文福、张娜、李姝崃、王雨佳、徐文、孟宪梅、朱航、齐江涛、周晓光、刘厚清：《5T 智慧农场管理系统构建与应用探索》，《农业工程学报》

2021 年 5 月。

233. 梁晨光、谭泗桥:《基于数字孪生的稻田环境监测系统研究及实现》,知网，2020 年 6 月。

234. 孙靖文、白斌:《数字孪生渔场构建方法与应用》，知网,2022 年 10 月。

235. 江小涓:《“十四五”时期数字经济发展趋势与治理重点》,《光明日报》2020 年 9 月。

236. 杨雅玲:《数字经济具有广阔的发展空间　访清华大学公共管理学院院长江小涓》,《中国纪检监察报》2021 年 1 月。

237 那洪明、何剑飞、袁喻兴、孙竞超:《钢铁企业不同生产流程碳排放解析》，第十届全国能源与热工学术年会论文集，2019 年 8 月。

238. 王飞跃:《能源系统通证经济学：概念、功能与应用》，http ://blog.sciencenet.cn/blog-2374-1130842.html，2018 年 8 月。

239. 李睿:《何通过可穿戴设备中的数据进行健康监测》，https ://www.51cto.com/article/652788.html，2021 年 3 月。

240. 杜宁:《混合现实技术下的医疗场景，维卓致远用 3D 场景精准定位病灶》，https ://www.51cto.com/article/576565.html，2018 年 6 月。

241. 中国科学院大学宁波华美医院:《一种临床血液中快速检测创伤弧菌的方法 CN202110236319.4》，中国科学院大学宁波华美医院，2021 年 3 月。

242.CHENG J，ZHANG H，TAO F，et al. Internet reference framework towards smart manufacturing [J] . Robotics and Computer-Integrated Manufacturing，2020.

243.KONG X，CHANG J，NIU M，et al. Research on real time feature extraction method for complex manufacturing big data. The International Journal of Advanced Manufacturing Technology，2018.

244.JAZDI N. Cyber Physical Systems in the Context of Industry 4.0.Automation. Quality and Testing Robotics，2014.

245.LEE J，BAGHERI B，KAO H A. A cyber–physical systems architecture for Industry 4.0-based manufacturing systems，2015.

246.YANG W J，ZHOU Z Y，YU A B，PINSON D. Particle scale simulation of softening–melting behaviour of multiple layers of particles in a blast furnace cohesive zone[J] . Powder Technology, 2015.

247.HOU Q, Q. Hou, DIANYU E, YU A. Discrete particle modeling of lateral jets into a packed bed and micromechanical analysis of the stability of raceways[J] . AIChE Journal, 2016.

248.XU Y, ZHANG Q, ZHANG J, TAO D. Vitae: Vision transformer advanced by exploring intrinsic inductive bias[J]. Advances in Neural Information Processing Systems, 2021.

249.ZHANG Q, XU Y, ZHANG J, TAO D. Vitaev2: Vision transformer advanced by exploring inductive bias for image recognition and beyond[J]. arXiv preprint arXiv:2202.10108, 2022.

250.YANG Z P, LIU D Q, WANG C Y, YANG J, TAO D C. Modeling Image Composition for Complex Scene Generation[C]. Proceedings of the IEEE Conference on Computer Vision and Pattern Recognition, 2022.

251.JDExplore d-team. Vega v1 [EB/OL]. https://gluebenchmark.com/leaderboard, 2021.

四、其他

252. 华西证券:《电力大数据应用及展望》,华西证券,2021 年 12 月。

253. 头豹研究院:《2021 年中国能源云行业概览》,头豹研究院,2021 年 7 月。

254. 腾讯研究院、腾讯集团市场与公关部:《2020 产业安全报告:产业互联网时代的安全战略观》,腾讯网,2020 年 1 月。

255. 彭文生:《数字经济的下个十年》,新华网客户端,2020 年 12 月。

256. 王普玉:《对工业元宇宙的认知》,万向区块链微信公众号,2022 年 2 月。

257. 中信证券:《元宇宙:从体验出发,打破虚拟和现实的边界》,中信证券,2021 年 6 月。

258. 邓智团:《"元宇宙"来了,世界城市版图重塑的窗口将被打开?》,上观新闻,2022 年 2 月。

259.蜡笔聊最炫科技:《元宇宙是如何穿梭历史、现在、未来三个维度?》,腾讯网,2022 年 2 月。

260.安信证券:《全球视角下的元宇宙竞争:中美日韩元宇宙发展与布局各有千秋》,安信证券,2021 年 11 月。

261.蒲蒲:《"元宇宙"成地方两会热词》,数据观综合,2022 年 1 月。

262.金雪涛:《从"四化"到"数字孪生"——为数字经济的升级发展做好充分准备》,光明网,2021 年 11 月。

263.唐乾琛:《数字孪生技术发展趋势与安全风险浅析》,https://www.secrss.com/articles/13052,2019 年 8 月。

264.田丰:《"产业元宇宙"十大趋势》,"AI 与元宇宙:未来世界的人口?"论坛,2021 年 12 月。

265.林天强:《元宇宙、新产业与未来定义权》,五道口金融科技文化微信公众号,2022 年 1 月。

266.赵春晓、吕骞:《阿里巴巴发布新一代安全架构:让数字基建的每块砖安全可溯源》,人民网,2020 年 3 月。

267.北京大学汇丰商学院商业模式研究中心、安信证券元宇宙研究院:《北京大学 × 安信元宇宙研究院:元宇宙 2022——蓄积的力量》,2022 年 1 月。

268.陶飞、张辰源:《数字孪生助力数字经济与实体经济融合发展》,新华网,2021 年 4 月。

269.腾讯研究院:《变量:2021 数字科技前沿应用趋势》,腾讯科技向善暨数字未来大会 2021,2021 年 1 月。

270.21 世纪经济报道:《京东首提"产业元宇宙"打造数智化社会供应链新一代基础设施》,21 世纪经济网,2021 年 12 月。

271.数据观:《如何评估企业的数字化转型程度?》,知乎网,2018 年 8 月。

272.赛迪研究院、腾讯云、腾讯研究院:《新基建引领产业互联网发展,新基建、新要素、新服务、新生态》,搜狐网,2020 年。

273.高晓雨:《数字基建的思考与建议》,腾讯研究院,2020 年 3 月。

274.清华大学沈阳团队:《元宇宙发展研究报告 2.0 版》,清华大学新闻与传播学院新媒体研究中心,2022 年 1 月。

275. 腾讯科技、复旦大学：《2021—2022 元宇宙报告：化身与智造 元宇宙坐标解析》，腾讯网，2022 年 1 月。

276. 埃森哲：《高质发展，智能制造——新蓝图，新四化》，2020 年进博会，2020 年。

277. 中国碳核算数据库：《中国分部门核算碳排放清单 1997-2019》，https：//www.ceads.net.cn/data/nation/，2021 年 10 月。

278. 百度：《百度 Create2021 大会》，百度 AI 开发者大会官网，2021 年 12 月。

279. 商汤智能产业研究院：《元宇宙"破壁人"：做虚实融合世界的赋能者》，商汤研究院官网，2021 年 12 月。

280. 商汤智能产业研究院：《产业元宇宙漫步者：想象力比知识更重要》，商汤研究院官网，2022 年 1 月。

281. 中泰证券：《算力时代云计算的巨变》，中泰证券，2018 年 9 月。

282. 头豹研究院：《VR 设备行业研究报告：元宇宙基石》，头豹研究院，2021 年 7 月。

283. 东吴证券：《元宇宙框架梳理》，东吴证券，2021 年 12 月。

284. 安信国际：《科技行业深度分析：元宇宙的行业布局思考》，安信国际，2021 年 12 月。

285. 光大证券：《通往真实的虚拟：道阻且长，为什么行则将至?》，光大证券，2021 年 12 月。

286. 安信证券：《科技巨头布局元宇宙系列报告 10：百度 & 谷歌，元宇宙人工智能版图的中美巨头》，安信证券，2021 年 12 月。

287. 开源证券：《元宇宙：从架构到落地》，开源证券，2021 年 11 月。

288. 罗戈研究：《新的数字冲击波：元宇宙正在来临》，罗戈研究，2021 年 9 月。

289. 东方证券：《掇菁撷华，沐日浴月：底层技术载体将支撑元宇宙发展——区块链系列报告二》，东方证券，2021 年 10 月。

290. 华安证券：《"数字未来"系列一：元宇宙，未来数字绿洲入口已打开》，华安证券，2021 年 6 月。

291. 易凯资本：《2021 元宇宙报告——从 0 到 ∞，我们眼中的元宇宙》，易凯资本，2021 年 8 月。

292. 头豹研究院：《2021 元宇宙宏观研究报告》，头豹研究院，2021 年 8 月。

293. 华西证券：《元宇宙，下一个"生态级"科技主线》，华西证券，2021 年 9 月。

294. 德勤：《德勤 2021 年全球区块链调查》，德勤，2021 年。

295. 清华大学：《2020—2021 年元宇宙发展研究报告》，清华大学新媒体研究中心，2021 年 9 月。

296. 国盛证券：《元宇宙（五）：NFT 商业落地中的思考》，国盛证券，2021 年 10 月。

297. 头豹研究院：《元宇宙系列报告——VR 设备行业研究报告：元宇宙基石》，头豹研究院，2021 年 7 月。

298. 东吴证券：《元宇宙系列研究之二——通向元宇宙的技术路径和投资机会》，东吴证券，2021 年 9 月。

299. 东吴证券：《元宇宙专题报告（二）：技术与应用变革掀开互联网新篇章，把握元宇宙时代投资机会》，东吴证券，2021 年 10 月。

300. 安信证券：《元宇宙之中国优势：虚拟数字人、NFT》，安信证券，2021 年 12 月。

301. 安信证券：《科技巨头布局元宇宙系列报告 1：Facebook，改名为 Meta》，安信证券，2021 年 10 月。

302. 天风证券：《天风问答系列：海外四问四答之元宇宙展望和快手近况》，天风证券，2021 年 11 月。

303. 天风证券：《元宇宙系列报告一：探索元宇宙框架，生产力的第三次革命》，天风证券，2021 年 9 月。

304. 国盛证券：《元宇宙（四）GameFi 赛道崛起，元宇宙踏上破圈征程》，国盛证券，2021 年 8 月。

305. 国盛证券：《元宇宙（二）：算力重构，通向 Metaverse 的阶梯》，国盛证券，2021 年 8 月。

306. 中信证券：《图解元宇宙》，中信证券，2021 年 9 月。

307. 头豹研究院：《元宇宙系列报告——元宇宙产业链及核心厂商发展路径分析》，头豹研究院，2021 年 9 月。

308. 安信证券：《科技巨头布局元宇宙系列报告 6：腾讯 & 字节跳动，注定将成为元宇宙中国版本的先行者》，安信证券，2021 年 11 月。

309. 安信证券：《科技巨头布局元宇宙系列报告 8：Metaverse，游戏先行——Roblox、Unity、网易、Sea》，安信证券，2021 年 12 月。

310. 天风证券：《Roblox 深度报告：Metaverse 第一股，元宇宙引领者》，天风证券，2021 年 5 月。

311. 安信证券：《科技巨头布局元宇宙系列报告 11：以 Epic Games 的虚幻引擎为代表的游戏引擎对比，以 Valve 的 SteamVR 为代表的 VR 社交平台对比》，安信证券，2021 年 12 月。

312. 国海证券：《元宇宙系列深度报告：下一代互联网前瞻》，国海证券，2022 年 1 月。

313. 中信证券：《Facebook（FB.O）跟踪报告从 Facebook 到 Meta，全力布局元宇宙》，中信证券，2021 年 11 月。

314. 中泰证券：《Roblox——全球领先的 3D 全平台虚拟社区》，中泰证券，2021 年 9 月。

315. 中信证券：《ROBLOX：全球最大沙盒游戏平台》，中信证券，2020 年 12 月。

316. 西部证券：《加大游戏研发投入，"开启"元宇宙，看好腾讯布局》，西部证券，2021 年 7 月。

317. 中金公司：《Roblox 启示录：游戏社区的星辰大海》，中金，2021 年 7 月。

318. 华龙证券：《互联网行业专题研究报告：元宇宙——下一代互联网的终极形态》，华龙证券，2022 年 1 月。

319. 国海证券：《元宇宙专题深度——未来的未来》，国海证券，2021 年 11 月。

320. 华西证券：《元宇宙（二）：动态—空间—虚拟人——系列（二）：寻找预期差》，华西证券，2022 年 1 月。

321. 中信证券：《从英伟达 Omniverse 看科技巨头的元宇宙布局》，中信证券，2021 年 11 月。

322. IDC：《从无界协同工作到未来企业》，IDC，2021 年。

323. 申万宏源证券：《从英伟达看元宇宙＋互联互通》，申万宏源证券，2021 年 11 月。

324. 头豹研究院：《2021 年元宇宙宏观研究报告》，头豹研究院，2021 年 8 月。

325. 中金公司：《中金看海外：Roblox 启示录：游戏社区的星辰大海》，中金公司，2021 年 7 月。

326. 中泰证券：《全球领先的 3D 全平台虚拟社区：Roblox》，中泰证券，2021 年 9 月。

327. 国海证券：《传媒行业元宇宙系列深度报告：下一代互联网前瞻》，国海证券，2022 年 1 月。

328. 华西证券：《元宇宙（二）：动态—空间—虚拟人》，华西证券，2022 年 1 月。

329. 安信证券：《科技巨头布局元宇宙系列报告 6：腾讯—字节跳动，注定将成为元宇宙中国版本的先行者》，安信证券，2021 年 11 月。

330. 中信证券：《科技行业先锋系列报告 235：从英伟达 Omniverse 看科技巨头的元宇宙布局》，中信证券，2021 年 11 月。

331. 罗戈研究院：《新的数字冲击波——元宇宙正在来临》，罗戈研究院，2021 年 9 月。

332. 申万宏源：《互联网传媒周报：从英伟达看元宇宙＋互联互通看好》，申万宏源，2021 年 11 月。

333. 国海证券：《元宇宙专题深度——未来的未来》，国海证券，2021 年 11 月。

334. 中南大学湘雅医院：《2020 医疗健康物联网技术与应用研究报告》，中南大学湘雅医院，2020 年 11 月。

335. 健康界研究院：《健康界研究院》，健康界研究院，2021 年 5 月。

336. 国金证券：《手术机器人风起云涌，医疗产业革命新机遇》，国金证券，2021 年 12 月。

337. 德勤：《中国生物医药创新趋势展望》，德勤，2021 年 5 月。

338. 华安证券：《智慧医疗新赛道，AI 赋能新场景》，华安证券，2021 年
7 月。

339. 邓韩彬：《中医电子病历系统的设计与实现》，电子科技大学硕士毕业
论文，2011 年 7 月。

340. 任延辉：《一种基于区块链的医疗信息隐私保护和共享方案》，西安电
子科技大学硕士毕业论文，2018 年 7 月。

341. 王瑞平：《纳米纤维素与聚合物复合用于柔性电子器件基底的研究》，
华南理工大学硕士毕业论文，2019 年 7 月。

342. 周晓华：《生物统计和数据科学助力我国医疗器械崛起——"第二届
北京生物统计及数据科学论坛"在北京大学召开》，http：//blog.sciencenet.cn/
blog-3414205-1205697.html，2019 年 11 月。

343. 动脉网 VCBEAT：《掘金 3.5 万亿美元市场，9 类应用场景将在
医院率先落地【5G ＋医疗健康专题报告】》，https：//www.jiqizhixin.com/
articles/2019-04-10-3，2019 年 4 月。

344. 陈震东：《基于影像组学的肺肿瘤良恶性分类及早期肺腺癌淋巴结转
移预测模型研究》，浙江师范大学硕士毕业论文，2018 年 7 月。

345. 中国平安人寿保险股份有限公司：《样本筛选方法、样本筛选装置及
终端设备 CN202110260472.0》，中国平安人寿保险股份有限公司，2021 年 3 月。

346. 张兴杰：《基于加密的访问控制在云计算中的应用研究》，西安电子科
技大学硕士毕业论文，2014 年 7 月。

347. 陈建南：《重庆市基层医疗资源空间分布特征及影响因素研究》，第三
军医大学硕士毕业论文，2016 年 7 月。

348. 魏良洁：《结合时频信息与深度学习的自动睡眠分期方法研究》，北京
交通大学硕士毕业论文，2018 年 7 月。

349. 陈博：《河北省公立医院财务管理问题研究——以 M 医院为例》，河
北大学硕士毕业论文，2014 年 7 月。

350. 王超：《纸基碳纳米管薄膜制备及压力传感性能研究》，中北大学硕士
毕业论文，2020 年 7 月。

351. 杨维:《基于 Hadoop 的健康物联网数据挖掘算法研究与实现》,东北大学硕士毕业论文,2013 年 7 月。

352. 罗戈研究院:《数字供应链孪生研究报告》,罗戈研究,2020 年 7 月。

353. DHL. Digital Twins in Logistics. DHL,2019.

354. GARTNER. The 2019 Top Supply Chain Technology Trends You Can not Ignore. Gartner,2019.

355. DELOITTE :《2020 技术趋势报告》,Deloitte,2020 年 12 月。

356. 于建红:《不确定条件下基于 Supply-Hub 的协同补货策略研究》,华中科技大学博士毕业论文,2012 年 7 月。

357. 刘磊:《CPE 公司财务现状及管理改进对策研究》,对外经济贸易大学硕士毕业论文,2019 年 7 月。

358. 王志红:《W 互联网金融企业竞争力的构建》,上海外国语大学硕士毕业论文,2017 年 7 月。

359. 何剑鸣:《基于 XX 银行 S 分行全面预算管理实施的问题研究》,电子科技大学硕士毕业论文,2009 年 7 月。

360. 赵常俊:《含 CO_2 多相流管道内腐蚀评价分析》,中国石油大学硕士毕业论文,2016 年 7 月。

361. 亿欧智库:《2021 能源电力数字化转型研究报告》,亿欧智库,2021 年 3 月。

362. 东吴证券:《B 端能源系统建设和 C 端能源平台运营协同发展,拥抱能源数字化转型战略机遇》,东吴证券,2021 年 10 月。

363. 苏响:《蛋鸭智能化养殖系统集成应用研究》,华中师范大学,2020 年。

364. 刘炳南:《直接还原竖炉物理能化学能最大化利用的研究》,东北大学博士论文,2018 年 8 月。

365. 杨建栋:《奥运(多语言)综合信息服务系统实施方案设计》,北京工业大学硕士毕业论文,2007 年 7 月。

366. 范阳:《从虚拟现实到量子计算,这些科技公司正在把科幻变成现实 | 海外风向标》,阿尔法公社,2022 年 3 月。

367. OpenAI, https://openai.com/dall-e-2,公司官网,2022 年。

后　记

　　数字经济在世界各国迅猛发展，成为全球经济发展的新引擎，具有数字化创造场景的联通性、数据的贯通性、价值的互通性。产业元宇宙为产业的数字化转型开辟新路径，深度融合企业的科技能力与业务发展，改变人们工作、学习、生活、生产方式，重新定义社会生产力。产业元宇宙赋能实体经济，产业元宇宙应用场景多元化，在农业、医疗、制造服务等实体经济场景得到广泛应用。面对产业元宇宙这一突飞猛进的大浪潮，作为未来有志之士，主动积极拥抱这一千载难逢的机遇，顺势而为，迎难而上，以开放心态，拥抱科技，拥抱产业元宇宙，锐意进取，加速自身变革和数字化转型，把科技应用的初心使命转化为实际行动，为我国经济高质量发展作出新的更大贡献。

　　作者希望编写一本产业元宇宙简明读本，以帮助广大从业者、潜在从业者、科技人员、投资人员、党政干部了解产业元宇宙的基础知识、应用现状、发展趋势、安全问题等，更好了解产业元宇宙带来的发展机遇，为如何应对产业元宇宙挑战提供一些思路、对策、建议与解决方案。在讲解产业元宇宙在各领域应用过程中，尽量保持体例一致，但产业元宇宙在各行业应用水平、应用层次、行业特点有差异，体例也可能会出现不一致地方。本书介绍的是前沿技术，会涉及很多外文词汇或外文字母缩写词，有些能翻译成中文，有些因没有合适中文解释只说明一下其中含义，因同一外文词汇或外文字母缩写词在书中可能会反复出现，为避免重复过多和方便阅读，该外文词汇或外文字母缩写词一般只在第一次出现时附上中文含义。

　　产业元宇宙作为一门新兴学科，可谓内容广泛、涉及面广、博大精深，跨界产业与科技，是一项浩大的工程，需要汇聚产业、数字技术等多学科背景的团队协作才能完成。本书由知名学者、专家领衔，组织从业经验丰富的兼具产业和科技背景的科技界和企业界精英人士参与编写，我们认真研读了产业元宇宙相关的政策文件，查阅了大量产业元宇宙方面资料，学习参考了诸多领导和精英的知识精髓，吸收了目前国内外产业元宇宙最新、最优科研成果，包括期刊、网络、会议、自媒体等方面的内容，提炼了产业元宇宙的实践经验，也研学了很多产业元宇宙实际应用案例，并增加了编者对产业元宇宙的思考、发展趋势的理解与感悟。"海纳百川，有容乃大"，以开放心态选择材料内容，在本书编写过程中访谈了很多专家、学者、专业人士，引用了很多机构、领导、专家学者的观点，尤其是有些机构（如安信证券、德勤、中国信息通信研究院、国家工信安全中心、罗戈研究院、亿欧智库、东吴证券、华创证券、国家电网、中国电子技术标准化研究院、华为、华西证券、头豹研究院、中国信息物理系统发展论坛、奇绩创坛、北大汇丰商学院、中信证券、中国工程院、天风证券、安世亚太）、领导与专家（如北京国家会计学院秦荣生院长、北京航空航天大学科学技术研究院副院长陶飞、中国传媒大学国际传媒教育学院院长金雪涛、清华大学沈阳教授、罗戈研究院院长潘永刚、龚才春老师、中兴通讯副总裁王继刚、Beamable 公司创始人 Jon Radoff）的观点可谓精辟之至，取材之时，难以割舍，其实，这些机构、领导、专家学者也是致力于助推产业元宇宙大业的本书编委会"广义团队概念"的一员，在默默支持、指导我们。在此向这些机构、领导、专家学者一并表示诚挚的谢意！因本书定位为一本产业元宇宙简明读本，资料引用之处不是很详细，未在文中一一标明出处，对书中引用较多的，为了避免重复和便于读者阅读，仅在第一次引用该文内容时标明其出处，后续引用同一内容时未重复标明。敬请谅解！

特别感谢以下单位、朋友在本书编写过程给予笔者的鼎力支持：中冶京诚工程技术有限公司李铁、李传民、葛秀欣、方宇、朱志斌，河钢集团有限公司王新东、胡启晨，上海众装网络科技有限公司。另外，还有其他给予我们支持的单位、朋友，在此就不一一列举了。

由于产业元宇宙是一个新生事物且处在不断发展中，需在大量实践中不断完善，加之作者水平有限、时间仓促，书中疏漏甚至错误在所难免，敬请广大读者批评指正，我们将在后续版本中不断完善。

2022 年 3 月

责任编辑：杨瑞勇

封面设计：石笑梦

责任校对：吕　飞

图书在版编目（CIP）数据

产业元宇宙 / 陶大程，赖家材 主编 . — 北京：人民出版社，2022.5

ISBN 978 - 7 - 01 - 024719 - 9

I.①产…　II.①陶…②赖…　III.①产业经济②信息经济　IV.①F26②F49

中国版本图书馆 CIP 数据核字（2022）第 081360 号

产业元宇宙

CHANYE YUANYUZHOU

陶大程　赖家材　黄维　吴晨　主编

人 民 出 版 社 出版发行

（100706　北京市东城区隆福寺街 99 号）

北京汇林印务有限公司印刷　新华书店经销

2022 年 5 月第 1 版　2022 年 5 月北京第 1 次印刷

开本：710 毫米 × 1000 毫米 1/16　印张：25

字数：410 千字

ISBN 978 - 7 - 01 - 024719 - 9　定价：78.00 元

邮购地址 100706　北京市东城区隆福寺街 99 号

人民东方图书销售中心　电话（010）65250042　65289539